Grap
Produktion und Beschaffung

Produktion und Beschaffung

Eine praxisorientierte Einführung

von

Prof. Dr. Rolf Grap

Verlag Franz Vahlen München

Die Deutsche Bibliothek – CIP-Einheitsaufnahme

Grap, Rolf:
Produktion und Beschaffung : eine praxisorientierte
Einführung / von Rolf Grap. – München : Vahlen, 1998
    ISBN 3 8006 2321 8

ISBN 3 8006 2321 8

© 1998 Verlag Franz Vahlen GmbH, München
Satz: DTP-Vorlagen des Autors
Druck und Bindung: C. H. Beck'sche Buchdruckerei, Nördlingen
Gedruckt auf säurefreiem, alterungsbeständigem Papier
(hergestellt aus chlorfrei gebleichtem Zellstoff)

Vorwort

In der betriebswirtschaftlichen Ausbildung wird das Themengebiet "Produktion und Beschaffung" oft stiefmütterlich behandelt. Das Spannungsfeld zwischen ingenieurwissenschaftlich geprägter Praxis und betriebswirtschaftlich orientierter Theorie bildet für Lehrende wie Lernende eine Herausforderung da die Integration zwischen phänomenologischer Praxis und fachsystematischer Theorie gelingen muß, um dauerhafte Ausbildungs- und Transfererfolge zu erzielen.

Ausgehend von der verbindenden Definition einer Produktionswirtschaft als Lehre vom *Produktionsmanagement* sind die vorliegenden Darstellungen unter folgenden Gesichtspunkten aufgebaut:

- Die Sprache ist das Fundament einer jeden Wissenschaft. Die Grundlagen eines Faches zu erlernen, heißt also Vokabeln lernen. In einem grundlegenden Lehrbuch werden die Stichworte - anders als im Lexikon - allerdings im inhaltlichen Zusammenhang dargeboten.
- Die Bedeutung der Produktionswirtschaft in der Wissenschaft, ihre grundlegende Einordnung und fachspezifische Historie sowie ihre augenblickliche Redefinition im Kontext des Paradigmawechsels der Organisation und der Wandlung der Betriebswirtschaftslehre zur Managementlehre werden aufgezeigt.
- Die Zusammenhänge zwischen Produktion, Beschaffung und Logistik werden mit Fokus auf das operative Management dargestellt. Dabei bilden die Methoden der Datenermittlung eine wesentliche Komponente.
- Die Theorie und Praxis integrierende Reflexion der dargestellten Zusammenhänge geschieht anhand von Beispielen. Aufgearbeitet sind Gestaltungsansätze von Betrieben der Agfa-Gevaert AG, der Bayer AG, der Daimler-Benz AG, von Unternehmen wie Schorch elektrische Maschinen und Anlagen GmbH, Stromag AG oder der VYGON GmbH & Co. KG. Die vorgestellten Zeitermittlungen, Auslastungs- und Tätigkeitsanalysen basieren auf authentischem Material. Gleiches gilt für die vorgestellten Multimomentstudien.

Für die aufwendigen Korrekturen, Gestaltungs- und Grafikarbeiten, besonders aber für inhaltliche Hinweise und kollegiale Mitarbeit bedanke ich mich bei Frau Dipl.-Betrw. Ingrid Spengler, Frau Dipl.-Kff. Angela Rummel, Frau Silke Stegmaier und meiner geduldigen Gattin Brigitte Jülich-Grap.

Aachen im August 1998   Rolf-Dietmar Grap

Inhaltsverzeichnis

Abbildungsverzeichnis

1 Die Produktionswirtschaft im System der Wissenschaften

Will man die Produktionswirtschaft im System der Wissenschaft verorten, muß man sich zunächst Klarheit über dieses System verschaffen. Hierbei ist zu beachten, daß die wissenschaftlichen Systeme nicht nur nach einem Kriterium gegliedert werden können, sondern daß sich, je nach Bedürfnis des Betrachters, unterschiedliche Gliederungen ergeben. Der erste Aspekt ist eine Gliederung nach theoretischen Wissenschaften auf der einen Seite und angewandten Wissenschaften auf der anderen Seite. Folgen die *theoretischen Wissenschaften* auch einem theoretischen Erkenntnisinteresse, streben also nach einer Erkenntnis um der Erkenntnis willen, so sind die *angewandten Wissenschaften* von einem praktischen Gestaltungsinteresse getragen. Die theoretischen Wissenschaften wie theoretische Physik, Volkswirtschaftstheorie oder Unternehmenstheorie haben also ein kognitives Wissenschaftsziel, während die angewandten, wie experimentelle Physik oder Volkswirtschaftspolitik ein praktisches Wissenschaftsziel verfolgen. Für die angewandten Wissenschaften gilt dabei, daß Empirie eine wesentliche Rolle spielt, da ihre Aussagen ja „an der Wirklichkeit geeicht" werden müssen.[1]

Verbreitet ist parallel zu dieser Unterscheidung eine Aufschlüsselung nach den Erkenntnisobjekten, denen sich eine Wissenschaft widmet. Hier finden wir zunächst die *Wissenschaftstheorie*, die Wissenschaft also, die sich mit der Wissenschaft selbst beschäftigt und ansonsten *Einzelwissenschaften*, die sich in einem ersten Schritt in Idealwissenschaften und Realwissenschaften unterscheiden. Zu den Realwissenschaften gehören dann die Naturwissenschaften, die Ingenieurwissenschaften und auch die Geistes- und Sozialwissenschaften.

„Es entspricht einer jahrzehntelangen, historisch begründeten Tradition, die beiden wirtschaftswissenschaftlichen Einzeldisziplinen der *Volks-* und der *Betriebswirtschaftslehre* unter dem Dach der *Wirtschaftswissenschaften* zusammenzuführen."[2] Dabei sind die Wirtschaftswissenschaften an sich wieder den Sozialwissenschaften zuzuordnen, da sie sich im Kern mit dem Entscheidungsverhalten einzelner Wirtschaftssubjekte beschäftigen. Die Betriebswirtschaftslehre konzentriert sich in diesem Zusammenhang auf die Phänomene des Sozialgebildes „Betrieb" und dessen Austauschbeziehungen zu anderen Betrieben.

---

[1] Die folgenden Darstellungen folgen im wesentlichen: ZAHN, E.; SCHMID, U.: Produktionswirtschaft I : Grundlagen und operatives Produktionsmanagement. Stuttgart: Lucius & Lucius, 1996. S. 1 - 160.

[2] ZAHN / SCHMID 1996, S. 3.

Die Betriebswirtschaftslehre selbst wiederum ist ebenfalls in eine Allgemeine (theoretische) Betriebswirtschaftslehre und eine Spezielle (angewandte) Betriebswirtschaftslehre unterscheidbar. In der speziellen Betriebswirtschaftslehre werden einzelne Problemausschnitte gezielt behandelt. Hierbei werden Differenzierungen in eine *Institutionenlehre* oder eine *Funktionenlehre* und sogar in eine institutionale Funktionenlehre herausgearbeitet.

Eine besondere Betonung der Betriebswirtschaftslehre lag in der Vergangenheit auf der Beleuchtung der Kunden-Lieferanten-Beziehungen und deren Interaktionsparameter. Im Mittelpunkt des Erkenntnisinteresses stand weiterhin überwiegend der Industriebetrieb. Erst in jüngerer Zeit läßt sich eine zunehmende Konzentration auch auf den Dienstleistungsbetrieb beobachten. Das hat zweifellos mit der wachsenden Bedeutung von Dienstleistungen im realen wirtschaftlichen Geschehen zu tun.

Die Betriebswirtschaftslehre selbst ist erst eine junge Wissenschaft. Die Gründungen von Handelshochschulen in Aachen, Leipzig, St. Gallen und Wien im Jahr 1898 werden häufig als deren Geburtsstunde angesehen.[1]

Es ist bislang nicht gelungen, und es scheint auch nicht gelingen zu können, die Betriebswirtschaftslehre präzise gegen andere Wissenschaften abzugrenzen. Zunächst findet sich eine breite, zunächst methodische, aber auch inhaltliche Überschneidung zur traditionellen Volkswirtschaftslehre. Hier kann unterschieden werden, daß die Volkswirtschaftslehre sich anfänglich Makrobetrachtungen zuwendet und - mit der Mikroökonomie - auch das Zusammenspiel einzelner Wirtschaftssubjekte einbezieht (Bild 1-1). Die Betriebswirtschaftslehre kommt aus der gerade umgekehrten Richtung und untersucht hauptsächlich die - innere - Funktionsweise dieser Wirtschaftssubjekte, um sich dann aber auch deren Zusammenwirken zuzuwenden. Die Produktionswirtschaft wiederum ist ein Teilgebiet der Betriebswirtschaftslehre, die unterschiedlich eng im Sinne einer Funktionenlehre oder als institutionale Funktionenlehre definiert ist.

Unter dem Gesichtspunkt einer anwendungsorientierten Wissenschaft erweist sich dieser hochspezialisierte Fokus schnell als zu eng. Eine derart eingegrenzte Wissenschaft ist nicht nur nicht mehr in der Lage, praxisrelevante Aussagen zu generieren, sie ist auch schon kaum mehr in der Lage, überhaupt empirische Erkenntnisse zu gewinnen. Als berühmtes Beispiel, daß diese Grenzen bereits sehr früh aufgezeigt hat, sei hier auf die „Hawthorne Studies" bei der Western Electric Company hingewiesen, die unter der Leitung von E. MAYO in den Jahren 1927 - 1932 durchgeführt wurden. Diese Studien hatten den Zweck, Aussagen über Pausenrhythmen und -längen, Beleuchtungsverhältnisse etc. zu gewinnen, die zu einer maximalen Tagesleistung bei den untersuchten Arbeiterinnen führen. Man unterstellte funk-

---

[1]   Vgl.: ZAHN / SCHMID 1996, S. 4.

tionale Abhängigkeiten von Leistung zu den untersuchten Parametern und versuchte diese Zusammenhänge mit statistischen Methoden im Experiment zu ermitteln. Fatalerweise scheiterten die Untersuchungen, obwohl man sich erhebliche Mühe gab, alle Einflußparameter zu kontrollieren: Egal welchen Parameter die Forscher änderten, immer stellte sich eine Leistungssteigerung ein. Erst nach sorgfältigen kritischen Überlegungen über Designfehler nach Abbruch der Studie reifte die Erkenntnis, daß die Tatsache an sich, daß eine Untersuchung stattgefunden hat, wohl der entscheidende leistungsbeeinflussende Parameter war, der in dem Experiment zudem nicht kontrolliert wurde. Anhand des vorhandenen Datenmaterials konnte diese Erkenntnis dann nachgewiesen werden.

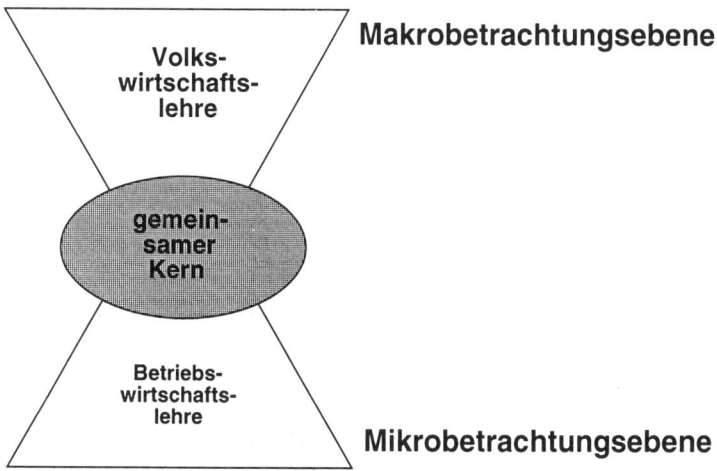

Bild 1-1: Verhältnis von Volkswirtschaftslehre zu Betriebswirtschaftslehre

Die „Hawthorne Studies" begründeten eine neue Bewegung in der Produktionswirtschaft - die Human-relations Bewegung. Für den hier betrachteten Zusammenhang sind aber die „Hawthorne Studies" aus einem anderen Grund interessant: Sie machen deutlich, daß der objektorientierte Fokus einer Produktionswirtschaft so eng ist, daß bereits bei dem Versuch, zu empirischen Erkenntnissen zu kommen, Designfehler entstehen können, die sich aus der Tatsache begründen, daß relevante Erkenntnisse benachbarter Wissenschaften nicht einbezogen sind.

Es muß daher konstatiert werden, daß einerseits in der Wissenschaft bislang ohnehin keine Einigkeit darüber besteht, wie das Wissenschaftsobjekt Betriebswirtschaftslehre abzugrenzen ist und überdies: Egal welche Abgrenzung schließlich gewählt würde, sie wäre jedenfalls im Sinne einer angewandten Wissenschaft unzureichend. Aus diesem Grunde zeichnet sich für die Betriebswirtschaftslehre eine Entwicklung zu einer *interdisziplinären Wissenschaft vom Management gesellschaftlicher Institutionen* ab.

Managementlehre wird damit zu einer eigenständigen Realwissenschaft, die in unterschiedlichem Umfang auf Erkenntnisse von Ökonomie, Rechtswissenschaft, Informatik, Soziologie, Ingenieurwissenschaft, Psychologie, Ökologie etc. zurückgreift (Bild 1-2).

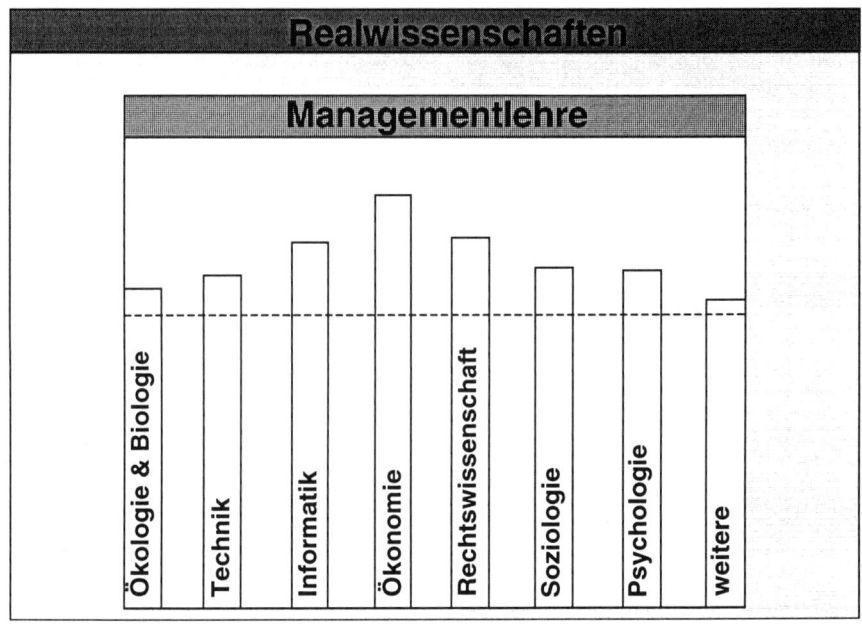

Bild 1-2: Betriebswirtschaftslehre als interdisziplinäre Managementlehre[1]

Damit liegt die Konzentration weniger auf einem Erkenntnisobjekt im materiellen Sinne, sondern man betrachtet sie als eine Lehre von der *Gestaltung, Lenkung und Entwicklung zweckorientierter sozialer System*e. Mit dieser Entwicklung erfolgt auch eine Erweiterung der Betriebswirtschaftslehre über eine entscheidungsorientierte und eher deskriptiv orientierte Wissenschaft hinaus zu einer *Wissenschaft der Unternehmensführung*. Auf diese Weise wird ein deutlicher Bezug zur unternehmerischen Praxis hergestellt und das praktische Wissenschaftsziel stärker betont. Die Integration der traditionellen Ansätze und die neue Ausrichtung auf den Prozeß einer Veränderung wird in Bild 1-3 dargestellt.

Für die Betriebswirtschaftslehre ergeben sich daraus die folgenden Konsequenzen:

• Die methodologische Fundierung gewinnt stark an Bedeutung und etabliert sich zu einem eigenständigen Aufgabengebiet.

---

[1]   Nach BLEICHER, K.: Betriebswirtschaftslehre : Disziplinäre Lehre vom Wirtschaften in und zwischen Betrieben oder interdisziplinäre Wissenschaft vom Mangagement? In: WUNDERER 1988, S. 109 - 131.

- Die empirische Forschung erhält erheblich an Gewicht, es müssen sehr viel mehr praktische Problemfelder aufgegriffen werden.
- Die erforderliche Modellierung komplexer Aussagesysteme und die Formulierung von Entscheidungsmodellen trägt zu einer Mathematisierung des Faches bei.
- Einzelaussagen angrenzender Wissenschaftsgebiete müssen in die Lehre integriert werden, und schließlich:
- Die Wissenschaft muß sich neuen Herausforderungen der Ethik, der Ökologie, der Informatik stellen.

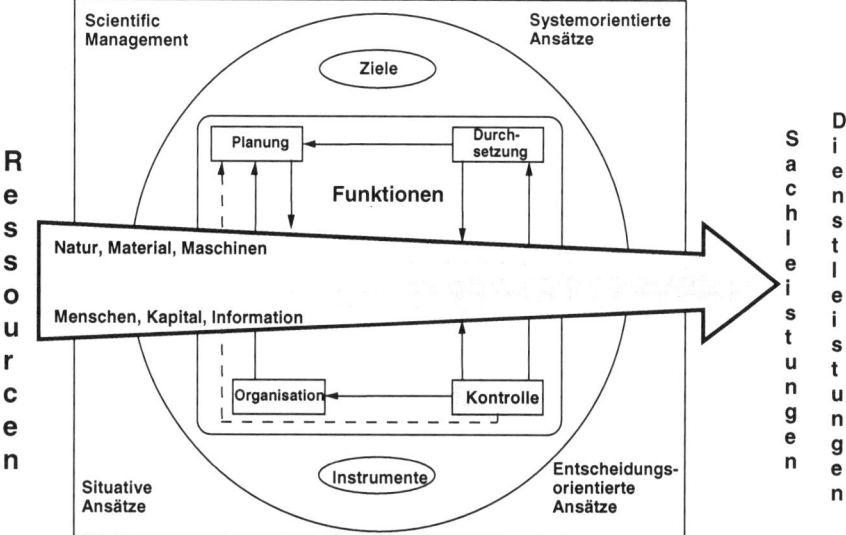

Bild 1-3: Management als Prozeß[1]

Dieser Wechsel in der Orientierung findet seinen Niederschlag auch in der Industriebetriebslehre und der Produktionswirtschaft. Bild 1-4 veranschaulicht die *herkömmliche* Definition der beiden Fachgebiete. In der *klassischen* Sichtweise konzentriert sich die Industriebetriebslehre auf Industrie im institutionellen Sinne, die Produktionswirtschaft dagegen auf Produktion in einer funktionalen Gliederung. Öffnet man die Industriebetriebslehre zu einer reinen Institutionenlehre, so erfaßt sie alle industriellen Funktionen. Damit ergibt sich ein sehr weites Disziplinverständnis. Ein anderer Ansatz stellt die Produktionswirtschaft in den Vordergrund. Damit wird einer funktionalen Gliederung gefolgt, in welcher der Prozeß der betrieblichen Leistungserstellung zum Mittelpunkt der Betrachtung wird, und dies in allen Wirtschaftszweigen. Auch die Produktionswirtschaft hat hierbei aber im wesentlichen eine Tradition im Bereich der Industrie aufzuweisen. Die Aus-

---

[1] In Anlehnung an ZAHN / SCHMID 1996, S. 7.

dehnung auf andere Branchen ist bislang nicht sonderlich systematisch erarbeitet. Allerdings werden im Dienstleistungsbereich derzeit erhebliche Anstrengungen unternommen.

Wirtschafts- zweig Funktionen	Versicherungen (1)	Banken (2)	Industrie (3)	Transport & Verkehr (4)	Handel (5)
Finanzen (1)					
Personal (2)					
F & E (3)					
Beschaffung (4)					
Produktion (5)					
Absatz (6)					
Logistik (7)					
Information (8)					
Controlling (9)					
Etc.					

■ Industriebetriebslehre i. e. S.
Industriebetriebslehre i. w. S. (Institutionslehre)
▨ Produktionswirtschaftslehre (Funktionenlehre)

Bild 1-4: Produktionswirtschaft und IBL im System spezieller Betriebswirtschaftslehren[1]

Unter dem Gesichtspunkt einer Interpretation der *Betriebswirtschaftslehre als Managementlehre* ist es nun angebracht, auch die Industriebetriebslehre und die Produktionswirtschaft unter dem Dach einer *Disziplin des Produktionsmanagement* zusammenzuführen. Damit ergibt sich die folgende Definition:

Produktionsmanagement

umfaßt die zielorientierte
Planung, Organisation, Durchsetzung und Kontrolle
industrieller Wertschöpfungs- und Leistungserstellungsprozesse.

Dabei stehen insbesondere die Prozesse der Willensbildung (Planung) und der Willensdurchsetzung (Steuerung und Kontrolle) im Vordergrund. Hierbei sind die Ziele zu verfolgen,
• Phänomene überhaupt zu beschreiben und begrifflich zu erfassen, sprich zu definieren, sodann,

---

1   In Anlehnung an ZAHN / SCHMID 1996, S. 10.

- sie zu erklären, Zusammenhänge zu erkennen, auf theoretischem Wege Ursachen-Wirkungs-Zusammenhänge aufzudecken und zu beschreiben.

Hieraus lassen sich
- Instrumente zur Prognose bereitstellen, die dann, in einer Umkehrung des Ursache-Wirkungs-Zusammenhangs (die entstehende Wirkung wird mein angestrebtes Ziel, ich führe als Mittel zur Zielerreichung gezielt die Ursachen herbei) zu
- Gestaltungs- und Entscheidungshilfen weiterentwickelt werden und schließlich auch
- Wertsetzungen vorzunehmen (Bild 1-5).

Wissenschaftsziel	Forschungskonzepte	Aussagencharakter	Aussagengehalt
Beschreibung	Begriffslehre	deskriptiv	Begriff & Definition
Erklärung & Prognose	Wirtschaftstheorie	theoretisch	Ursache-Wirkungs-Zusammenhänge
Entscheidung & Gestaltung	Wirtschaftstechnologie	Pragmatisch	Ziel-Mittel-Beziehungen
Wertsetzung	Wirtschaftsphilosophie	normativ	Werturteile

Bild 1-5: Produktionswirtschaftlich relevante Wissenschaftsziele (grau: Schwerpunkt)[1]

Es handelt sich somit um deskriptive, theoretische, pragmatische und normative Fragen, die zu beantworten sind, wobei unverkennbar ein praktisches Wissenschaftsziel im Vordergrund steht.

---

[1]   In Anlehnung an ZAHN / SCHMID 1996, S. 17.

2 Relevante Wissenschaftsprogramme der Produktionswirtschaft im Überblick

Um sich im Bereich der produktionswirtschaftlichen Literatur bewegen zu können, genügt diese in Abschnitt 1 aufgeführte Differenzierung noch nicht. Über die Zeit lassen sich verschiedene Wissenschaftsprogramme beobachten, die in aller Regel in unterschiedlicher Ausprägung aktuell sind. Bild 2-1 zeigt die wichtigsten in chronologischer Reihenfolge. Prägend für die heutige Produktionswirtschaft waren vor allem das:

* faktororientierte,
* entscheidungsorientierte,
* systemorientierte,
* evolutionäre und
* ökologische

Programm. Diese werden deswegen im folgenden kurz vorgestellt.

Wissenschaftsprogramm	Untersuchungsgegenstand
Faktortheoretische Produktionswirtschaft	Optimale Kombination von Produktionsfaktoren
Entscheidungsorientierte Produktionswirtschaft	Optimale Entscheidungsprozesse in Industriebetrieben unter Einbeziehung der verfolgten produktionswirtschaftlichen Ziele
Systemorientierte Produktionswirtschaft	Ganzheitliche Darstellung und Interpretation von Industriebetrieben als (kybernetische) Systeme
Verhaltenstheoretische Produktionswirtschaft	Rationales und irrationales Verhalten von Produzenten (und Konsumenten) ergänzt um Mechanismen der Verhaltenssteuerung
Arbeitsorientierte Einzelwirtschaftslehre	Steuerung der Produktion auf der Grundlage von Arbeitnehmerinteressen
Marketingorientierte Produktionswirtschaft	Steuerung der Produktion unter dem Primat des (Absatz-) Marktes
Evolutionäre Produktionswirtschaft	Bewältigung der Komplexität moderner industrieller Produktionssysteme mittels evolutionstheoretischer Konzepte
Ökologieorientierte Produktionswirtschaft	Ökologiegerichtete, industrielle Wertschöpfung und Produktion

Keine dauerhafte Bedeutung erlangt

Bild 2-1: *Wissenschaftsprogramme der Produktionswirtschaft*[1]

---

[1]   In Anlehnung an ZAHN / SCHMID 1996, S. 22.

2.1 Faktortheoretische Produktionswirtschaft

Dieses Programm ist mit dem Namen GUTENBERG fest verbunden. Zwar ist sein zentrales Verdienst gerade, eine Unternehmung nicht nur als reines produktionstechnisches Gebilde verstanden, sondern auch die finanziellen und marktlichen Aspekte mit aufgegriffen zu haben, dennoch steht die Produktion bei ihm eindeutig im Mittelpunkt.[1]

Im faktortheoretischen Ansatz wird die Leistungserstellung als eine Abfolge von Kombinationshandlungen beschrieben (Bild 2-2). Einsatzstoffe werden durch diese transformiert und in einen neuen Zustand von der Produktion ausgebracht. Hierbei werden unterschieden:

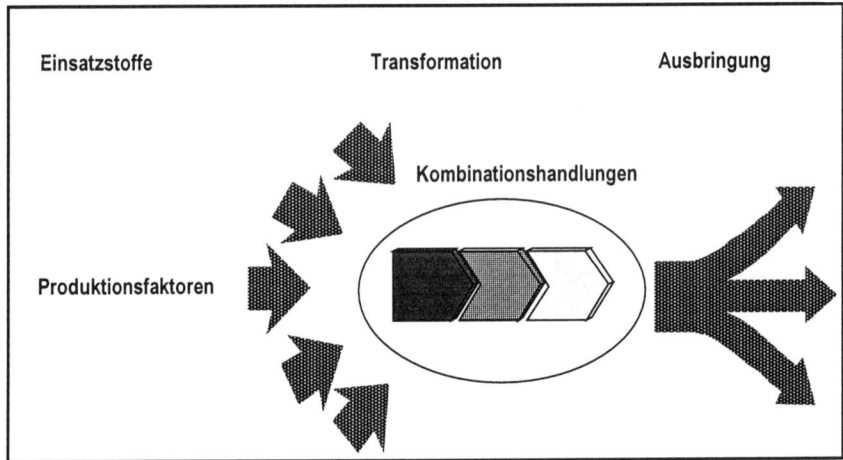

Bild 2-2: Produktion als Abfolge von Kombinationshandlungen

- Elementarfaktoren (Werkstoffe, Betriebsmittel, objektbezogene Arbeitsleistung) und
- der dispositive Faktor (Geschäfts- und Betriebsleitung, Planung, Organisation).

GUTENBERG rückt dabei vor allem die Tatsache in den Mittelpunkt, daß es in der Regel möglich ist, ein und dieselbe Ausbringung durch unterschiedliche Kombinationen der Produktionsfaktoren zu erzielen und daß es vor allem notwendig ist, die kostenoptimale Kombination ausfindig zu machen. Gegeneinander austauschbare Produktionsfaktoren gelten als substitutional, wobei diese Substitutionalität über einen funktionalen Zusammenhang vollständig sein kann (die Funktion schneidet die Achsen) oder begrenzt sein kann (die Funktion nähert sich lediglich den Achsen). Eine weitere Variante ist die Limitationalität. Damit ist gemeint, daß immer nur bestimmte Kombi-

---

1   Als Hauptwerk gilt: GUTENBERG, E.: Die Produktion. 24. Aufl. Berlin: Springer 1983 (Grundlagen der Betriebswirtschaftslehre Band 1).

nationen von Produktionsfaktoren überhaupt erfolgreich sein können. Daraus folgt vor allem, daß bei den späteren Berechnungen in solchen Fällen andere Berechnungsverfahren zum Einsatz gelangen (Bild 2-3).

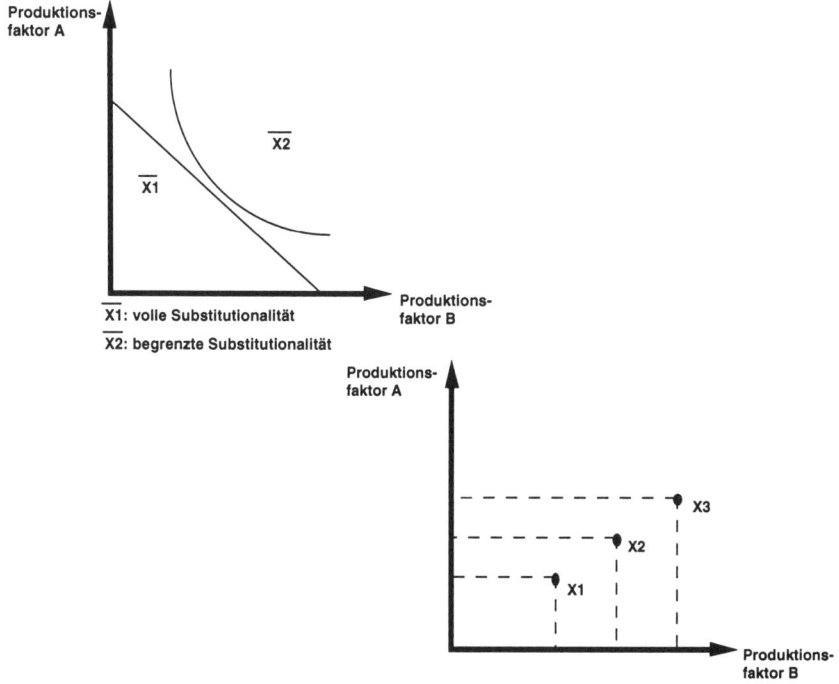

Bild 2-3: Substitutionalität und Limitationalität von Produktionsfaktoren

2.1.1 Gliederung der Produktionsfaktoren

Aus rein praktischen Überlegungen soll an dieser Stelle die Gliederung der Produktionsfaktoren noch weiter verfolgt werden und deren Ergiebigkeitsmaße andiskutiert werden. Die Unterscheidung von „Elementarfaktoren" und „Dispositiven Faktor" wurde bereits eingeführt. Eine erste weitere Untergliederung der Elementarfaktoren ist eine in Repetierfaktoren und Potentialfaktoren. Die Begriffe sind aus sich selbst zu erklären, wenn man die weitere Untergliederung verfolgt: *Repetierfaktoren* sind Werkstoffe und Betriebsstoffe. *Potentialfaktoren* Betriebsmittel und Objektbezogene humane Arbeitsleistung (Bild 2-4).

Auch die Bedeutung des „Dispositiven Faktors" wird im Angesicht der weiteren Gliederung ersichtlich: Er setzt sich zusammen aus Betriebsführung, Organisation und Planung.

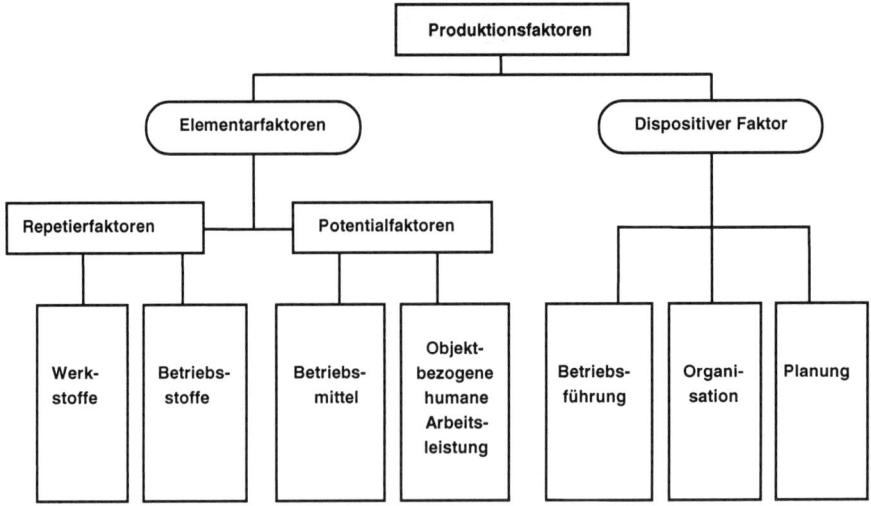

Bild 2-4: System der betrieblichen Produktionsfaktoren[1]

Der Begriff „Werkstoffe" wird in der Literatur nicht einheitlich weitergegliedert. Es werden unterschiedliche Gliederungsgesichtspunkte zugrundegelegt. Die wesentlichen sind geprägt vom Ausmaß der Bearbeitung eines Werkstoffes und betriebsorganisatorischen Gesichtspunkten. In Bild 2-5 sind die Begriffe für die in diese Ausarbeitung relevante Zwecke weitergegliedert. Hierbei ist zu verstehen unter:

- Rohstoffen:
  - Grundstoff (gänzlich unbearbeitet: Erz, Kohle, Rohöl ...)
  - Rohmaterial (vorbehandelte Grundstoffe: erschmolzenes Roheisen ...)
  - Halbzeug (aufbereitetes Rohmaterial: Kokille, Blechcoil, besägter Baumstamm ...)
- Teile:
  - Rohteil als vorbereitetes Teil (erste Formgebungen sind erfolgt) oder Umarbeitsteil (das Teil ist bereits komplett für einen bestimmten Zweck gefertigt, wird aber für einen anderen umgearbeitet)
  - Einzelteil (komplett bearbeitetes, montagefertiges Teil)
  - Ersatzteil (Einzelteil mit spezifischer betriebsorganisatorischer Bedeutung, es gehört entweder nicht zur Produktion, sondern dient der Instandhaltung der Produktionsanlagen, oder es wird mit dem Ziel gefertigt, es - eben als Ersatzteil - direkt an den Kunden auszuliefern)
  - Wiederholteil (Teil, das in gleicher Weise in verschiedenen Produkten des Betriebes Eingang findet)

---

[1]   In Anlehnung an MITTER, S.; STEGMANN, O.: Produktionswirtschaft. Wiesbaden: Gabler, 1994. S. 27.

- Variante (Teil, das mit leichten Abänderungen an verschiedenen Stellen desselben Produktes oder in verschiedenen Produkten Eingang findet)
- Hilfsstoffe (Einsatzstoffe, die nicht Bestandteil der Stücklisten sind - Bild 2-5)

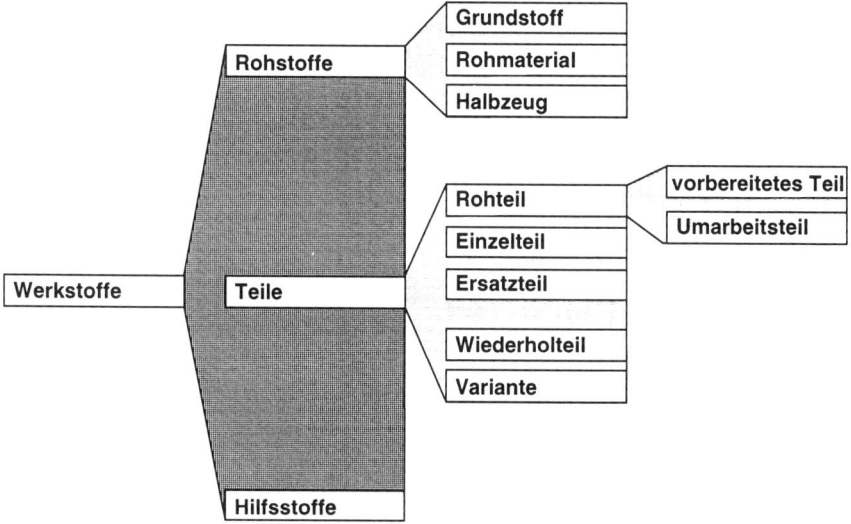

Bild 2-5: Produktionsfaktor Werkstoffe

2.1.2 Ergiebigkeitsmaße

Für die faktororientierte Produktionswirtschaft spielen im weiteren Ergiebigkeitsmaße eine wesentliche Rolle. Für die Werkstoffe werden dafür im ersten Schritt „Technische Formgebung", „Standardisierung" und „Materialverlust" angegeben. Die weitere Gliederung wird in Bild 2-6 ersichtlich.

Zu wichtigem aus Bild 2-6:

Normen erstrecken sich auf Teile ebenso wie auf Produkte und Verfahrensweisen. Normen sind meistens von überbetrieblicher Bedeutung (was die Existenz von Betriebsnormen nicht ausschließt). Die Rationalisierungswirkung von Normen kann fast nicht unterschätzt werden. Normen sind Richtlinien, Regeln oder Ausführungsbestimmungen, die angeben was, wie geschehen soll, die aber keinen verbindlichen Charakter haben. Es gibt sittliche, ästhetische, juristische und eben auch technische Normen. Für Deutschland wichtig ist vor allem die DIN („Das ist Norm"[1], die vom Deutschen Institut für Normung herausgegeben wird).

---

1   Vgl. LÖFFELHOLZ, J.: Grundlagen der Produktionswirtschaft. Wiesbaden: Gabler, 1993. S. 5.

Die Bedeutung einer Norm kann gut an den Normen für Papierformate erläutert werden. Dadurch, daß für Papier verbindliche Größen vorgeschrieben sind, kann zum Beispiel für Briefe problemlos ein beliebiger Umschlag aus der Normenreihe benutzt werden. Die DIN geht aber weiter: aus der Papiergröße leiten sich die Größen für Schnellhefter und Klarsichthüllen ab, die Maße für Ablageschalen und Aktenordner, ja schließlich auch die Maße von Büromöbeln. Normen erleichtern auch sehr den Alltag in einer technischen Umwelt: Genormte Klinkenhöhen lassen uns in fremden Gebäuden dennoch sicher die Türen öffnen; genormte Lichtschalterhöhen erlauben es, diese auch im Dunkeln leicht zu finden etc.

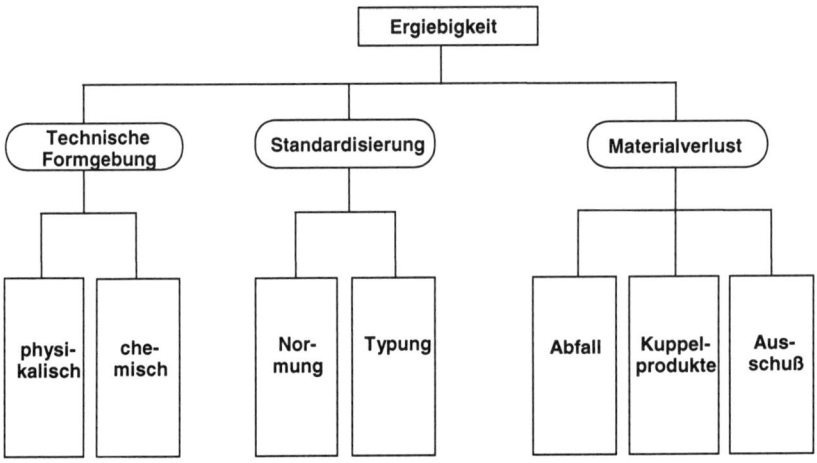

Bild 2-6: Ergiebigkeitskomponenten der Werkstoffe[1]

Fertigungsbetriebe tun gut daran, überbetriebliche Normen einzuhalten: sie finden so nicht nur einen breiteren Markt für ihrer Produkte vor, sondern erlangen auch bezüglich der Materialversorgung die folgenden Vorteile:[2]

- Die Beschaffung wird vereinfacht, da auch ein komplexes Gut über eine einzige Bezeichnung präzise beschrieben ist.
- Die Beschaffung wird beschleunigt, da Normprodukte bei Lieferanten eher lagerhaltig sind.
- Die Beschaffung wird verbilligt, da durch die großen Stückzahlen bei Normprodukten mit höheren Mengendegressionen zu rechen ist[3].
- Auch der Materialeingang, insbesondere dessen Prüfung, wird wegen der präzisen Produktbeschreibung vereinfacht.

---

1   In Anlehnung an MITTER / STEGMANN 1994, S. 29.
2   Vgl.: OELDORF, G.; OLFERT, K.: Materialwirtschaft. 7. aktual. Aufl. Ludwigshafen: Kiehl, 1995. S. 72.
3   Vgl. auch Abschnitt 4.1.4.4.

• Die Lagerhaltung wird vereinfacht, einerseits wegen der möglichen geringeren Bestände und andererseits wegen der technischen Auslegung auf zueinander passende Produkte.

Neben der DIN sind in Deutschland noch weitere Verbandsnormen in Gebrauch, beispielsweise die VDI-Richtlinien (Verband deutscher Ingenieure) und die VDE-Richtlinien (Verband Deutscher Elektriker) oder Richtlinien der Berufsgenossenschaften etc. Internationale Verflechtungen haben auch zu internationalen Normen geführt, so zum Beispiel zur EN (Europäische Norm) und der ISO (Internationale Standardisierungsorganisation). Besonders wichtige Normen werden international entwickelt und finden dann gleichen Eingang in alle diese Normenwerke. Dies kann an der Qualitätsnorm gezeigt werden, der DIN EN ISO 9000 - 9004.

Typung ist regelmäßig eine innerbetriebliche Normung. Sie beschränkt ein theoretisch unendlich variantenreiches Produktionsprogramm auf eine angestrebte Menge. Typen sind gewöhnlich fertige Erzeugnisse (VW-Golf, Heizkessel FR 104) oder doch zumindest bereits hochentwickelte Erzeugnisgruppen.

Der Unterschied zwischen *Ausschuß* und *Abfall* im Bereich *Materialverlust* liegt darin, daß Abfall von vornherein keinen Verwendungszweck hatte, während Ausschuß das Ergebnis eines gescheiterten Produktionsversuches ist. Bei der *Kuppelproduktion* liegt eine Produktionsweise vor, in der neben dem angestrebten Hauptprodukt auch noch weitere, zwar nicht angestrebte aber ebenfalls verkaufsfähige Produkte entstehen.

Eine ökologieorientierte Produktionswirtschaft unterscheidet nicht mehr zwischen Kuppelprodukten und Abfall. Alle Ergebnisse einer Produktion werden dort weiterverfolgt.

Bild 2-7 zeigt gängige Ergiebigkeitsparameter von Betriebsmitteln. An diesen läßt sich auch eine gewisse Praxisferne des faktororientierten Ansatzes erkennen. Eine vernünftige Zahl für den „Grad der Modernität", den „Abnutzungsgrad" oder die „Betriebsfähigkeit" eines Betriebsmittel konkret anzugeben, dürfte im Einzelfall recht schwierig sein.

Interessanter - weil in der Praxis auch durchgängig gebräuchlich - sind die Ergiebigkeitsmaße für Produktionswirtschaften schlechthin. Diese werden in Form von *Kennzahlen* angegeben. Kennzahlen sind immer eine Beurteilungsgröße, die in Beziehung gesetzt wird zu einer Vergleichsgröße. Produktionswirtschaftlich werden Outputwerte mit Inputwerten verglichen, wobei sich Relationen in bezug auf Mengengrößen und Wertgrößen anbieten. Bild 2-8 verdeutlicht den Zusammenhang wesentlicher Kennzahlen.

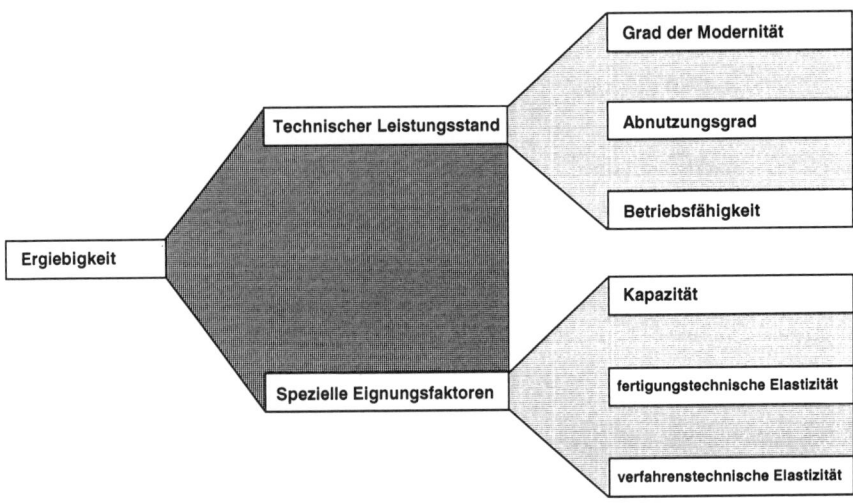

Bild 2-7: Ergiebigkeitskomponenten von Betriebsmitteln

	Mengen	**Werte**	
Output	Dimensionen	Stückzahlen, Gewichte Längen, Flächen, Energien etc.	Ertragsüberschüsse, Erfolge, Gewinne etc.	Rentabilität
			Ertragswerte, Leistungen, Erträge etc.	
	Industrielle Kennziffern	Produkti- ⟶ vität Kostenwirtschaft- ⟶ lichkeit	Leistungswirtschaft- ⟶ lichkeit Wirtschaft- ⟶ lichkeit	
Input	Dimensionen	Stückzahlen, Gewichte Längen, Flächen, Energien, Mitarbeiterzahlen, Arbeits- und Maschinenzeiten etc.	Verbrauchswerte, Kosten, Aufwendungen, etc. Nutzungswerte, Gebrauchswerte, Kapital etc.	

⟶ Verhältnis von Output zu Input

Bild 2-8: Ergiebigkeitsmaße industrieller Produktionswirtschaft[1]

Besonders typisch sind die folgenden Kennzahlen:

Produktivität: *Mengen / Mengen*-Relationen, insbesondere Produktivität (= Ausbringungsmengen / Einsatzmengen), auch gebräuchlich: Technizität, technische Ergiebigkeit, technische Wirtschaftlichkeit; als Arbeits-, Anlagen- oder Betriebsmittel-, Material-, Energieproduktivitäten etc.

---

1   In Anlehnung an ZAHN / SCHMID 1996, S. 74.

Wirtschaftlichkeitskennz.: *Mengen / Wert*-Relationen, insbesondere Leistungswirtschaftlichkeit (Ausbringungswerte / Einsatzmengen) und Kostenwirtschaftlichkeit (Ausbringungsmengen / Einsatzwerte)

Wertmäßige Ergiebigkeit: *Wert / Wert*-Relationen, insbesondere Wirtschaftlichkeit (= Ausbringungswerte / Einsatzwerte) und Rentabilität (Erfolg / Kapital)

Die Arbeit mit solchen Kennzahlen ist immer problematisch. Zunächst muß sorgfältig beachtet werden, daß Kennzahlen Informationen drastisch verdichten und daß dann ein Kennzahlenvergleich schnell zum berühmten „Äpfel mit Birnen"-Vergleich werden kann. Zudem muß ebenfalls berücksichtigt werden, daß die Kennzahlen, die auch Wertgrößen mit beinhalten, Veränderungseinflüssen unterworfen sind, die sich nicht aus dem zu beurteilenden Produktionssystem ergeben, sondern aus dem Markt oder durch Finanzierungsentscheidungen beeinflußt werden. Bild 2-9 zeigt entscheidende Zusammenhänge.

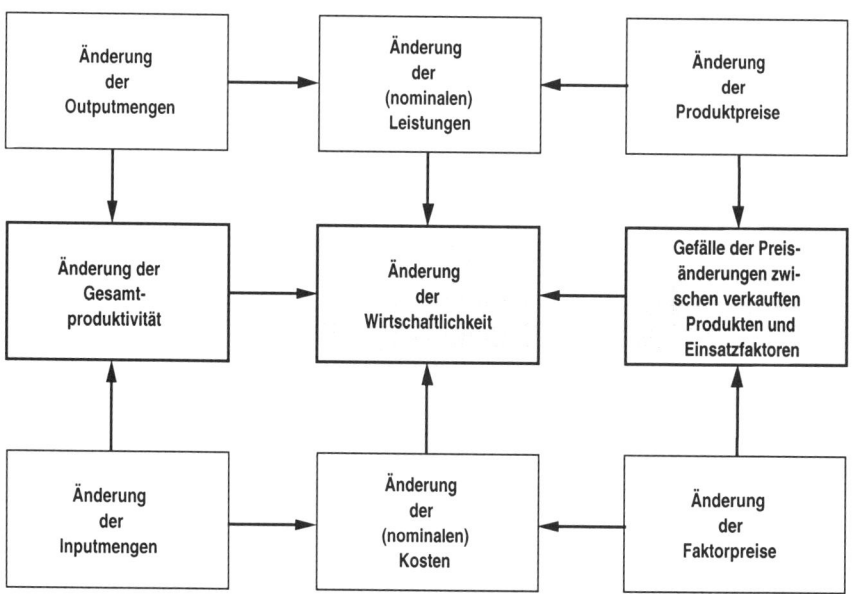

Bild 2-9: Zusammenhang zwischen Wirtschaftlichkeit, Produktivität und Preisänderungen[1]

Als weiterer Produktionsfaktor ist die *objektbezogene menschliche Arbeitsleistung* zu betrachten, und auch hierfür sind Ergiebigkeitsmaße zu bestimmen. Menschliche Arbeitsleistung ist zunächst grundsätzlich von der Leistungsfähigkeit eines Individuums abhängig. Basierend auf dieser biologischen Grundgröße ist die tatsächliche Leistungsfreisetzung abhängig von der Lei-

1   In Anlehnung an Zahn / Schmid 1996, S. 77.

stungsbereitschaft (Motivation) und der Disposition („Tagesform")[1]. Neben Größen wie zum Beispiel das Arbeitsumfeld, die Art und Inhalte der Arbeitsaufgabe, die Gestaltung des Arbeitsplatzes und die Pausenregelung ist vor allem das Entgelt als eine entscheidende Einflußgröße auf die Leistungsbereitschaft anzusehen. Bild 2-10 gibt einen Überblick über den grundsätzlichen Aufbau üblicher Entgeltsysteme.

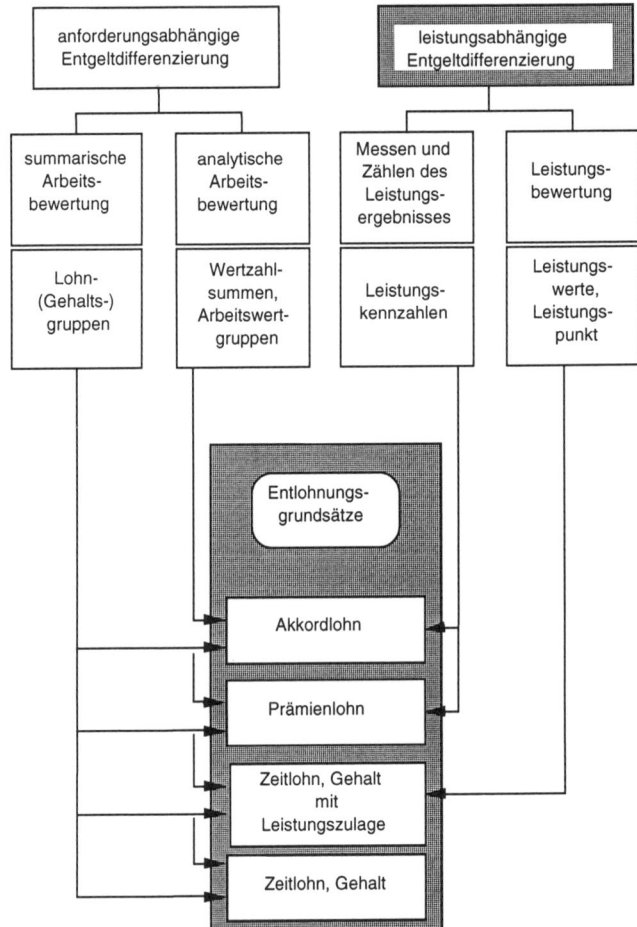

Bild 2-10: Entgeltdifferenzierung

Generell wird unterschieden zwischen einer *anforderungsabhängigen* und einer *leistungsabhängigen* Komponente des Entgeltes. Der anforderungsabhängigen Komponente liegt die Fiktion zugrunde, daß aus den Erfordernissen, die ein Arbeitsplatz an seinen Inhaber stellt, ein in Relation zu anderen Ar-

---

1   Vgl. auch Abschnitt 5.4.1.

beitsplätzen „gerechtes" Entgelt abgeleitet werden kann. Wesentlich ist, daß nicht die Qualifikation und die Fertigkeiten des Stelleninhabers entscheidend sind, sondern allein die Anforderungen der Stelle (Auch wenn der „erste Mann am Besen" ein Ingenieur ist, bekommt er nur das Entgelt fürs Fegen). Viele Tarifverträge greifen jedoch bei der Beschreibung der Anforderungen einer Stelle auf die erforderliche Qualifikation des Stelleninhabers zurück. Dies ist vor allem im BAT (Bundes-Angestelltentarifvertrag) sehr deutlich der Fall, so daß über diesen Weg dann doch auch eine (Formal-) Qualifikationskomponente des Stelleninhabers in die Bewertung einfließt.

Verbreitet ist die *summarische Arbeitsbewertung*, in der ein Arbeitsplatz als Ganzes mit sogenannten Richtbeispielen des Tarifvertrages verglichen wird und dann in eine Lohngruppe eingestuft wird. Bei der *analytischen Arbeitsbewertung* weist der Tarifvertrag dagegen detaillierte Anforderungskataloge auf. Das Vorhandensein einer Anforderung wird anhand des Kataloges für jeden Arbeitsplatz beurteilt. Ist die Anforderung vorhanden, ergeben sich aus dem Katalog je nach Skala Punktwerte für den Arbeitsplatz, wobei jedem Punktwert ein Entgeltbetrag zugeordnet ist.

Ergänzt werden diese Grundentgelte durch mehr oder minder leistungsproportionale Leistungszulagen. Beim Akkord ist in bestimmten Bandbreiten eine direkte funktionale Abhängigkeit von Arbeitsleistung und Entgelt gegeben. Bei Prämien gibt es in der Regel Leistungsschwellen, deren Überschreiten die Prämie wirksam werden läßt. Leistungszulagen sind schon in die Zukunft gerichtet. Sie werden pauschal gezahlt mit der Begründung, daß der Stelleninhaber generell Außergewöhnliches leistet.

Die kritischste Größe in der faktororientierten Produktionswirtschaft ist der Dispositive Faktor. Hier sind Funktionen angesprochen, wie zum Beispiel Führungsentscheidungen, die Organisation des Betriebes und dessen Management (In diesem Fall ist *Management* in seiner traditionellen, rein operativen Definition als „Betriebsführung", also nur als Planen, Steuern, Durchführen und Kontrollieren zu verstehen![1]). Ein Versuch, Substitutionsfunktionen und Faktorkosten unter Einbeziehung des Dispositiven Faktors zu ermitteln, macht schnell deutlich, daß die faktororientierte Produktionswirtschaft zwar ein bestechendes theoretisches Gedankengebäude von hoher Geschlossenheit ist, den Ansprüchen einer angewandten Wissenschaft dagegen nicht genügen kann. So können nur idealtypische Situationen beschrieben werden, das tatsächliche menschliche Entscheidungsverhalten in Situa-

---

1 In den beiden Hauptwerken TAYLORS, „Shop Management", 1903 und „Principles of Scientific Management", 1911 erschienen in Deutschland 1910 und 1913 unter den Titeln „Die Betriebsleitung" und „Die Grundsätze wissenschaftlicher Betriebsführung" bei Oldenbourg in München wird dieser traditionelle Begriff entscheidend geprägt. Die Bücher parallel zu lesen ist nicht nur fachlich interessant, sondern gibt auch ein spannendes Beispiel für die Mühen des Übersetzers (der deswegen auch häufig mitzitiert wird), der ohne die heute übliche, einfache Übernahme der Anglizismen eine Übertragung ins Deutsche leistete.

tionen bleibt jedoch außen vor, und auch die vielfältigen Interessenlagen, denen Unternehmen heute ausgesetzt sind, werden nicht einbezogen.

Die hohe Geschlossenheit des Ansatzes wird deswegen auch von wesentlichen Autoren als *Abgeschlossenheit kritisiert[1]. Im Fazit bleibt, daß dieses produktionswirtschaftliche Wissenschaftsprogramm zwar etliche sehr wertvolle und auch unverzichtbare Instrumente bereitstellt, es jedoch für eine Weiterentwicklung der Produktionswirtschaft als eine Lehre vom Produktionsmanagement nicht nutzbar ist.

2.2 Entscheidungsorientierte Produktionswirtschaft

Insbesondere aus der Kritik am Dispositiven Faktor hat sich die entscheidungsorientierte Produktionswirtschaft entwickelt. Entscheidungen und das Entscheidungsverhalten in allen Ebenen eines Betriebs stehen bei diesem Ansatz im Mittelpunkt der Betrachtungen. Auch die optimale Faktorkombination wird als Entscheidungsproblem aufgegriffen, wobei dann auch unbestimmte und unsichere Entscheidungssituationen mit verarbeitet werden können. Weiterhin wird nicht davon ausgegangen, daß betriebliche Entscheidungen zwingend dem ökonomischen Prinzip, sondern individuellen Präferenzstrukturen der Entscheider folgen. Dies bedeutet, daß neben rein rationalen Entscheidungen zum Beispiel Gewohnheits- oder Zufallsentscheidungen einbezogen werden. Auch das Modell einer Betriebswirtschaft ist ein anderes: Es wird als Sozialsystem aufgefaßt - statt Funktionen steht das Zusammenwirken von Menschen im Mittelpunkt.

Damit rücken automatisch Gestaltungsfragen in den Vordergrund. Der Ansatz ist somit pragmatisch-normativ: „Wie sollte eine Entscheidung sein?". Aus wissenschaftlicher Sicht fehlt ihm somit die Wertfreiheit. Schließlich werden in diesem Ansatz dem Entscheider normative Entscheidungsregeln an die Hand gegeben. In diesem Ansatz werden neben den rein produktionswirtschaftlichen auch Erkenntnisse etlicher weiterer Wissensgebiete integriert. Bild 2-11 zeigt das Zusammenspiel in der Übersicht.

---

[1]   Vgl. RAFFÉE, H.: Gegenstand, Methoden und Konzepte der Betriebswirtschaftslehre. In: BITZ et. al. 1989, S. 31.

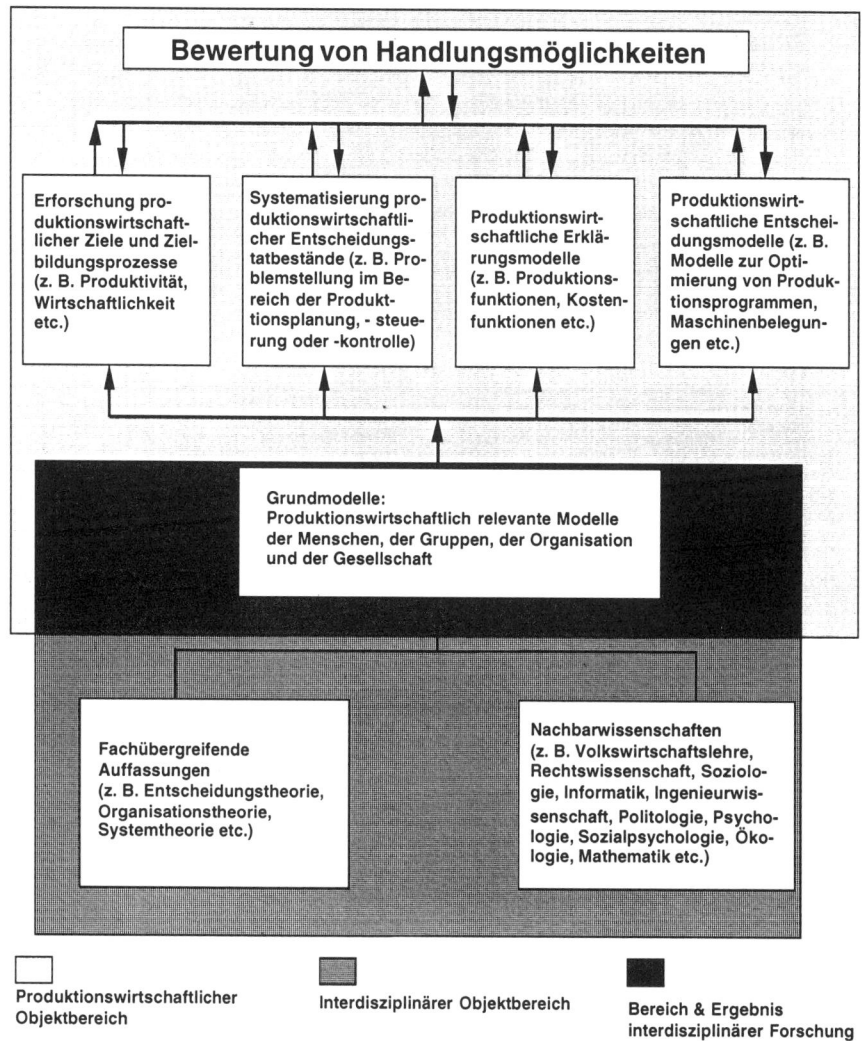

Bild 2-11: Forschungsansatz der entscheidungsorientierten Produktionswirtschaft[1]

2.3 Systemorientierte Produktionswirtschaft

Etwa zeitgleich mit dem Aufkommen der entscheidungsorientierten Produktionswirtschaft nahm auch die Entwicklung der systemorientierten Betriebswirtschaftslehre ihren Anfang. Insbesondere die Arbeiten von ULRICH[2]

---

1   In Anlehnung an ZAHN / SCHMID 1996, S. 27.
2   ULRICH, H.: Die Unternehmung als produktives soziales System. 3. Aufl. Stuttgart: Haupt, 1990.

und die durch ihn stark geprägte *St. Galler Managementschule*[1] haben sich intensiv damit beschäftigt, die Gedanken der Allgemeinen Systemtheorie auf die Fragestellungen der Betriebswirtschaftslehre anzuwenden. „Anzuwenden" ist in diesem Zusammenhang ein beachtenswerter Terminus. Es geht nicht darum, festzustellen, daß Betriebswirtschaft oder Erkenntnisobjekte der Betriebswirtschaftslehre Systeme sind, sondern vielmehr darum, betriebswirtschaftliche Erkenntnisse mit Hilfe der Mittel dieser Theorie zu erschließen. ULRICH und PROBST schreiben dazu: „... the use of system oriented terminology does not mean that the world is composed of systems, but only that systems concepts have shown themselves to be useful tools with which to think about the world"[2]. Die systemorientierte Produktionswirtschaft stellt damit sowohl einen ganzheitlichen als auch einen interdisziplinären Ansatz vor.

Grundlage der Überlegungen bildet das Konzept des offenen Systems (Bild 2-12). System und Umwelt sind zunächst aufeinander bezogen und bedingen sich wechselseitig. Ein System ist nicht denkbar ohne Umwelt und umgekehrt. Die Begriffe „System", „Umwelt" und „Systemgrenze" werden wie folgt definiert[3]:

- Ein *System* ist eine Ganzheit, die aus miteinander verknüpften Subsystemen (oder Elementen) besteht, die Relationen zwischen bestimmten Attributen aufweist und die von ihrer Umwelt abgegrenzt ist.

- Ist *b* eine nicht leere Menge von Systemen, dann ist die *Umwelt g* eines Systems *S* die Teilmenge *b | s* der Systeme, die nicht zugleich Subsysteme *s* von *S* sind.

- Die *Grenze eines Systems* ist das Unterscheidungskriterium zwischen der Menge der Subsysteme und der Differenzmenge. Die Grenze kann willkürlich festgelegt werden in Abhängigkeit von Gegenstand und Zweck der Betrachtung.

---

1   Insbesondere: ULRICH, H.; KRIEG, W.: St. Galler Management-Modell. 3. Aufl. Bern: Haupt, 1974.
ULRICH, H.: Unternehmungspolitik. 3. Aufl. Stuttgart: Haupt, 1990.
MALIK, F.: Strategie des Managements komplexer Systeme. Stuttgart: Haupt 1993.
BLEICHER, K.: Organisation als System. Wiesbaden: Gabler, 1972.
BLEICHER, K.: Das Konzept : Integriertes Management. Frankfurt a. M.: Campus 1992 (St. Galler Management-Konzept 1).
Gomez, P.; ZIMMERMANN, T.: Unternehmensorganisation : Profile - Dynamik - Methodik. 2. Aufl. Frankfurt a. M.: Campus, 1993 (St. Galler Management-Konzept 2).
HAX, A.; MAJLUF, N.: Strategisches Management : Ein integratives Konzept aus dem MIT. Frankfurt a. M.: Campus, 1991 (St. Galler Management-Konzept 3).
SCHWANNINGER, M.: Managementsysteme. Frankfurt a. M.: Campus, 1994 (St. Galler Management-Konzept 4).
BLEICHER, K.: Normatives Management : Politik, Verfassung und Philosophie des Unternehmens. Frankfurt a. M.: Campus, 1994 (St. Galler Management-Konzept 5).

2   ULRICH, H.; PROBST, G.: Insights, Promises, Doubts, and Questions Emerging from a Colloqium : A Summary. In: ULRICH / PROBST 1984, S. 149.

3   Vgl. z. B. ROPOHL, G.: Einführung in die allgemeine Systemtheorie. In: LENK / ROPOHL 1978, S. 9 - 49.

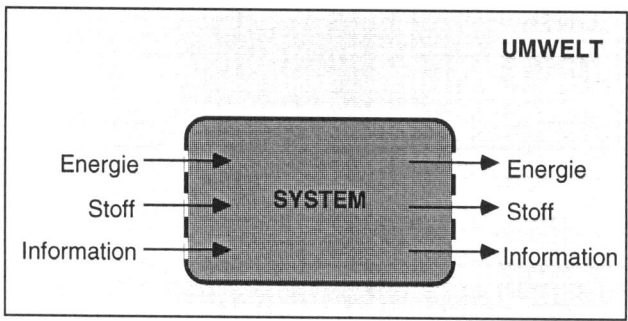

Bild 2-12: Das Konzept des offenen Systems

Diese Grenze zwischen System und Umwelt ist als in bestimmten Aspekten durchlässig gedacht, so daß ein Austauschprozeß zwischen System und Umwelt stattfinden kann. Man spricht von sogenannten „offenen Systemen". Mit den Begriffen „Energie", „Stoff" und „Information" lassen sich die Dimensionen des Austauschprozesses bezeichnen. Dieser Austauschprozeß befindet sich im ständigen Fluß und bewirkt ein *Fließgleichgewicht* innerhalb des Systems. Dieses Gleichgewicht ist bedeutsam für den Systemerhalt. Schwankungen sind zu dämpfen, um so möglichst nahe am Gleichgewicht zu bleiben. Dazu dienen zahlreiche kybernetische Mechanismen wie zum Beispiel die „negative Rückkopplung".

Betriebswirtschaften im Sinne dieser Überlegungen werden als *offene, dynamische, komplexe* und *zweckorientierte Systeme* betrachtet. Industriebetriebe werden zu *produktiven sozialen Systemen,* die im wesentlichen aus Menschen bestehen und den Zweck haben, Produkte im weitesten Sinne der Gesellschaft zur Verfügung zu stellen.

Das Unternehmensgeschehen wird als Prozeß aufgefaßt und mit Hilfe kybernetischer Erkenntnisse untersucht. Die *Kybernetik* gilt als Teilgebiet der Systemtheorie, die sich in der Hauptsache mit der Lenkung dynamischer Systeme beschäftigt. Durch den kybernetischen Ansatz rücken zwei Tatbestände in den Vordergrund:
- die Bedeutung von Information für das Systemverhalten und
- die Art der Steuerungs- und Regelungsvorgänge um ein zweckorientiertes Verhalten hervorzurufen.

Unter produktionswirtschaftlichen Gesichtspunkten ist nun das Verhalten der Güter-, Geld- und Informationsströme zu betrachten. Beim systemischen Ansatz bleiben dabei die Vorgänge im Inneren des Systems ohne Betrachtung: „Wir versuchen gar nicht, die Vorgänge im Innern des System im einzelnen zu erfassen und entsprechende Ursache-Wirkungs-Beziehungen festzustellen, sondern begnügen uns mit dem, was wir von außen beobachten können: Inputs und Outputs [...] Wir betrachten nun aber nicht nur die Ein-

und Ausgänge, sondern wir manipulieren den Input und registrieren was dabei als Output herauskommt"[1]. Bild 2-13 zeigt eine solche, vereinfachte, systemische Grundstruktur für ein Industrieunternehmen.

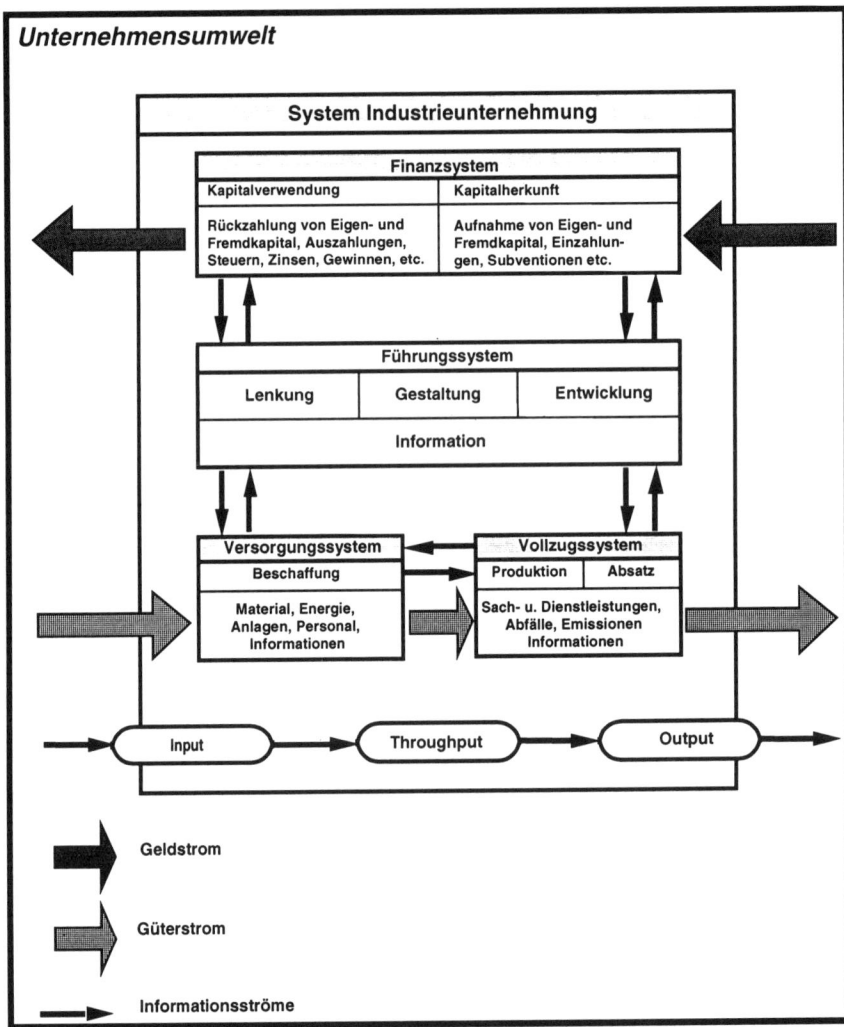

Bild 2-13: Grundstruktur einer systemorientierten Produktionswirtschaft[2]

Die systemorientierte Produktionswirtschaft richtet also ihre zentrale Aufmerksamkeit auf die Führung der Prozesse, worunter im Einzelnen die *Lenkung*, *Gestaltung* und *Entwicklung* offener, dynamischer Systeme verstanden wird. Eingedenk der in Kapitel 1 bereits gegebenen Definition zu einer Zu-

---

1   ULRICH, H.: Grundprobleme der Unternehmensplanung. Bern: Haupt 1968, S. 132.
2   In Anlehnung an ZAHN / SCHMID 1996, S. 29.

sammenführung der produktionswirtschaftlichen Ansätze in eine Lehre vom Produktionsmanagement haben wir hier eine deutliche Entsprechung - es wird im Produktionsmanagement also das Management offener, dynamischer, produktiver Systeme betrachtet.

Im klassischen Ansatz werden vor allem die Lenkungs- und Gestaltungsaufgaben betont. Ihnen nähert man sich in drei Problemstufen:
1. Festlegung der produktionswirtschaftlichen Ziele,
2. Gestaltung eines handlungsfähigen Produktionssystems und
3. Auslösung, Lenkung, Durchführung und Überwachung der zur Zielerreichung notwendigen Prozesse im Produktionssystem.[1]

2.4 Evolutionäre Produktionswirtschaft

Die Versuche, die Systemtheorie tatsächlich zur Gestaltung von Systemen heranzuziehen, haben schnell die Grenzen des klassischen systemischen Ansatzes aufgezeigt. Offenkundig sind soziale Systeme nicht nur selbst stabilisierend bei der Erhaltung des Fließgleichgewichtes, sondern es verändert sich auch ihre Struktur dabei. Das auch im klassischen Ansatz zwar erwähnte, aber nicht ernsthaft betrachtete dritte Element des Managements, die *Entwicklung* der Systeme, muß also verstärkt untersucht werden.

Durch die wirtschaftliche Entwicklung der letzten Zeit war dies aber nicht nur eine wissenschaftliche Aufgabe, sondern auch eine ganz praktische Forderung. Bild 2-14 soll das Problem verdeutlichen.

Zwei Problemstellungen haben sich in den letzten beiden Jahrzehnten beachtlich und gegeneinander verstärkend verschärft:
- Produktionswirtschaftliche Entscheidungsprobleme sind erheblich komplexer geworden, und damit sind Entscheidungen schwieriger zu treffen und gleichzeitig sind
- die Zeiträume, in denen sie getroffen werden müssen, in einem beachtlichen Maße kürzer geworden.

Es ergibt sich also eine Situation, in der trotz deutlich verbesserter Informationstechnologie es nicht mehr möglich ist, eine Entscheidung exakt zu begründen, vollständig durchzurechnen und zu planen. Ein interessantes Beispiel kann das Aachener Klinikum sein. Bei seiner Fertigstellung kam es zu erheblichen Protesten wegen der immensen Überschreitungen der Kostenplanungen. Im Gefolge mußte die verantwortliche Generalunternehmung den Konkurs anmelden. Das benutze Modell der sogenannten „sukzessiven Planung" wurde in der Öffentlichkeit teilweise verspottet, teilweise mit Entsetzen kommentiert und mit Veruntreuung öffentlicher Mittel verglichen.

---

[1] Vgl. ZAHN / SCHMID 1996, S. 30.

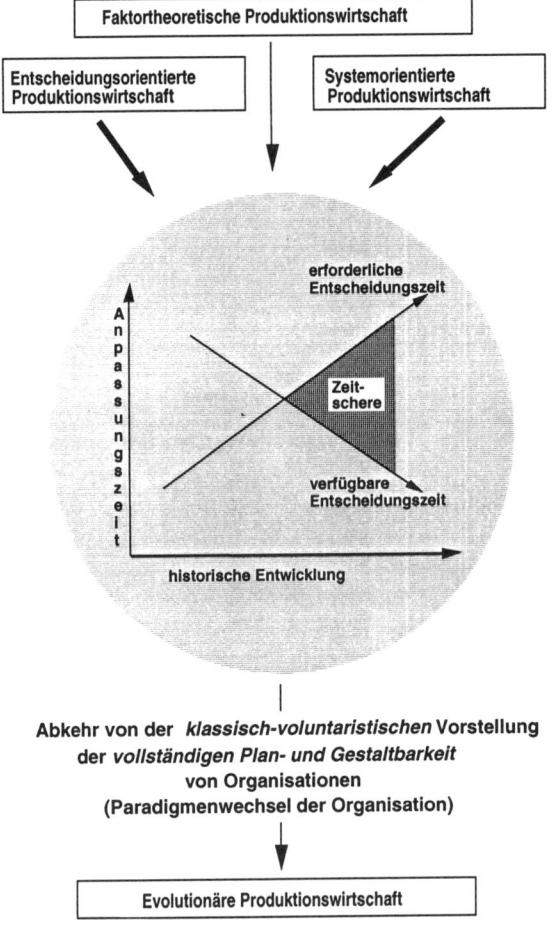

Bild 2-14: Praktische Begründung für eine evolutionäre Produktionswirtschaft[1]

Nur, bei Licht betrachtet, hatten die Planer wenig andere Möglichkeiten. Immerhin handelte es sich um ein Gebäude, das nach den neuesten technischen Erkenntnissen gebaut zu werden und ausgestattet zu sein hatte, und das bei einer projektierten Bauzeit von beinahe 10 Jahren. Die tatsächliche detaillierte Planung der Ausgestaltung zum Beispiel der Operationsräume, der krankenhaustechnischen Logistik sowie der zugehörigen Systeme, der eingesetzten Informationstechnik noch vor dem ersten Spatenstich wäre bei diesen Dimensionen mindestens ebenso unsinnig gewesen wie es die Kritiker von der sukzessiven Planung behaupteten. Etliche Ereignisse während der Bauzeit, die zu gravierenden Veränderungen führten, hätten die Bauherren überdies ja auch bei einem solchen Vorgehen ereilt und mutmaßlich noch unvorbereiteter „erwischt". Hierbei sei zum Beispiel an die Arbeitsstättenverordnung erinnert, die

---

1   In Anlehnung an BLEICHER, K.: Zukunftsperspektiven organisatorischer Entwicklung : Von strukturellen zu human-zentrierten Ansätzen. In: zfo - Zeitschrift Führung und Organisation 59(1990)3, S. 125 - 161.

plötzlich geänderte Anforderungen an Arbeitsräume stellte und damit gravierende Veränderungen am geplanten pflegerischen Konzept erforderte.

Selbstverständlich sollen hier nicht Planungsfehler wie der, daß im wahrsten Sinne des Wortes auf Sand gebaut wurde, gerechtfertigt werden. Auch viele teure Fehler in der Durchführungsorganisation sollen nicht beschönigt werden. Im Gegenteil, gerade letztere machen darauf aufmerksam, daß eine solche Sukzessivplanung natürlich auch eine andere Art des Produktionsmanagement erfordert - eines, das beim Klinikumbau noch nicht verfügbar war.

Es laufen also zwei Stränge zusammen:

- Es gibt ein offenkundiges praktisches Erfordernis, von der vollständigen Planung und zentralen Gestaltung einer Produktion abzurücken sowie neue Methoden einzusetzen, um der skizzierten Zeitschere zu begegnen, und
- die systemische Theorie hat sich mit dem Phänomen, daß sich reale Systeme offenkundig autonom verändern, auseinanderzusetzen.

2.4.1 Selbstorganisation und Lernende Organisation

Letzteres Phänomen ist unter dem Begriff „Selbstorganisation" inzwischen weitgehend anerkannt. Damit wird die frühere Beschränkung der Betriebswirtschaftslehre auf die formale Struktur für den Organisationsbegriff in Frage gestellt.[1] So betont etwa JUNG die allgemeine Unterschätzung der Eigenbeiträge betrieblicher Mitarbeiter zur strukturellen Ordnung der Aufgabenerfüllung in ihrem Aufgaben- und Verantwortungsbereich, die er als *Mikroorganisation* (Bild 2-15) bezeichnet.[2] Für JUNG ist es nach Auswertung der Literatur und einer eigenen Studie[3] unstrittig, daß Selbstorganisation stattfindet. Diskussionsfähig ist daher nicht mehr die „Notwendigkeit und Zweckmäßigkeit" von Selbstorganisation, sondern die „Stimulierung und Sicherung" dieser, für das „Funktionieren" von Unternehmen außerordentlich bedeutsamen Leistung.[4]

Für BLEICHER ist gar ein *Paradigmawechsel* in der Organisation beobachtbar, der sich in fünf Trends äußert:

- Von tiefgreifender Arbeitsteilung und Spezialisierung zur Gestaltung generalisierter umfassender Aufgaben- und Verantwortungskomplexe.

---

[1] Vgl. PROBST, G.; SCHEUSS, R.-W.: Die Ordnung von sozialen Systemen : Resultat von Organisieren und Selbstorganisation. In: zfo - Zeitschrift Führung und Organisation 53(1984)8, S. 480 - 488.

[2] Vgl. JUNG, R.: Selbstorganisationsleistungen zur Gestaltung der betrieblichen Mikroorganisation : Effizienzaspekte, Fördermöglichkeiten. In: zfo - Zeitschrift Führung und Organisation 56(1987)5, S. 401 - 408.
JUNG, R.: Mikroorganisation : Eine Untersuchung der Selbstorganisationsleistungen in betrieblichen Führungssegmenten. Bern: Haupt, 1985. S. 3 f.

[3] Ein wichtiger Indikator für Selbstorganisation wird von JUNG nicht aufgegriffen: Selbstorganisation und die Bedeutung ihrer Verweigerung hat in der Umgangssprache seinen Niederschlag in Begriffen wie „Bummelstreik" und „Dienst nach Vorschrift" gefunden.

[4] Vgl. JUNG 1985, S. 41.

- Von der Organisation „ad rem" zum Entdecken der Individualität der Führung „ad personam".
- Unternehmerische statt technokratisch-bürokratische Denkweise.
- Vom manageriellen Machen zum Pflegen einer sich selbst organisierenden spontanen Ordnung.
- Von der administrativen Steuerung arbeitsteiliger Systeme zu ihrer marktwirtschaftlichen Lenkung.[1]

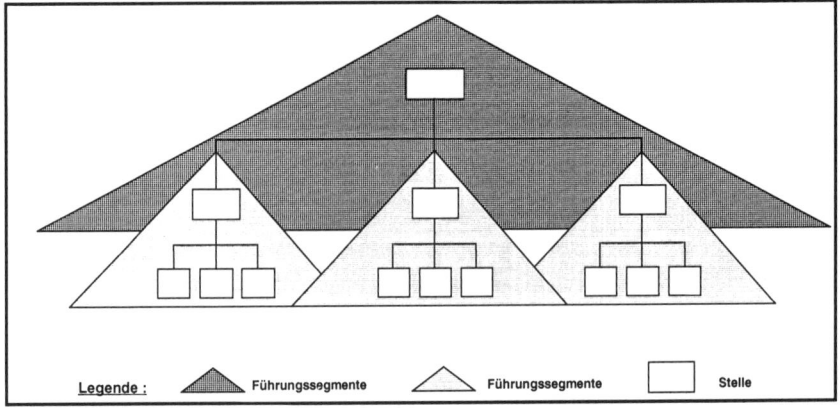

Bild 2-15: Führungssegmente als Orte der Mikroorganisation nach JUNG[2]

Konsequent haben GILBERT, GOMEZ, MALIK, PROBST und SCHEUSS von der bereits erwähnten Hochschule in St. Gallen, im wesentlichen aufbauend auf den Arbeiten von JANTSCH, das Thema der Selbstorganisation aufgegriffen.[3]

---

1   Vgl. BLEICHER 1990.

2   JUNG hat seine Definition nicht illustriert. Bei dem Versuch, dies für den vorliegenden Text vorzunehmen, wird die große Nähe zu LIKERTs „Organisationsstruktur im partizipativen Modell" deutlich.
Vgl. LIKERT, R.: Die integrierte Führungs- und Organisationsstruktur. Frankfurt a. M.: Campus, 1975. S. 50. (Zitiert nach STAEHLE, W.: Management : Eine verhaltenswissenschaftliche Perspektive. 4. Aufl. München: Vahlen, 1989, S. 704).

3   Die Darstellung bezieht sich auf die folgenden Quellen:
GOMEZ, P.; PROBST, G.: Fehler beim Umgang mit Komplexität. In: Gablers Magazin 3(1989)5, S. 10 - 15.
GOMEZ, P.: Die Organisation der Autonomie : Neue Denkmodelle für die Unternehmungsführung. In: zfo - Zeitschrift Führung und Organisation 57(1988)6, S. 389 - 393.
GOMEZ, P.; PROBST, G.: Vernetztes Denken im Management : Eine Methodik des ganzheitlichen Problemlösens. In: Die Orientierung. Bern: Schweizerische Nationalbank (1987)89.
JANTSCH, E.: Die Selbstorganisation des Universums. 3. Aufl. München: dtv, 1986.
MALIK, F.; PROBST, G.: Evolutionäres Management. In: Die Unternehmung 35(1981), S. 121 - 140.
PROBST, G.: Selbstorganisation. In: Frese 1992, S. 2255 - 2269.
PROBST, G.: Der Organisator in selbstorganisierenden Systemen : Aufgaben, Stellung und Fähigkeiten. In: zfo - Zeitschrift Führung und Organisation 55(1986)6, S. 395 - 399.
PROBST, G.: Selbstorganisation : Ordnungsprozesse in sozialen Systemen aus ganzheitlicher Sicht. Berlin: Parey, 1987.
PROBST / SCHEUSS 1984.

Sie unterscheiden zunächst zwei grundsätzliche *Koordinationsmethoden*, die Koordination durch Befehl und Weisung (Hierarchie) und die Selbstkoordination im Rahmen eines polyzentrischen Systems. Als Beispiel für die erste Methode gilt ihnen die Struktur einer Schiffsführung, für die zweite wird ein Fußballteam angeführt. „Bemerkenswert ist aber doch, daß der weitaus größte Teil der betriebswirtschaftlichen und der Management-Literatur sich fast ausschließlich mit der ersten Form, also den verschiedenen Spielarten von Befehlshierarchien und den für sie zweckmäßigen Methoden beschäftigt."[1] Der Begriff der Selbstorganisation wird nach deren Darstellung in dieser Literatur zwar des öfteren verwendet, jedoch mißbräuchlich, da tatsächlich nur *Selbstabstimmung* oder *Selbstkoordination* gemeint ist. *Organisation meint jedoch Entstehen überdauernder Strukturen.* Selbstorganisation umfaßt demzufolge „alle Prozesse, die aus einem System heraus von selbst entstehen und in diesem ‚Selbst' Ordnung entstehen lassen, verbessern oder erhalten"[2].

Die St. Galler Schule definiert Organisation „als alles, was für eine wahrgenommene Ordnung verantwortlich zeichnet"[3]. Ordnung wird zwar als Einschränkung von Verhaltensmöglichkeiten einzelner verstanden, ist aber eben nicht nur ein Resultat menschlicher Absichten und Zwecke, sondern gleichzeitig historisch gewachsen, manifestiert sich also nicht nur in Dokumenten und Plänen (Standardisierung), sondern vor allem in Verhaltensmustern der Organisationsmitglieder.

Das Verhalten in Systemen gehorcht somit zwar Regeln, die meistens auch Verhaltensbeschränkungen beinhalten, die eine Ordnung des Handelns bewirken, die sich jedoch ebenso wie die Umwelt *evolutionär* verändern. *Gesetze* (hier: organisatorische Regeln) sind in diesem Zusammenhang dann lediglich ein explizit formulierter Teil der faktisch wirkenden Regularien, Rituale und Tabus. Der jeweilige Zustand eines soziotechnischen Systems (hier: Situation einer Unternehmung) ist damit ausschließlich das Ergebnis von Handlungen, nicht von den dahinter stehenden Absichten, Plänen und Zielen[4]. Selbstorganisation, insbesondere der Versuch, die Evolutionstheorie auf Organisation anzuwenden, war lange heftig umstritten. Obwohl die Idee heute weitgehend anerkannt wird, finden sich nach wie vor, insbesondere theologisch begründete, Vorbehalte[5].

---

1 MALIK / PROBST 1981, S. 121.
2 PROBST 1992, S. 2255.
3 PROBST 1987, S. 68. Dieser äußerst umfassende Organisationsbegriff wird zum Beispiel von JUNG (1987) abgelehnt, obwohl auch dieser (1985, S. 36) feststellt, daß „der Tatbestand der organisatorischen Ordnungsleistung" nicht an eine besondere Form seiner Genese gebunden ist.
4 Vgl. auch LINDBLOM, C.: The science of "Mudling Through". In: Public Administration Review 19(1959), S. 79 - 88 / GAGSCH, S. (Übers.). In: GROCHLA 1976, S. 373 - 388. S. 380.
5 Vgl. HENNING, K.: Spuren im Chaos : Christliche Orientierungspunkte in einer komplexen Welt. Landsberg: mi, 1993.

Wesentliche Erkenntnis der Selbstorganisation ist, daß es Grenzen der Gestaltbarkeit von sozialen Systemen gibt. Diese Systeme müssen deshalb entwickelt werden, wobei eine solche Entwicklung nicht gemacht, sondern - vergleichbar mit einem Lernprozeß - lediglich gefördert werden kann. Im Alltag ist die Moderation (als Führung) selbstorganisierender Systeme nichts Ungewöhnliches. Als Beispiele lassen sich die Tier- und Pflanzenzucht ebenso wie die Kindererziehung anführen. Der Begriff der *Lernenden Organisation* ist geboren.

Selbstorganisierende Systeme werden von PROBST durch die Charakteristika Komplexität, Selbstreferenz, Redundanz und Autonomie beschrieben, die im folgenden näher erläutert werden sollen.
- *Komplexität* entsteht als Resultat von Ordnungen, die sich aus interagierenden Teilen bilden, wodurch ein
  - synthetisch deterministisches,
  - von der Vergangenheit abhängiges,
  - analytisch unbestimmbares und damit
  - analytisch nicht vorhersagbares
  Verhalten des Systems hervorgerufen wird.
- *Selbstreferenz* liegt vor, da das Systemverhalten auf sich selbst zurückwirkt und so wieder zum Ausgangspunkt für weiteres Verhalten wird. Aktivitäten stellen mithin „das Resultat innerer Zusammenhänge, nicht aber einfach Reaktionen auf Einflüsse aus der Umwelt"[1] dar. Informationen werden nicht einfach eingegeben, sondern aufgrund von Wahrnehmungen des Äußeren intern generiert. Dadurch entsteht die Einheit des Systems und seine Abgrenzung zur Umwelt.
- *Redundanz* ist als Redundanz der Funktionen - in möglichst vielen Teilen - Eigenschaft und Voraussetzung der Selbstorganisation, sie bildet die Grundlage für Flexibilität. Die Interaktion von Redundanz und Selbstreferenz gilt als Quelle für innovatives Verhalten, Kreativität, Lernen höherer Ordnung etc.
- *Autonomie* wird auch im Sinne von Selbstgestaltung und Selbstregulierung verstanden und nicht nur im Sinne von gewährter Kompetenz bei Dezentralisierung. Sie gilt als Voraussetzung für den dauerhaften Vollzug der vielfältigen, zum Überleben erforderlichen Anpassungsvorgänge.

2.4.2 Konsequenzen der Selbstorganisationsansätze

Auf den ersten Blick erscheint der evolutionäre Ansatz lediglich eine geringe Weiterentwicklung des systemorientierten Ansatzes zu sein. In Bild 2-16 ist dargestellt, wie er in das bestehende System eingefügt werden kann. Je nach Aufgabenstellung und Umweltsituation kann ein geeigneter Managementansatz ausgewählt werden. Da beim Organisieren grundsätzlich das Pro-

---

1   PROBST 1986, S. 396.

blem der Kosten aus mangelnder Information gegenüber den Kosten für Koordinationsaufwand gelöst werden muß[1], ist gegen diesen pragmatischen Umgang mit dem Phänomen zunächst auch nichts einzuwenden; er wird ihm aber auch nicht gerecht! Es sollen deswegen im weiteren noch zwei Aspekte vertieft werden:

* die Bedeutung des grundlegenden Wandels in den *Managementtechniken* und
* was es eigentlich bedeutet, wenn in diesem Zusammenhang der Begriff *Paradigmawechsel* verwendet wird.

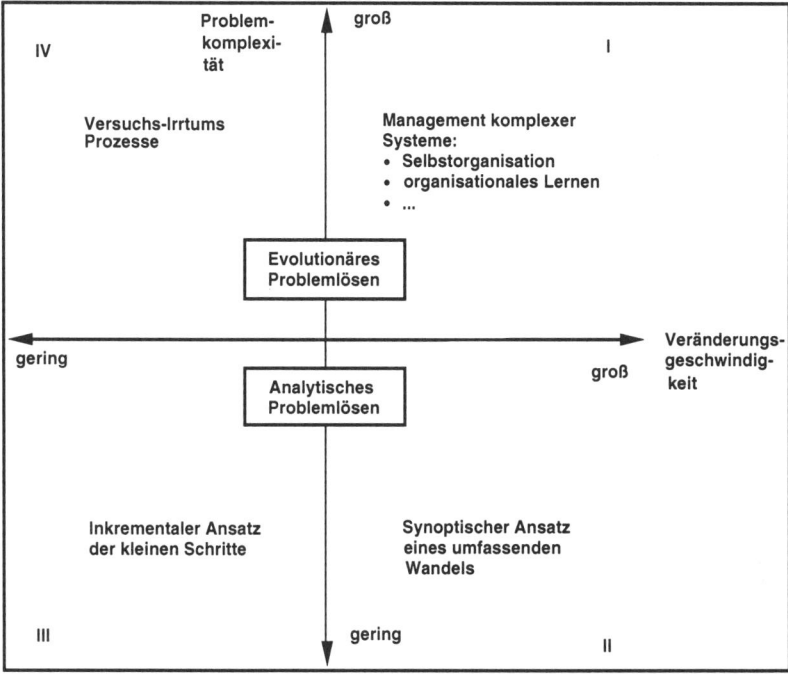

Bild 2-16: Einordnung des evolutionären Problemlösens[2]

2.4.3 Die Bedeutung von Selbstorganisation für das Management von Systemen

Tatsächlich stehen sich der Ansatz der Selbstorganisation und der Fremdorganisation oder traditionellen Organisation diametral gegenüber. Im klassischen Ansatz wird Selbstorganisation bestritten oder als vernachlässigbar geringes, als möglichst zu beseitigendes - und damit prinzipiell auch beseiti-

---

1   Vgl. FRESE, E.: Grundlagen der Organisation : Konzept - Prinzipien - Strukturen. 6. überarb. Aufl. Wiesbaden: Gabler, 1995.

2   In Anlehnung an ZAHN / SCHMID 1996, S. 34.

gungsfähiges - Phänomen angesehen. Selbstorganisation steht der techno-
morphen Denkweise des traditionellen Ansatzes, dem „Konstrukteursden-
ken", entgegen.[1]

In den Selbstorganisationsansätzen erfolgt eine Gewichtsverlagerung: Sie gilt
nicht länger als eine „Störung" in sonst „sauberen" Organisationen, sondern
wird zur wichtigen Gestaltungsträgerschaft für Organisation aufgewertet.
Für einen solchen Wechsel der Sichtweise spricht auch, daß selbst Neue
Technologien - für die an sich ein Einschaltzeitpunkt erwartet werden sollte -
„in den meisten Fällen in der Art eines evolutionären Prozesses eingeführt"[2]
werden, mit im allgemeinen geringen Veränderungen zu einem bestimmten
Zeitpunkt. Bild 2-17 zeigt eine Gegenüberstellung wesentlicher Merkmale
traditioneller Organisation zu Selbstorganisation.

„Klassische" Organisation	Selbstorganisation
Selbstorganisation „stört" die bestehende Ordnung.	Selbstorganisation hat zentrale Gestaltungsträgerschaft.
Ordnung entsteht im wesentlichen durch bewußtes Gestalten.	Ordnung in Systemen entsteht aus den zirkulären Prozessen im System, dies schließt bewußte Gestaltungshandlungen einzelner ein.
Organisationen sollen in einem optimalen Zustand stabil sein (stationäres Gleichgewicht).	Organisationen sollen sich analog der Umgebung dynamisch entwickeln (Fließgleichgewicht).
Änderungen werden durch eine rationale Problemlösung erarbeitet und von außen eingeführt.	Änderungen werden (ggf. aufgrund von Einflüssen aus der Umwelt) vom System selbst mehr oder weniger systematisch generiert.
Organisatoren organisieren.	Organisatoren helfen organisieren.
Der Organisator ist ein Spezialist, der Probleme löst, Strukturen entwirft und einführt.	Der Organisator ist ein Generalist, ein integrativer Problembearbeiter, der Spezialisten integriert und koordiniert.
Das System ist durch Regeln beschrieben.	Regeln sind entweder Soll-Vorstellungen oder Beschreibungen wichtiger Merkmalsausprägungen des Systems zu einem Zeitpunkt in der Vergangenheit.
Organisation ist die Ordnung der Strukturen.	Organisation ist die Ordnung der Prozesse.
Professionalisierung durch Spezialisierung.	Flexibilisierung durch Redundanz.

Bild 2-17: Gegenüberstellung wesentlicher Merkmale „klassischer" Organisation zu Selbstorganisation[3]

---

1   Vgl. MALIK / PROBST 1981, S. 133.
2   HORNUNG, V.: Aufgabenangemessenes Design flexibler Software. Berlin: Springer, 1991. S. 9.
3   In Anlehnung an GRAP, R.: Neue Formen der Arbeitsorganisation für die Stahlindustrie. Aachen: Augustinus, 1992. S. 74.

Die Konsequenzen aus diesem Schwerpunktwechsel sind deswegen - vor allem für Organisatoren und Führungskräfte - beachtlich. Überlegungen zu optimalen Strukturen und Abläufen verlieren ihre dominante Bedeutung. Konsequenterweise gibt der Ansatz keine Hinweise auf anzustrebende Strukturen. Selbstorganisation wird nicht als etwas bezeichnet, das die Tätigkeit eines Organisators ersetzt, es wird auch nicht postuliert, daß selbsterzeugte Ordnung effizient bezogen auf ein singuläres, fixiertes Ziel ist. Zentrale Aussage ist vielmehr, daß

- autonome ordnungsbildende Prozesse immer ablaufen,
- Systeme, die Strukturen und Beziehungen aufweisen, welche solche Prozesse unterstützen, anpassungsfähiger sind und ein höheres Potential zur Komplexitätsbewältigung aufweisen als andere und
- Organisatoren die Selbstorganisation beachten, besser aber noch: sie sich zunutze machen sollten.

Methoden und Instrumente der Organisation erfahren dadurch deutliche Veränderungen und Ergänzungen.

Für das Management von Produktionssystemen bedeutet der Schwerpunktwechsel zwar nicht, daß bewährte Instrumente, wie etwa Zeitaufnahmen, Anforderungsermittlungen oder PARETO-Analysen[1] unnötig würden, sie schaffen nach wie vor wesentliche Grundlagen.

Bei Berücksichtigung der Selbstorganisation werden sie jedoch seltener und oft nur mit geringerer Genauigkeit erforderlich. Dafür verantwortlich ist eine andere Art der „Einführung" geänderter Strukturen. Das in der klassischen Systemtechnik[2] und der entscheidungsorientierten Produktionswirtschaft vorgesehene Entwerfen eines oder mehrerer Soll-Konzepte, eventuell deren analytischer Vergleich nach einer allgemein akzeptierten Methodik und der Auswahl einer Bestlösung[3] sowie deren anschließende Einführung[4], ist nach den Theorien der Selbstorganisation mindestens nicht wirtschaftlich, sinnvoll (JUNG) oder gar nicht möglich (PROBST): „Die Entwicklung humaner sozialer Systeme kann nicht gestaltet, nur unterstützt und gefördert werden ..."[5]. Damit wird „Organisieren zur Aufgabe, Systemaktivitäten zu erleichtern, koordinieren, integrieren und zu steuern, sowie entsprechende Kon-

---

[1] Vgl. HACKSTEIN, R.: Einführung in die technische Ablauforganisation. 2. überarb. Aufl. München: Hanser, 1988.
    REFA - Verband für Arbeitsstudien und Betriebsorganisation e. V. (Hrsg.): Datenermittlung. 6. Aufl. München: Hanser, 1978 (Methodenlehre des Arbeitsstudiums 2) und Kapitel 5 der vorliegenden Ausarbeitung.

[2] Vgl. zum Beispiel REFA - Verband für Arbeitsstudien und Betriebsorganisation e. V. (Hrsg.): Arbeitsgestaltung im Bürobereich. München: Hanser, 1991 (Methodenlehre der Betriebsorganisation). S. 273.

[3] Vgl. zum Beispiel GROB, R.: Erweiterte Wirtschaftlichkeits- und Nutzenrechnung. Köln: Verlag TÜV Rheinland, 1983.

[4] Vgl. zum Beispiel DAENZER, W.: Systems Engineering : Leitfaden zur methodischen Durchführung umfangreicher Planungsvorhaben. Zürich: Hanstein, 1977. S. 100 - 120.

[5] PROBST 1987, S. 51.

texte zu schaffen, damit potentielle Verhaltensmöglichkeiten erhalten und vergrößert werden."[1]

Selbstorganisation legt für die „Systemgestaltung" den Rückgriff auf das Instrumentarium der Organisationsentwicklung (OE)[2] nahe - in Typologien dieses Instrumentariums werden auch konkret Formen von Produktionsorganisation aufgeführt[3], Methoden der OE befassen sich mit deren „Implementation"[4]. Zwar entstanden die Methoden der OE vor einem anderen theoretischen Hintergrund, dem der Human-relations-Bewegung[5], jedoch enthalten die von führenden Organisationsentwicklungsberatern wie NTL[6], NPI[7] und METAPLAN[8] erarbeiteten Methoden Instrumentarien, die im praktischen Einsatz bewährt sind. Der Selbstorganisationsansatz bietet nun einen theoretischen Bezugsrahmen für eine Anzahl der bislang als normativ eingeschätzten grundlegenden Annahmen der Organisationsentwicklung[9] und erlaubt damit eine theoriegeleitete (Neu-)Bewertung der Instrumentarien sowie deren situationsgerechte Auswahl im Rahmen einer systemischen Beratung[10].

Der Neubewertung und situativen Auswahl der Instrumente kommt eine zentrale Funktion zu. Die Tatsache, daß Organisationsentwicklung eine marktfähige Beratungsdienstleistung ist, hat eine unübersehbare Anzahl von Methoden und Interventionstechniken entstehen lassen, unter deren wohlklingenden Bezeichnungen sich bei genaueren Untersuchungen lediglich geringfügige Variationen der immer gleichen Instrumente verbergen. Das Konzept der Selbstorganisation an sich verbietet überdies das unreflektierte „Abfahren" einer „bewährten" Organisationsentwicklungsmethode und legt

---

[1]   PROBST 1987, S. 13.

[2]   Vgl. WOHLGEMUTH, A.-C.: Das Beratungskonzept der Organisationsentwicklung : Neue Form der Unternehmensberatung auf der Grundlage des sozio-technischen Systemansatzes. Bern: Haupt, 1982.

[3]   Vgl. zum Beispiel LASSER, R.: Organisationsentwicklung. In: WiSt - Wirtschaftswissenschaftliches Studium 18(1989)4, S. 202 - 206.

[4]   Vgl. FORD, R.: Motivation through the Work itself. 5. Aufl. New York: American Management Ass., 1969.

[5]   Vgl. LEWIN, K.: Frontiers in group dynamics : Concept, Method and Reality in Social Science. In: Harvard Review (1947)1, S. 5 - 41.
        Siehe auch S. 3.

[6]   National Training Laboratories, zum Beispiel BLAKE, R.; MOUTON, J.: The managerial grid III. 3. Aufl. Houston: Gulf Publ. Co., 1987.

[7]   Nederlands Paedagogisch Instituut, zum Beispiel GLASL, F. (Hrsg.); HOUSSAYE, L. (Hrsg.): Organisationsentwicklung. Bern: Haupt, 1975.

[8]   Vgl. SCHNELLE, E.: Entscheidung im Management : Wege zur Lösung komplexer Aufgaben in großen Organisationen. Quickborn: METAPLAN, 1966.

[9]   Vgl. hierzu beispielsweise die Literaturauswertung von STAEHLE, 1989, S. 835 ff.

[10]   Vgl. auch EXENER, A.; KÖNIGSWIESER, R.; TISCHER, S.: Unternehmungsberatung - systemisch. In: DBW - Die Betriebswirtschaft 47(1987)3, S. 265 - 284.

statt dessen bei Interventionen die Beachtung der folgenden, von PROBST formulierten, Regeln nahe[1]:
- Behandle das System mit Respekt.
- Lerne mit Mehrdeutigkeit, Unbestimmtheit und Unsicherheit umzugehen.
- Erhalte und schaffe Möglichkeiten.
- Erhöhe Autonomie und Integration.
- Nutze und fördere das Potential des Systems.
- Definiere und löse Probleme auf.
- Beachte die Ebenen und Dimensionen der Gestaltung und Lenkung.
- Erhalte und fördere Flexibilität und Eigenschaften der Anpassung und Evolution.
- Strebe vom Überleben zu Lebensfähigkeit und letztlich nach Entwicklung.
- Synchronisiere Entscheidungen und Handlungen mit zeitgerechtem Systemgeschehen.
- Halte die Prozesse im Gang - es gibt keine endgültigen Lösungen.
- Balanciere die Extreme.

Darüber hinaus ergeben sich für den Organisator noch weitere Regeln:
- Da nach dem Konstruktivismus das System erst durch das Interesse an ihm entsteht, muß der Systemabgrenzung größte Aufmerksamkeit gewidmet werden. In der traditionellen Organisation ausgebildete Organisatoren werden dabei tendenziell dazu neigen - im Sinne einer Komplexitätsverminderung - die Systemgrenzen zu eng zu wählen.
- Jede Untersuchung eines Ist-Zustandes, insbesondere aber der Einsatz von Methoden der Sozialforschung wie Fragebogen, Interviews und Gruppengespräche, stellt bereits einen verändernden Eingriff in das System dar. Organisatoren - egal ob interner oder externer Herkunft - sind immer Teil des organisierten und organisierenden Systems.
- Organisatoren sind „... nicht dazu auszubilden, alleine Probleme anderer zu lösen, sondern andere Leute zu befähigen, Probleme zu definieren und effektiver und effizienter anzugehen."[2] Sie benötigen daher Schulungen
  - in der Methodik der Modellbildung,
  - um eigene Wissenslücken zu erkennen und zu offenbaren,
  - zu normativer Offenheit und
  - zum Aufdecken sowie zur kritischen Reflexion von Prämissen.
- Eine etablierte organisatorische Lösung ist nicht auf ein anderes System, auch nicht in demselben Unternehmen, übertragbar - in diesem Sinne kann es keine organisatorischen „Pilotstudien" geben.[3]

---

[1]   Vgl. PROBST 1987, S. 110 ff.
[2]   PROBST 1986, S. 398.
[3]   Vgl. auch MÜHLBRADT, T.: Systemische Intervention : Ein Ansatz zum Management von Komplexität. Herzogenrath: GOM, 1996.

Die Feststellung, daß Selbstorganisation ein zwangsläufiges und unvermeidbares Phänomen ist, bedeutet keinesfalls, daß die Organisationsleistung ohne Aufwand, also quasi umsonst zu haben ist. Eine umgekehrte Betrachtungsweise trifft eher zu: Wird Selbstorganisation durch Beschränkung von Selbstreferenz, Redundanz und Autonomie behindert, verhindert dies Selbstorganisation nicht, es macht sie nur aufwendiger und damit teurer. Die ordnungsbildenden Prozesse binden jedoch auf jeden Fall Ressourcen des Systems.

Selbstreferenz unterstützen heißt im wesentlichen Beteiligung der Mitarbeiter auf allen Ebenen und ist damit eine weitere notwendige Konsequenz - mit zugehörigen zeitlichen Freiräumen - gerade auch, wenn die Aufgaben im System sehr heterogen sind[1]. Daß auch Mitarbeiter der untersten Produktionsebene konstruktiv an der Lösung organisatorischer Probleme beteiligt werden können, wurde inzwischen in zahlreichen Fallstudien bestätigt gefunden[2]. Beteiligung bietet sich auch zur Stärkung von Autonomie an. Im vorliegenden Zusammenhang steht dabei weniger die Zubilligung von Kompetenz zum Handeln im Vordergrund, als daß Beteiligung dazu beiträgt, die Fähigkeit und den Willen zu entwickeln, aus sich heraus zu handeln (Handlungskompetenz).

Redundanz der Funktionen vorsehen bedeutet darüber hinaus auch, daß möglichst viele Mitglieder eines Systems mindestens mehrere Aufgaben (redundant zu anderen) bewältigen können. Solche Redundanzen zu erhalten erfordert entweder überlappende Aufgaben oder einen regelmäßigen Aufgabenwechsel. In der Praxis kann dies etwa durch einen Übergang vom Springersystem (einfache Redundanz) zu Arbeitsgruppen (mehrfache Redundanz) und von Sequentierung (Artenteilung) zu Parallelisierung (Mengenteilung, Einzelarbeitsplätze) erfolgen.

In der Konsequenz bewirkt beides auch eine Vergrößerung der *Autonomie* der Einheiten. Mit der derzeit zu beobachtenden breiten Einführung von Teilautonomer Gruppenarbeit in den Produktionsbetrieben wird somit der Selbstorganisation an elementarer Stelle eines Produktionssystems bewußt

---

1   Vgl. JUNG 1985, S. 158 ff.

2   Beispielsweise: FRICKE, E.; FRICKE W.; SCHÖNWALDER, M.; STIEGLER, B.: Qualifikation und Beteiligung : Das Peiner Modell. Frankfurt a. M.: Campus, 1981 (Humanisierung des Arbeitslebens 12).
FRICKE, W.; WIEDENHOFER, H.: Beteiligung im Industriebetrieb : Probleme des mittleren Management. Frankfurt a. M.: Campus, 1985 (Humanisierung des Arbeitslebens 55).
GEBBERT, V.: Gruppenarbeit und Belegschaftsbeteiligung in der Eisen- und Stahlindustrie. Frankfurt a. M.: Campus, 1985.
HEEG, F.-J.: Untersuchung über die Möglichkeiten des Einsatzes von Verfahren der Kleingruppenaktivitäten zur Reduzierung der Akzeptanzlücke bei der Einführung neuer Technologien. Aachen: IAW - Lehrstuhl und Institut für Arbeitswissenschaft der RWTH, 1984 (Dissertation).
LICHTE, R.; REPPEL, R.: Beteiligungsgruppen im Kaltwalzwerk - ein Modell? In: ROTH / KOHL 1988, S. 123 - 137.
WAGNER, D.; SCHUMANN, R.: Die Produktionsel : Leitfaden zur Einführung einer effizienten Produktion in Zulieferbetrieben. Köln: Verlag TÜV-Rheinland, 1991. S. 86.

Raum zur Entfaltung gegeben - häufig jedoch ohne daß sich das Management der Tragweite dieser Entscheidung bewußt ist[1].

Dies alles führt zu entscheidenden Modifikationen des klassischen Ansatzes der Systemtechnik in Organisationsarbeit und -projekten. Zwar wird aus rein opportunistischen Erwägungen der Akzeptanz bei den Organisatoren in der Praxis ein erweiterter Ansatz der Systemtechnik von den Vertretern des Selbstorganisationsansatzes zugrundegelegt. Dem werden aber weitere „Arbeitsschritte" zugeordnet mit dem Ziel, ganzheitliche Vorgehensweisen bei Problemlösungen zu erleichtern. Einen Überblick über diese Strategie gibt Bild 2-18, die einzelnen Elemente sind in den folgenden Absätzen dargestellt[2]:

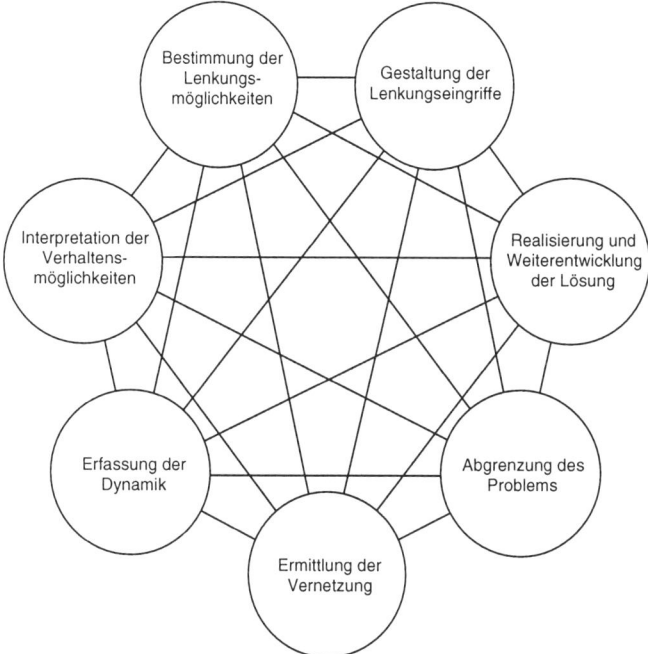

Bild 2-18: Planungszyklus[3]

- *Abgrenzung des Problems:* Funktion oder Zweck eines Systems sollen aus verschiedenen Perspektiven (wirtschaftlich, technisch, sozial, gesellschaftlich) betrachtet werden.

---

1   Vgl. GRAP, R.; MÜHLBRADT, T.: Gruppenarbeit - und dann? Der nächste Schritt zur lernenden Organisation. In: Personalführung 28(1995)4, S. 320 - 327.
GRAP, R.; MÜHLBRADT, T.: Von der Gruppenarbeit zur lernenden Organisation. In: io Management Zeitschrift 64(1995)4, S. 75 - 79.

2   Vgl. GOMEZ / PROBST 1987, S. 8 - 30.

3   In Anlehnung an GOMEZ / PROBST 1987, S. 5.

- *Ermittlung der Vernetzung:* Die wichtigsten Einflußfaktoren für das System werden zueinander in Beziehung gesetzt, um Interpretationen in einfachen Ursache-Wirkungsketten zu vermeiden.
- *Erfassung der Dynamik:* Einflüsse und Maßnahmen wirken mit zeitlichen Verzögerungen; Wechselwirkungen zwischen verschiedenen Größen weisen unterschiedliche Intensitäten auf, die eine beabsichtigte Wirkung einer Maßnahme ins Gegenteil verkehren können.
- *Interpretation der Verhaltensmöglichkeiten:* Mit Hilfe der Szenariotechnik sollen frühzeitig Risiken und Verhaltensmöglichkeiten erkannt werden.
- *Bestimmung der Lenkungsmöglichkeiten:* Die Einflußfaktoren werden in Indikatoren, lenkbare Größen und nicht lenkbare Größen eingeteilt. Zwei Beziehungsaspekte sollen beachtet werden: Rückkopplungen, die für verschiedene Entwicklungen der Indikatoren verschiedene Strategien vorsehen, und Vorkopplungsmechanismen, die gewährleisten, daß zukünftige Entwicklungen rechtzeitig erfaßt und ausgenutzt werden können.
- *Gestaltung der Lenkungseingriffe:* Aus dem Katalog der gefundenen Vor- und Rückkopplungsmechanismen werden einzelne Strategien auf ihre Wirksamkeit hin überprüft. Dabei sind Maßnahmen zu isolieren, die eine große Hebelwirkung erwarten lassen, ebenso solche, die kritische Elemente betreffen und bei denen daher größte Vorsicht geboten ist. Dabei gilt das Grundprinzip der kleinen Schritte, wobei eine Mischstrategie, die auf mehreren Ebenen zugleich ansetzt, empfehlenswerter ist als die Beeinflussung nur einer einzelnen Größe.
- *Realisierung und Weiterentwicklung der Problemlösung:* Problemlösungen gelten nicht nur der Beseitigung momentaner Schwierigkeiten und der Sicherung der Funktionsfähigkeit eines Systems. Daher sollte die Implementation von Mechanismen, die eine eigenständige Änderungsdynamik induzieren, angestrebt werden.

Dieser neu definierte Problemlösungszyklus unterscheidet sich - abgesehen von seinem streng kreisförmigen und vernetzten Aufbau - in folgenden Punkten vom ursprünglichen Modell[1]:

- Die Problemlösung wird nicht als zu entwickelndes Idealmodell verstanden, sondern als Maßnahmenpaket. Damit wird dem Netzwerkcharakter eines Systems Rechnung getragen.
- Deswegen existieren auch keine Schritte wie „Alternativenentwicklung" und „Alternativenbewertung". Statt dessen werden betriebsbezogen Maßnahmenkataloge entwickelt, die Veränderungen weniger im Sinne von Umstellungen realisieren, sondern kontinuierliche Entwicklungsprozesse in Gang setzen, um den Betrieb zukünftig anpassungsfähiger und kontrollierbarer zu gestalten.
- Da Zielkataloge die Situation meist einseitig und symptombezogen betrachten, wird auf sie verzichtet. Statt dessen werden in den Schritten

---

1   Vgl. Gomez / Probst 1987, S. 13.

Problemabgrenzung, Ermittlung der Vernetzung, Erfassung der Dynamik und Interpretation der Verhaltensmöglichkeiten die denkbaren Entwicklungen und Einflußgrößen analysiert. Das System als Ganzes mit seinen Stärken und Schwächen wird dadurch besser berücksichtigt. Eingriffe orientieren sich am Systemzustand und weniger an den Vorstellungen der Planer.

2.4.4 Die Bedeutung des Paradigmawechsels in der Organisation

Der Begriff des Paradigmawechsels ist „in". Er erlebte in den 90er Jahren eine geradezu inflationäre Benutzung. Seit mit BLEICHER in der bereits zitierten Arbeit ein Organisationswissenschaftler höchster Reputation den Begriff mit angemessener Vorsicht glaubte benutzen zu dürfen, scheint es, als sei es bereits legitim, eine geringfügig andere wissenschaftlich begründete Meinung als ein anderes Paradigma zu bezeichnen. Dieser verantwortungslose Umgang mit der Vokabel hat auch dazu geführt, daß der Blick auf die tatsächlich Bedeutung, die dem Begriff im vorliegenden Fall beizumessen ist, verstellt worden ist. Interessant ist auch die Vorsicht, mit der die meisten Autoren sich dem Kern des Paradigmawechsel nähern. Kaum jemals werden die Konsequenzen deutlich formuliert. Auch ein Autor wie SCHMIDT[1], der sie dann doch einmal ausspricht, konzentriert sich ganz auf die betriebliche Dimension und vermeidet die Erwähnung der weiteren Konsequenzen - doch selbst bei dieser Konzentration auf Betriebe sind die Schlußfolgerungen bereits atemberaubend genug.

Ein *Paradigmawechsel* beinhaltet die Aufgabe einer wissenschaftlichen Grundannahme. Es geht also nicht bloß um das Preisgeben einer singulären wissenschaftlichen Erkenntnis, dem Verlassen eines nebensächlichen Zweiges wissenschaftlicher Forschung, der sich als nicht zielführend erwiesen hat, sondern es wird ein Fundament eingerissen. Demzufolge ist die Wissenschaftsgeschichte auch nicht gerade reich an Paradigmenwechseln. Die Aufgabe des Geozentrischen Weltbildes beispielsweise, das war ein Paradigmawechsel. Das Akzeptieren von Atomen als Elementarbausteine bedeutete einen weiteren. Paradigmenwechsel sind also bedeutsame Ereignisse, sie können Revolutionen bewirken, sie verändern das Denken in radikaler Weise. Demzufolge fällt es selbstverständlich auch schwer, einen Paradigmawechsel zu vollziehen, die sich abzeichnenden Konsequenzen daraus zu erkennen, diese gar als womöglich wahr zu akzeptieren, die sich andeutenden Veränderungen als tatsächlich möglich in das Denken einzubeziehen.

Im vorliegenden Fall ist der Begriff des Paradigmawechsels allem Anschein nach angebracht und die Konsequenzen, die sich ergeben sind auch tatsächlich beinahe unglaublich. Fassen wir es noch einmal zusammen:

---

[1] SCHMIDT, J.: Die sanfte Organisations-Revolution : Von der Hierarchie zu selbststeuernden Systemen. Frankfurt a. M.: Campus, 1993.

- Organisationen werden nicht geschaffen oder erschaffen sondern sie verändern sich evolutionär (lassen wir Eigentümerentscheidungen der Gründung und Vernichtung von Unternehmen als Ausnahmen mal für den Augenblick außen vor).
- Nicht die Absichten (Pläne) sind entscheidend für eine Organisationssituation, sondern allein das konkrete Handeln aller Organisationsmitglieder.
- Der Organisator organisiert nicht, er moderiert bloß.

SCHMIDT schreibt dazu folgendes: „Auch die traditionellsten und stabilsten Ordnungen sind weder vom Himmel gefallen, noch wurden sie in einem einmaligen Akt gesetzt: Ordnungen werden ununterbrochen hervorgebracht [...] deshalb unterscheiden sich die Prozesse, in denen wir tagtäglich Ordnung schaffen nur in Teilaspekten von jenen, in denen *neue* Ordnungen entwickelt und verwirklicht werden. Diese junge Erkenntnis [...] ermöglicht es uns [...] den evolutionär angelegten organisatorischen Paradigmenwechsel [...] mit wachsendem Wissen mitzugestalten. Die Entscheidung darüber [...] ist gestellt und wir können *nicht nicht entscheiden.* Aber sie ist mehr als ‚nur‘ eine Entscheidung zwischen zwei Organisationsmodellen. Sie betrifft die gesamte Weltsicht ...“[1].

Was ist nun der Paradigmawechsel? *Es ist schlicht die Abkehr von der Hierarchie als grundlegendem Organisationsprinzip und der Übergang auf vernetzte Teams, die sich nach selbststeuernden Prinzipien selbst koordinieren.* Das bedeutet im ersten Schritt: Die Funktion der hierarchischen Macht und die der hierarchischen Koordination werden wieder explizit getrennt und die der hierarchischen Macht als ineffizient aufgegeben. Reine Machtpositionen ohne Koordinationsfunktion entfallen. Das klingt unglaublich? Das mag sein, aber wir reden ja auch von einem Paradigmawechsel!

Interessanterweise sind es gerade Produktionssysteme, die erkennbar auf dem Weg sind, genau das zu verwirklichen. Betrachten wir das Konzept des Lean-management doch einmal unter diesen Gesichtspunkten[2]:

- Zusammenlegung von Kompetenz und Verantwortung,
- kurze Regelkreise zwischen „teilautonomen“ Arbeitsgruppen,
- Abbau von Hierarchien,
- Aufgabenintegration in die Gruppen und
- dezentrale Steuerungsprinzipien.

Es ist genau, was soeben als Charakteristikum des Paradigmawechsels gekennzeichnet wurde. Oft werden die Veränderungen nur widerwillig in Angriff genommen, oft halbherzig, aber der wirtschaftliche Zwang ist unerbitt-

---

1   SCHMIDT 1993, S. 51. Hervorhebungen entsprechen denen des Originals.
2   Vgl. PFEIFFER, W.; WEISS, E.: Lean Management : Grundlagen der Führung und Organisation lernender Unternehmen. Berlin, E. Schmidt, 1994.

lich. Und wer will behaupten, daß eine solche Ordnung, an der Basis einer Produktion einmal etabliert, sich auf diese beschränkt?

2.5 Ökologische Produktionswirtschaft

Wenn man die bisherige Beschreibung der Entwicklung der industriebetrieblichen Wissenschaftsprogramme betrachtet, kann man zu der Ansicht gelangen, daß es sich um eine Geschichte der Öffnungen und Weiterungen handelt. Angesichts der sich aufdrängenden Problematik wäre nun die Integration ökologischer Perspektiven „dran". Ein geschlossenes Theoriegebäude ist sicher noch nicht erkennbar, wesentliche Ansätze und Leitideen sind jedoch formuliert.[1]

Ausgangspunkt ist zunächst die in den klassischen Marktmodellen integrierte Auffassung der Existenz der sogenannten „freien Güter". Ließ sich diese Fiktion lange aufrecht erhalten, so wird sie angesichts der zunehmenden Umweltbelastungen immer fragwürdiger. In aller Regel ist allerdings heute der Marktmechanismus durch etablierte industrielle Machtstrukturen teilweise außer Kraft gesetzt, was vielen Produktionswirtschaften nach wie vor den Zugriff auf solche Güter als „frei" ermöglicht, die an sich bereits einen Preis haben würden.

Für eine ökologieorientierte Produktionswirtschaft ist in einem ersten Aspekt die Integration ökologischer Grundtatbestände erforderlich. Nimmt man die systemorientierte Produktionswirtschaft als Ausgangsbasis, so werden die bereits etablierten Konzepte
• Denken in Systemzusammenhängen und
• Denken in Regelkreisläufen
ergänzt um
• das Verstehen entropischer Gesetzmäßigkeiten und
• das Verstehen ökologiegefährdender Faktoren.

Insgesamt wird das betrachtete System erheblich ausgedehnt, indem die Umwelt als Systemelement selbst mit integriert wird. Es geht, andersherum betrachtet, also darum, zumindest in die Wege zu leiten, daß menschliches

---

1   DYCKHOFF, H.: Betriebliche Produktion : Theoretische Grundlagen einer umweltorientierten Produktionswirtschaft. 2. Aufl. Berlin: Springer, 1994.
    FREIMANN, J. (Hrsg.): Ökologische Herausforderung der Betriebswirtschaftslehre. Wiesbaden: Gabler, 1990.
    HAUFF, M. (Hrsg.); SCHMIDT U. (Hrsg.): Ökonomie und Ökologie : Ansätze zu einer ökologisch verpflichteten Marktwirtschaft. Stuttgart: Schäffer-Poeschel, 1992.
    MEFFERT, H.; KIRCHGEORG, M.: Marktorientiertes Umweltmanagement : Grundlagen und Fallstudien. 2. Aufl. Stuttgart: Schäffer-Poeschel, 1993.
    PFRIEM, R.: Betriebswirtschaftslehre in sozialer und ökoloischer Dimension. Fankfurt a. M.: Campus, 1983 (Dissertation).
    PFRIEM, R.: Unternehmenspolitik in sozialökologischen Perspektiven. Marburg: Metropolis, 1995.
    SEIDEL, E.; MENN, H.: Ökologisch orientierte Betriebswirtschaft. Stuttgart: Kohlhammer, 1988.

Handeln ganz allgemein und damit eben auch unternehmerisches Handeln wieder in die Umwelt integriert wird.

Angesichts deformierter Marktmechanismen in Bezug auf die Umweltnutzung liegt ein zweiter Aspekt in der Berücksichtigung der Forderungen ökologiebezogener gesellschaftlicher Anspruchsgruppen, die teilweise an die Stelle dieser Mechanismen treten. Umweltbewußtsein der Gesellschaft ist vielfach ein leichter faßbarer Systemparameter als die ohnehin noch weitgehend unverstandenen Auswirkungen von Aktivitäten auf das ökologische Umsystem.

Als drittes wäre die Gestaltung ökologiegerichteter Wertschöpfungsprozesse interessant, welche den Prinzipien einer ökologischen Kreislaufwirtschaft oder wenigstens eines ökologischen Produktlebenszyklus verpflichtet sind. Der Ansatz von DYCKHOFF beispielsweise versucht dem zu folgen, indem er „Produktionsfunktionen" in Matrizenform aufstellt, in denen alle Erzeugnisse eines Produktionsprozesses, also auch „Abenergien" und Abfälle, bilanziert werden. Die Kuppelproduktion wird hier zum Regelfall. Dem liegt die Idee zugrunde, daß jede Produktion neben der Wertschöpfung auch immer eine „Schadschöpfung" bedeutet (Gesetz der Entropie), welche aber bislang eben nicht berücksichtigt wird. In Bild 2-19 wird die Perspektive einer solchermaßen integrierten Produktionswirtschaft entworfen.

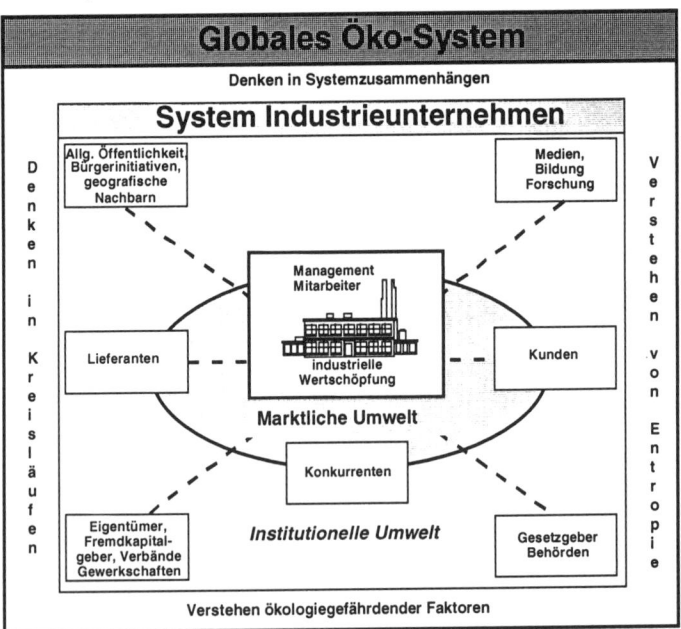

Bild 2-19: Grundkonzeption einer ökologieorientierten Produktionswirtschaft[1]

---

1   In Anlehnung an ZAHN / SCHMID 1996, S. 39.

3 Produktionswirtschaft als Lehre vom Produktionsmanagement

Angesichts der in den letzten Jahren eingetretenen gewaltigen Entwicklungen, die auch nachhaltig die Inhalte und Formen industrieller Produktion und damit auch das Gesicht von Industrieunternehmen gravierend veränderten, muß eine moderne Produktionswirtschaft einerseits zukunftsgerichtet sein und gleichzeitig den Veränderungsprozeß an sich internalisieren. Unter diesem Gesichtspunkt kommt eine fachliche Definition innerhalb des in Abschnitt 1 skizzierten tradierten wissenschaftlichen Gliederungssystems nicht mehr weiter in Betracht. Die Konzeption muß sich also an der bereits definierten interdisziplinären Lehre vom Produktionsmanagement orientieren. Ausgewählte Aspekte des Managements von Produktionssystemen bilden somit den Schwerpunkt der folgenden Betrachtungen.

Dies bedingt auch eine Reinterpretation des ökonomischen Rationalprinzips, das einer Produktionswirtschaft zugrunde liegt und deren Handlungsmaxime bildet. Allgemein besagt dieses Rationalprinzip, „... daß ein bestimmter Zweck mit dem geringsten Mitteleinsatz [...] anzustreben ist"[1]. Als Grundregel klassischer Produktionswirtschaft läßt sich hieraus präzisieren: „Entscheide in einem Industriebetrieb stets so, daß mit den vorhandenen knappen Mitteln (Gütern) optimale Ausprägungen der gesetzten produktionswirtschaftlichen Ziele erreicht werden"[2]. Diese spezielle Ausprägung des Rationalprinzips läßt aber immer noch das Wertesystem außen vor, dem sich jedoch ein Produktionssystem heute zu stellen hat. Tatsächlich bewegt sich eine Produktionswirtschaft heute in einem Spannungsfeld konkurrierender Interessen, wie es Bild 3-1 skizziert.

Wird dies miteinbezogen, so resultiert daraus der folgende Handlungsimperativ für eine moderne Produktionswirtschaft: *Entscheide in Industriebetrieben immer so, daß mit den vorhandenen knappen Mitteln (Gütern) optimale Ausprägungen der gesetzten materiellen und wirtschaftlichen und sozialen und ökologischen Ziele erreicht werden!*[3]

Kennzeichnend für heutige Produktionswirtschaften ist somit, daß sie sich in einer turbulent verändernden Aufgabenumwelt bewegen müssen, die sich längst nicht mehr auf eine wirtschaftliche Umwelt beschränkt, wobei die in Wechselwirkung stehenden „Umwelten" die Leistungsanforderungen an das Unternehmen letztendlich bestimmen (Bild 3-2).

---

1 HEINEN, E.: Grundtatbestände betrieblicher Entscheidungen. In: JACOB 1990, S. 324.
2 ZAHN / SCHMID 1996, S. 72.
3 In Anlehnung an ZAHN / SCHMID 1996, S. 83.

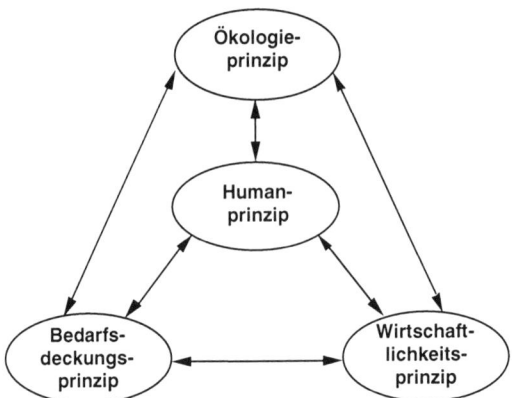

Bild 3-1: *Spannungsfeld potentiell konfliktärer Beziehungen einer Produktionswirtschaft*[1]

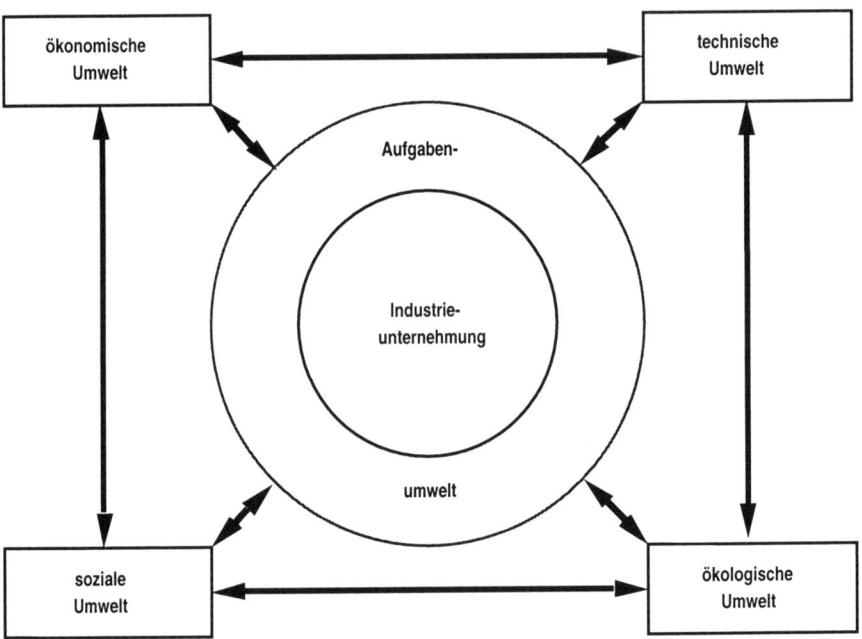

Bild 3-2: *Aufgabenumfeld der Industrieunternehmung*

Die in Bild 3-2 genannten relevanten Umweltparameter sollen in den folgenden Betrachtungen insbesondere bezüglich der erfolgten und zu erwartenden zukünftigen Entwicklungen näher betrachtet werden.

---

1   In Anlehnung an ZAHN / SCHMID 1996, S. 72.

3.1 Wettbewerbsbedingungen und Marktstrukturen

Schaut man sich die marktlichen Veränderungen an, die Unternehmen seit Beginn der sogenannten ersten industriellen Revolution mitgemacht haben, so ergibt sich eine bemerkenswerte und beinahe zyklisch verlaufende Entwicklung. Mit dem Ausbau einer leistungsfähigen technischen Infrastruktur wurden zunächst die existierenden lokalen Märkte so miteinander verbunden, daß großflächige Massenmärkte entstanden. Mit sich verstärkender Konkurrenz und zunehmender Bedarfsbefriedigung in diesen Märkten erfolgten von den Produktionswirtschaften ausgehende Segmentierungen der Märkte im Sinne höher spezifizierter Leistungen.

Die bei einer *kumulierten Produktionsmenge* eines spezifischen Gutes auftretende *Kostendegression* pro erzeugter Einheit (Kostenerfahrungskurve) ergibt regelmäßig für diejenige Produktionswirtschaft, welche die Marktführerschaft inne hat, den größten Produktionskostenvorteil, der zudem ununterbrochen weiter ausgebaut wird. Für die zurückbleibenden Konkurrenten verbleibt im Prinzip lediglich eine Strategie der Marktsegmentierung und später eine sogenannte Marktnischenstrategie. Im Marketing wird dieser Aspekt im Zusammenhang mit der Boston-Consulting Matrix intensiver behandelt. In der Konsequenz ergibt sich eine zunehmend differenziertere Zergliederung der Märkte bis hin zu kundenspezifischen Produktdefinitionen auch bei Konsumartikeln. Wobei sowohl bei der Marktsegmentierung als auch bei der Analyse des Produktportfolios beachtet werden muß, daß für die fragliche Produktdefinition (Marktnischendefinition) tatsächlich spezifische und eigenständige Produktionsverfahren zum Einsatz kommen müssen. Wird dies vernachlässigt, kann der Konkurrent, dem man in die neu definierte Nische entkommen wollte, mit seiner anderweitig erworbenen Kostenerfahrung ebenfalls problemlos in diese Nische vordringen. Die beschriebene Entwicklung der Märkte ist in Bild 3-3 dargestellt.

Der Zusammenschluß der lokalen Märkte zu einem globalen Massenmarkt führte zunächst zu einem derartigen Anstieg der Nachfrage, daß zunächst das Prinzip der „Mass Production" entstand. Konsequent implementiert von Henry FORD und deswegen auch oft als *Fordismus* bezeichnet, ist es durch die folgenden, sich in Rückkopplungsprozessen selbst verstärkenden Eigenschaften gekennzeichnet (Bild 3-4):
* extreme Arbeitsteilung,
* Spezialisierung von Mensch und Maschine,
* Produktstandardisierung und Normung der Teile,
* Kostendegression durch Volumenexpansion,
* Fließ(band)fertigung sowie
* vertikale Integration und hierarchische Organisation.

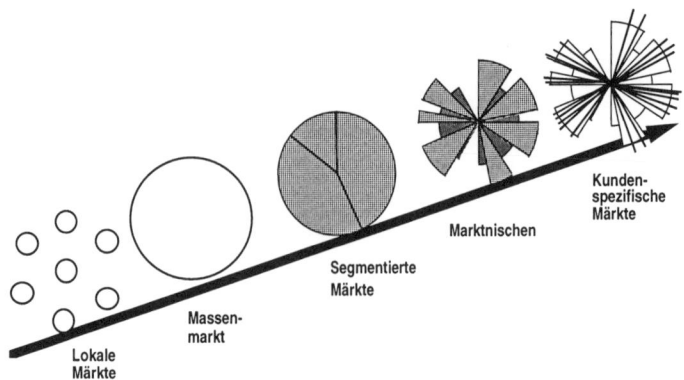

Bild 3-3: Globale Marktentwicklung[1]

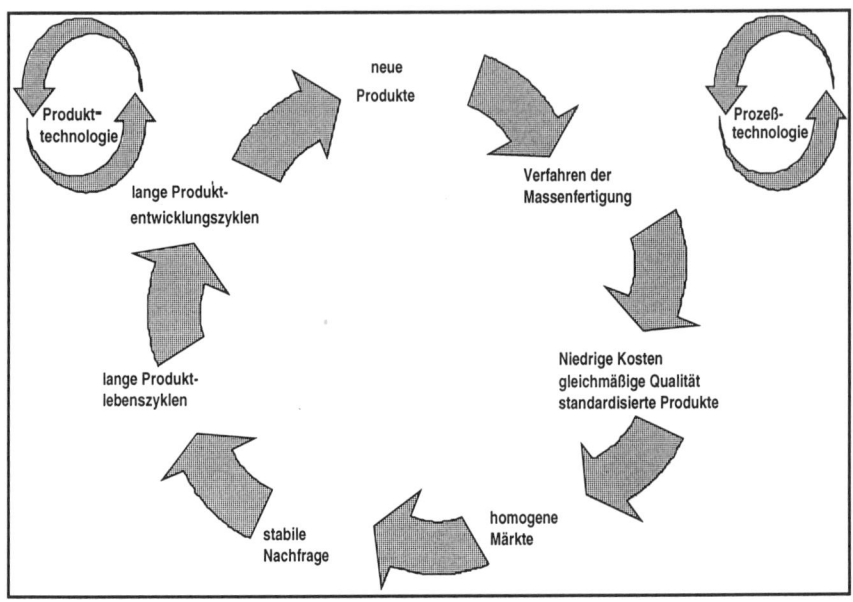

Bild 3-4: Prinzip der „Mass Production"[2]

Die das Prinzip der Massenproduktion voraussetzenden Marktstrukturen sind heutzutage jedoch weitgehend aufgelöst. Kostendegression allein entscheidet in aller Regel nicht mehr über das Bestehen eines Produktes am Markt. Leistungsvielfalt und Kundenorientierung werden immer bedeutsamer. Sachleistungen lassen sich vielfach nur noch im Kontext eines ausgewogenen Dienstleistungsmixes (Service) plazieren. Diese Situation führt

---

1   In Anlehnung an DAVIS, S.: Vorgriff auf die Zukunft. Freiburg: Haufe, 1996, S. 202.
2   Nach PINE, B.: Mass Customization : The new frontier in business competition. Bosten: Harvard Business, 1993. S. 27.

quasi zu einer Umkehrung des oben skizzierten Prinzips der „Mass Production", zum Prinzip des „Mass Customization" (Bild 3-5), das wieder sehr stark dem Ausgangsbild handwerklicher Produktion ähnelt. Kennzeichnend sind hier die starke Berücksichtigung individueller Kundenwünsche durch maßgeschneiderte Produkte und Produktvarianten, die schnelle Einführung neuer Erzeugnisse in Verbindung mit entsprechend kurzen Produktlebenszyklen.

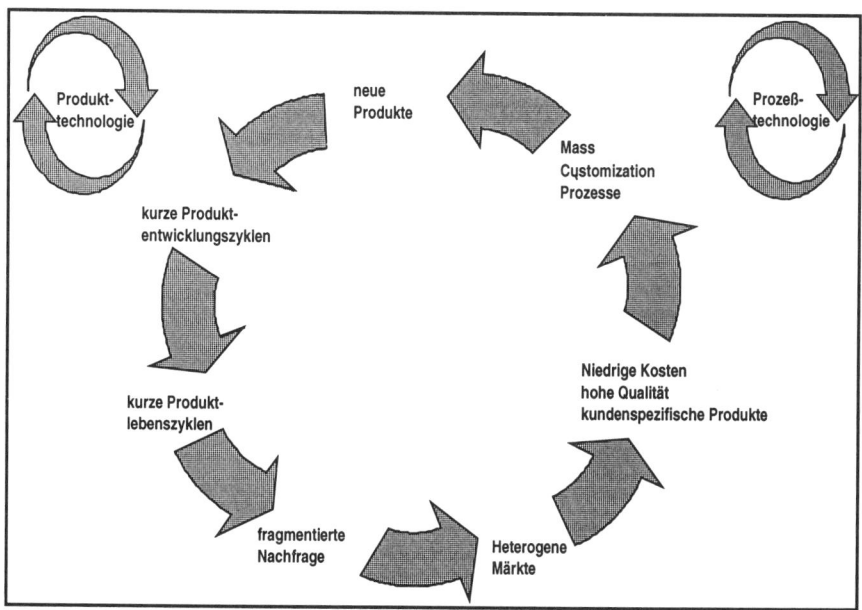

Bild 3-5: Prinzip der „Mass Customization"[1]

Beide Forderungen zusammen sind in der Regel kaum von einem einzelnen Unternehmen zu erfüllen. Moderne Kommunikations- und Informationstechnik andererseits erlaubt jedoch das schnelle Eingehen temporärer Kooperationen zur Bewältigung einzelner Aufgaben. Unternehmensnetzwerke im Sinne temporärer Wertschöpfungspartnerschaften (*virtuelle Unternehmen*) entstehen und zerfallen wieder, je nach den gerade akuten Marktanforderungen. Insbesondere die Computerbranche liefert hierfür ein gut zu beobachtendes Beispiel.

3.2 Produktionstechnik

Die industrielle Entwicklung wird begleitet von einem technischen Fortschritt, der sich zudem zunehmend beschleunigt. Nicht nur die technische

---

[1] In Anlehnung an PINE 1993, S. 45.

Entwicklungsgeschwindigkeit an sich, sondern auch die Umsetzung in Produktionstechnik geht zunehmend schneller vonstatten. Bild 3-6 skizziert grob den bisherigen Verlauf.

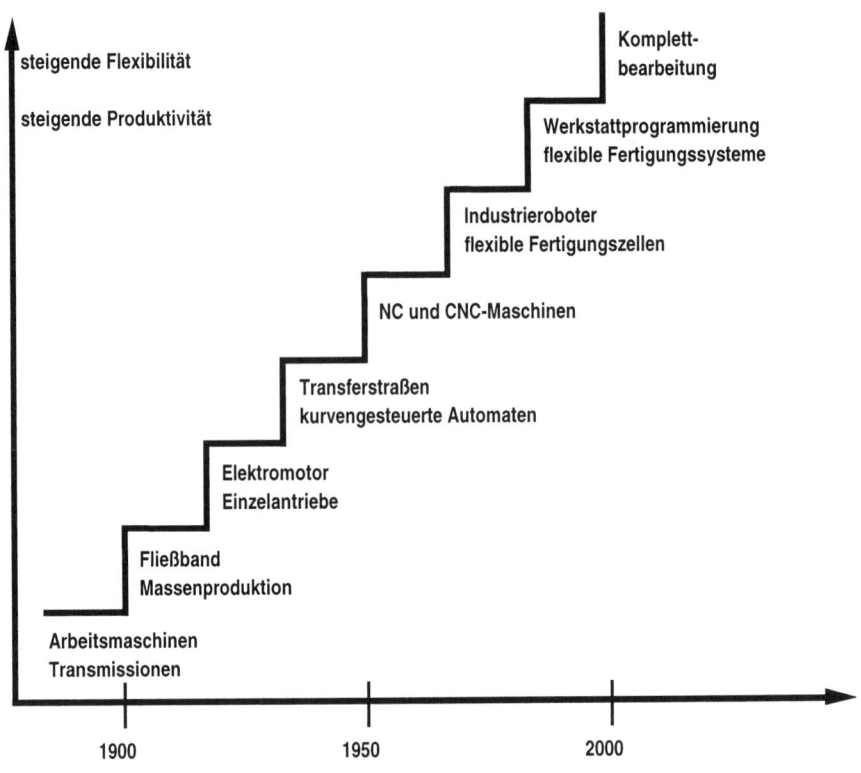

steigende Flexibilität

steigende Produktivität

Komplett-
bearbeitung

Werkstattprogrammierung
flexible Fertigungssysteme

Industrieroboter
flexible Fertigungszellen

NC und CNC-Maschinen

Transferstraßen
kurvengesteuerte Automaten

Elektromotor
Einzelantriebe

Fließband
Massenproduktion

Arbeitsmaschinen
Transmissionen

1900   1950   2000

Bild 3-6: Entwicklungsstufen der Produktionstechnik[1]

Zu den benutzten Begriffen (soweit sie nicht vorausgesetzt werden können):

Transmissionen	Art der Kraftübertragung, von der zentralen Antriebsmaschine (Dampfmaschine) zu den Werkzeug- und Produktionsmaschinen, in der Regel mittels Lederriemen (zugehöriges Berufsbild: Riemenschleifer), war, angesichts des Problems, Antriebsgeschwindigkeiten präzise zu synchronisieren, bei Papiermaschinen zum Beispiel noch bis in die 70er Jahre hinein im Einsatz.
Transferstraßen	Arbeitsgerechtere Variante des Fließbandes. Zwar wird auch noch jedes einzelne Teil von Arbeitsstation zu Arbeitsstation bewegt, der Transport-

---

1   In Anlehnung an WARNECKE, H.-J.: Die fraktale Fabrik. Berlin: Springer, 1992. S. 17.

	vorgang ist jedoch nicht mehr kontinuierlich, kleine Puffer sind möglich.
Kurvensteuerung	Art der analogen Steuerung einer Bearbeitungsmaschine mit Hilfe einer mechanischen Matrize, kann heute noch bei jedem Schlüsseldienst bewundert werden, wo der Originalschlüssel als Steuermatrize dient.
NC-Maschinen	Numerisch gesteuerte Werkzeugmaschinen. Eine Elektronik setzt auf Lochstreifen oder Lochkarte digital kodierte Steuerungsparameter in Maschinenbewegungen (Antriebsgeschwindigkeit, Schneidtiefe, Vorschub etc.) um.
CNC-Maschine	Speicherorientierte numerische Steuerung. Die Steuerelektronik wird durch einen Computer angesprochen. Entscheidend ist, daß das Programm nunmehr gespeichert ist. Damit werden zum Beispiel Schleifen in den Programmen und, etwa aufgrund sensorischer Rückmeldungen, Verzweigungen sowie Steuerparameteranpassungen möglich. Der Bearbeitungsvorgang wird nicht mehr bloß gesteuert, sondern geregelt.
Flexible Fertigungszelle	Bearbeitungsmaschinen, die primär ihr Werkzeug selbst wechseln können und damit mehrere verschiedene Bearbeitungsvorgänge an einem Teil bei einer Aufspannung durchführen können. Später kommt auch ein automatischer Teilewechsel hinzu.
Industrieroboter	Handhabungshilfe mit mehreren aufeinander aufbauenden Rotationsachsen, dadurch innerhalb seines „Greifraums" zu beinahe beliebigen Bewegungsverläufen fähig und durch Speicherprogrammierung äußerst flexibel. Über die Zeit werden die Werkzeuge zunehmend verbessert: anfangs sind lediglich Handhabungs-, dann Beschichtungs- und Schweißwerkzeuge vorhanden, schließlich werden auch Verschraubungen möglich.
Flexible Fertigungssys.	Unterschiedliche Fertigungsverfahren (beispielsweise Bohren, Drehen und Fräsen) sind in einer Anlage integriert.
Werkstattprogr.	Vereinfachte Programmiertechniken machen es möglich, die Programmierung von Fertigungssystemen und Robotern vor Ort durch die Maschinennutzer vornehmen zu lassen. Ziel: Die Anlage

wird auf das nächste Stück programmiert, während die Bearbeitung des vorherigen läuft und überwacht wird.

3.3 Informationsverarbeitung in der Produktion

Eine Produktionswirtschaft wird nicht nur durch die in ihr angewendeten Fertigungstechnologien determiniert, sondern vor allem auch durch die Art der Betriebsorganisation. Wesentliche Komponente davon ist der Informationsfluß, der selbst wiederum in seinen Ausgestaltungsmöglichkeiten durch die Informationstechnologie bestimmt wird. Wie in keinem anderen technologischen Bereich haben sich gerade in der Informationstechnologie die gravierendsten Veränderungen ergeben und damit die Techniken der Informationsbearbeitung und Informationsorganisation in Betrieben beeinflußt. Bild 3-7 gibt einen groben Überblick über die wesentlichen Entwicklungsschritte.

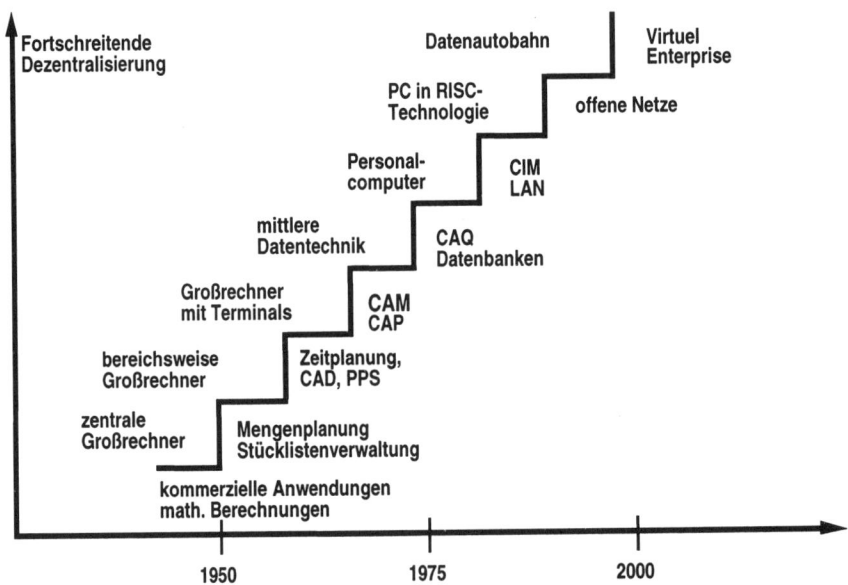

Bild 3-7: Informationsverarbeitung in der Produktion[1]

Zu den benutzten Begriffen (soweit sie nicht vorausgesetzt werden können):
CAD   „Computer Aided Design", anders als in der deutschen Sprache meint Design im Englischen mehr als nur die gestalterische Formgebung, sondern auch die technische Konstruktion. Moderne

---

1   In Anlehnung an WARNECKE 1992, S. 19.

CAD-Systeme gehen über ein bloßes „Zeichenbrett am Computer" weit hinaus. Neben „klassischen" Möglichkeiten, ein konstruiertes Objekt in 3D-Sicht mit realistischen Oberflächen und Beleuchtungen, „rendering," in einer realistischen Nutzungsumgebung so zu plazieren, daß der Bildschirmausdruck wie ein Foto des tatsächlichen Objektes wirkt, ist es vor allem möglich, das Zusammenspiel der Teile im Objekt zu simulieren und deren Belastungsverläufe zu errechnen. Präzise konstruktive Auslegungen und exakte Materialauswahlen werden damit möglich.

PPS   Produktionsplanungs- und Produktionssteuerungssysteme, der Begriff ist an sich nicht korrekt, da Regelungsvorgänge gemeint sind, jedoch eingeführt und etabliert. Gemeint ist das operative Management einer Produktionswirtschaft mit (möglichst hoher) EDV-Integration.

CAQ   „Computer Aided Quality", Systeme, die analog zu PPS, die Organisation des Qualitätswesens übernehmen oder unterstützen (Qualitätsdaten-, Prüfplan-, Prüfmittel-, Prüfdaten-, Prüfauftragsverwaltung, Lieferantenbeurteilung, Statistische Prozeßkontrolle etc.).

LAN   Local Area Network, gemeint ist die Vernetzung von Personalcomputern, sie leiten das sogenannte Down-sizing ein, die Ablösung der zentralen Großrechner oder der mittleren Datentechnik durch vernetzte PC-Lösungen und steigern so ganz wesentlich die Flexibilität und die Datenintegration.

CIM   „Computer Integrated Manufacturing", gemeint ist die informationstechnische Vernetzung der produktionsorganisatorischen Lösungen wie PPS und CAQ mit den konstruktiven (CAD) und den Steuerungssystemen der Anlagen; das (End-)Ziel von CIM war die sogenannte „menschenleere Fabrik"; CIM hat sich trotz rapide fallender Hardwarepreise als zu aufwendig und inflexibel erwiesen, um angesichts gleichfalls fallender Produktlebenszyklen ökonomisch sinnvoll zu sein; einzelne der sogenannten „CIM-Strategien" mit „Augenmaß" zu verfolgen ist dagegen nach wie vor, im Rahmen der logistischen Weiterentwick-

	lung einer Produktionswirtschaft, durchaus angebracht.
RISC	„Reduced Instruction Code", eigentlich Mikroprozessoren mit radikal vereinfachtem (reduziertem) Befehlssatz (Beispielsweise PowerPC). Die Vereinfachung hat zwei wesentliche Folgen: erhöhte Packungsdichte erlaubt höhere Taktraten und, da jede Befehlsabwicklung nun gleich lange dauert, werden Mehr- oder Parallelprozessorsysteme möglich und damit im Prinzip beliebige Leistungssteigerungen.
offene Netze	Vor allem das *Internet*; wesentlich ist hier die durch die dezentrale Nutzung entstehende standardisierte Technologie. Die Vorzüge dieser Quasinormung gehen heute soweit, daß die etablierten Technologien auch für die Vernetzung im eigenen Haus eingesetzt werden (Intranetze); die Technologie wird von großen Unternehmen und PPS-Anbietern eingesetzt, um Produktionsvorgänge über verschiedene Produktionsstätten hinweg zu organisieren. In diesem Zusammenhang dürfte die Scriptsprache JAVA in den nächsten Jahren eine beachtliche Bedeutung erlangen.
virtuelle Unternehmen	dezentralisierte Arbeitsplätze eines Unternehmens oder gar ein Kooperationsnetzwerk mehrerer Unternehmen etablieren ein gemeinsames Produkt am Markt, das somit scheinbar aus einem Unternehmen kommt. Die Definition des von DAVIDOW und MALONE aufgebrachten Begriffes ist noch stark im Fluß[1].
Mengenpl., Stückl.-v.	Die Begriffe werden in Kapitel 4.1 im Detail erläutert.

---

[1]   Vgl. DADIDOW, W.; MALONE, M.: The virtuel corporation. Frankfurt a. M.: Campus, 1993.
DRUMM, H. - J.: Virtualität in Organisation und Personalmanagement. In: zfo - Zeitschrift Führung und Organisation 67(1998)4, S. 196 - 200.
SCHOLZ, C.: Strategische Organisation. München: Olzog, 1997.
SCHOLZ, C.: Die virtuelle Personalabteilung : Ein Jahr später. In: Personalführung 29(1996), S. 1080 - 1086.
SCHOLZ, C.: Virtuelle Organisation : Konzeption und Realisation. In: zfo - Zeitschrift Führung und Organisation 65(1996)4, S. 204 - 210.

3.4 Industrielle Arbeitswelt

Deregulierung, Dezentralisierung, Privatisierung, Entbürokratisierung, Mobilisierung, aber auch Demokratisierung, Humanisierung, Selbstverwirklichung, Anspruchsdenken, Eigenverantwortung sind Stichworte, die in der derzeitigen Diskussion über den sozialen Wertewandel fallen und die Arbeitswelt bestimmen. Hierbei sind Produktionsbetriebe durchaus als Vorreiter bei der oben beschriebenen Aufgabe des hierarchischen Paradigmas anzusehen. Getrieben vom Wettbewerbsdruck werden autonome Einheiten geschaffen, Kooperationen und Netzwerke als Wertschöpfungsgemeinschaften etabliert, Freiräume für Unternehmertum im Unternehmen geschaffen, Outsourcing gefördert und Mitarbeiter stärker in die eigene Verantwortung genommen. Bild 3-8 gibt einen groben Überblick über die wesentlichen Entwicklungsschritte.

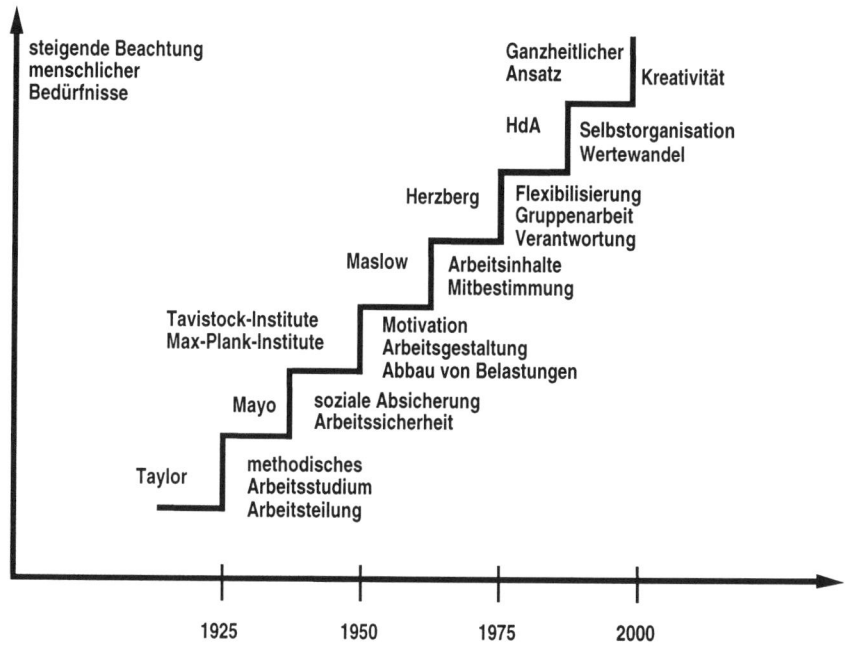

Bild 3-8: Entwicklung des sozialen Systems in der Produktion[1]

Zu den benutzten Begriffen (soweit sie nicht vorausgesetzt werden können):

TAYLOR   Frederick Winslow (1856 - 1915), Amerikanischer Ingenieur und Unternehmensberater, der neben seinen Entwicklungen für Werkzeugstähle vor allem durch die breite Durchführung systemati-

---

[1]   In Anlehnung an WARNECKE 1992, S. 36.

	scher Arbeitsstudien und die Einführung stringenter arbeitsteiliger Betriebsorganisationen und Arbeitsplanung sowie Zeitwirtschaft bekannt wurde[1].
MAYO	Elton (1880 - 1944)[2], Industriesoziologe und Sozialpsychologe, Professor an verschiedenen Universitäten, zuletzt (1926 - 1937) Harvard; Leiter der oben bereits zitierten Hawthorne-studies bei der Western Electric Company, wies als erster die Bedeutung der informellen Gruppen und sozialer Prozesse in Industrieorganisationen nach
HdA	Deutsches Forschungsprogramm des BMFT, später fortgeführt unter dem Titel „Arbeit und Technik", ergänzt durch verschiedene Landesprogramme unter dem Motto „sozialverträgliche Technikgestaltung"; im Rahmen des Programms wurden beispielsweise Arbeitswissenschaftliche Untersuchungen zur Einführung und Effekten von Gruppenarbeit sowie der Gestaltung von EDV-Systemen und deren Dialogführung gefördert.

3.5 Historische Entwicklung der Produktionskonzepte im Überblick

Will man die heute zu beobachtenden Veränderungen im Produktionsmanagement angemessen würdigen, ist es wertvoll, sich überblicksmäßig die Entwicklung der letzten zweihundert Jahre - also eines geschichtlich an sich sehr kurzen Zeitraumes - zu vergegenwärtigen. Ziel dieses Abschnittes ist es, diesen Überblick zu geben und dabei gleichzeitig einige verbreitete Vorurteile richtig zu stellen.[3]

3.5.1 Merkmale traditioneller Handwerksproduktion

Vor der sogenannten ersten industriellen Revolution war neben vereinzelten Manufakturen und Verlegern (Abschnitte 3.5.2 und 3.5.3) die traditionelle Handwerksproduktion die übliche Produktionsweise. Sie ist durch die folgenden Merkmale gekennzeichnet:
* Hochqualifizierte Arbeiter

---

1   Seine beiden Hauptwerke wurden bereits angeführt.

2   Es besteht kein Zusammenhang mit W. W. MAYO und dessen Söhnen, dem Gründer und ersten Betreibern der bekannten Mayo-Klinik.

3   Vgl. hierzu auch HOITSCH, H.-J.; BÜLENT, A.: Geschichte der Produktionswirtschaft. WiSt - Wirtschaftswissenschaftliches Studium 27(1998)2, S. 54 - 59.

Die jeweiligen Handwerker sind sehr sorgfältig ausgebildet und teilweise Meister ihres Fachs. Wegen einer geringen Alphabetisierung der Bevölkerung werden die Kenntnisse über Produktionsweisen, Werkzeuge und Materialien vom Meister zum Lehrling weitergegeben.
- Extrem dezentralisierte Organisation der Fertigung
  Es werden relativ einfach Produkte immer vollständig hergestellt, alle dafür erforderlichen Aktivitäten werden durch die gleichen, wenigen Personen durchgeführt.
- Einsatz von einfachen Mehrzweckwerkzeugmaschinen
- Geringes Produktionsvolumen
- Die Arbeitsmethode liegt im Ermessen des Arbeiters
- Kaum kundenanonyme Fertigung
  In aller Regel bestellt ein Kunde ein Produkt und muß dann auf dessen Fertigstellung warten. Die Folge ist aber:
- Detaillierte Erfüllung der Kundenwünsche und
- unbegrenzte Variantenvielfalt.

3.5.2 Das Verlagswesen

Auch in den Zeiten der Handwerksproduktion gab es vereinzelt Produktionsvorhaben, die anderer Organisationsformen bedurften. Schiffbau oder Bergbau seien hier als Beispiele angeführt. Hier übernahm es in der Regel ein betuchter und risikobereiter Kaufmann, die Aktivitäten der erforderlichen Handwerker zu bündeln und die dazu erforderlichen Mittel „vorzulegen". Aus dem Begriff „Vorleger" wurde der Begriff „Verleger". In dieser Eigenschaft wurde zum Beispiel der Name FUGGER sehr berühmt. Wir finden beim Verlagswesen die folgenden Kennzeichen:
- Das unternehmerische Risiko wechselt auf einen Kaufmann (Verleger), der Teilaufträge an Handwerker vergibt.
- Die Fertigung verbleibt aber im Familienverband, sie ist unkompliziert, wenig arbeitsteilig und dezentral organisiert.
- Die Produktionsmittel sind (anfänglich noch) Eigentum der „Verlegten".
- Der Kapitalbedarf für Anlagen ist somit gering, das Umlaufkapital dagegen hoch.
- Die Vergütung erfolgt ausschließlich stückbezogen. Das ist wichtig: der Arbeitende verkauft nach wie vor seine Arbeitsergebnisse, nicht seine Arbeitskraft! Ein Arbeitsmarkt im heutigen Sinne existiert noch nicht. Damit liegt auch das
- Markt- und Beschäftigungsrisiko bei den Handwerkern.

Das Verlagswesen geriet durch das verstärkte Aufkommen von Manufakturen und dann vor allem durch die industrielle Produktionsweise in die Krise. Erste Effekte waren, daß die Arbeitenden sich gezwungen sahen, zur Existenzsicherung zunächst ihre Produktionsmittel und dann ihre Heimstätten an die Verleger vorerst zu verpfänden, später dann zu übereignen - sofern sie diese überhaupt je besaßen. Dadurch entstand eine extreme Abhängigkeit zu den Verlegern. Als durch industrielle Produktionsweisen typische Verlagsprodukte (zum Beispiel ermöglichte der dampfmaschinengetriebene mechanische Webstuhl das Weben von damaligen Massenprodukten wie Decken und Uniformstoffen) hergestellt werden konnten und diese damit verdrängten, stürzte das die Verlegten in existentielle Nöte. Der Niedergang des Verlagswesens und damit verbundene gesellschaftliche Folgen sind beispielsweise sehr eindringlich im Drama „Die Weber" von Gerhard HAUPTMANN[1] illustriert.

In Form der *Heimarbeit* sind die Grundstrukturen des Verlagswesens auch heute noch in den entwickelten Industrienationen präsent. Um die angedeuteten Ausbeutungsstrukturen zu unterbinden und Heimarbeitern soziale Mindeststandards zu garantieren, existiert in Deutschland das *Heimarbeitsgesetz*, das amtliche Überwachungsmechanismen und beispielsweise Zeitaufnahmen und Arbeitszeitüberwachungen anhand von Entgeltbelegen vorsieht.

3.5.3 Manufakturen

Der Begriff Manufaktur kann mit „Großbetrieb der Handarbeit" übersetzt werden, eine Übersetzung, die gleichzeitig das Wesen der Manufaktur sehr zutreffend beschreibt. Wir finden die folgenden wesentlichen Merkmale:
- Die Herstellung erfolgt arbeitsteilig in zentralen großen Werkstätten.
- Neben der sequentiellen, verrichtungsorientierten Arbeitsteilung führt die gleichzeitig eingeführte hierarchische zu einer Trennung von leitenden und ausführenden Tätigkeiten.
- Es kommen un- und angelernte Arbeitskräfte, in der Regel in Form von Tagelöhnern, zum Einsatz.
- Eine auftragsanonyme Fertigung nennenswerten Umfanges wird eingeführt.
- Alle Betriebsmittel und Einsatzstoffe gehören in der Regel dem Manufakturinhaber.
- Die Entlohnung erfolgt gewöhnlich auf der Basis von Zeitlöhnen.

Für die Vorteilhaftigkeit der beiden beschriebenen Formen von Arbeitsteilung bei der Herstellung von großen Stückzahlen einer Normproduktreihe gelten heute zwei wissenschaftliche Arbeiten als grundlegend: Einmal das

---

[1]   Erschienen in verschiedensten Ausgaben, beispielsweise: SCHWAB-FELISCH, H. (Hrsg.); SIEDLER, W. (Hrsg.): GERHARD HAUPTMANN : Die Weber - Dichtung und Wirklichkeit. Frankfurt a. M.: Ullstein, 1972.

sogenannte Stecknadelbeispiel von SMITH[1] für die sequentielle Arbeitsteilung und für die hierarchische - eigentlich wichtiger, aber weniger bekannt - die Arbeit von BABBAGE[2].

Weiter wichtig ist das nunmehr vermehrt auftretende Phänomen der *Lohnarbeit*, das auch bereits bei Manufakturen vereinzelt zu Problemen führte, die aber in ihrer ganzen Tragweite erst mit den Aufkommen industrieller Strukturen erkennbar werden.

3.5.4 Industrielle Produktion in Fabriken

Schaut man sich an, was in Manufakturen bereits an Strukturen vorliegt, so stellt sich die Frage, was sie eigentlich von Fabriken unterscheidet. Der entscheidende Unterschied ist die systematische Verwendung mechanischer Kraft, die mit der Dampfmaschine zur Verfügung steht. Damit wurde in erster Linie zunächst der schwere Metallbau ermöglicht, der wiederum den Bau von Eisenbahnen erlaubte, die wiederum eine verbesserte Infrastruktur vorstellten und Märkte vergrößerten, wodurch eine Nachfrage nach anderen industriellen Gütern entstand, etc.

Dampfmaschinen und Werkzeugmaschinen erforderten einen, bis dahin absolut unüblichen hohen Kapitalbedarf und -einsatz, der wiederum zu neuen Finanzierungsformen über Kapitalgesellschaften führte. Die ohnehin bereits bekannte Arbeitsteilung verstärkte sich weiter, detaillierte industrielle Wertschöpfungsketten bildeten sich. Die auftragsanonyme Fertigung wurde zunehmend dominant. Neben der aus den Manufakturen bereits bekannten Entgeltfindung über Zeitlöhne traten erste Formen des Leistungsentgeltes.

Durch das massenhafte Aufkommen der Fabriken, bei einer gleichzeitig stattfindenden Bevölkerungsexplosion, entstand eine neue Art von Markt mit einer neuen Form eines „Wirtschaftsgutes": der *Arbeitsmarkt*. Extreme soziale Verwerfungen und Bevölkerungswanderungsbewegungen, Aufstände und Revolutionen waren die Folgen.

Die Erfindung der Dampfmaschine leitet deswegen die sogenannte erste industrielle Revolution ein. Die zweite beginnt mit der Elektrizität im allgemeinen und dem Elektromotor im speziellen. Damit werden die mechanischen Antriebe dezentralisiert und deswegen erheblich flexibler. Antriebsgeschwindigkeiten lassen sich durch die unmittelbare Kraftübertragung erheblich steigern aber auch präziser dosieren. Außerdem wird das ganze Produktionssystem weniger störungsanfällig. Als dritte industrielle Revolution

---

1   SMITH, A: An inquiry into the nature and causes of the welth of nations. London 1776. Deutsch: Untersuchung über das Wesen und die Ursachen des Volkswohlstandes. Berlin 1905. Zitiert nach STAEHLE 1989, S. 22.

2   Vgl. BABBAGE, C.: Ueber Maschinen und Fabrikwesen. Berlin: Stuhrsche Buchhandlung, 1833. S. 178, 198 f., 205.

gilt die Einführung der Informationstechnologie. Über eine sogenannte vierte Revolution herrscht noch keine Einigkeit, da ihr nach dem derzeitigen Stand der Diskussion erstmalig eine organisatorische und keine technische Neuerung zugrunde liegen würde.

3.5.5 Die Arbeiten TAYLORs und GILBRETHs zum systematischen operativen Produktionsmanagement

Über kaum eine Person, die sich mit Produktionsmanagement befaßte, befinden sich wohl so viele ebenso negative, wie mangelhaft geprüfte und vorschnell verfaßte Rezensionen im Umlauf wie über F. W. TAYLOR. Er gilt als der Verursacher extremer Arbeitsteilung und übertriebenem Bürokratismus, einer gnadenlosen Ausbeutung der menschlichen Arbeitskraft und der Stupidität extrem weisungsgebundener, repetetiver Arbeit. Er wird aber auch, trotz der wiederholten und deutlichen Abgrenzung gerade auch deutscher Arbeitswissenschaftler[1], oft als Begründer der *Arbeitswissenschaft* und der *Arbeitsorganisation* bezeichnet[2].

Schaut man dann tatsächlich in seine Schriften und spiegelt deren Inhalte am historischen Kontext, in dem sie entstanden, so gelangt man sehr schnell zu erheblich differenzierten Erkenntnissen[3]. Dies gilt zunächst für seine, sehr häufig mit dem Attribut „erstmalig" gekennzeichneten, Leistungen: Einerseits gerät der Ingenieur Taylor zu schnell in Vergessenheit und damit eben auch seine Erfolge zum Beispiel bei der Erfindung neuer Werkzeugstähle. Andererseits werden seine betriebsorganisatorischen Arbeiten oft überbewertet. Nur wenige der ihm zugeschriebenen Leistungen stammen tatsächlich von ihm selbst oder wurden von ihm erstmalig zur Anwendung gebracht[4]. Dergleichen wird von ihm selbst auch nicht behauptet. Das wesentliche an seinen Leistungen ist, daß er vorhandene Erkenntnisse systematisch aufgriff und sich wissenschaftlicher Methoden bediente, um Fragen der Arbeitsorganisation zu klären. Und diese Methoden waren, dem Zeitgeist und allgemeinen wissenschaftlich-methodischem Paradigma entsprechend, eben *Methoden der Analyse.*

Da die meisten der heute mit seinem Namen verbundenen und als „Taylorismus" kritisierten Prinzipien weder auf ihn zurückgehen noch überhaupt in Verbindung zu seinen Arbeiten stehen, richtet sich die heutige Kritik damit auch weniger gegen die durch TAYLOR veröffentlichten Prinzipien an

---

1   Vgl. die dokumentierten Aussagen in HACKSTEIN, R.: Arbeitswissenschaft im Umriß 2 : Grundlagen und Anwendung. Essen: Giradet, 1977. S. 133 f.

2   Vgl. KREIKEBAUM, H.; HERBERT, K.-J.: Humanisierung der Arbeit : Arbeitsgestaltung im Spannungsfeld ökonomischer, technologischer und humanitärer Ziele. Wiesbaden: Gabler, 1988. S. 69.

3   Vgl. zu den weiteren Ausführungen auch GRAP 1992, S. 26 ff.

4   Vgl. HACKSTEIN (Arbeitswissenschaft im Umriß 2) 1977, S. 412 ff.
    VAHRENKAMP, R.: TAYLORS Lehren - Ein Mittelklassetraum : Überlegungen zu einem Rätsel. In: MICHEL / WIESER 1976, S. 14 - 26.

sich, als vielmehr gegen die in der Folge eingetretenen einseitigen Übertreibungen in der praktischen Weiterentwicklung. Vereinzelt wird die ungenügende Rezension TAYLORs auch in der Literatur angemerkt.[1]

Dazu wenige Beispiele:

- Für TAYLOR gehörte zum systematischen Arbeitsstudium und der Suche nach dem sogenannten „one best way" untrennbar eine sorgfältige Personalauswahl, eine an den persönlichen Leistungsvoraussetzungen des Mitarbeiters orientierte, intensive Ausbildung und eine im weiteren intensive Betreuung mit fortgesetzter Unterweisung durch vor Ort tätige Meister[2]. Er warnte vor einer einseitigen Anwendung nur eines Prinzips[3] - genau dies wurde in der Folge gemacht.
- Für TAYLOR war jede Arbeitsstudie eine individuelle, er warnte vor unspezifischen Verallgemeinerungen der Untersuchungsergebnisse[4] - in der Folge wurde diese jedoch angestrebt.
- Für TAYLOR gehörte zu einer Normung des Arbeitsvollzugs einer bestimmten Aufgabe unbedingt eine organisatorische Absicherung dessen, was heute „Betriebliches Vorschlagswesen" heißt[5] - auch dies fand zunächst kaum Umsetzung in die Praxis.
- Auch die von TAYLOR entwickelten Vorstellungen zu - nach heutigen Begriffen - Sozialpartnerschaft und kooperativen Führungsstilen[6] wurden in den Unternehmen selten aufgegriffen.

Und zum historische Kontext: Zu Zeiten TAYLORs war das Arbeiten in durch Vorarbeiter geleiteten, autonomen, oft noch deutlich wie in Handwerksbetrieben organisiert arbeitenden Gruppen üblich[7]. Deren Leistungen waren durch die Betriebsleitungen kaum zu kontrollieren und zu planen. Hier konnte sich - auch durch das Fehlen von Arbeitsschutzbestimmungen und Instrumenten des autonomen Arbeitsschutzes - ein weites Spektrum an Arbeitsweisen etablieren, das von extremer Leistungszurückhaltung bis zur krassen Überforderung reichte. TAYLORs Arbeiten trugen hier insofern zur Humanisierung der Arbeit bei, als daß er sich um eine fundierte Passung von Arbeitsanforderungen und menschlichen Leistungsvermögen bemühte und dabei vor allem auch Überforderungen zu vermeiden suchte. Weiterhin

---

1   Vgl. zum Beispiel EUNSON, B.: Betriebspsychologie. Hamburg: McGraw-Hill, 1990. S. 46 ff.
2   Vgl. TAYLOR 1913, S. 121 f., wobei Meister von TAYLOR viel mehr in ihrer Rolle als Ausbilder denn als Vorgesetzte verstanden werden. Weiterhin muß beachtet werden, daß es in den USA keine Handwerks- und Meisterausbildung im deutschen Sinn gibt.
3   Vgl. TAYLOR 1913, S. 144.
4   Vgl. TAYLOR 1913, S. 73, 87.
5   Vgl. TAYLOR 1913, S. 136 f.
6   Vgl. TAYLOR 1913, S. 38 f.
7   Eine Arbeitsorganisation, die heute, unter verbesserten Bedingungen des Arbeitsschutzes, der Betriebsverfassung, des Tarifrechtes, der Qualifikation etc. wieder als durchaus anzustreben angesehen wird (vgl. SAUERBREY, G.: Die Black-box-Organisation. In: HMD - Theorie und Praxis der Wirtschaftsinformatik 27(1990)151, S. 62 - 72).

wurden die Mitarbeiter und deren Leistungsbeurteilung sowie Entlohnung von der - häufig mißbrauchten - Willkür ihrer Vorarbeiter abgekoppelt.

Beispielhaft - und weil wir es später bei der Zeitaufnahme noch brauchen - soll hier das physiologische „Geheimnis" betrachtet werden, das den durch Taylors Zeitstudien erbrachten enormen Leistungssteigerungen im wesentlichen zugrunde lag.

Hierbei ist zunächst wichtig, zwischen (Arbeits-)Belastung als einer *Einwirkungsgröße* und Beanspruchung als einer *Auswirkungsgröße* zu unterscheiden. ROHMERT und RUTENFRANZ[1] definieren als Belastungen objektive, von außen auf den Menschen einwirkende Größen und Faktoren, Beanspruchungen als deren Auswirkungen im Menschen und auf den Menschen. Bild 3-9 veranschaulicht diesen Zusammenhang an einem mechanisches Modell.

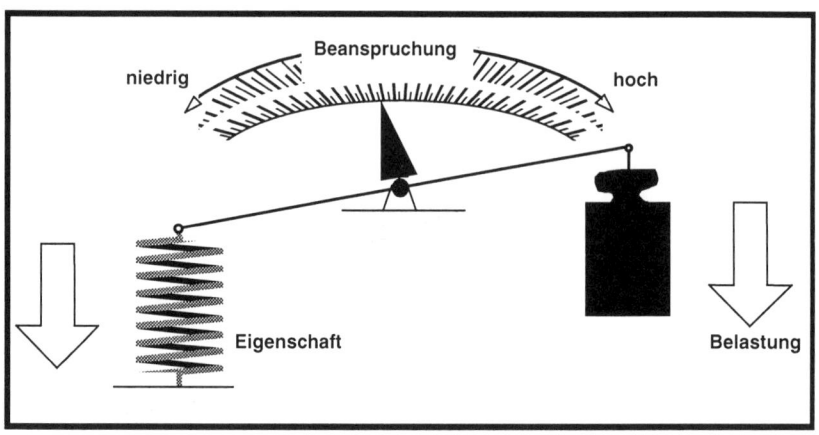

Bild 3-9: Das Belastungs-Beanspruchungskonzept als mechanisches Modell[2]

Ziel der Analysen dieser Ursache-Wirkungs-Beziehungen ist es, „sowohl zur Verbesserung der Leistungsfähigkeit des gesamten Arbeitssystems als auch zur Minderung der auf den arbeitenden Menschen einwirkenden Belastungen beizutragen."[3] Die Höhe der Beanspruchung hängt nach diesem Modell nicht allein von der Höhe der Belastung und ihrer Einwirkungsdauer, sondern auch von den individuellen Eigenschaften, Fähigkeiten und Fertigkeiten der Arbeitsperson ab[4], das heißt,

---

1   Vgl. ROHMERT, W.; RUTENFRANZ, J.: Arbeitswissenschaftliche Beurteilung der Belastung und Beanspruchung an unterschiedlichen industriellen Arbeitsplätzen. Bonn: Bundesministerium für Arbeit und Sozialordnung, 1975 (Forschungsbericht). S. 8.

2   REFA - Verband für Arbeitsstudien und Betriebsorganisation e. V. (Hrsg.): Grundlagen. 7. Aufl. München: Hanser, 1984 (Methodenlehre des Arbeitsstudiums 1). S. 161.

3   SCHMIDTKE, H.: Der Leistungsbegriff in der Ergonomie. In: SCHMIDTKE 1981, S. 105 - 111.

4   Vgl. ROHMERT, W.: Das Belastungs-Beanspruchungskonzept. In: Zeitschrift für Arbeitswissenschaft 38(1984)4, S. 193 - 200.

- die gleiche Belastung kann bei unterschiedlichen Personen zu unterschiedlich hohen Beanspruchungen führen und
- eine zeitabhängige Verschlechterung der für die Ausführung der Arbeit wichtigen Eigenschaften (Ermüdung) hat eine Zunahme der Beanspruchung bei gleichbleibender Belastung und derselben Person zur Folge[1].

Erträgliche Beanspruchungshöhen werden durch die *Dauerleistungsgrenze* ermittelt. Eine Beanspruchung, die über dieser Grenze liegt, ruft in den betroffenen Organen oder Organsystemen eine Ermüdung hervor.[2] Als Dauerleistungsgrenze gilt in diesem Zusammenhang die maximale Leistung, die während der gesellschaftsüblichen, täglichen zusammenhängenden Arbeitszeit - 8 Arbeitsstunden - auf die Dauer möglich ist und bis zu der eine zusätzliche Erholung oder Erholungszeit nicht notwendig wird[3]. Hierbei ist wesentlich, daß über eine solche lange Belastungsdauer hinweg ein nur noch sehr geringer Unterschied besteht, zwischen einer *arbeitsermüdungsfreien Dauerleistung* und der *Spitzenleistung*, also der über diese Zeit überhaupt menschenmöglichen Leistung.

Durch organisatorisch-technische Maßnahmen wird nun zunächst angestrebt, unnötige und vermeidbare Ermüdung zu verhindern und dann für unvermeidbare Ermüdung ausreichende Erholungsmöglichkeiten während der Arbeitszeit so zu schaffen, daß insgesamt gesehen dem Menschen durch die Arbeit kein Schaden an seiner Gesundheit und seinem sozialen Wohlbefinden zugefügt wird[4]. Trotz nach wie vor existierender methodischer Schwierigkeiten, Beanspruchungen zu messen, ist es unter angemessener Würdigung einschränkender Randbedingungen möglich, Gestaltungshinweise abzuleiten.

Nach SCHMIDTKE kommt es infolge einer Arbeitsverrichtung zu einer mehr oder weniger stark ausgeprägten Ermüdung[5], wenn die Beanspruchung höher ist als die Dauerleistungsgrenze.[6] Bei Untersuchungen der Beanspruchungszustände in Hinblick auf die Ableitung von Erholungszeiten[7] ist es wichtig, Ermüdung von ermüdungsähnlichen Zuständen abzugrenzen. Ermüdung

- tritt als Folgeerscheinung einer vorhergehenden Beanspruchung auf,

---

1   Vgl. LAURIG, W.: Grundzüge der Ergonomie : Einführung. Berlin: Beuth 1982. S. 87.
2   Vgl. ROHMERT, W.: Entwicklung und Erkenntnisse der Arbeitswissenschaft : Beurteilung vorwiegend körperlicher und nicht körperlicher Arbeit. Berlin: Beuth, 1974. S. 28 f.
3   Vgl. ROHMERT 1974, S. 28.
4   Vgl. HACKSTEIN (Arbeitswissenschaft im Umriß 2) 1977, S. 107.
5   Hierbei ist zu unterscheiden zwischen der aus dem biologischem Rhythmus heraus erfolgenden zyklischen Ermüdung und der durch die Arbeit hervorgerufenen physiologischen.
6   Vgl. SCHMIDTKE, H.: Ermüdung und Erholung. In: IFAA 1989, S. 118 - 125.
7   Erholungszeiten sind keine Pausenzeiten. Pausenzeiten ergeben sich aus dem Arbeitszeitgesetz und haben ganz wesentlich sozialen Charakter, Erholungszeiten dienen dagegen ganz ausdrücklich dazu, eine vorangegangene, genau spezifizierte Arbeitsermüdung abzubauen.

- bewirkt eine reversible Leistungs- oder Funktionsminderung,
- beeinflußt das organische Zusammenspiel der Funktionen,
- verursacht eine Abnahme der Arbeitsfreudigkeit und eine Steigerung des Anstrengungsgefühls und
- kann schließlich zu einer Störung des Funktionsgefüges und der Persönlichkeit führen[1].

Ermüdungsähnliche Zustände dagegen ergeben sich zum Beispiel aus Monotonie, Sättigungs- und Überforderungserscheinungen. Sie zeigen in den Symptomen (Leistungsabfall, Denkstörungen, ...) der Ermüdung ähnliche oder gleiche Erscheinungen, unterscheiden sich jedoch in der Art ihrer Kompensation deutlich[2]. Während die ermüdungsähnlichen Zustände bei Änderungen des Arbeitsinhaltes schlagartig abklingen, muß bei Ermüdung für eine ausreichende Erholung gesorgt werden.

Die Ermüdung nimmt bei Beanspruchungen über der Dauerleistungsgrenze in einem exponentiellen Verlauf zu. Ein solcher exponentieller Verlauf gilt auch für die Erholungswirkung von Pausen, allerdings in einem fallenden Zusammenhang. Bei Beanspruchungen, die über der Dauerleistungsgrenze liegen, empfiehlt sich daher ein *Kurzpausensystem*. Mit zwischengeschalteten Kurzpausen wird eine übermäßige Ermüdungskumulation, also eine zu starke Anhäufung von Ermüdungsfaktoren vermieden. Durch häufigere Kurzpausen kann auch die „durchschnittliche Ermüdung" verringert werden[3]. Aus Bild 3-10 ist ersichtlich, daß bei gleicher Gesamt-Pausenzeit die Erholungswirkung von häufigeren Kurzpausen größer ist (A), als bei seltenerem Wechsel von Arbeit und Pause (B)[4]. Die Erkenntnis, daß die effektivste Erholung durch Kurzpausen von 5 bis 10 Minuten Dauer erreicht wird, halten KIRCHNER und ROHMERT in Form der „Kurzpausenregel" als *gesicherte arbeitswissenschaftliche Erkenntnis* fest[5].

Kurzpausensysteme müssen allem Anschein nach mindestens anfänglich fremd organisiert werden. HACKER und RICHTER weisen darauf hin, das bei selbstüberlassener Pausenregel die Mitarbeiter erst bei weit fortgeschrittener Ermüdung - und damit zu spät - die Pausen einlegen oder sie zur Verlänge-

---

1   Vgl. SCHMIDTKE, H.: Die Ermüdung : Symptome, Theorien, Messversuche. Bern: Huber, 1965. S. 18.

2   Vgl. SCHMIDTKE 1965, S. 12 f.

3   Vgl. LEHMANN, G.: Praktische Arbeitsphysiologie. 2. Aufl. Stuttgart: Thieme, 1962. S. 51 ff.

4   Vgl. LEHMANN 1962, S. 66 f.

5   Vgl. KIRCHNER, J.-H.; ROHMERT, W.: Ergonomische Leitregeln zur menschengerechten Arbeitsgestaltung : Katalog arbeitswissenschaftlicher Richtlinien über die menschengerechte Gestaltung der Arbeit. München: Hanser, 1974. S. 90.
     Der Begriff „gesicherte arbeitswissenschaftliche Erkenntnis" ist in Bezug auf das Betriebsverfassungsgesetz, § 91, wichtig.

rung der regulären Pausen und der Verkürzung des Arbeitstages nützen, in einer Weise also, die den Sinn einer solchen Regelung konterkariert[1].

> Der Leser wird das Phänomen vermutlich auch aus ganz privaten Erfahrungen kennen. Gerade Männer neigen offenbar - besonders bei ungewohnten körperlichen Betätigungen - dazu, sich anfänglich deutlich über die Dauerleistungsgrenze hinaus zu beanspruchen. Die Folge ist eine rasche Ermüdung, eine längere Pause etc. Im Ergebnis tritt oft bereits nach einer Zeit, die viel kürzer ist, als die genannten acht Stunden, ein Ausmaß an Erschöpfung ein, das die Weiterführung der Tätigkeit für den Tag nicht mehr erlaubt. Besonders deutlich wird diese Erfahrung, wenn man als ungeübter Wanderer sich eines Führers bedient: Tritt dieser am Anfang des Tages scheinbar ganz langsam an, so kann er sein Tempo, meistens im Gegensatz zu seinen Geführten, aber über den Tag aufrecht erhalten.

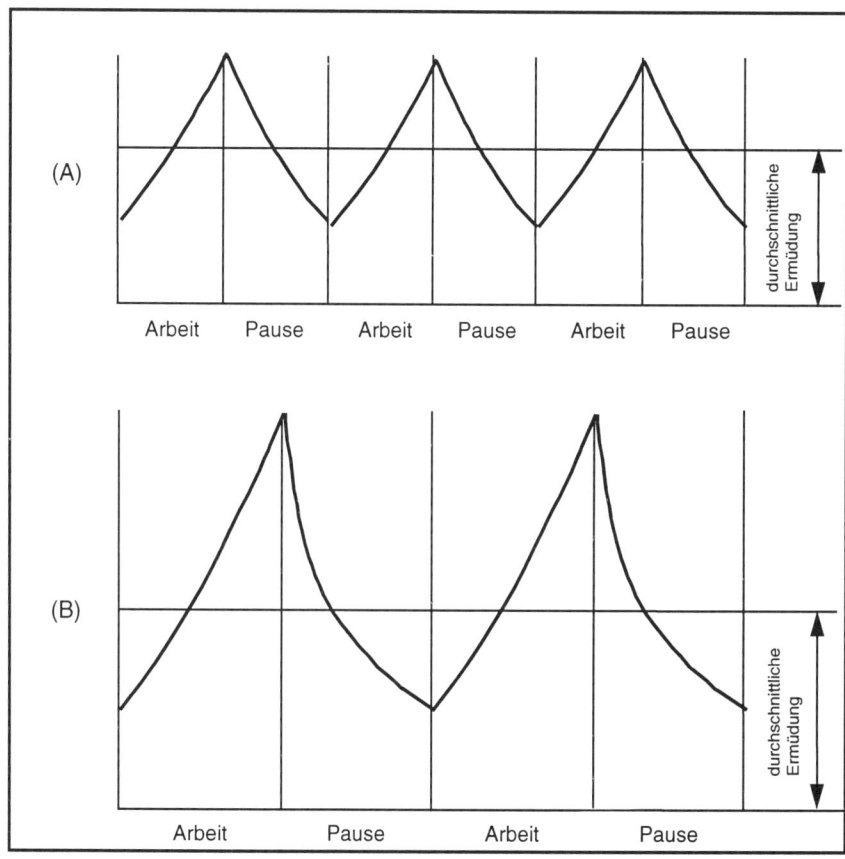

Bild 3-10: Der Erholungswert der einzelnen Pausenabschnitte in schematischer Darstellung[2]

1   Vgl. HACKER, W. (Hrsg.); RICHTER, P. (Hrsg.): Spezielle Arbeits- und Ingenieurpsychologie in Einzeldarstellungen - Lehrtext 2: Psychische Fehlbeanspruchung. Berlin (Ost): VEB Deutscher Verlag der Wissenschaften, 1980. S. 204.

2   In Anlehnung an LEHMANN 1962, S. 54.

Die für die körperlichen Tätigkeiten beschriebene Ermüdungs- und Erholungsrelation gilt grundsätzlich auch
- für die Umgebungsbedingungen (etwa Lärm und Klima)[1],
- bei gleichförmig wiederkehrenden feinmotorischen Geschicklichkeitsarbeiten[2] und
- bei einfachen, gleichartig und häufig wiederkehrenden geistigen Tätigkeiten[3].

Bei komplexeren geistigen Tätigkeiten liegen aufgrund der Vielzahl möglicher Belastungs- und Beanspruchungsformen, deren Superpositionseffekte und vor allem des Einflusses der Motivation, keine einheitlichen Erkenntnisse vor.[4]

Die Erholungswirkung der Pausen basiert auf der Tatsache, daß Organismen im Gegenteil zu Materialien in der Lage sind, bei Wechseln von hoher zu niedriger Beanspruchung die Phasen der niedrigen Beanspruchungshöhe zur Regeneration ihrer Eigenschaften und Fähigkeiten zu nutzen. Diese Möglichkeiten der Kompensation beziehen sich hierbei allerdings nicht nur auf ein passives Abwarten des Erholungsvorganges allein, sondern implizieren auch den Wechsel von einer Beanspruchungsart zur nächsten, verbunden mit der Inanspruchnahme anderer Elemente des Organismus.[5] Bei vielen Belastungsformen, insbesondere einseitiger Arbeit, genügt in der Regel eine Pause für die belasteten Organe, nicht aber für den gesamten Organismus, um die gewünschte Erholungswirkung zu erzielen[6]. Angemessene, genügend häufige und einen Beanspruchungswechsel beinhaltende Tätigkeitswechsel können daher auch anstelle erforderlicher Erholungspausen treten.

In der Zeit TAYLORs wurden die dargestellten physiologischen Zusammenhänge gerade in ihren Grundzügen erforscht und TAYLOR achtete bei seinen Zeitaufnahmen auf Erholungspausen und angemessenes, nicht zu schnelles Arbeitstempo. Gerade der so häufig verpönte „one best way" galt primär diesen beiden Parametern und TAYLORs strenges Reglement bezog sich vor allem auch darauf, die Arbeiter davon abzuhalten, sich im ausgeruhten Zu-

---

1   Vgl. LUCZAK, H. et. al.: Arbeitswissenschaft : Konzepte, Arbeitspersonen, Arbeitsformen, Arbeitsumgebung. 2. kor. Aufl., Berlin: Institut für Arbeitswissenschaft der Technischen Universität, 1991. S. 173.

2   Vgl. HACKER / RICHTER 1980, S. 197 f.

3   Vgl. GRAF, O.: Über lohnendste Arbeitspausen bei geistiger Arbeit. In: Psychologische Arbeiten 7(1922), S. 548 - 611. Zitiert nach HACKSTEIN (Arbeitswissenschaft im Umriß 2) 1977, S. 218.

4   Vgl. LUCZAK, H. et. al.: Arbeitswissenschaft : Arbeitswissenschaft : Systematik, Arbeitsschutz, Arbeitsgestaltung, Arbeitswirtschaft. 2. kor. Aufl. Berlin: Institut für Arbeitswissenschaft der Technischen Universität 1991. S. 173.

5   Vgl. LUCZAK, H.: Arbeitswissenschaftliche Untersuchungen von maximaler Arbeitsdauer und Erholungszeiten bei informatorisch-mentaler Arbeit nach dem Kanal und Regler-Mensch-Modell sowie superponierten Belastungen am Beispiel Hitzearbeit. Düsseldorf: VDI Verlag, 1979. S. 10.

6   Vgl. LUCZAK 1991 (Konzepte), S. 171.

stand über die Dauerleistungsgrenze hinaus zu beanspruchen. Noch intensiver mit den Problemen des Zeitstudiums und den physiologischen Folgen der Arbeitsteilung beschäftigte sich GILBRETH, der auch ein System vorbestimmter Zeiten[1] aus seinen Studien ableitete.

TAYLOR zog seine Zeitstudien auch zur Vorherbestimmung von Fertigungs- und Montagezeiten heran und nahm sie als Grundlage zur Leistungsentlohnung. Die weiteren Arbeitsbereiche, in die TAYLOR eingriff, seien hier nur noch im Überblick angeführt:

- Einführung von Planungsabteilungen zur Produktionsplanung und -kontrolle,
- Standardisierung des Werkzeugwesens,
- Reorganisation der Maschinenanordnungen (Materialfluß),
- Reorganisation der Maschinenwartung (Instandhaltung),
- Einführung der Arbeitsteilung auch in der dispositiven Ebene (Funktionsmeister), alleinige Verantwortung der obersten Leitung,
- Entwicklung von Abrechnungssystemen für das Lager- und Transportwesen sowie
- Entwurf neuer Kostenrechnungssysteme.

3.5.6 Das FORD-System

Auch die Leistungen FORDs sind erheblich vielseitiger als „nur" die Einführung des Fließbandes. Für FORD war die Einführung des Fließbandes offenbar zunächst lediglich eine Lösung des logistischen Problems der Reihenfertigung, ein Mittel, um vor allem Transportzeiten und Materialbestände zu senken und damit auch Platz zu sparen. Mit dieser Argumentation vermied er auch den Widerstand der Gewerkschaften gegen sein System. In Verbindung mit seiner Sozialideologie, preiswerte Ware durch die standardisierte Fertigung und gute Löhne („Maschinen kaufen keine Autos"), konnte er seine Vorstellungen relativ problemlos durchsetzen.

Es ist bis heute nicht endgültig geklärt, ob FORD die weiteren Konsequenzen des Fließbandes von Anfang an erkannte und bewußt, aber ohne es zu publizieren, verfolgte. Das Fließband stellt nämlich vor allem und vielmehr auch eine Methode der Arbeitsstrukturierung[2] dar, die es erlaubt, auf detaillierte Arbeitspläne, Zeiterfassungen und Leistungsentgelte zu verzichten und auf das damit verbundene aufwendige Arbeitsvorbereitungs-, Abrechnungs- und Beaufsichtigungssystem á la TAYLOR. Überdies erlaubt es noch, gänzlich unqualifizierte Arbeiter unterschiedlicher Herkunft und Sprache

---

1   Vgl. Abschnitt 5.5.
2   In der Arbeitsgestaltung entspricht das Arbeitssystem dem institutionellen, die Arbeitsorganisation dem instrumentellen und die Arbeitsstrukturierung dem funktionellen Organisationsbegriff. Vgl. auch Abschnitt 3.8.1.

gemeinsam arbeiten zu lassen.[1] FORD baut im übrigen nicht - wie häufig zu lesen steht - auf den Arbeiten TAYLORS auf, wiewohl sie ihm wohl bekannt gewesen sein dürften[2]. Seine Zeitstudien dienten im wesentlichen zur Findung des Fließbandtaktes. Das Fließband ist auch Voraussetzung zur Automatisierung. In einem solchen Arbeitssystem fallen Automatisierungspotentiale systematisch ins Auge.

FORD hatte auch erkannt, daß die entscheidenden Kosten, auch die der späteren Produktion, bereits in der Konstruktion und Produktions- sowie Arbeitsvorbereitung verursacht werden. Deswegen kehrte er sich von dem damals üblichen Einkauf von Konstruktionen bei Ingenieurbüros ab und baute eigene Konstruktionsabteilungen auf. Statt neue Ideen durch auswärtige Konstrukteure zu beziehen, betrieb er systematische Konkurrenzanalysen und ließ Konkurrenzprodukte zerlegen, um nach deren Vorteilen und Schwächen zu suchen. Zudem achtete er bei seinen Angestellten sehr auf hervorragende Qualifikationen und betrieb beträchtlichen Aufwand für deren Weiterbildung. Damit einher ging auch die Einführung einer retrograden Preiskalkulation: Ausgehend von einem vorgegebenen Verkaufspreis erfolgte die Konstruktion des Produktes und die Gestaltung des Produktionssystems.

Auch von Zulieferern hielt er nicht viel. Er strebte an, die ganze Wertschöpfungskette in seiner Hand zu vereinigen (allerdings nicht unter einem Dach, FORD begrenzte auch die Größe seiner Fabriken aus Gründen der Koordination). Vom Hüttenwerk bis zum Autohändler reichten daher seine Interessen. Zeitgemäß, aber nicht lange vorteilhaft, setzte er auf die Kostendegression langer Normproduktreihen, langer Marktzyklen und auf die Dominanz des Gebrauchswertes seiner Produkte. Diese letzten Prinzipien stießen bereits zu FORDs Lebzeiten an ihre Grenzen und wurden ergänzt und abgeändert durch:

- Profit-center, um Steuerungsprobleme zu lösen,
- Konzentration auf spezifische Geschäftsfelder,
- Steuerung über Formalziele,
- Einführung eines differenzierteren Produktangebotes sowie
- Standardisierung von Komponenten anstelle der Produkte.

3.5.7 „Recend Fordism"

„Wie überall hat auch seine (FORDs, d. V.) Philosophie eine Eigendynamik angenommen, sie hat eine Entwicklung genommen, die von der erhofften Richtung des Schöpfers abweicht."[3] Aus diesem Grunde wird hier der Be-

---

1   Vgl. PFEIFFER / WEIß 1994, S. 34.
2   Vgl. PFEIFFER / WEIß 1994, S. 34 ff.
3   OHNO, T.: Das Toyota-Produktionssystem. Frankfurt a. M.: Campus, 1993. S. 129.

griff des FORDIsmus, der neben dem Begriff des TAYLORismus ebenfalls sehr häufig benutzt wird, um die Mißstände in den amerikanischen und europäischen Produktionssystemen im Rahmen der Lean-management Diskussion zu kennzeichnen, vermieden und statt dessen „Recend Fordism" oder „Moderner FORDIsmus" benutzt. „Der ‚Moderne Fordismus' ist quasi die überspannte, auf Effizienz und nicht auf Effektivität gerichtete Weiterentwicklung des ‚Reinen Fordismus'."[1]

Dessen wesentlichen Kennzeichen werden im folgenden anhand der Kriterien Beschaffung, Erzeugnisspektrum, Technologie, Personal unɑ Organisation unterschieden.

Beschaffung:
- Die hohe Fertigungstiefe bleibt erhalten und dazu kommen noch
- viele fremde Zulieferer, die jedoch ohne Konstruktionsverantwortung sind.

Erzeugnisspektrum:
- Die Typen- und Variantenvielfalt ist gegenüber dem reinen FORDIsmus drastisch erhöht.
- Es kommen immer mehr und unterschiedliche Fertigungstechnologien zum Einsatz.
- Die Unternehmen neigen zur Einseitigkeit: entweder extreme Technologie- oder extreme Kundenorientierung.
- An der Prämisse der langen Marktzyklen wird unvermindert festgehalten.
- Innovationsimpulse werden im wesentlichen von Kundenwünschen und eigenen Potentialen abgeleitet.

Technologie:
- Das Flußprinzip wird beibehalten.
- Zeitstudien dienen neben der Austaktung auch der Disziplinierung.
- Automatisierung wird beinahe ausschließlich mit dem Ziel der Personalsubstitution betrieben (Automatisierungslücken).
- Mit Hilfe der „optimalen Losgröße" wird versucht, individualisierte Nachfrage und Massenproduktion in Einklang zu bringen.
- Die Bildung von Puffer- und Zwischenlagern wird daher unvermeidlich.
- Aus den komplexeren Produkten folgen Qualitätsprobleme.

Personal:
- Akkordlohn und verwandte Leistungsentgelte werden auch bei weitgehend unbeeinflußbaren Tätigkeiten aufrecht erhalten.

---

[1] PFEIFFER / WEIß 1994, S. 47. Die weiteren Ausführungen folgen dieser Quelle. Es gibt eine sehr treffende englische Beschreibung für die Unterscheidung von Effizienz und Effektivität. Effektivität: „do the rigth things", Effizienz: „do the things right".

- Die Mitarbeiter weisen hohe Qualifikationen auf, haben aber immer noch geringe Ermessensspielräume.
- Mitarbeitern wird nur wenig bis kein Einfluß auf die Arbeitsmethodik zugebilligt.

Organisation:
- Das Produktspektrum und die Produktionsweise führen zu einer hohen Steigerung der internen Steuerungskomplexität.
- Es kommt zu einem überproportionalen Anstieg der Gemeinkosten.
- Die hohe Arbeitsteiligkeit der Fertigung und Montage wird auch auf die Disposition übertragen.
- Die Stab-Linien-Konzeption wird extrem betrieben.
- Es kommt zu Ressortegoismen und Autonomiebestrebungen in den Funktionalbereichen.
- Die Informationstechnik wird als Chance zur Verwaltungsautomation angesehen.

3.5.8 Lean-management

In der Zeit, in der die „traditionellen" Industrienationen den FORDismus in der skizzierten Weise „kultivierten", entstanden in Japan alternative Produktionskonzepte. Verfolgt man die Entwicklung zurück, so stellt man verwundert fest, daß die entscheidenden Promotoren in Japan damit bereits Anfang der 50er Jahre begannen. Die heraufkeimende Konkurrenz wurde lange übersehen, dann belächelt oder ignoriert und schließlich, als der Erfolg sich auswirkte, mit Zöllen in ihre Schranken verwiesen. Die Bereitschaft, sich mit dem „Phänomen Japan"[1], dem japanischen Produktions- und Managementsystem, wirklich auseinanderzusetzen war, lange äußerst gering. Statt dessen hagelte es wohlfeile Entschuldigungen, es sei die japanische Mentalität, deren nicht kopierbares Arbeitsethos, die niedrigen Löhne und die langen Arbeitszeiten, etc. Auch erste vergleichende Fallstudien wurden als so nicht zutreffend oder nicht repräsentativ abgetan.

Dabei wurde bereits 1980 in Studien deutlich, daß die entschuldigend angeführten, auf die spezifische japanische Kultur und Situation gemünzten Gründe für deren überlegene Produktivität lediglich Ausreden waren, um den tatsächlichen Ursachen und den erforderlichen Konsequenzen auszuweichen. Die in Bild 3-11 vorgenommene Gegenüberstellung macht die damals bereits festzustellenden gravierenden Unterschiede deutlich, welche die Aussagen, es läge an den niedrigen Löhnen und den langen Arbeitszeiten u. ä. in ihrer Belanglosigkeit für das wahre Ausmaß der Unterschiede offenbaren. Es „zog" jedoch noch die methodische Kritik, die Studie verglei-

---

1   HEEG, F.-J.: Phänomen Japan. München: Hanser, 1983.

che zwei Werke, die tatsächlich aus vielerlei Gründen nicht vergleichbar seien.

Hersteller	Japanischer	Europäischer
Tagesproduktion	360	308
Anz. Mitarbeiter direkter Bereich		
Press- & Karosseriewerk	135	260
Lackiererei	40	82
Trim und Endmontage	175	301
Summe / Schicht	**350**	**643**
Anz. Mitarbeiter indirekter Bereich		
• Inspektoren Karosseriewerk	1	31
•Inspektoren Lackiererei	2	7
• Inspektoren Trim	2	7
• Inspektoren Endmontage und Reparatur	10	23
Summe Inspektoren pro Schicht	*15*	*68*
Materialversorgung und Linienbeschickung	10	113
Sonstige	35	174
Summe / Schicht	**60**	**355**
Summe direkter und indirekter Bereich / Schicht	**410**	**998**
Arbeitskräfte / Fahrzeug		
• direkt	1,0	2,1
• indirekt	0,2	1,2
• direkt und indirekt	1,1	3,2
Abwesenheitsrate [%]	**1**	**5,1**

Bild 3-11: Produktivitätsunterschiede bei vergleichbaren Kfz (1980)[1]

Auch eine bereits erweiterte Studie bezüglich des Zustandekommens des japanischen Angebotspreises auf dem US-Markt, die zum einen zeigte, daß die beiden japanischen Werke einerseits und die beiden amerikanischen andererseits sich untereinander in vielen Kennziffern glichen, zum anderen

---

[1]   Verschiedene Quellen, zitiert nach PFEIFFER / WEIß 1994, S. 14.

jedoch zwischen japanischen und amerikanischen Unternehmen gravierende Unterschiede existierten (Bild 3-12), die viel zu gravierend waren, um über das unterschiedliche Lohnniveau und besseres Arbeitsethos Japans erklärt zu werden, löste immer noch Abwehrhaltungen und Strategien der Informationsvermeidung aus, anstelle einer wirklichen Auseinandersetzung mit der Problematik. Selbstkritischer wurde bereits der in Bild 3-13 dargestellte Vergleich aufgenommen, der darauf hinwies, daß es vermutlich auch kein Vorsprung in der Automatisierungstechnologie ist, der die japanische Produktivität bewirkt.

Kosten o. Produktivität	Ford	GM	Mazda	Nissan
Beschäftigungsstunden	84	83	53	51
Lohnkosten [$]	1.848	1.826	620	593
Kosten für Kaufteile und Rohmaterial [$]	3.650	3405	2.858	2.858
Gemeinkosten [$]	650	730	350	350
Sonstige Kosten [$]	350	325	1.100	1.200
Summe [$]	6.498	6.286	4.928	5.001

Bild 3-12: Kosten und Produktivität bei einem Kleinwagen (1984) im Vergleich[1]

	Toyota Kamingo Nr. 9	Crysler Trenton	Ford Dearborn
Produkte	2,4l, 4-Zyl. 2,0l, 4-Zyl.	2,2l, 4-Zyl. incl. Turbo	1,6l, 4-Zyl Turbo, EFI, OH
Werksgröße [qm]	29.000	204.000	204.000
Belegschaft	180	2.250	1.360
Stückzahl / Tag	1.500	3.200	1.960
Arbeitsstunde / Motor	0,96	5,6	5,55
Schichten	2	2	1 Montage 2 Teilefertigung
Bestände	4 - 5 Stunden	2,5 - t Tage	9,3 Tage
Roboter	keine	5	k. A.

Bild 3-13: Vergleich von Motorenwerken (1988)[2]

Den Durchbruch brachte erst die unter dem Begriff „MIT-Studie" bekanntgewordene, 1990 erschienene, Arbeit von WOMACK et. al.[3] Einerseits doku-

---

1   In Anlehnung an LEDERER, K.: Produktionsstrategien in Japan, USA und Deutschland : Versuch eines Vergleichs. In: Fortschrittliche Betriebsführung und Industrial Engineering 33(1984)6, S. 327 - 333.

2   Verschiedene Quellen, zitiert nach PFEIFFER / WEIß 1994, S. 16.

3   WOMACK, J.; JONES, D.; ROOS, D.: The Machine that changed the World : The Story of Lean Production. New York: Harper Collins, 1990.

mentierte sie den dramatischen Abstand an Produktivität in jedem Bereich, den Japan gegenüber den traditionellen Industrienationen erreicht hatte (Bild 3-14 und 3-15). Andererseits, da sie beinahe alle Automobilwerke der Welt und jedenfalls alle namhaften einbezog, konnten ihre Ergebnisse auch nicht mehr so ohne weiteres „abgetan" werden.

Es zeigte sich, daß sich der Vorsprung nicht nur auf die reine Ausgestaltung des Produktionssystems beschränkte, auch in bezug auf Innovation und Konstruktion waren die Japaner überlegen (Bild 3-15). Wie bereits angedeutet, die Zahlen sind so deutlich besser, daß es mehr als nur die andere Kultur sein mußte, die sie bewirkten. Die in der MIT-Studie mituntersuchte, eingesetzte Fertigungstechnologie entpuppte sich überdies als nicht weiter fortgeschritten als in den „weißen" Ländern; eher war der Stand der Automation in Japan als geringer einzustufen. In der MIT-Studie wird für das „Geheimnis" der Begriff „Lean Production" geprägt[1]. Die einsetzende Debatte führte zu einer wahren Flut von Veröffentlichungen und einschlägigen Experimenten. Schließlich wurde klar, daß es sich tatsächlich um eine spezielle Methode des Managements von Produktionssystemen handelt, die nur im geringen Umfang von der jeweiligen Kultur, in der sie angewendet wird, beeinflußt wird und die sich keineswegs auf die Automobilproduktion beschränkt[2].

Bei Lean-production handelt es sich um eine Bündel von Prinzipien, wobei die erstrebten Effekte vor allem durch deren Zusammenspiel entstehen. Es ist deswegen wenig sinnvoll, einzelne dieser Prinzipien zu etablieren und andere, aus welchen Gründen auch immer, wegzulassen. Generell geht es darum,
* Kompetenz und Verantwortung zusammenzuführen,
* in Netzwerken zu arbeiten,
* Verschwendung und Fehler zu vermeiden,
* die Abläufe zu harmonisieren und
* sich um kontinuierliche Verbesserung zu bemühen.
Die wesentlichen Aspekte sind in Bild 3-16 angesprochen. Eine detaillierte Abhandlung würde den Rahmen dieser Darstellung sprengen. Es sei deswegen auf die einschlägige Literatur verwiesen.

Deutsch: WOMACK, J.; JONES, D.; ROOS, D.: Die zweite Revolution in der Automobilindustrie. 4. Aufl. Frankfurt a. M.: Campus, 1992.

[1] Als Gegenstück zu „buffered production".

[2] PFEIFFER / WEIß 1994, S. 7.

	Japanische Produzenten	Amerikanische Produzenten	Europäische Produzenten
Entwicklung			
Personalaufwand [Mio. Ing.-h.]	1,7	3,1	3,1
Werkzeugentwicklungszeit [Monate]	13,8	25,0	28,0
Pilotserie-Vorlaufzeit [Monate]	6,2	12,4	10,9
Anteil übernommener Teile [%]	18	38	30
Produktion			
Produktivität [Std. / Kfz]	16,8	25,1	36,2
Qualität [Montagefehler / 100 Kfz]	60	82,3	97
Teamorganisation [%]	69,3	17,3	0,6
Abwesenheit [%]	5,0	11,7	12,1
Montagelagerbestand [Monate]	0,2	2,9	2,0
Zuliefersystem			
Zulief. / Montagewerk [Anzahl]	170	509	442
Konstruktion durch Zulieferer [% der Gesamtstunden]	51	14	35
Anteil Teile mit JIT [%]	45	14,8	7,9
Maschinen je Mitarbeiter [Anzahl]	7,4	2,5	2,7
Lagerbestand [Tage]	1,5	8,1	16,3
Vertriebssystem			
Auslieferungslager-Bestand [Tage]	21	66	66
Händler / Firma [Anzahl]	300	2000	7500

Bild 3-14: Erfolgsbilanz des Lean-management (1990)[1]

---

1   In Anlehnung an WOMACK et. al., 1990 zitiert nach PFEIFFER / WEIß 1994, S. 10.
JIT: Just-in-time, ein Logistikkonzept, das die zeitgenaue Anlieferung von Teilen an den Monta-
gearbeitsplatz durch den Zulieferer vorsieht.

	Japaner (Volumen)	Amerikaner (Volumen)	Europäer (Volumen)	Europäer (Spezialist)
Modellangebot	47 -> 84	36 -> 53	49 -> 43	
Totale Erneuerung der Modellpalette	4 Jahre	8 -> 10 Jahre	7 -> 10 Jahre	
Produktion je Modell bis zum Modellauslauf	500.000	2 Mio	2 Mio	750.000
durchschnittlich übliche Produktion je Modell und Jahr	125.000	200.000	200.000	75.000
durchschnittliche Entwicklungsstunden je Modell	1,7 Mio.	3,1 Mio.	2,9 Mio	3,1 Mio.

Bild 3-15: Modellvielfalt in der Automobilindustrie[1]

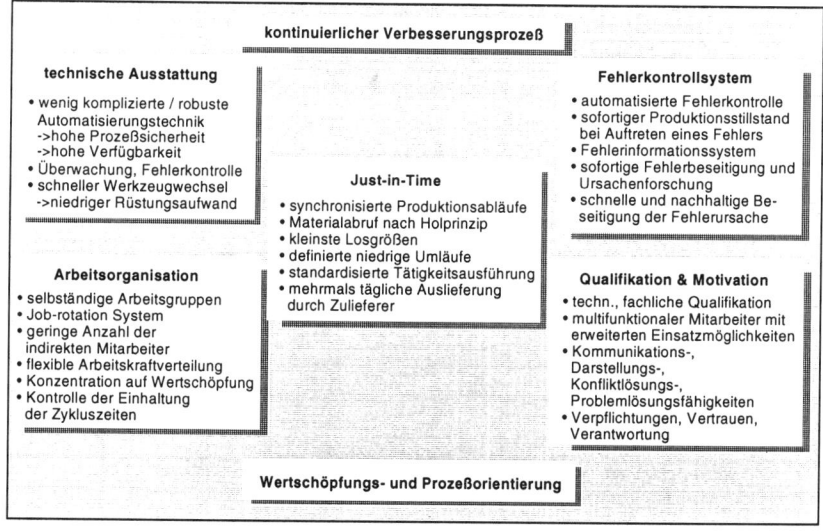

Bild 3-16: Besondere Merkmale von „Lean Production"

Was unterscheidet nun Lean-production von Lean-management? Zunächst soll mit diesem Begriff verdeutlicht werden, daß die für Lean-production etablierten Prinzipien wesentlich über den Produktionsbereich hinausreichen „... und für sämtliche Funktionen, Strukturen sowie Prozesse einer Unternehmung bzw. eines ganzen Wertschöpfungsnetzwerks relevant ..."[2]

---

1   Nach WOMACK et. al. 1992, S. 119 ff.

2   PFEIFFER / WEIß 1994, Vorwort zur 2. Auflage, S. V.

sind. Dies sei am Beispiel der Produktentwicklung verdeutlicht, wie sie in Bild 3-17 symbolisiert wird und wofür sich der Begriff „Simultaneous Engineering" eingebürgert hat. Eingedenk der erwähnten Erkenntnis, daß die größten Kostenteile bereits bei der Konstruktion festgelegt werden, wird bei der „Leanvariante" wieder retrograd von einer Kostenvorgabe weg gearbeitet. Charakteristisch ist weiterhin, daß Produktentwicklung und Entwicklung des zugehörigen Produktionssystems simultan erfolgen. Daraus folgt auch, daß die Zulieferer in den Entwicklungsprozeß mit einbezogen werden. Dies vergrößert zwar den Koordinationsaufwand während des Entwicklungsprozesses enorm (wobei moderne Kommunikationstechnologien wie Videokonferenz per ISDN (Integrated Services Data Network) bei gleichzeitiger gemeinsamer Nutzung von Designsystemen über DFÜ (Datenfernübertragung) hier erhebliche Vereinfachungen ermöglichen), erspart aber die sonst erforderlichen Iterationen, die eintreten, wenn sich erst spät zeigt, daß bestimmte konstruktive Merkmale nur durch erheblichen Produktionsaufwand oder auch gar nicht realisiert werden können und damit die bisherigen Entwicklungskosten „untergehen".

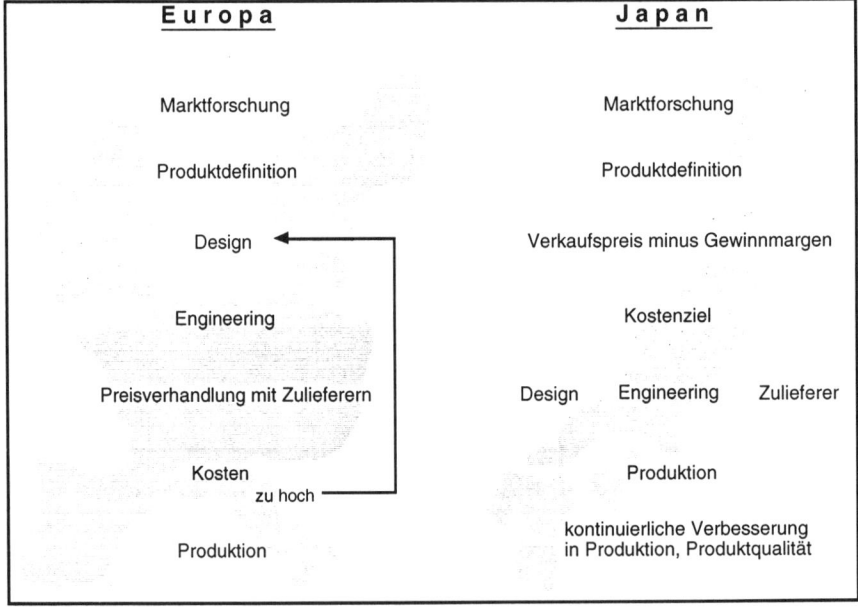

Bild 3-17: Entwicklungsstrategien im Vergleich

3.6 Die Konsequenzen der Veränderungen in der Neuzeit

Das Aufeinandertreffen der skizzierten Veränderungsprozesse in Verbindung mit den sich ebenfalls zunehmend schneller verändernden Märkten hatte und hat somit beträchtlichen Einfluß auf die „Halbwertszeiten" der Konzepte des Produktionsmanagements. Schlagwort auf Schlagwort macht die Runde - sehr zur Freude von Kongreß- und Seminarveranstaltern sowie Unternehmensberatern. Bild 3-18 gibt einen Überblick über die Entwicklung derjenigen Konzepte, die allein in den letzten Jahren Bedeutung erlangt haben.

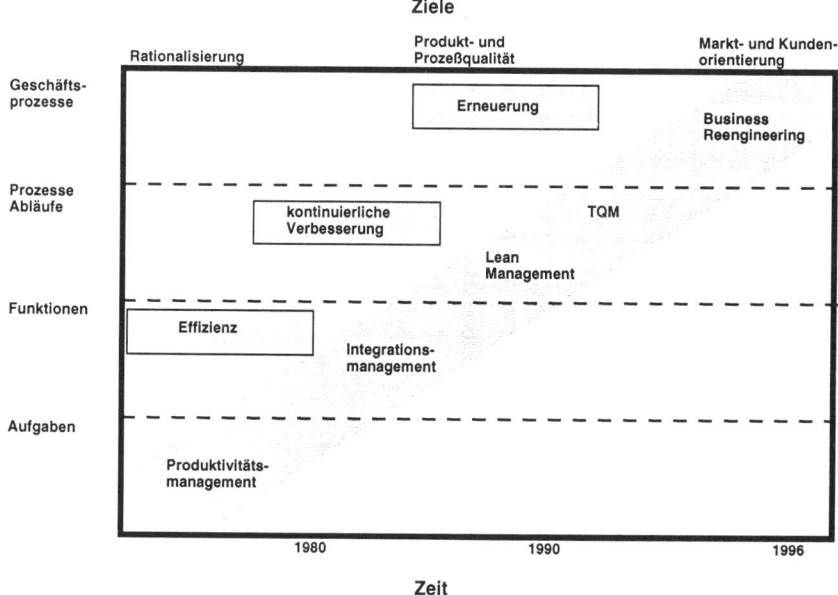

Bild 3-18: Konzepte des Produktionsmanagement im Wandel[1]

Anfänglich wurde versucht, den zunehmenden Herausforderungen mit verstärkten Rationalisierungsmaßnahmen im Rahmen des konventionellen Produktivitätsmanagements zu begegnen. Hierbei lag aber noch eine Konzentration auf die isolierte Betrachtung der Erfüllung einzelner Arbeitsaufgaben vor. Steigende Anforderungen an die Reaktionsfähigkeit der Betriebe verlangten sodann eine verbesserte Integration der Funktionen. Insbesondere die MIT-Studie von WOMACK et. al.[2] machte ja beachtliche „Fitneßmängel"[3] in den amerikanischen und europäischen Unternehmen deutlich und löste damit eine Welle von „Schlankheitskuren" aus.

Radikale Fortsetzung der im Rahmen des Integrationsmanagements angedachten Re-Integration von betriebsnahen Dienstleistungen an den Ort der

---

[1] In Anlehnung an: BULLINGER, J.; ROOS, A.; WIEDMANN, G.: Amerikanisches Business-reengineering oder japanisches Lean-management? In: Office Management 24(1997)7/8. S. 15.

[2] Vgl.: WOMACK et. al., 1992.

[3] Beachten Sie die eigentliche Bedeutung des Wortes.

Produktentstehung, Einführung von Gruppenarbeit, Beseitigung von Ressourcenverschwendungen durch „bottom-up" orientierte, moderierte sogenannte KVP-Workshops (kontinuierlicher Verbesserungsprozeß, oder auch im Original „KAIZEN"), Qualitätszirkel sowie die Beseitigung rein machtbegründeter Hierarchien und - vor allem - TQM (Total Quality Management) bilden die Eckpfeiler des Lean-management. Interessanterweise hat Lean-management weniger Umsetzungsschwierigkeiten im Bereich des Hierarchieabbaus als in dem - dem „weißen" Kulturkreis fremden - Vertrauen auf bottom-up orientierten Innovationsstrategien und damit dem Betreiben von KVP[1]. Zudem, obwohl auch in Europa und Amerika durch Lean-management - dort, wo es zur Umsetzung gelangte - durchaus beachtliche Erfolge erzielt wurden, war ein in dieser Managementmethodik vorliegender Erfahrungsvorsprung von über 20 Jahren bei den Japanern aufzuholen.

Statt kontinuierlicher Umgestaltung wurde also erneut ein radikaler Sprung angestrebt, statt KVP im Rahmen einer bottom-up Strategie noch einmal eine top-down Strategie: *Business-reengineering*[2] - allerdings durchaus mit dem Ziel, Lean-management und insbesondere TQM zu integrieren. Damit wird der Blick endgültig weggelenkt von der isolierten Betrachtung von Aufgabenerfüllungen und auf die ganzheitliche Gestaltung von Geschäftsprozessen gerichtet. Kostenreduzierung und Kundenorientierung werden gleichzeitig verfolgt, es wird weiter auf Dezentralisierung und Teamarbeit gebaut, aber: Erneuerung geht vor Verbesserung.

3.7 Produktionssysteme als Objekte des Produktionsmanagements

Unter den gegebenen Bedingungen scheint es für ein modernes Konzept am geeignetsten, auf den systemischen Ansatz aufzusetzen. Systemelemente werden die Aktionsträger wie Personal und Anlagen, die über Aktionsarten (Input - Output - Throughput) Aktionsobjekte verändern. Unter Managementgesichtspunkten ist dabei ein besonderes Augenmerk auf das Führungssystem (Lenkung - Gestaltung - Entwicklung) zu richten. Wird ein Unternehmen generell als System aufgefaßt, so bietet sich für das Industrie-

---

1   Das bei der Volkswagen AG beispielsweise propagierte KVP[2] (VOLKSWAGEN COACHING GE-SELLSCHAFT MBH (Hrsg.): Teilnehmerunterlage zum Moderatoren-Seminar KVP[2]. Juni 1997) bedeutet, daß die Mitarbeiter einer Gruppe einmal eine Woche in einem Konferenzhotel mit einem Moderator zusammenkommen und in ihrem Arbeitsbereich systematisch nach Verbesserungsmöglichkeiten suchen und diese sodann umsetzen. Das ist interessant, auch wirksam aber eben auch nur einmalig und nicht kontinuierlich!

2   Vgl.: GAITANIDES, M. et. al (Hrsg.): Prozeßmanagement : Konzepte, Umsetzungen und Erfahrungen des Reengineering. München: Vahlen, 1994.
    OSTERLOH, M.; FROST, J.: Business Reengineering : Modeerscheinung oder „Business Revolution"? zfo - Zeitschrift Führung und Organisation 63(1994)6, S. 356 - 363.
    KAMINSKE, G.; FÜRMANN, T.: Reengineering versus Prozeßmanagement : Der richtige Weg zur prozeßorientierten Organisationsgestaltung. In: zfo - Zeitschrift Führung und Organisation 64(1995)3, S. 142 - 148.

unternehmen die Klassifizierung als ein kybernetisches (wegen der vielfach vermaschten gegebenenfalls hierarchisch abgestuften Regelkreise), sozio-technisches (weil Menschen mit technischen Systemen zusammenwirken) und produktives (...) System an.

Das Interessante an dieser Betrachtungsweise ist die aus einer Betrachtungs-perspektive heraus begründete Möglichkeit, es in spezielle Subsysteme zu segmentieren, die aber methodisch in gleicher Weise betrachtet werden kön-nen (Bild 3-19).

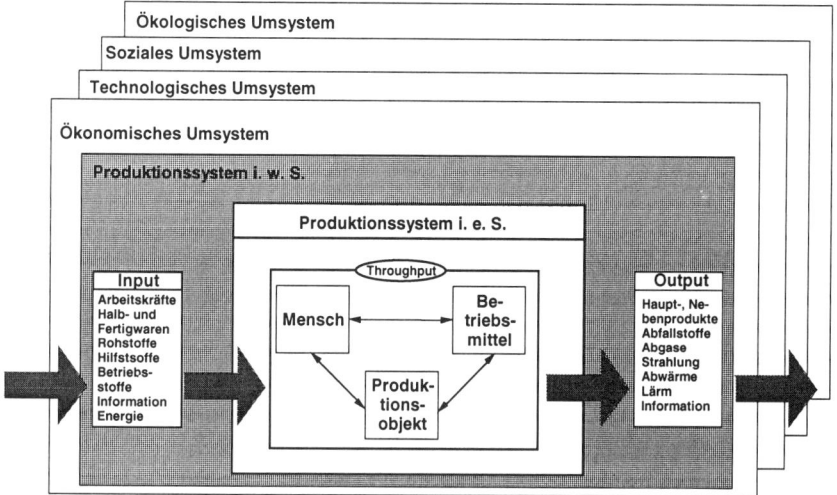

Bild 3-19: Produktionssysteme als Subsysteme von Industrieunternehmen[1]

Der Ansatz erlaubt es auch, die einzelnen Produktionsfaktoren abzubilden. So wird zum Beispiel in Bild 3-20 das ganze denkbare Outputspektrum einer Produktion im weiteren Sinne als System dargestellt.

Ähnliches ließe sich für die Inputfaktoren und schließlich auch für alle Pro-duktionsfaktoren durchführen. So können Methoden und Erkenntnisse der Faktororientierten Produktionswirtschaft in den systemischen Ansatz inte-griert werden. Gleichzeitig kann über eine Austauschmatrix das Maß der Substitutionsvorgänge auf die realtypischen begrenzt werden (Bild 3-21).

---

[1] In Anlehnung an ZAHN / SCHMID 1996, S. 111.

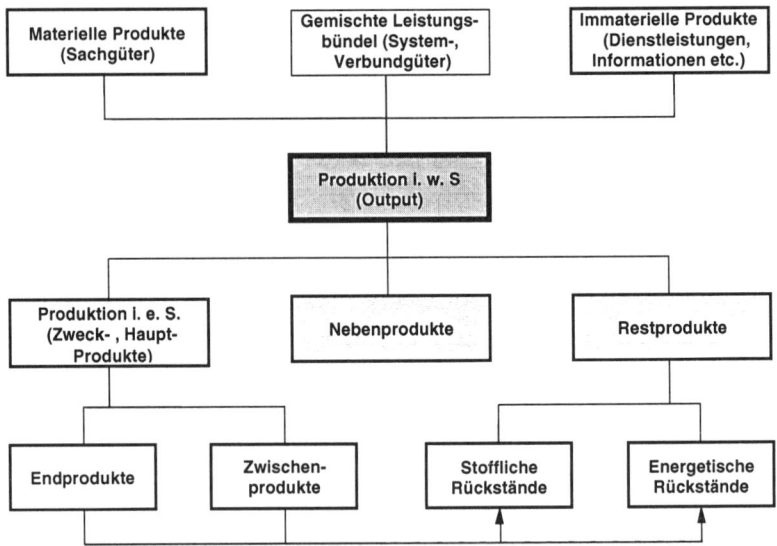

Bild 3-20: System industrieller Outputfaktoren[1]

Substitution von \ durch	Objekt-bezogene Arbeit	Dispositive Arbeit	Betriebs-mittel	Werk-stoffe
Objekt-bezogene Arbeit	—	„Klassische" Rationalisierung		
Dispositive Arbeit	Ersatz von Planung durch „Versuch und Irrtum" (atypisch)	—	Flexible Automatisierung „intelligente" Systeme (CAD ...)	
Betriebs-mittel	Intensive Anlagenwirtschaft vorbeugende Instandhaltung / Instandhaltungs-planung		—	
Werk-stoffe	Ressourcenschonende Substitution, z. B. Recycling, Mehrfachverpackung, Energiesparmaßnahmen, intensive Materialwirtschaft etc.			—

Bild 3-21: Realtypische Substitutionsvorgänge zwischen Produktionsfaktoren[2]

Nach der Definition der Produktionswirtschaft als *interdisziplinäre Lehre vom industriellen Produktionsmanagement* kommt es nun aber nicht schwerpunktmäßig auf die Betrachtung des Produktionssystems an sich an, sondern vielmehr auf das regelnde Zusammenwirken des Produktionssytems mit seinem Führungssystem. Das Ineinandergreifen der beiden beschriebenen

---

[1]   In Anlehnung an: ZAHN / SCHMID 1996, S. 113.

[2]   BLOHM, H.; BEER, T.; SEIDENBERG, U.: Produktionswirtschaft. 3. neub. Aufl. Herne: Neue Wirtschaftsbriefe, 1997. S. 202.

Systeme zeigt Bild 3-22. Um Mißverständnisse zu vermeiden, ist an dieser Stelle eine Abgrenzung der Begriffe *Unternehmungsführung* und *Unternehmungsplanung* erforderlich. Unternehmungsführung soll als die zielgerichtete Gestaltung der Strukturen und Prozesse in Unternehmungen[1] verstanden werden. Die geschieht durch handelnde Personen, so daß damit der Prozeß der Willensbildung (Planung) und der Willensdurchsetzung (Steuerung und Kontrolle) gemeint ist. Damit fallen die Prozeßphasen des Managements (Bild 1-3) und die Aufgaben der Unternehmensführung weitgehend zusammen. Als Ganzes betrachtet bilden auch die Führungsphasen einen rückgekoppelten Regelungsprozeß (Bild 3-23). Deutlich wird die herausragende Bedeutung der Planung im Führungsprozeß. *Planung* soll in diesem Zusammenhang als eine spezifische Form der Entscheidung verstanden werden, nämlich als *Antizipationsentscheidung* (im Gegensatz zur Improvisation als Reaktionsentscheidung).

System Industrieunternehmung

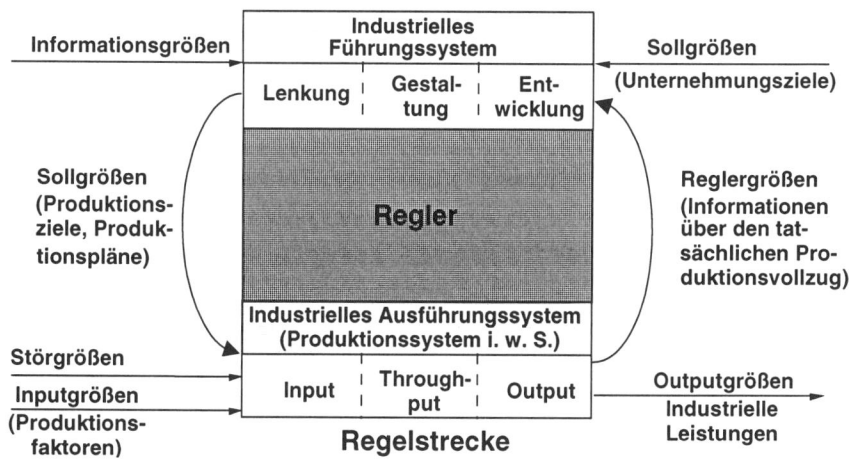

Bild 3-22: Regelkreismodel des Managements von Produktionssystemen[2]

---

1   Vgl. HEINEN, E.: Industriebetriebslehre als Entscheidungsorientierte Unternehmungsführung. In: Heinen 1991. S. 63.

2   In Anlehnung an ZAHN / SCHMID 1996, S. 141.

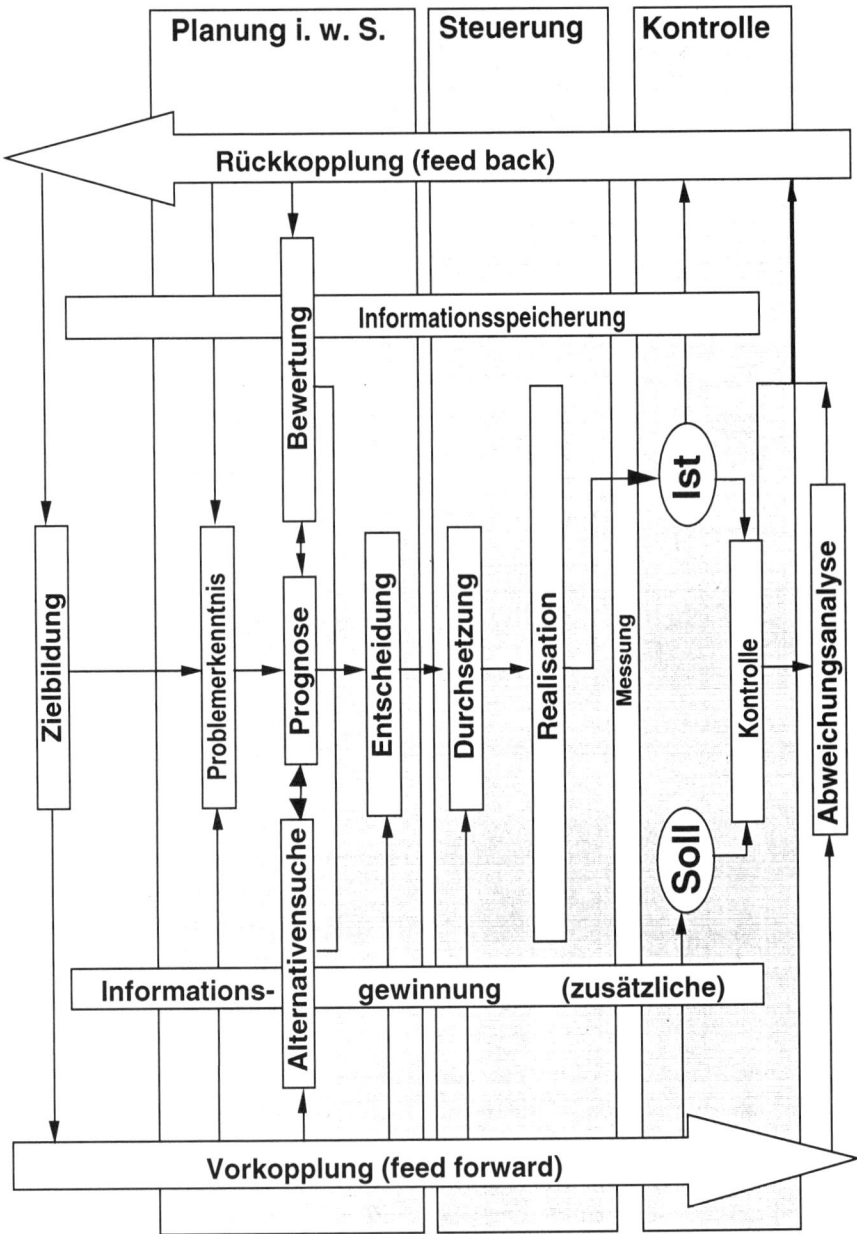

Bild 3-23: Phasenschema des Führungsprozesses[1]

---

1   Nach WILD, J.: Grundlagen der Unternehmensplanung. 3. Aufl. Opladen: Westdeutscher Verlag, 1981. S. 324 in Anlehnung an ZAHN / SCHMID 1996, S. 142.

Auch wenn Zielbildung als nur eine Phase des Führungsprozesses anzusehen ist, kommt ihr doch wesentliche Bedeutung zu. In arbeitsteiligen Strukturen ist die Zieldefinition die Grundlage, an der sich die übrigen Organisationsmitglieder ausrichten, sie ist die zentrale Stellgröße des Regelungsprozesses. Auf die konkrete Zielformulierung wirken jedoch eine Anzahl Einflüsse von innerhalb und außerhalb des Produktionssystems ein[1]. Zwar haben die klassischen Sach- und Formalziele einer Produktionswirtschaft, nach denen die richtigen Produkte zum richtigen Zeitpunkt am richtigen Ort zu angemessenen Kosten bereitzustellen sind, nicht an Bedeutung verloren, sie reichen jedoch nicht mehr aus, um den durch vielfältige Anspruchsgruppen formulierten Forderungen an ein Industrieunternehmen gerecht zu werden. Angesichts der heute vorherrschenden nachfrageinduzierten Käufermärkte sind diese Forderungen der Anspruchsgruppen jedoch bei der Formulierung der strategischen Produktionsziele mit zu berücksichtigen. Mit strategischen Zielen läßt sich aber keine Produktion steuern. Es ist daher notwendig, diese letztlich in operationalen, das heißt eben, sie in konkreten, sachlich, zeitlich, mengenmäßig und örtlich *quantifizierten* Größen zu formulieren. Hierbei sind auch eventuell existierende, wie auch immer geartete Zielkonflikte zu lösen. Einen Überblick gibt Bild 3-24.

3.8 Gruppenarbeit als zentrale Gestaltungsoption

Im Mittelpunkt der Diskussion um neue Produktionskonzepte, Reengineering aber auch Lernende Organisation und dem zitierten Paradigmawechsel der Organisation steht Gruppenarbeit. Grund genug, sich dieser Arbeitsorganisation etwas intensiver zuzuwenden. Mit *Gruppenarbeit* ist der dauerhafte, weitgehend selbständige Vollzug der eigentlichen, täglichen Arbeitsaufgabe in einer Gruppe gemeint. Die Art der Arbeitsorganisation in Projektgruppen und ähnlichen Organisationen, die temporären oder begleitenden Charakter haben, soll dagegen als *Teamarbeit* bezeichnet werden.

3.8.1 Begriff der Arbeitsorganisation

Arbeitsorganisation wird gebildet aus den Begriffen „Arbeit" und „Organisation", zwei Begriffen, die für sich allein auch bereits sehr vielschichtig und nicht leicht zu definieren sind.

---

[1] BERTHEL, J.: Zielorientierte Unternehmenssteuerung : Die Formulierung operationaler Zielsysteme. Stuttgart: Poeschel, 1973.

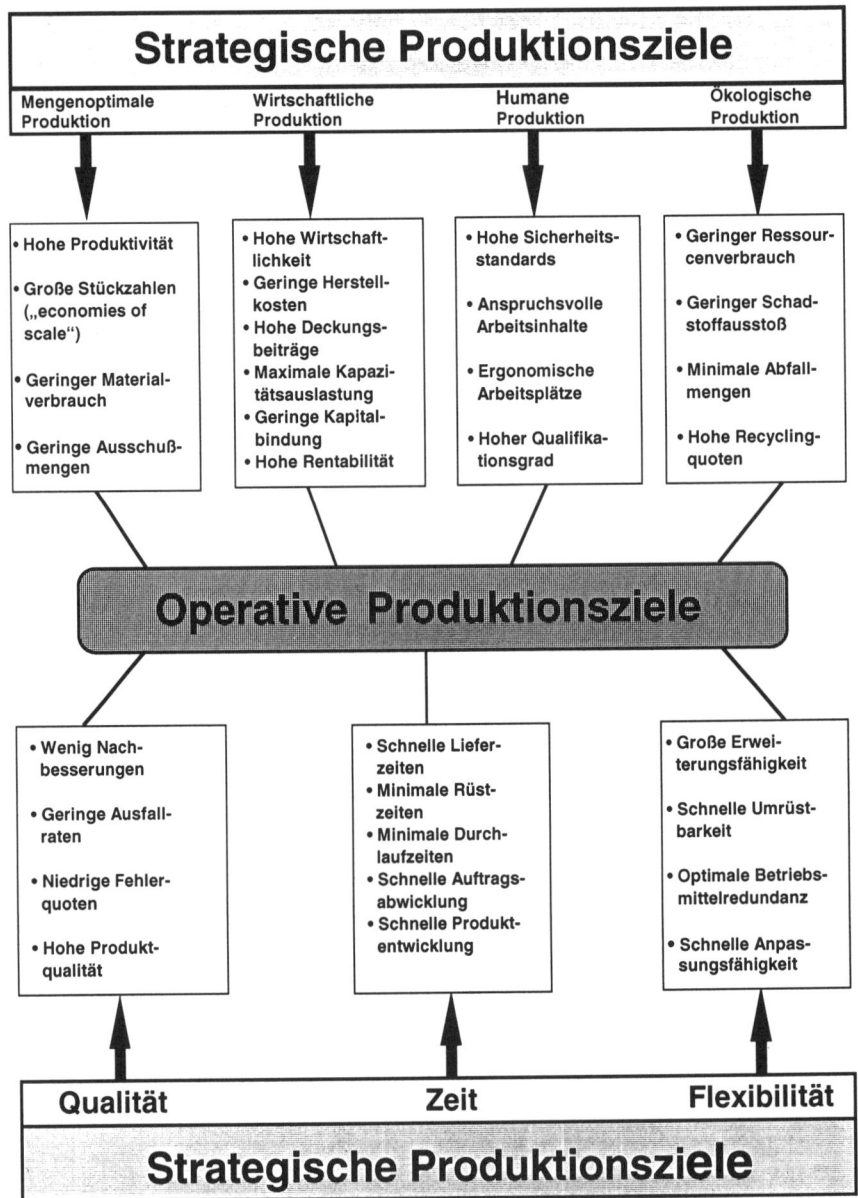

Bild 3-24: Zielsystem des industriellen Produktionsmanagement[1]

Wendet man sich dem Begriff „Arbeit" zu, fällt als erstes die bereits von LEWIN beschriebene Janusköpfigkeit der Arbeit auf[1]. Arbeit ist auf der einen Seite Mühsal und Last, auf der anderen Seite aber auch zentrale Erlebniswelt und Lebensmittelpunkt. Die Literatur bleibt eine einheitliche Definition von Arbeit schuldig. In einer Sammelrezension hierzu hat NEUBERGER die folgenden Gemeinsamkeiten abgeleitet[2]: Arbeit ist demnach

- eine menschliche Tätigkeit oder Aktivität,
- die auf das Erstellen von Produkten ausgerichtet ist,
- dadurch die materielle und soziale Umwelt des Menschen verändert,
- aber auch den arbeitenden Menschen selbst verändert,
- die gesellschaftlich organisiert wird,
- den Einsatz körperlicher, geistiger und seelischer Kräfte dauerhaft und fortgesetzt fordert,
- im Vollzug meist als lästig oder mühselig empfunden wird,
- wobei Freude und Stolz über das Ergebnis durchaus möglich ist,
- die zielgerichtet ist,
- die geregelt und planmäßig strukturiert abläuft,
- die Befriedigung individueller sowie sozialer Bedürfnisse ermöglicht und
- vom Arbeitgeber durch Gegenleistungen - in der Regel Entgelt - vergolten wird.

Als Minimalkonsens der modernen Auffassungen zum Arbeitsbegriff formuliert HACKSTEIN: „... daß menschliche Arbeit eine aktive, das heißt bewußt gewollte und planmäßige Betätigung der körperlichen und geistigen Kräfte des Menschen ist, um einen Erfolg von der Art entstehen zu lassen, der die Befriedigung immer höherer Bedürfnisse ermöglicht"[3].

Zu beachten ist bei den Definitionen, daß in ihnen nur versucht wird, das Wesen der Arbeit zu beschreiben, ihre starke gesellschaftliche Determiniertheit wird jedoch ignoriert. Letztlich muß immer bedacht werden, daß es „den Menschen" ebensowenig gibt, wie „die Arbeit".

Ähnlich vielschichtig wie der Begriff Arbeit ist der Begriff Organisation. So beschreibt er zunächst ein Gebilde - die Organisation - und deren Struktur. Häufigen Auffassungen zur Folge ergibt sich aus dem Prozeß der Gestaltung von Organisationen - dem Organisieren - ein dritter Organisationsbegriff. Damit wird eine Gliederung in einen institutionellen, einen instrumentellen und einen funktionellen Organisationsbegriff vorgenommen[4].

---

[1] Vgl. LEWIN, K.: Die Sozialisierung des Taylor-Systems: Eine grundsätzliche Untersuchung zur Arbeits- und Berufs-Psychologie. In: KORSCH 1920, S. 11 f.

[2] Vgl. NEUBERGER, O.: Arbeit : Begriff, Gestaltung, Motivation, Zufriedenheit. Stuttgart: Enke, 1985. S. 1 und S. 70.

[3] HACKSTEIN, R.: Arbeitswissenschaft im Umriß 1, 1977, S. 11 und 43.

[4] Vgl. GROCHLA, E (HRSG.): Einführung in die Organisationstheorie. Stuttgart: Poeschel 1978, S. 15.

Die Institution bildet in diesen Überlegungen den vorläufigen Abschluß eines prinzipiell andauernden Prozesses, in dem Handlungen wie Handelnde in ihrem Verhalten eine Typisierung und Normierung erfahren haben und in einem längeren Zeitraum erwartungstreu sind[1].

Im instrumentellen Sinne wird Organisation als Ordnung von Aufgaben, Personen und Sachmitteln in Raum und Zeit betrachtet, wobei die Ordnung durch ein Regelungssystem getragen wird, das der Darstellung eines Ist-Zustandes dienen kann, gewöhnlich jedoch einen Soll-Zustand beschreibt[2]. Organisation im Sinne von Organisieren bedeutet die funktionelle Bildung dieser Regeln.[3] Bild 3-25 verdeutlicht den Zusammenhang der Begriffe.

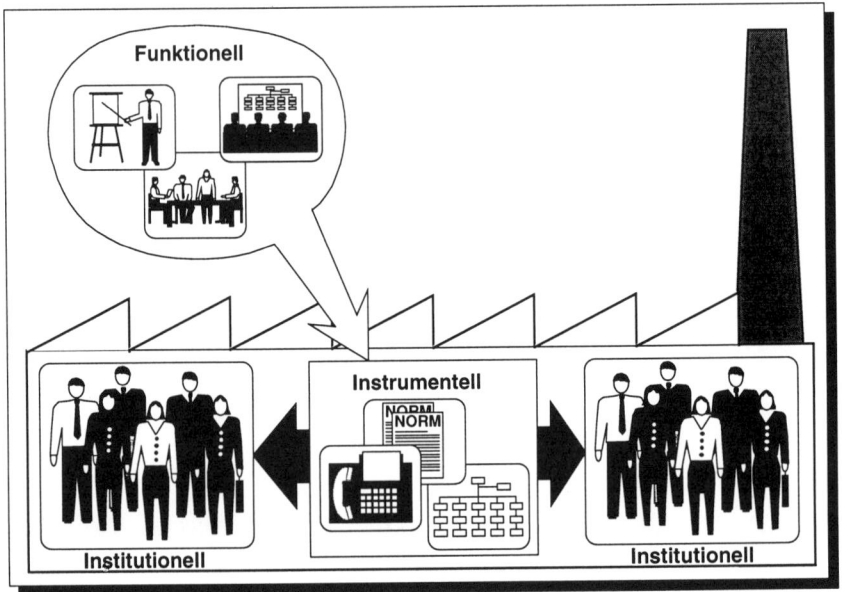

Bild 3-25: Zusammenhang der Organisationsbegriffe[4]

Nach der Definition von FRESE sind Organisationen „zielgerichtete Handlungssysteme mit interpersonaler Arbeitsteilung"[5]. Obwohl er zwischen betriebswirtschaftlichen und systemtheoretisch-kybernetischen Ansätzen unterscheidet, gilt ihm das „Systemkonzept als das am weitesten verbreitete

---

1   Vgl. STAEHLE 1989, S. 383.

2   Vgl. GROCHLA: 1978, S. 12 - 31.

3   Vgl. NORDSIEK, F.: Rationalisierung der Betriebsorganisation. 2. Aufl. Stuttgart: Poeschel, 1955. S. 26.

4   In Anlehnung an GRAP 1992, S. 13.

5   FRESE 1995, S. 29.

Paradigma der Organisationstheorie"[1]. Damit sind in Organisationen im wesentlichen zwei Problemstellungen zu lösen und bezüglich eines ökonomischen Optimums zu balancieren: *Koordination* und *Motivation*.

Um vom allgemeinen Organisationsbegriff zur Arbeitsorganisation zu gelangen, wird Organisation in eine Mikro- und Makrostruktur aufgeteilt. Unter Mikrostruktur wird die Gliederung der Gesamtaufgabe in Teilaufgaben und deren Koordination verstanden. Die Mikrostruktur einer Unternehmung ist zumindest in Teilbereichen relativ häufig Modifikationen und Veränderungen unterworfen. Die Unternehmungsorganisation (Makrostruktur) gilt als beständiger und umfaßt nach STAEHLE im Prinzip die Aufbauorganisation.[2] Für den Arbeitsorganisationsbegriff ist die Mikroperspektive zu wählen.

Arbeitsorganisation muß dabei im Kontext weiterer wesentlicher Begriffe der Arbeitsgestaltung geklärt werden, den Begriffen Arbeitssystem und Arbeitsstrukturierung. Das Arbeitssystem wird in Kapitel 4.2 beschrieben. Unter der mikroorganisatorischen Perspektive repräsentiert das Arbeitssystem den institutionellen Organisationsbegriff.

„Die organisatorische Arbeitsgestaltung - Arbeitsstrukturierung - umfaßt vorwiegend die Gestaltung des Arbeitsinhaltes und die Gestaltung der zeitlichen Bindung des Menschen an den Arbeitsablauf mit dem Ziel, die Wirtschaftlichkeit des Betriebes zu steigern und gleichzeitig die Attraktivität der Arbeitsplätze und die Arbeitszufriedenheit zu erhöhen"[3]. Während also *Arbeitsstrukturierung* als Maßnahme zur Veränderung der Arbeitsorganisation gilt, stellt *Arbeitsorganisation* selbst die Struktur und die Inhalte des auf die individuelle Aufgabenerfüllung einwirkenden Regelungssystems dar. Tabelle 3-1 zeigt die Begriffszuordnungen im Überblick.

Organisationsbegriff	Ausprägung in der Arbeitsgestaltung
Institutionell	Arbeitssystem
Instrumentell	Arbeitsorganisation
Funktionell	Arbeitsstrukturierung

Tabelle 3-1: Zuordnung von Begriffen der Arbeitsgestaltung zu den Arten des Organisationsbegriffs

Für Arbeitsorganisation kann somit die folgende Definition gegeben werden: „Arbeitsorganisation beschreibt für eine betriebliche Mikrostruktur die Art, den Umfang und die Bedingungen, in denen Menschen in mittelbarer oder

---

1   FRESE 1995, S. 112 und 162.
2   Vgl. STAEHLE 1989, S. 692.
3   REFA - VERBAND FÜR ARBEITSSTUDIEN UND BETRIEBSORGANISATION E.V. (HRSG.): Kostenrechnung, Arbeitsgestaltung. 7. Aufl. München: Hanser, 1985 (Methodenlehre des Arbeitsstudiums 3). S. 207.

unmittelbarer Zusammenarbeit mit anderen, mit Arbeitsgegenständen, Informations- und Betriebsmitteln an Arbeitsobjekten zielgerichtete Verrichtungen vornehmen"[1]. Daraus resultieren einzelne Gestaltungsfelder, die in Bild 3-26 dargestellt sind.

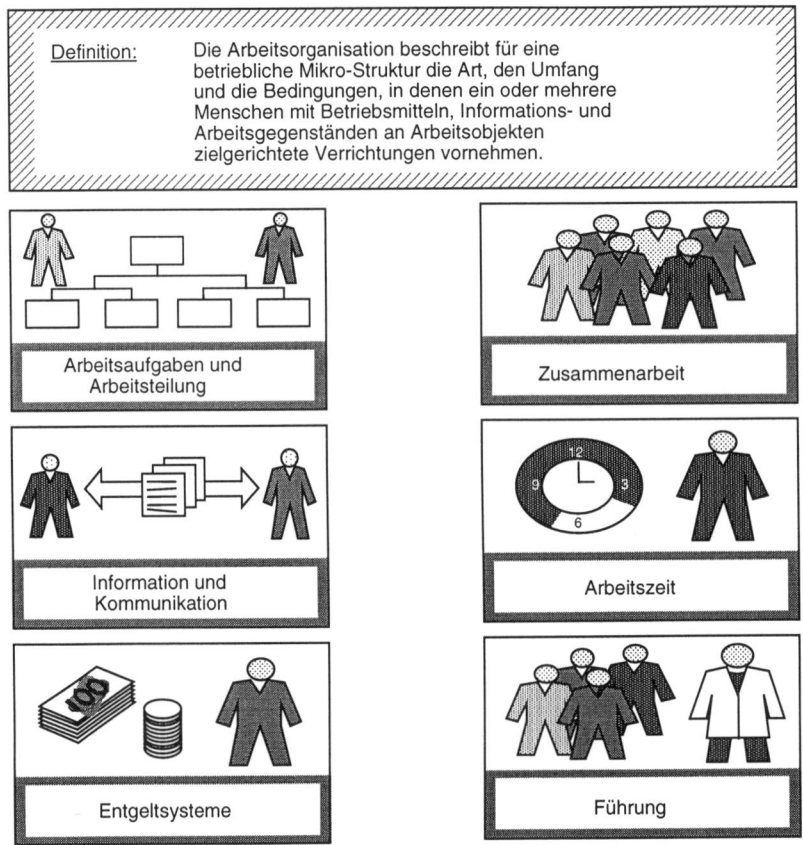

Definition: Die Arbeitsorganisation beschreibt für eine betriebliche Mikro-Struktur die Art, den Umfang und die Bedingungen, in denen ein oder mehrere Menschen mit Betriebsmitteln, Informations- und Arbeitsgegenständen an Arbeitsobjekten zielgerichtete Verrichtungen vornehmen.

Arbeitsaufgaben und Arbeitsteilung

Zusammenarbeit

Information und Kommunikation

Arbeitszeit

Entgeltsysteme

Führung

Bild 3-26: Gestaltungsfelder der Arbeitsorganisation

3.8.2 Erkenntnisse des Arbeitsingenieurwesens zur Gruppenarbeit

Grundsätzlich bilden die in Kapitel 3.5.5 bereits erläuterten Sachverhalte auch die Ausgangsbasis für die Gestaltung von Gruppenarbeit aus der Sicht des Arbeitsingenieurwesens (Industrial-engineering). Stark partialisierte Arbeitstätigkeiten sind im allgemeinen mit einseitigen Belastungen verbunden. Diese können Erholungszeiten erfordern oder zumindest eine strikte Orientierung an der schwer zu ermittelnden Dauerleistungsgrenze. Angesichts der Erkenntnis, daß Erholungen jedoch nur für die jeweils belasteten Organe

---

1   GRAP 1992, S. 24.

erforderlich werden, erlaubt ein *systematischer Tätigkeitswechsel* über Arbeitsplätze mit *unterschiedlichen Belastungsprofilen* eine Arbeitsverdichtung über die Dauerleistungsgrenze hinaus, ohne daß zusätzliche Erholungszeiten erforderlich werden, da der Tätigkeitswechsel zu einem *Belastungsausgleich* führt.[1]

Obwohl unter motivationstheoretischen Gesichtspunkten von HERZBERG eingeführt (Kapitel 3.8.3), sind die Arbeitsstrukturierungsmethoden Arbeitserweiterung (Job-enlargement), Arbeitsbereicherung (Job-enrichment) sowie eine elementare, diese verwirklichende Arbeitsorganisation, das Job-rotation, heute für das Industrial-engineering wesentliche Optionen. Für die Auswahl der Arbeitsplätze, die bei Gruppenarbeit zusammengeführt werden, ist also das Ausmaß des möglichen Belastungsausgleichs, der durch Rotation geschaffen werden kann, ein wesentliches Kriterium. Weiter wesentlich ist dann der Rotationsrhythmus und eine intensive Schulung der Gruppenmitglieder in das Phänomen des Belastungsausgleiches, damit sie die Notwendigkeit der Einhaltung des Rotationsrhythmus verinnerlichen.

Das Ausmaß des Belastungsausgleiches und der Rotationsrhythmus bilden dann die entscheidenden Größen, wie stark die Leistung an einzelnen Arbeitsplätzen über die Dauerleistungsgrenze hinaus verdichtet werden kann und sind somit wesentliches Rationalisierungskriterium.

Die Einhaltung des Rotationsrhythmusses ist darüber hinaus bedeutsam für den Qualifikationserhalt der Gruppenmitglieder auf den einzelnen, zur Gruppe gehörenden Arbeitsplätzen.

3.8.3 Motivationstheoretische Grundlagen zur Gruppenarbeit

Bei der Einführung teilautonomer Gruppenarbeit werden die Koordinations-, Planungs- und vor allem Überwachungsaktivitäten bezüglich der einzelnen Arbeitsplätze und Mitarbeiter drastisch reduziert. Dies geschieht in der (in der Regel begründeten) Hoffnung, daß die Mitarbeiter diese Lücke durch eigene Aktivitäten und Übernahme eigenständiger Verantwortungen ausfüllen. Aus betrieblicher Sicht bedeutet dies ein Rationalisierungspotential in der Arbeitsvorbereitung und der Auftragssteuerung. Zusätzlich ist in vielen Fällen die dezentrale operative Fertigungssteuerung durch engagierte Mitarbeiter effizienter als zentrale Formen. Damit kommt der Motivation eine entscheidende Bedeutung zu.

Im betrieblichen Kontext sind zunächst nur zwei Aspekte von Motivation bedeutsam, die Motivation durch Führung und die durch Arbeitsinhalte. Ist die Aufgabenstellung die Etablierung einer neuen Arbeitsorganisation, sind

---

1   Vgl. GRANEL, M.: Zusammengefaßter Abschlußbericht der Volkswagenwerk Aktiengesellschaft zum Forschungsvorhaben „Vergleich von Arbeitsstrukturen in der Aggregatefertigung der VW AG". In: BMFT 1980. S. 13 - 53.

die Motivationswirkungen aus Arbeitsinhalten primär. Überdies geht man in der aktuellen Diskussion zu Motivation ohnehin davon aus, daß die Motivation wesentlich aus den Arbeitsinhalten folgt, während Führung mehr die Aufgabe der Vermeidung von Demotivation zukommt[1].

Als erste Grundlage für Motivation aus Arbeitsinhalten gilt - bei aller Kritik[2,3] - nach wie vor die Arbeit von HERZBERG[4]. Den Kern seiner Theorie bildet die Unterscheidung in zwei Klassen von Faktoren, den Hygienefaktoren und den Motivatoren. Die Hygienefaktoren entstammen der Arbeitsumgebung. Sie beeinflussen nicht die Motivation, führen aber zu Unzufriedenheit, wenn die Ausprägungen dieser Faktoren als ungünstig empfunden werden.

Eine andere Wirkung haben die Motivatoren, die sich wesentlich im Arbeitsinhalt begründen und auch zur Entwicklung der Persönlichkeit beitragen. Ihr Vorhandensein in einer Arbeitssituation motiviert die Beschäftigten, ihr Fehlen ruft jedoch kaum Unzufriedenheit hervor. Einen Überblick zeigt Bild 3-27.

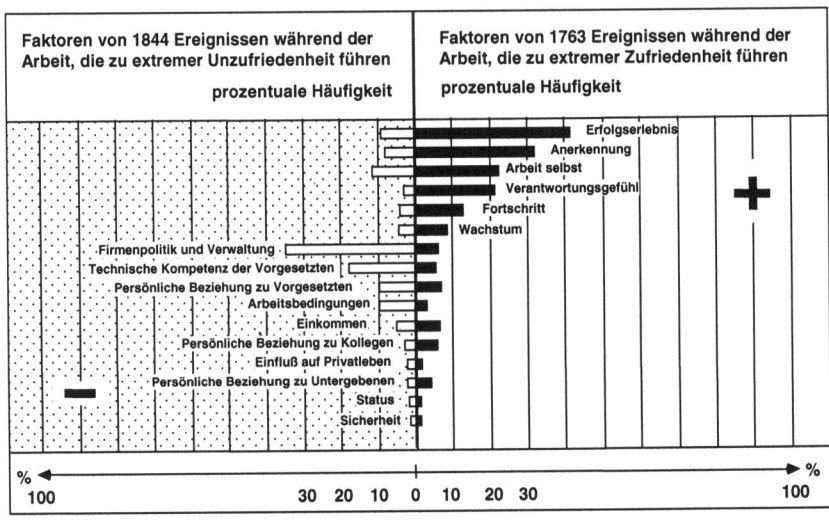

Bild 3-27: Faktoren, die nach HERZBERG die Einstellung zur Arbeit beeinflussen[5]

1   Vgl.: SPRENGER, R.: Mythos Motivation : Wege aus einer Sackgasse. Frankfurt a. M.: Campus, 1997.

2   Vgl. EULER H.: Zur Problematik der Arbeitszufriedenheit insbesondere der Determinanten bei Herzberg. In: Afa-Informationen (1976)2, S. 47.

3   Vgl. NEUBERGER, O.: Arbeitszufriedenheit: Kraft durch Freude oder wunschloses Unglück? Eine Sammelrezension. In: Die Betriebswirtschaft 45(1985)2, S. 184 - 206.

4   Vgl. HERZBERG, F.; MAUSNER, B.; SNYDERMAN, B.: The Motivation to Work. 2. Aufl. New York: Atlantic Books, 1959.

5   In Anlehnung an GROTHUS, H.: Motivation durch Arbeitsbereicherung. In: Fortschrittliche Betriebsführung und Industrial Engineering 2(1972)5, S. 264.

In der weiteren Forschungstradition stehen die Prozeßtheorien (oder Erwartungstheorien[1]) insbesondere die sogenannten „Erwartung-mal-Wert" Theorien. Danach folgt leistungsmotiviertes Handeln nach einer Auseinandersetzung mit einem Gütemaßstab, der zur Beurteilung der erbrachten eigenen Leistung herangezogen wird. Aus der Sicht dieser Theorien wird damit vor allem eine *Ergebnisrückmeldung* bedeutsam. Es wird die Annahme gemacht, daß sowohl der Informationswert als auch der positive effektive Wert des Erfolges bei einer Aufgabe um so größer wird, je schwieriger die Aufgabe für die handelnde Person ist. Ganz allgemein für die Organisationsgestaltung wurden die Theorien von VROOM[2] sowie die von HACKMAN und OLDHAM[3] bedeutsam. Letztere galt und gilt vor allem in den angelsächsischen Ländern insbesondere für die Arbeitsorganisation.

In der Theorie von HACKMAN und OLDHAM wird das subjektive Erleben der Arbeitspersonen bei vorgegebenem Arbeitsinhalt analysiert. Dabei werden die Arbeitsinhalte in folgende fünf bedeutsame Merkmale aufgegliedert (Bild 3-28):

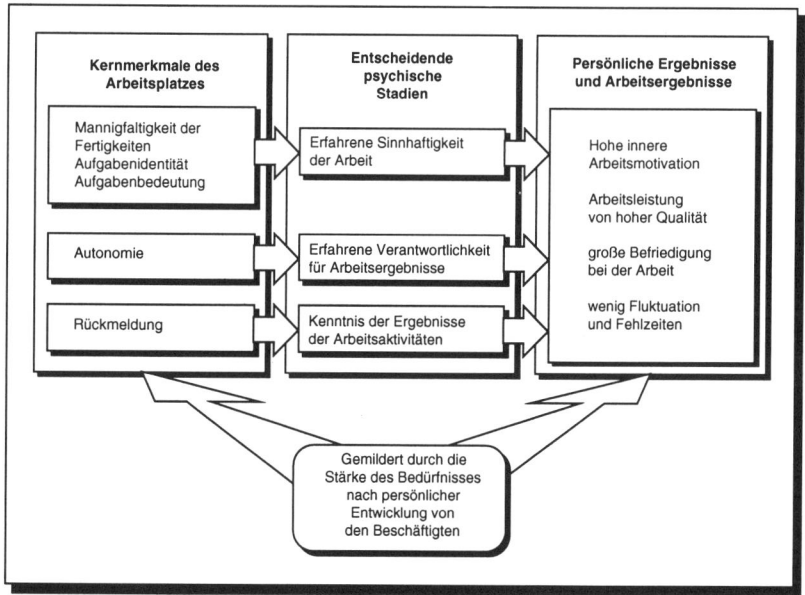

Bild 3-28: Das Modell der Arbeitsmotivation und Arbeitszufriedenheit von HACKMAN und OLDHAM[4]

---

[1] Vgl. EUNSON 1990, S. 70.

[2] Vgl. VROOM, V.: Work and Motivation. New York: Wiley, 1964.

[3] Vgl. HACKMAN, J.; OLDHAM, G.: Development of the job diagnostic survey. In: Journal of Applied Psychology 60(1975)2, S. 159 - 170.

[4] Nach HACKMAN / OLDHAM 1975, S. 161 und in Anlehnung an die Übersetzung in EUNSON 1990, S. 483.

- Mannigfaltigkeit der Fertigkeiten,
- Aufgabenidentität,
- Aufgabenbedeutung,
- Autonomie und
- Rückmeldung.

Die Merkmale beeinflussen zunächst die Erlebniszustände einer Person, diese wiederum deren Arbeitsleistung, -qualität und -motivation als persönliche Arbeitsergebnisse. Dem Bedürfnis nach persönlicher Entfaltung kommt in diesem Modell eine Moderatorfunktion zu, das heißt, die Beziehungen zwischen den Arbeitsplatzmerkmalen und den Erlebniszuständen einerseits sowie den Erlebniszuständen und den Kriterien andererseits fallen umso höher aus, je stärker das Bedürfnis nach persönlicher Entwicklung ausgeprägt ist.

Basierend auf dem Modell von HACKMAN und OLDHAM wurden bekannte Experimente zur Einführung von Gruppenarbeit gemacht. Aus dem Modell heraus lassen sich Anforderungen an Gruppenarbeit, wie geschlossene, umfangreiche Arbeitsabschnitte, Arbeitsplatzwechsel, Kenntnisse über das Gesamtprodukt, Dispositionsmöglichkeiten und eigene Qualitätsprüfung ableiten. Das Problem mit diesem Modell ist primär, daß zwar die Erfordernisse für Gruppenarbeit abgeleitet werden können, jedoch über das Ausmaß der Realisierungen keine Erkenntnisse gewonnen werden können. Auch das aus dem Modell abgeleitete JDS[1] eignet sich zwar sehr gut, um im Rahmen eines Einführungsprozesses die Zunahmen des Motivationspotentials zu evaluieren, aber welches Motivationspotential ausreichend ist und welches nicht, das läßt sich nicht ablesen. In der Folge sind Gruppenarbeitssysteme in den 80er Jahren oft so geschnitten worden, daß der Nutzen von Arbeitsteilung nicht mehr ausreichend erzielt wurde oder die Mitarbeiter überfordert waren.[2]

3.8.4 Handlungsregulationstheorie und Gruppenarbeit

In der ehemaligen DDR wurde mit den Handlungsregulationstheorien ein Ansatz verfolgt, der die Motivationstheorien in einer Weise ergänzt, daß die noch fehlende Abschätzungsmöglichkeit eines Minimums an Aufgabenumfang ermöglicht wird. Im Rahmen von Arbeitsgestaltungsmaßnahmen existiert eine vereinfachte Version der Theorie, die im wesentlichen auf

---

1   KULIK, C.; OLDHAM, G.: Job Diagnostic Survey. In: Gael, 1988. S. 8-938 - 8-959.
     Deutsch: SCHMIDT, K.-H.; KLEINBECK, U.; OTTMANN, W.; SEIDEL, B.: Ein Verfahren zur Diagnose
     von Arbeitsinhalten : Der Job Diagnostic Survey (JDS). In: Psychologie und Praxis - Zeitschrift für
     Arbeits- und Organisationspsychologie 29(1985)4, S. 162 - 172.

2   Die Hilflosigkeit, die sich aus den mangelnden Konkretisierungsmöglichkeiten der Motivations-
     theorien ergibt läßt sich anschaulich nachvollziehen in der mehrfach ausgezeichneten Arbeit von:
     ROBBINS, H.; FINLEY, M.: Why teams don't work : what went wrong and how to make it right.
     London: Orion, 1998.

HACKER[1] zurückgeht. Ausgangspunkt der Handlungstheorien ist ein Menschenbild, in dem der Mensch als ein aktiv auf seine Umwelt wirkendes, zukunftsbezogenes Wesen, das sich selbst Ziele setzt und Erwartungen über seine Umwelt aufstellt, begriffen wird („Selfactualizing-man"). Die Grundvorstellung der Theorien von vielfach ineinander verschachtelten sogenannten Ziel-Aktions-Zyklen erklärt vor allem auch das flexible Handeln des Menschen.

Ihr liegen die folgenden Erkenntnisse zugrunde[2]:
- Arbeit kann auf Menschen entweder *persönlichkeitsförderlich* oder *persönlichkeitsbeeinträchtigend* wirken.
- Persönlichkeitsbeeinträchtigende Arbeitsbedingungen können unter den derzeitigen gesellschaftlichen Bedingungen in den Industrienationen nicht dauerhaft durch hochwertige Freizeitaktivitäten kompensiert werden.
- Ziel einer jeden Arbeitsgestaltung muß es demgemäß sein, persönlichkeitsförderliche Arbeitsbedingungen zu schaffen.
- Wesentliches Erkennungsmerkmal eines persönlichkeitsförderlichen Arbeitsplatzes ist die sequentiell-hierarchische Vollständigkeit der dort zu vollziehenden Handlungen.

Zur Erläuterung der hierarchischen Vollständigkeit dient Bild 3-29.

Interessant in der Tätigkeitshierarchie sind die drei aufgeführten oberen Ebenen. Hierbei ist zu bedenken, daß in allgemeineren Handlungstheorien oberhalb dieser Ebenen zwei weitere definiert werden[3], die HACKER nicht benötigt, weil er unterstellt, daß eine Arbeitstätigkeit mit der Übernahme eines Auftrages beginnt, Aufgabensuchprozesse in diesem Kontext also uninteressant sind. Hierarchisch vollständig wird eine Aufgabe dann, wenn sie auf der Ebene der Tätigkeit übergeben wird und damit eine eigenständige Ziel- und Handlungsplanung noch zuläßt, aber auch alle anderen Ebenen umfaßt.

---

1   Vgl. HACKER, W.: Arbeitspsychologie : Psychische Regulation der Arbeitstätigkeiten. Berlin (Ost): VEB Deutscher Verlag der Wissenschaften, 1986.
HACKER, W.: Allgemeine Arbeitspsychologie : Psychische Regulation von Arbeitstätigkeiten. Göttingen: Huber, 1997.
2   Vgl. HACKER 1986, S. 505.
KORNHAUSER, A.: Mental Health of the industrial Worker : A Detroit Study. New York: Wiley, 1965. S. 128 ff.
KOHN, M.; SCHOOLER, L.: The reciprocal Effect of the substantive complexity of Work and intellectual Flexibility : A longitudinal Assessment. In: American Journal of Sociology. 84(1978)1, S. 24 - 52.
SEIBEL, H.-D.; LÜHRING, H.: Arbeit und psychische Gesundheit. Göttingen: Hogrefe, 1984. S. 145.
3   Vgl. OESTERREICH, R.: Handlungsregulation und Kontrolle. München: Urban & Schwarzenberg, 1981.

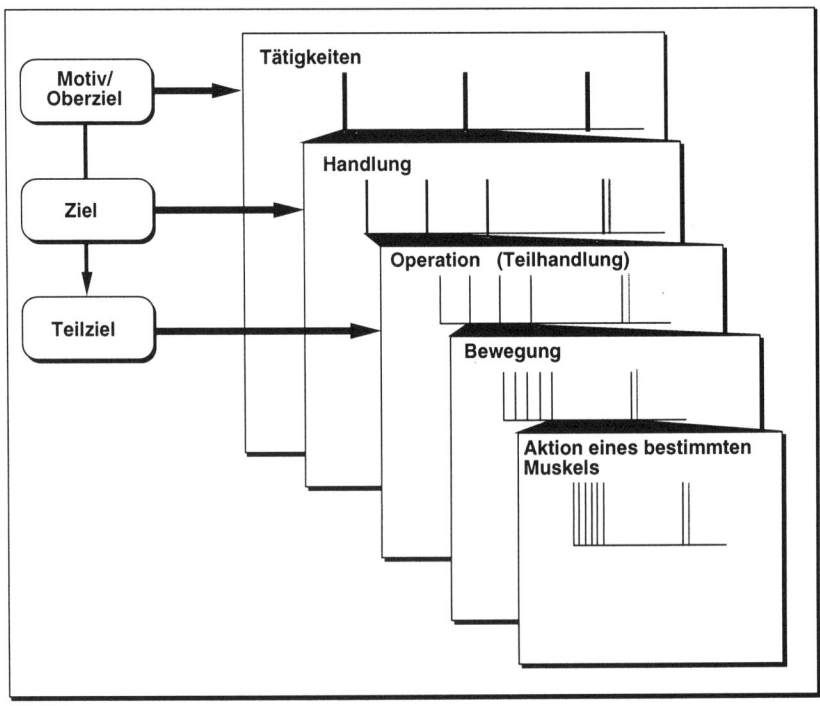

Bild 3-29: Begriffshierarchie der Handlungstheorie von HACKER[1]

Sequentiell vollständig sind Handlungen dann, wenn nicht nur der Handlungsplan entworfen wird, sondern er auch durchgeführt und seine Ausführung selbst reguliert wird. Dazu ist in Bild 3-30 ein Beispiel dargestellt.

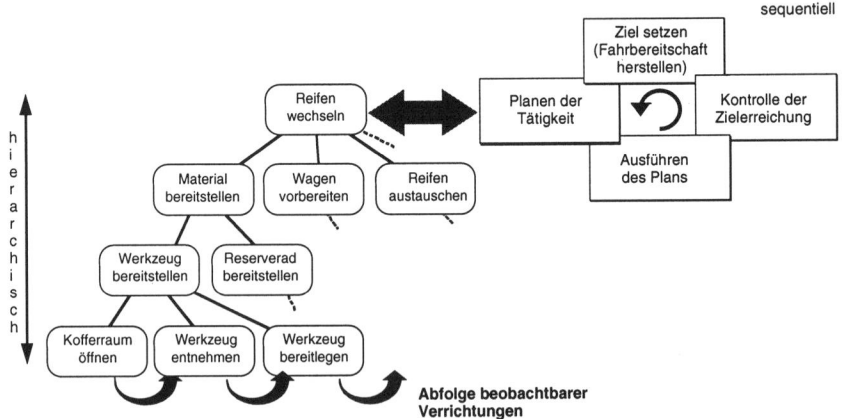

Bild 3-30: Sequentiell-hierarchische Vollständigkeit am Beispiel eines Reifenwechsels

---

1   In Anlehnung an HACKER 1986, S. 73.

Nach einer Reifenpanne ergibt sich als Oberziel das Wiederherstellen der Fahrtüchtigkeit des Wagens. Das Planen der hierfür erforderlichen Tätigkeiten, deren Durchführung und der jeweiligen Feststellung, daß diese das angestrebte Ziel erreichen oder falls sie es nicht tun, das Planen und Ausführen alternativer Tätigkeiten solange, bis das Ziel erreicht ist, bildet eine vollständige Handlungssequenz.

Die hierarchische Strukturierung der Tätigkeit ist links im Bild dargestellt. Sie endet, grau unterlegt, in konkret beobachtbaren Operationen und Bewegungen. Man kann an dem Beispiel auch sehr gut sehen, daß es möglich ist, die Bewegungssequenz aus dem Gesamten heraus zu isolieren und nur diese als Arbeitsaufgabe zu übertragen. Liest man klassisch strukturierte Arbeitspläne und Stellenbeschreibungen, ist leicht erkennbar, daß genau dies auch Alltag in traditionell organisierten Betrieben ist.

Arbeitsaufgaben mit einer solchen Struktur haben aufgrund ihrer Unvollständigkeit als persönlichkeitsbeeinträchtigend zu gelten. Ziel einer Arbeitsgestaltung hat es demnach zu sein, dies aufzuheben. Die Erkenntnis der Unvollständigkeit zeigt auch die Ursache zahlreicher Probleme auf, die mit solchen Arbeitsdefinitionen einhergehen: Selbstverständlich merken die Mitarbeiter mehr oder minder bewußt, was mit ihnen geschieht und selbstverständlich suchen sie nach Lösungen, sich dieser Situation zu entziehen. Absentismus, Fluktuation, lustlose Aufgabenerfüllung, Ausweichen auf andere Tätigkeiten, ja sogar Sabotage lassen sich aus diesem Zusammenhang begründen.

Schaut man sich die Konsequenzen an, die sich bei der Umsetzung der handlungstheoretischen Erkenntnisse ergeben, stellt man fest, sie sind weitgehend identisch mit den Maßnahmen, die sich auch mit HACKMAN & OLDHAM begründen lassen. Anders als bei den Motivationstheorien läßt sich jedoch der minimale Level, der zu überschreiten ist, klar beschreiben. Es existieren zudem Meßverfahren, mit denen die Situation objektiviert beurteilt werden kann[1].

---

[1]   Vgl. HACKER, W.: Arbeitstätigkeitsanalyse : Analyse und Bewertung psychischer Arbeitsanforderungen. Heidelberg: Asanger, 1995.
LEITNER, K. ET. AL: Analyse psychischer Anforderungen und Belastungen in der Büroarbeit : Das RHIA / VERA- Büro- Verfahren. Göttingen: Hogrefe, 1993.
LEITNER, K. ET. AL.: Analyse psychischer Belastung in der Arbeit : Das RHIA-Verfahren. Köln: Verlag TÜV Rheinland, 1987. RHIA: Regulationsbehinderungen in der Arbeitstätigkeit.
RUDOLPH, E.: Tätigkeitsbewertungssystem für Arbeitstätigkeiten mit überwiegend geistigen Anforderungen: Kurzform (TBS-GA-K) zur Bewertung von Beeinträchtigungslosigkeit und Persönlichkeitsförderlichkeit von Arbeitstätigkeiten mit und ohne Rechnerunterstützung. Dresden: TU, Sektion Arbeitswissenschaften, Fachbereich Psychologie, 1987.
Vgl. zum Beispiel HACKER, W.; RUDOLPH, E.; SCHÖNFELDER, E.: Tätigkeitsbewertungssystem : Geistige Arbeit TBS-GA (Handanweisung). Berlin: Psychodiagnostisches Zentrum, 1986.
VOLPERT, W. ET AL.: Verfahren zur Ermittlung von Regulationserfordernissen in der Arbeitstätigkeit (VERA). Köln: Verlag TÜV Rheinland, 1983.

3.8.5 Organisationstheoretische Grundlagen zur Gruppenarbeit

Wie in Kapitel 3.8.1 bereits erwähnt, sind in Organisationen zwei Problemfelder zu lösen: die Koordination und Motivation. In den meisten betriebswirtschaftlichen Arbeiten konzentrieren sich die Autoren auf den Koordinationsaspekt. Bei diesem sind im wesentlichen zwei Größen zu balancieren: Verluste, die sich aus mangelhaft koordinierten und damit nicht optimalen Entscheidungen und Verhaltensweisen ergeben auf der einen Seite und die Aufwendungen, die auf der anderen Seite erforderlich sind, um die Koordination zur verbessern.

In arbeitsorganistorischen Aufgabenstellungen fokussiert sich diese Aufgabe in der Frage nach dem optimalen Ausmaß an Arbeitsteilung. Je höher sie ist, desto höher werden die Koordinationsaufwendungen. In den westlichen Industrienationen wurde Industrial-engineering in der Hauptsache von Ingenieuren betrieben. Es ist hierbei ein deutlicher Schwerpunkt der industriellen Rationalisierung unter dem Primat der Technik zu beobachten. Verstärkt wird ein solcher Trend durch die Bilanzfähigkeit technischer Investitionen, während sowohl organisatorische als auch personelle „Investitionen" im Rechnungswesen nur als Kosten auftauchen.

So ist es leicht erklärlich, aber nichts desto trotz fatal, daß besonders in den 80er Jahren enorme Fortschritte in der technischen Ausrüstung insbesondere in der Automatisierungstechnik gemacht wurden, es aber versäumt wurde, die Organisation mehr als nur notdürftig anzupassen. Auch was Mitarbeiterqualifikation anbelangt, gingen die Aktivitäten selten über fachliche Anpassungsqualifikationen hinaus. „In Bereichen der Technologieentwicklung und Technikanwendung würde ein vergleichbar fortwährender Versuch, Probleme des letzten Jahrzehnts dieses Jahrhunderts mit aus dem ersten Jahrzehnt des Jahrhunderts stammenden Mitteln zu lösen, recht bald ein verbreitetes Erstaunen auslösen"[1]. Zwischenzeitlich wurden Untersuchungen angestellt, die belegen, daß mit der Einführung einer Automatisierungstechnik sich das Maß der optimalen Arbeitsteilung in Richtung auf eine geringere verschiebt[2].

Bezüglich Gruppenarbeit sei noch einmal an die oben bereits erwähnte Unterscheidung von Selbstorganisation und *Selbstabstimmung* oder *Selbstkoordination* erinnert. Letzteres stellt ein betrieblich-organisatorisches Führungsinstrument dar, welches neben *Standardisierung* und *Weisung* wirksam ist und

---

Anwendungsbeispiel: BESTEL, S.; HURTZ, A; VOIGT, F.: Erfahrungen beim kombinierten Einsatz des VERA- und RHIA-Verfahrens bei der SpanSet GmbH & Co. KG. In: Berthel / Groenewald 1990 (3. Nachlieferung 7/1991), Teil IV, Abschnitt 3.2.

1   ULICH, E.: Arbeitspsychologie. Zürich: VdF und Stuttgart: Poeschel 1991, S. 343.

2   Vgl. zum Beispiel BELLMANN K.-B.:Kostenoptimale Arbeitsteilung im Büro: Der Einfluß neuer Informations- und Kommunikationstechnik auf Organisation und Kosten der Büroarbeit. Berlin: Schmidt 1989, S. 275 ff.

bei Gruppenarbeit hohe Bedeutung erlangt. Zur Selbstorganisation sei auf die Ausführungen in Abschnitt 2.4.1 verwiesen.

Zusammenfassend kann festgestellt werden, daß auch unter dem Koordinationsgesichtspunkt der mit der Einführung von Gruppenarbeit verbundene Abbau von Arbeitsteilung, die Verbesserung der Qualifikation der Mitarbeiter und die verstärkte Nutzung des Koordinationsinstrumentes Selbstabstimmung Lösungen darstellen, die angesichts lange vollzogener technischer Veränderungen überfällig sind und die Produktionswirtschaften wieder näher an die kostenoptimale Organisation heranführen. Gleichzeitig bildet Gruppenarbeit quasi einen Nukleus für Selbstorganisation.

3.8.6 Beteiligungsformen und Gruppenarbeit

Gruppenarbeit erfordert von den Mitarbeitern nicht nur fachlich erhöhte Qualifikationen. Um sich wirkungsvoll selbst zu koordinieren und Selbstorganisation zu betreiben, sind außerdem erweiterte Sozialkompetenzen, die nicht erlernt, sondern trainiert werden müssen, erforderlich. Weiterhin ist zumindest der „Feinschliff" eines Gruppenarbeitssystems durch die betroffenen Mitarbeiter selbst vorzunehmen.

Vor dem breiten Interesse an Gruppenarbeit wurden bereits Konzepte zur Beteiligung der Mitarbeiter an der Gestaltung ihrer Arbeit eingesetzt, die sich auch eignen, um mit den Mitarbeitern zusammen ihre Gruppenarbeit zu konzipieren und im Rahmen dieser Arbeiten subkutan auch ihre Kompetenzen zu trainieren. Bezüglich der einzelnen Konzepte muß leider eine „babylonische" Sprachverwirrung konstatiert werden, deswegen werden sie hier kurz vorgestellt:

Betriebliches Vorschlagswesen (BVG)	Das betriebliche Vorschlagswesen ist die älteste Form Form der Beteiligung und gesetzlich verankert (§ 87 BetrVG). In den meisten Betrieben hängt eine schwerfällige, bürokratische Organisation daran, die es für die Mitarbeiter unattraktiv macht, sich daran zu beteiligen.
Qualitätszirkel	Qualitätszirkel (QZ) sind Mitarbeitergruppen möglichst aus einem Arbeitsbereich, die sich unter der Leitung eines Moderators arbeitsplatznah in regelmäßigen Abständen für zwei bis vier Stunden treffen, um Probleme ihrer Arbeit nach ihrer Wahl und Dringlichkeit aufzugreifen, zu bearbeiten und möglichst zu lösen. Wesentlich sind die Freiwilligkeit der Teilnahme und daß es ausschließlich im Ermessen der Gruppe liegt, welche Themen sie bearbeiten.

Es wird eine Qualitätszirkelorganisation etabliert, in der die einzelnen Zirkel und deren Aktivitäten gebündelt werden.

Werkstattzirkel

Werkstattzirkel wurden in Deutschland von der ME-TAPLAN GmbH etabliert vor dem Hintergrund, daß vielen Unternehmen die Qualitätszirkel zu liberal waren. Organisation und Moderation der WS entsprechen den QZ, allerdings werden WS von der WS-Leitung mit einem bestimmten Thema eingerichtet und die zeitliche Dauer ist vorgegeben. Die Moderation erfolgt oft nicht durch einen Moderator außerhalb der Linie, sondern durch einen Linienvorgesetzten. Damit kann von Freiwilligkeit bei der Teilnahme nur noch bedingt gesprochen werden.

Lernstatt

Die erste Lernstatt in Deutschland wurde bei der BMW AG eingerichtet. Sie war zu diesem Zeitpunkt nicht als Beteiligungskonzept gedacht, sondern diente der arbeitsplatznahen Ausbildung der damals zahlreichen ausländischen Arbeitnehmer, die häufig lernungewohnt, mit mangelhaften Deutschkenntnissen und oft als Analphabeten hier waren. Neben den Lernerfolgen bei den Teilnehmern zeigt sich aber auch, daß sich die Lernstatt gut eignet, Arbeitsprozesse zu verbessern. Die Moderation erfolgt hier in der Regel durch einen unmittelbaren Linienvorgesetzten.

Projektgruppe

Zur Lösung spezifischer, gegebener Aufgaben setzt sich in den Unternehmen zunehmend die Projektarbeit durch. In vielen internationalen Konzernen ist die Projektarbeit derzeit verpflichtender Bestandteil der Führungskräfteentwicklung. Anders als bei Werkstattzirkeln werden Projektgruppen abteilungs- und teilweise auch hierarchieübergreifend organisiert. Zur Unterscheidung von Gruppenarbeit als Arbeitsorganisation der alltäglichen Arbeit hat sich für die Arbeit in der Projektgruppe der Begriff *Teamarbeit* eingebürgert

KVP (KAIZEN)

KVP steht für Kontinuierlicher Verbesserungsprozeß. Mit KVP wird das in Japan entwickelte Konzept des KAIZEN aufgegriffen. KAIZEN wird aus den Begriffen KAI, daß etwa mit „Veränderung" übersetzt werden kann, und ZEN („zum Besseren") gebildet. Es handelt sich um ein langfristig angelegtes Konzept, in dem graduelle aber kontinuierliche und von allen Beschäftigten getragene Verbesserungen zu Kostenein-

KVP²

sparungen, erhöhter Effizienz und besserer Qualität führen.

KVP² ist bei der Volkswagen AG etabliert worden mit der Begründung, daß angesichts des über zwanzigjährigen japanischen Vorsprungs eine Kopie des KAIZEN kaum ausreichen würde, die Wettbewerbsfähigkeit wieder zu erlangen. Im KVP² werden durch die VW Coaching Gesellschaft einwöchige Workshops außerhalb des Unternehmens für bereits etablierte feste Arbeitsgruppen vorbereitet. In diesen Workshops erfolgt zunächst eine Problemdiagnose und eine Definition von Leistungskennzahlen. Dann erarbeiten die Mitarbeiter Verbesserungsideen und bereiten deren Umsetzung vor, nachdem sie anhand der Kennzahlen bewertet worden sind. De facto ist das Konzept ein ausgedehnter, „werkstattferner" Werkstattzirkel, dem zum traditionellem KVP vor allem das „Kontinuierlich" fehlt. Gleichwohl: Volkswagen und deren Zulieferer berichten von zum Teil beachtlichen Erfolgen.

3.8.7 Konzeptionelle Konsequenzen für die Gestaltung von Gruppenarbeit

Fragen nach dem optimalen ausmaß der *Arbeitsteilung* sind in aller Regel nur theoretisch beantwortbar. In der praktischen Umsetzung kann zwar von der Prämisse ausgegangen werden, daß Arbeitsteilung zurückgenommen werden sollte, viel mehr ist realistischerweise aber anfänglich nicht zu sagen. Bezüglich der *Motivationstheorien* gelten vergleichbare Aussagen. Die Gestaltungsrichtung ist deutlich erkennbar, jedoch das erforderliche Ausmaß an Aufgabenvollständigkeit kann hieraus nicht begründet werden. Wesentliche theoretische Eckpfeiler, aus denen ganz konkrete praktische Gestaltungshinweise abgeleitet werden können, bilden somit die Grundlagen des Industrial-engineering und die Handlungsregulationstheorie.

Hierbei müssen zwei wesentliche Effekte beachtet werden. Der nach den Erkenntnissen des Industrial-engineering organisierte Belastungsausgleich durch Beanspruchungswechsel, in der Regel durch eine Form des Jobrotation realisiert, spart Erholungszeiten und bringt somit schnelle und gut kalkulierbare Rationalisierungseffekte. Im Sinne einer Teilautonomen Gruppenarbeit ist dies jedoch „nur" wünschenswertes Beiwerk.

Zentrale Grundlage muß daher die Etablierung von Arbeitssystemen sein, deren innere Aufgabenstruktur im Sinne der Handlungsregulationstheorien hierarchisch und sequentiell vollständig ist. Im Zweifel zeigt eine kombinierte Analyse des Systems mit den Verfahren VERA und RHIA konkret auf, ob dies geschafft ist oder, falls nicht, was genau fehlt. Aus dieser Grundlage entstehen auch die mit Gruppenarbeit üblicherweise verbundene Forderung nach Integration von insbesondere qualitätsprüfenden, dispositiven und instandhaltenden Aufgaben.

Bei genauerem Hinsehen entsteht auch erst hier eine begründete Forderung nach Gruppenarbeit und die auch erst bei dem Versuch, die genannten Forderungen in die Praxis umzusetzen. Theoretisch ist nämlich die Umsetzung aller aufgeführten Erkenntnisse auch bezüglich eines Einzelarbeitsplatzes möglich. In der Praxis wird dann aber gewöhnlich festgestellt, daß zur Realisation an Einzelarbeitsplätzen die technischen Möglichkeiten nicht bestehen oder sie Investitionen in einem nicht zu rechtfertigenden Ausmaß erfordern. Die daraus resultierende Übertragung der Aufgabe an eine Gruppe hat dann folgende Vorteile:

- Viele Vorzüge der Arbeitsteilung bleiben erhalten.
- Es sind in der Regel nur geringe Investitionen in Anlagen erforderlich.
- Der Belastungsausgleich kann mit höherer Sicherheit herbeigeführt werden.
- Die meisten Menschen arbeiten, als soziale Wesen, lieber in einer Gruppe.
- Die Einsatzbereitschaft und Flexibilität von Gruppen gegenüber Einzelarbeitsplätzen ist deutlich erhöht.
- Gruppen weisen gegenüber einer Summe von „Einzelkämpfern" eine erhöhte Problemlösefähigkeit auf.

Dem stehen allerdings ein paar zwingend Umsetzungserfordernisse gegenüber, die man in der Praxis oft vernachlässigt:

- In der Gruppenarbeit wird die alte Form der Arbeitsteilung in den physischen Verrichtungen meist unverändert beibehalten. Um so wichtiger ist, daß Arbeitsplatzwechsel tatsächlich durchgeführt werden. Wichtig ist auch, daß erheblicher Aufwand darauf verwendet wird, den Mitarbeitern zu vermitteln, daß sie unabhängig von der Arbeit die sie gerade tun, für das Gelingen der ganzen Arbeit verantwortlich sind. Gerade weil die physische Untergliederung bleibt, muß die psychologische Vervollständigung der Arbeitsaufgabe um so sorgfältiger etabliert werden. Die häufig erhobene Forderung von Arbeitsrechtlern, die Gruppenarbeit auch vertraglich über Änderungskündigungen (wegen des Haftungsrisikos) zu begründen ist auch aus rein psychologischen Überlegungen heraus motiviert[1].
- Hieraus ergibt sich auch ein Führungsproblem. Die Führungskräfte verlangen bei der Einführung der Gruppenarbeit (natürlich) nach einer Person in der Gruppe, die „zuständig", „verantwortlich" ist. Oft wird dies durch Sicherheitsvorschriften noch verstärkt. Es dauert recht lange, bis etabliert ist, daß der „zuständige" immer der jeweils erste ist - oder der,

---

1   Vgl. GRAP, R.: Arbeitsrechtliche Aspekte der Gruppenarbeit. In: GRAP / GEBBERT 1996, S. 37 - 45.

der grade an der Position des „ersten Mannes" arbeitet - dem man begegnet.

- Ähnliches ist zu beachten beim sogenannten *Gruppensprecher*. Eine voll etablierte Gruppe benötigt ihn nicht und sollte aus den gerade angeführten Gründen auch keinen haben! Anders ist es während des Einführungsprozesses. Da die Mitarbeiter der Gruppe gerade erst ihre herkömmlichen hierarchischen Strukturen verlassen, sind sie ebenso wie ihre Umgebung auf das „hierarchische Relikt" des Gruppensprechers zunächst angewiesen. Sein Wirken kann jedoch schnell kontraproduktiv werden, wenn er zu viele Aufgaben der Gruppe alleine wahrnimmt und wenn nicht systematisch darauf geachtet wird, daß er seine anfänglichen Aufgaben als Gruppensprecher so schnell wie möglich auf alle Mitglieder der Gruppe verteilt. Man kann durchaus die Reife einer Gruppe daran festmachen, inwieweit sie gelernt hat, ohne Gruppensprecher auszukommen.
- Die Aufgabenvollständigkeit ist ein nicht „anfaßbares" psychologisches Konstrukt. Demzufolge besteht in der Praxis eine verbreitete Tendenz, dies als „nice to have" aufzufassen. Hierbei wird mißachtet, daß eine voll funktionsfähige Gruppenarbeit an die Erfüllung der Forderung der Aufgabenvollständigkeit gebunden ist. Ist sie nicht vorhanden, wird es sich immer bloß um eine Variante des Job-rotation handeln, bei der die traditionellen Führungs- und Planungsmethoden nach Art und Umfang weiterhin erforderlich bleiben.

3.8.8 Einführungsmodell zur Gruppenarbeit

Die Einführung von Gruppenarbeit erfordert eine Vielzahl von Maßnahmen hinsichtlich der Organisation, der Technik in den betroffenen Bereichen und vor allem der Qualifikation der Mitarbeiter. Letzteres umfaßt dabei nicht nur die breite fachliche Schulung der Produktionsmitarbeiter, sondern auch die Vermittlung von Sozial- und Methodenkompetenz zur Arbeit in einer Gruppe. Darüber hinaus ist eine derartige Umstrukturierung nur erfolgreich umsetzbar, wenn aus vor- und nachgelagerten Bereichen sowie den übergeordneten Hierarchiestufen Aufgaben übernommen werden sondern auch ein entsprechendes (Um-)Denken stattfindet (Bild 3-31). Der Erfolg hängt auch maßgeblich von der Unterstützung seitens der Führungskräfte ab.

Um diesen Anforderungen Rechnung zu tragen, hat sich die Verfolgung eines beteiligungsorientierten Ansatzes bewährt. Ziel dieser Vorgehensweise ist es, die Betroffenen frühzeitig in den Gestaltungsprozeß miteinzubeziehen. Dadurch ist es einerseits möglich, das Know-how der Mitarbeiter zu nutzen und andererseits eine größere Akzeptanz der erarbeiteten Lösungen zu erreichen.

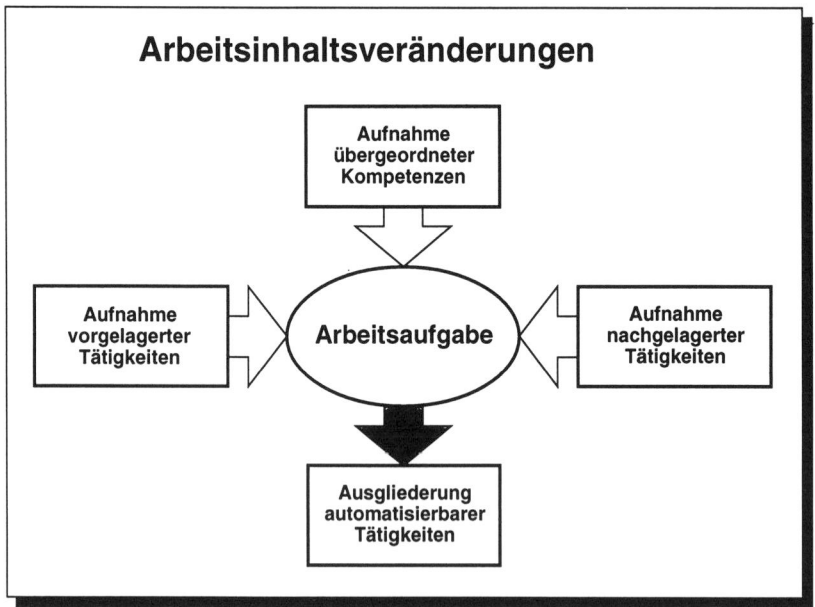

Bild 3-31: Strategie Aufgabenverlagerung bei der Einführung von Gruppenarbeit

Das hier vorgestellte Modell zu Einführung von Gruppenarbeit erfolgt in fünf Phasen:
- Startphase,
- Grobplanung,
- Detailplanung,
- Umsetzung und
- Stabilisierung,

unterstützt durch eine Prozeßbegleitung über die gesamte Einführung (Bild 3-32).

3.8.8.1 Startphase

Nach einem gegebenenfalls erforderlichen *Informationsworkshop* für die Geschäftsführung folgt ein anderthalbtägiger Workshop mit der Geschäftsführung und allen vom Projekt betroffenen Führungskräften, Meistern und dem Betriebsrat. Dieses *„Kick-off Treffen"* hat das Ziel, den augenblicklichen Kenntnisstand zu reflektieren, die innerbetriebliche Diskussion zum Thema zu beleben, konkrete Projektziele gestützt auf die aktuellen Erkenntnisse zu formulieren und die Akzeptanz des Vorhabens im Betrieb auf breiter Basis zu sichern. Ein weiterer Zweck dieses Workshops besteht darin, soweit möglich alle Beteiligten in das Projekt einzubinden und einen offiziellen „Startschuß" zu geben.

Während des Kick-off wird ein *Lenkungsausschuß* gegründet, der im Verlauf des Vorhabens Koordinations- und Überwachungsaufgaben übernimmt und damit sicherstellt, daß festgelegte Zielsetzungen eingehalten und eventuell erforderliche Kurskorrekturen vorgenommen werden. Sofern Berater mitwirken, stellen diese sich auf dem Kick-off vor und versuchen die notwendige Vertrauensbasis auf diese Weise frühzeitig zu schaffen.

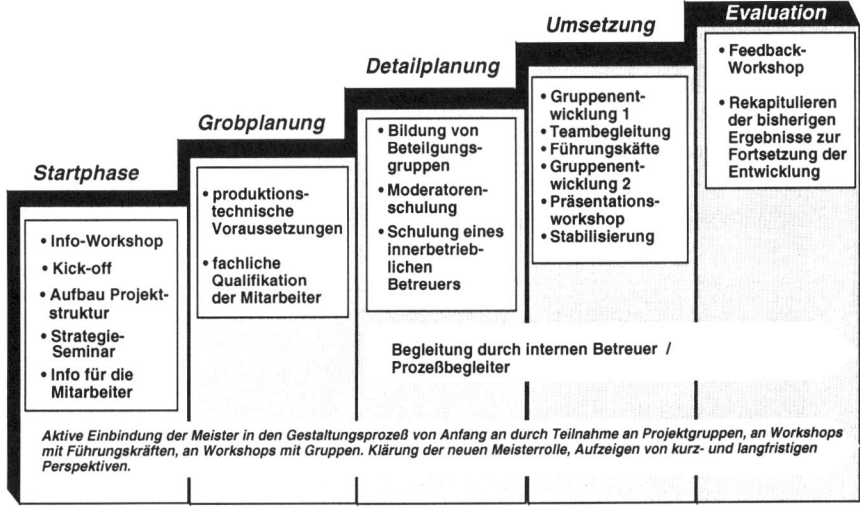

Bild 3-32: Vorgehensmodell zur Einführung von Gruppenarbeit

Dauer Kick-off:	1,5 Tage
Ort:	außerhalb des Unternehmens (Hotel)
Teilnehmer:	Geschäftsführung, Führungskräfte, Meister, Betriebsrat

Aufbau der Projektstruktur
Diese halbtägige Veranstaltung dient dem *Aufbau der Projektorganisation*, insbesondere der Benennung der Mitglieder des Projektteams (ggf. identisch mit Projektlenkungsausschuß) unter Berücksichtigung der spezifischen Rahmenbedingungen des Unternehmens. Dieser Arbeitsschritt schließt sich unmittelbar an das Kick-off an.

Dauer:	0,5 Tage
Ort:	im Unternehmen
Teilnehmer:	Lenkungsausschuß

Strategieseminar
Das Projektteam wertet die Ergebnisse des Kick-off aus. Offene Fragen werden behandelt und unter Umständen an fachkundige Projektgruppen delegiert (beispielsweise Projektgruppe „Betriebsvereinbarung", Projektgruppe

„Technik", etc.). In den Projektgruppen wirken Mitarbeiter derjenigen Abteilungen mit, die in unmittelbarem Kontakt zum Umstellung stehen. Ein konkreter Arbeits- und Terminplan ist das Ergebnis des Seminars.

Darüber hinaus werden die unmittelbar nachfolgenden Projektaktivitäten, zum Beispiel die Information der Mitarbeiter, konkret vorbereitet. Besonders wichtig ist eine intensive Reflexion des zukünftigen Umgangs zwischen den Personengruppen (Führungskräfte und Mitarbeiter). Dazu zählt besonders die Selbstbindung an Absprachen sowie die Umsetzung beschlossener Maßnahmen.

Dauer:	1 Tag
Ort:	im Unternehmen
Teilnehmer:	Projektteam

Information der Mitarbeiter
Diese Veranstaltung zur Information aller betroffenen Mitarbeiter findet unmittelbar nach dem Strategieseminar statt. Teilnehmerkreis sind über die Mitarbeiter des ausgewählten Bereiches hinaus die Meister und der Betriebsrat.

Dauer:	0,5 Tage
Ort:	im Unternehmen
Teilnehmer:	Mitarbeiter der Gruppe(n), Meister, Betriebsrat, Lenkungsausschuß, Projektteam

3.8.8.2 Grobplanung

Aufgrund der in den meisten Unternehmen durchaus vorhandenen breiteren Einsetzbarkeit von Mitarbeitern empfiehlt es sich, zur Schaffung der neuen Arbeitsorganisation möglichst frühzeitig auch die Betroffenen einzubeziehen. Es sollten daher Projektgruppen eingerichtet werden, die sich mit organisatorischen oder technischen Fragen im Hinblick auf eine effizientere Gestaltung der Arbeitssysteme beschäftigen. Diese Projektgruppen haben vor allem Fragen der Reorganisation des Materialflusses, der Disposition, der technischen Ausstattung und deren Wartung u. ä. zu bearbeiten und grob zu planen.

Es werden in dieser Phase die Gruppen endgültig abgegrenzt und das Ausmaß der notwendigen fachlichen Qualifizierung abgeschätzt. Die fachlichen Qualifizierungsmaßnahmen müssen gewöhnlich aus dem Unternehmen selbst kommen, da jeweils auch spezifisches Wissen vermittelt werden muß. Methodik und Organisation der Qualifikationsmaßnahmen werden nun konzipiert.

Ort:	im Unternehmen
Dauer:	sehr unterschiedlich, um drei Monate

Teilnehmer:	Mitarbeiter nach fachlicher Eignung und Interesse, Führungskräfte, betriebliche Experten

3.8.8.3 Detailplanung

Die aus den bisherigen Maßnahmen und Aktivitäten gewonnenen Erkenntnisse haben den Boden für eine Detailplanung bereitet. Die Detailplanung wird den Mitgliedern der zukünftigen Gruppe im Rahmen von Werkstattzirkeln übertragen. Diese können zur Klärung von Einzelfragen die Hilfe von Vorgesetzten und Fachleuten des Unternehmens beanspruchen.

Bildung von Beteiligungsgruppen als Werkstattzirkel
Zu Beginn dieser Phase werden Werkstattzirkel aus den Mitgliedern der zukünftigen Gruppe gebildet, die an der Gestaltung der neuen Arbeitsstruktur mitwirken sollen. Die Zirkelsitzungen enthalten subkutan neben fachlichen auch sozialkompetenzfördernde Elemente und bereiten dadurch auf die spätere Arbeitsorganisation vor. In diesen Zirkeln werden

- das zukünftige Gruppenarbeitssystem und dessen Arbeitsabläufe im Detail entwickelt,
- das betriebliche Problemlösen trainiert und somit die wichtigsten Schritte auf dem Weg zu einem kontinuierlichen Verbesserungsprozeß eingeübt
- sowie einzelne, im bestehenden Rahmen bereits notwendige Maßnahmen umgesetzt.

Innerhalb der Werkstattzirkel werden auch die fachlichen Schulungen der Gruppenmitglieder vorbereitet. Die Durchführung obliegt qualifiziertem Personal des Unternehmens. Hierbei hat sich neben Meisterunterweisungen gegenseitiges Anlernen als eine sinnvolle Methode erwiesen.

Dauer:	Folge von 5 - 8 Sitzungen à 0,5 Tage.
Ort:	im Unternehmen
Teilnehmer:	Mitarbeiter der Gruppe, ggf. Führungskräfte, weitere betriebliche Experten, Betriebsrat

Ausbildung Prozeßbegleiter
Im Rahmen vorbereitender Maßnahmen für verschiedene Veranstaltungen (zum Beispiel Gruppenentwicklung) und begleitend zu den Werkstattzirkeln wird mindestens ein Mitarbeiter des Unternehmens ausführlich für die Aufgaben der Gruppenbetreuung ausgebildet („train the trainer"). Dieser Mitarbeiter wird in die Planung und Konzeption von Schulungsmaßnahmen miteinbezogen und lernt auf diese Weise wichtige Techniken und Fertigkeiten im Umgang mit Gruppen. Dessen Ausbildung sollte durch ein Intensivseminar abgerundet werden. Dieser Mitarbeiter nimmt von seiner Ernennung ab an allen Aktivitäten im Rahmen des Vorhabens teil.

Dauer:	3 Tage im Unternehmen plus ca. sechs Tage externe Schulung
Ort:	im Unternehmen und Schulungsanbieter

Teilnehmer: Prozeßbegleiter

3.8.8.4 Umsetzung

Gruppenentwicklung 1 (Konstitutionsphase)
Das konstituierende Gruppenentwicklungsseminar richtet sich an die Mitarbeiter der zu konstituierenden Gruppe, die möglichst aus den Werkstattzirkeln hervorgegangen sein sollten. Es findet zu einem frühen Projektzeitpunkt statt, um mit den Teilnehmern die wesentlichen Vor- und Nachteile der Gruppenarbeit anhand von Fallbeispielen, Selbsterfahrungen und weiteren Übungen zu erörtern. In der Konstitutionsphase soll sich die eigentliche Gruppenbildung vollziehen, das heißt das „Wir-Gefühl" der Gruppe soll entwickelt werden. Hierfür ist es notwendig, daß der Gruppe grundlegende Erkenntnisse über Fertigkeiten in Kommunikation, Gruppendynamik sowie Methoden zur Koordination vermittelt werden. Am Ende der Konstitutionsphase kann die Wahl eines Gruppensprechers stehen.

Von besonderer Bedeutung ist dabei auch die grundlegende Beschäftigung mit der eigenen Arbeit. Im Rahmen eines einfachen Plan- oder Rollenspiels, lernen die Mitarbeiter den Umgang mit neuen, teilweise ungewohnten Fertigkeiten kennen.

Dauer: 2 Tage pro Gruppe
Ort: außerhalb des Unternehmens
Teilnehmer: Gruppe, Prozeßbegleiter

Moderationsseminar
Für eine zielgerichtete Arbeit im Projektteam, in den Arbeitsteams und Werkstattzirkeln sowie zur Leitung der späteren Gruppen ist es erforderlich, daß einzelne Mitglieder über Kenntnisse bezüglich Moderation, Vorgehensweisen bei der Projektarbeit sowie einsetzbare Methoden zur Problemlösung verfügen. Zum Aufbau dieser Fähigkeiten dient diese dreitägige Schulung.

Die Planung des Moderationstrainings ist ein ökonomisches Problem. Projektgruppenleiter sollten es bereits unmittelbar nach dem Strategieseminar absolvieren, Gruppensprecher wiederum müssen erst gewählt sein um geschult werden zu können. Normalerweise steht jedoch erst nach der Gruppensprecherwahl eine ausreichende Anzahl Teilnehmer für eine Seminardurchführung zur Verfügung.

Dauer: 3 aufeinanderfolgende Tage.
Ort: außerhalb des Unternehmens
Teilnehmer: Gruppensprecher, Arbeitsteamleiter, Führungskräfte, Prozeßbegleiter, Meister

Gruppenbegleitung

Eine Phase der „inneren Organisation" schließt sich an die Konstitutionsphase an. Im Rahmen von Qualitätszirkeln werden die nun auftretenden Probleme in der Umsetzung der Gruppenarbeit angegangen. Weiterhin müssen die Spielregeln und Vereinbarungen innerhalb der Gruppe verfeinert und angewandt werden, um eine reibungslose Aufgabenabwicklung zu gewährleisten. Diese Phase der inneren Organisation stellt einen offenen Prozeß dar, da sie immer wieder an aktuelle Entwicklungen angepaßt werden muß. Um die Gruppe auf den Weg zu bringen und entsprechende Problemlösestrategien in ihr zu etablieren, sind halbtägige arbeitsplatznahe Sitzungen vorgesehen.

Diese Arbeiten schließen mit einer Vereinbarung zwischen Gruppe und Unternehmen ab, welche die Ziele der gruppenorientierten Arbeitsorganisation aus Sicht der Gruppe beschreibt, Maßnahmen zur Beseitigung noch existierender Schwachstellen benennt und eine geplante Arbeitsleistung der Gruppe für einen definierten Zeitraum in Aussicht stellt.

Dauer:	Folge von zumeist 8 Sitzungen à 0,5 Tage während 6 Monaten
Ort:	im Unternehmen
Teilnehmer:	Gruppe, Prozeßbegleiter, ggf. Führungskräfte, weitere betriebliche Experten, Betriebsrat

Führungskräftetraining

Eine der wesentlichen Begleiterscheinungen bei der Etablierung von Gruppenarbeit ist eine grundlegende Veränderung der Führungsaufgaben. Die Verlagerung von Kompetenzen in eine produktive Gruppe und die damit wachsende Selbständigkeit der Mitarbeiter verändert die Anforderungen an die Führungskräfte. Dies kann im Einzelfall ein erhebliches Konfliktpotential darstellen.

Die neue Rolle der Führungskräfte, kooperatives Führen, Kommunikation, Motivation, aktive Unterstützung der Mitarbeiter auf allen Ebenen etc. gehören zu den Themen dieser Ausbildung. Die Teilnehmer sollen für (zwischen-)menschliche Prozesse im betrieblichen Alltag sensibilisiert werden und vor diesem Hintergrund ihr eigenes Tun und Handeln kritisch hinterfragen.

Weiterhin gilt es eine Vision für die zukünftige Gesamtgestaltung zu erarbeiten.

Das, aus praktischen Erwägungen dreiteilige Führungskräftetraining richtet sich an Meister, Abteilungsleiter und Betriebsräte, die in unmittelbarem Kontakt zur Gruppe stehen. Die Veranstaltungen sollten sich eng an betrieblichen Fallbeispielen orientieren. Mittels verhaltensorientierter Methoden können verschiedene Führungssituationen durchgespielt und analysiert werden.

Die Themen lauten:

Stufe I: Verantwortung übernehmen und abgeben
Stufe II: Konflikte erkennen und lösen
Stufe III: Die neue Führungsrolle: Vom Dirigenten zum Berater

Dauer: jeweils 2 Tage
Ort: außerhalb des Unternehmens
Teilnehmer: Führungskräfte, weitere betriebliche Experten,
                          Betriebsrat, Prozeßbegleiter

Gruppenentwicklung 2
Nachdem sich die innere Organisation der Gruppe manifestiert hat, muß sich eine Phase der äußeren Organisation anschließen. Die Gruppe wird in einem zweitägigen Workshop werkstattfern Forderungen und Anregungen zusammenstellen, welche die Organisation des Umfeldes der Gruppe betreffen. Ziel des Forderungskataloges ist die Erarbeitung einer Organisation, die eine möglichst effiziente Arbeitserledigung ermöglicht. Das Seminar hat damit hauptsächlich zum Ziel, die im Planungsstadium gesammelten Erfahrungen auszuwerten, mögliche Konfliktpunkte zwischen angrenzenden Bereichen auszuräumen und konkrete Forderungen und Vereinbarungen für die Umsetzung der Gruppenarbeit mit den Führungskräften aufzustellen und wichtige Erkenntnisse für eine spätere Betriebsvereinbarung zu gewinnen. Noch schwelende Problempunkte sollten geklärt werden. Praktische Verhaltensregeln können beispielsweise in Form eines Teamvertrags zwischen Gruppen oder der Führung vereinbart werden.

Dauer: 2 Tage
Ort: außerhalb des Unternehmens
Teilnehmer: Gruppe, Prozeßbegleiter

Präsentationsworkshop
Die zusammengetragenen Ergebnisse der Arbeitsgruppe werden der Geschäftsleitung und den Führungskräften in einem ganztägigen Workshop vorgestellt und dort diskutiert. Modifikationen und Ergänzungen werden hier vorgenommen werden. Ziel ist es, eine breite Akzeptanz für die beschlossenen Maßnahmen zu finden und den Promotoren des Vorhabens Rückendeckung für die Umsetzung der Lösungsvorschläge zu geben. Eine Erprobungsphase für die Gruppenarbeit wird vereinbart.

Dauer: 1 Tag
Ort: im Unternehmen

Teilnehmer: Geschäftsführung, Führungskräfte, Mitglieder der
                          Gruppe, Betriebsrat, Prozeßbegleiter

3.8.8.5 Stabilisierung

Evaluation

Nach der Umsetzungsphase tagen die Projektgruppen in größeren Zeitabständen. Ein Zielerreichungsdiagramm, das in regelmäßigen Sitzungen ak-
tualisiert wird, begleitet die weiteren Aktivitäten. Die Projektorganisation
wird von den eventuellen Beratern endgültig abgegeben. Die Teams mode-
rieren sich selbst.

Ort: im Unternehmen
Dauer: je 0,5 Tage im zweiwöchigem Turnus
Teilnehmer: Prozeßbegleiter, max. 10 Vertreter verschiedener
                          Abteilungen, Betriebsrat

Feedbackworkshop

In einem abschließenden Workshop werden die bis dahin erfolgten Arbeiten
zusammengefaßt, bewertet und die weitere Vorgehensweise zur breiteren
Umsetzung festgelegt.

Dauer: 1 Tag
Ort: im Unternehmen
Teilnehmer: Geschäftsführung,   Führungskräfte,   Prozeßbe-
                          gleiter, Vertreter der Teams, Betriebsrat

4 Grundlagen operativen Produktionsmanagements

Unabhängig von den in den Abschnitten 1 - 3 dargestellten produktionswirtschaftlichen Konzepten sollen im Folgenden zunächst die Prinzipien der Betriebsorganisation dergestalt aufgearbeitet werden, wie sie in der Praxis weitgehend angetroffen werden. Insbesondere die hier zur Verwendung gelangende Terminologie ist in Produktionsunternehmen, unabhängig von den gerade angewendeten Managementprinzipien, grundlegend.

Die folgenden Darstellungen orientieren sich überwiegend an der REFA-Methodenlehre der Betriebsorganisation[1].

Bild 4-1 zeigt eine idealtypische Stab-Linien-Aufbaustruktur eines Produktionsbetriebes mit seinen typischen Abteilungen. Um von einer solchen Auf-

---

[1] REFA: Ursprünglich: *Reichsausschuß für Arbeitszeitermittlung*, am 30.09.1924 in Berlin gegründet mit der Aufgabe, alles was sich auf dem Gebiet der Arbeitszeitermittlung in Wissenschaft und Praxis in den Betrieben und im Schrifttum finden ließ, zu sammeln, zu sichten und der Öffentlichkeit in einer Form zugänglich zu machen, die zum Selbststudium und als Unterlage besonderer Lehrgänge geeignet war.
Das Kürzel REFA ist heute ein Markenzeichen, der Verband selbst heißt seit 1996 REFA - Verband für Arbeitsgestaltung, Betriebsorganisation und Unternehmensentwicklung e. V. und ist ein (wenn nicht der größte) Träger betrieblicher, beruflicher Weiterbildung. Neben grundlegenden Ausbildungsverläufen wie der REFA-Prozeßorganisator, der REFA-Techniker und der REFA-Ingenieur werden zahlreiche themengebundene Ausbildungen entlang der betrieblichen Wertschöpfungskette wie zum Beispiel Logistik, Planung & Steuerung, Qualitätsmanagment, Information & Kommunikation, Organisation, Personalorganisation & -führung, Arbeitsrecht & Arbeitsschutz, Finanz- & Kostenwesen, Controlling etc. sowie branchenbezogene Fachlehrgänge für Metall- und Elektro, Chemie, Nahrungsmittel u. ä. angeboten.
Der REFA-Verband ist Herausgeber verschiedener Zeitschriften, beispielsweise: REFA-Nachrichten, Fortschrittliche Betriebsführung und Industrial Engineering, REFA Aus- und Weiterbildung. Zusammen mit der Gesellschaft für Arbeitswissenschaft (GfA) gibt REFA die Zeitschrift für Arbeitswissenschaft heraus. Daneben stehen die von REFA selbst verlegten Schulungsunterlagen, seit 1994 ausschließlich in Loseblattform, und über den Hanser Verlag herausgegebene Buchreihen.
REFA Lehrinhalte werden heute in Fachausschüssen von betrieblichen Praktikern, Fachwissenschaftlern und Vertretern der Tarifparteien erarbeitet. Aus diesem Grunde und wegen der weiten Verbreitung der REFA-Lehre und des REFA-Schrifttums hat REFA eine starke terminologische Definitionsmacht. Unabhängig von überall anzutreffenden unterschiedlichen betrieblichen und wissenschaftlichen Terminologien stellt die REFA-Terminologie eine übergreifende Verständigungsbasis zur Verfügung.
Die folgenden Ausführungen beziehen sich auf diese REFA-Veröffentlichungen:
REFA 1984 und 1978.
REFA - VERBAND FÜR ARBEITSSTUDIEN UND BETRIEBSORGANISATION E. V. (HRSG.): Planung und Steuerung. Darmstadt: REFA, 1991 (Methodenlehre der Betriebsorganisation, Teile 1 - 6)
REFA - VERBAND FÜR ARBEITSGESTALTUNG, BETRIEBSORGANISATION UND UNTERNEHMENSENTWICKLUNG E. V. (HRSG.) Lehrgangsmodule der Lehrgänge Arbeitssystem- und Prozeßgestaltung: Darmstadt: REFA, 1996 sowie Produktionsdatenmanagement I & II. Darmstadt: REFA, 1996.
Die benutzen Bilder sind in unterschiedlichen, aber inhaltsgleichen Ausführungen in verschiedenen der genannten REFA-Veröffentlichungen auffindbar. Auf eine definitive Angabe einer einzelnen Quelle wird deswegen im weiteren verzichtet. Statt dessen wird auf REFA allgemein als Quelle verwiesen. Im übrigen wurden alle Bilder für dieses Manuskript überarbeitet.

baustruktur zu einem Ablaufprinzip zu gelangen (und der konventionelle Weg verläuft so - er wird erst mit dem „Business Process Reengineering" umgekehrt), ist ein Produktionsprogramm erforderlich. Dieses wird aus dem Absatzprogramm abgeleitet. Das Absatzprogramm bestimmt zunächst die Art und die Mengen der zur Verfügung zu stellenden Erzeugnisse pro Periode und damit den *Primärbedarf der Erzeugnisse.*

Aus dem Primärbedarf läßt sich mit dem Produktionsprogramm der *Kapazitätsbedarf* für die Produktion des Primärbedarfes nach Produktionsbereichen getrennt ermitteln. Ein Abgleich mit dem vorhandenen Kapazitätsbestand ergibt den *Auslastungsgrad* für diese Bereiche. Schließlich folgt aus dem Produktionsprogramm die Wahl eines *Fertigungstyps* und des *Ablaufprinzipes.*

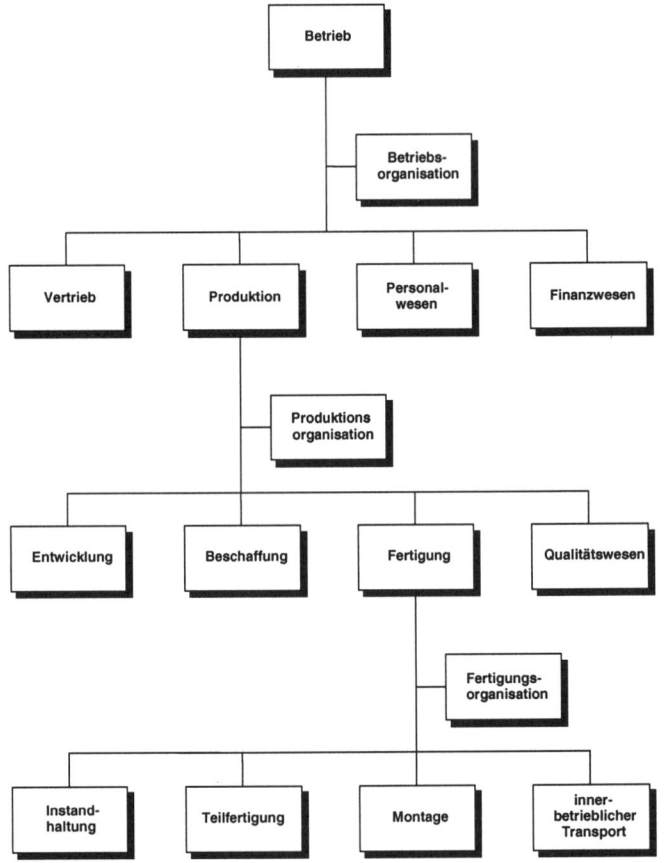

Bild 4-1: Idealtypische Struktur einer Betriebs-, Produktions- und Fertigungsorganisation[1]

---

1   In Anlehnung an REFA.

4.1 Die betrieblichen Teilbereiche im Überblick

4.1.1 Entwicklung

Der Entwicklungsprozeß eines Produktes wird in die Aufgaben Planen, Konzipieren, Entwerfen und Ausarbeiten gegliedert. Bei der Nutzung von CAD-Systemen fallen diese Aufgaben teilweise zusammen und können iterativ bewältigt werden.

Im Planungsstadium werden zunächst lediglich die groben Nutzungseigenschaften und Marketingkonzepte eines Produktes beschrieben. In der anschließenden Designphase entsteht das entwurfsfähige Konzept des Produktes. In der Entwurfsphase erfolgt die konkrete Konstruktion und Teiledefinition. Diese werden schließlich im Detail ausgearbeitet (Bild 4-2).

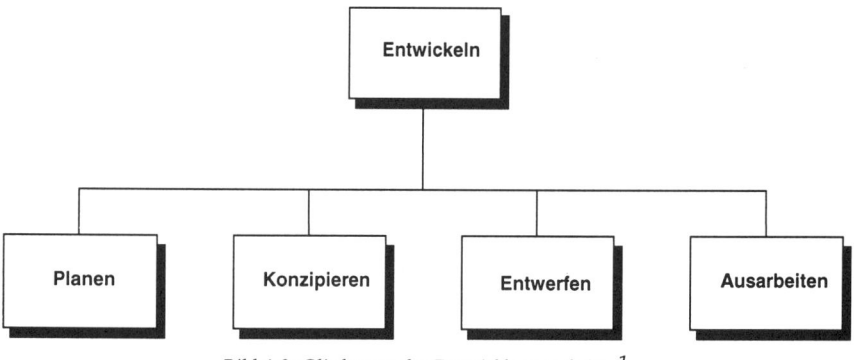

Bild 4-2: Gliederung der Entwicklungsarbeiten[1]

4.1.2 Materialbeschaffung

Die Aufgabe der *Materialbeschaffung* ist die wirtschaftliche, Termin- und qualitätsgerechte Versorgung des Betriebes mit Material. Diese gliedert sich grob in die Beschaffungsplanung und die Beschaffungssteuerung. Die weitere Gliederung ist in Bild 4-3 dargestellt.

Neben der Materialbeschaffung ist noch die *Betriebsmittelbeschaffung* Aufgabe der Beschaffung. Die Planung und Steuerung der Betriebsmittelbeschaffung erfolgt mit dem Ziel, den vorhandenen Betriebsmittelbestand zum vorgesehenen Zeitpunkt oder Termin qualitativ und quantitativ an den geplanten anzupassen. Wesentlich in diesem Zusammenhang ist, daß man sich vor Augen führt, daß der Kauf eines Betriebsmittels, an dem vermutlich jeder

---

[1]   In Anlehnung an REFA.

zunächst denkt, hier nur ein und zwar durchaus nicht der wichtigste Weg ist, diese Aufgabe zu lösen (Bild 4-4).

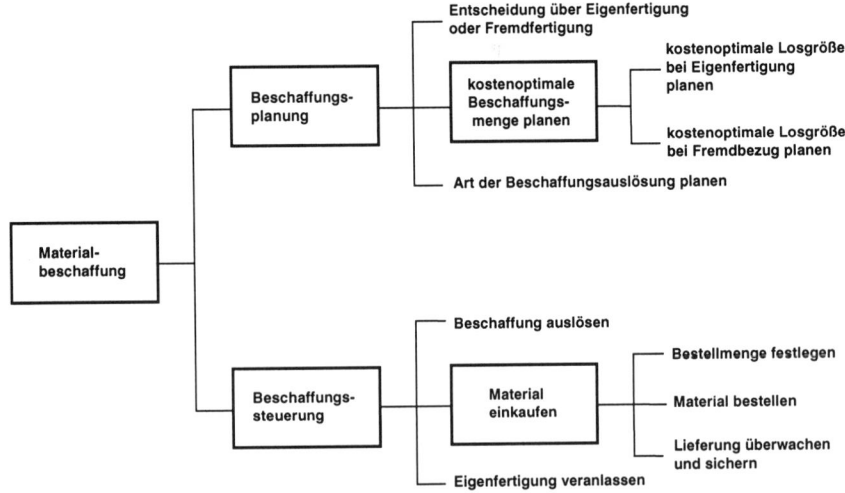

Bild 4-3: Aufgaben der Materialbeschaffung

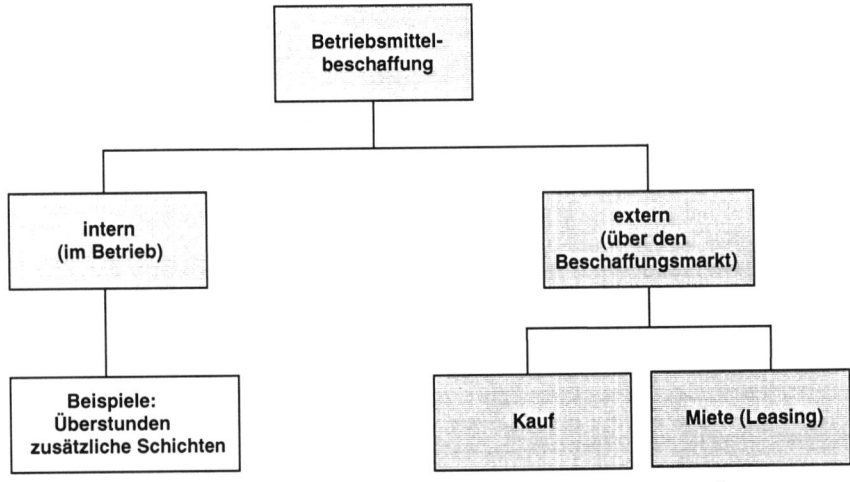

Bild 4-4: Grundlegende Möglichkeiten der Betriebsmittelbeschaffung[1]

4.1.3 Qualitätswesen

Auch wenn die bislang beschriebenen Organisationsbereiche unter dem Primat moderner Managementkonzepte zunehmend wieder mit den eigent-

---

1   In Anlehnung an REFA.

lichen Fertigungs- und Montageaufgaben integriert werden, bleiben eigenständige Qualitätsabteilungen - wenn auch deutlich verkleinert - erhalten. Dies wird alleine deswegen schon der Fall sein, weil die zunehmend bedeutsamer werdenden internationalen Normen für ein Qualitätsmanagementsystem, die DIN EN ISO 9000 ff, die Weisungsunabhängigkeit der Qualitätsabteilung von der Produktion fordern.

Qualitätssicherung umfaßt alle Maßnahmen, um die geforderte Qualität zu erzielen. Die Struktur und die Aufgabe der Qualitätssicherung im weiteren können Bild 4-5 entnommen werden.

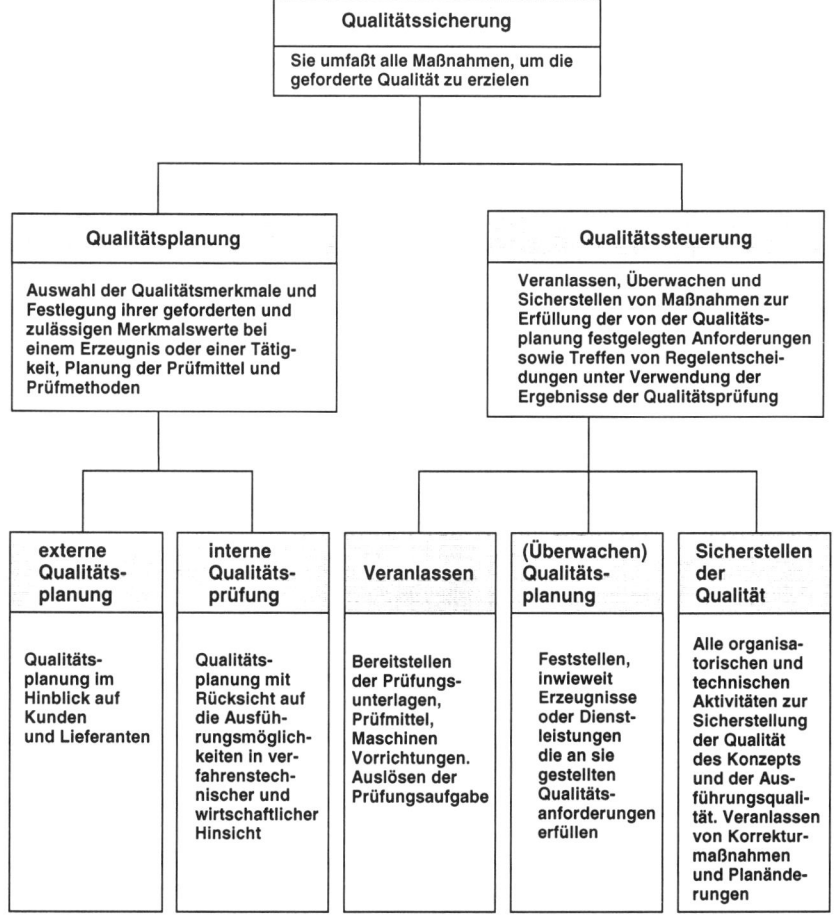

Bild 4-5: Aufbau der Qualitätssicherung[1]

---

1 In Anlehnung an REFA.

Qualität ist nicht eine Summe von Zufälligkeiten, sondern das Resultat klarer Sachentscheidungen und gleichzeitig das Ergebnis aller, das jeweilige Produkt betreffenden Anstrengungen, von der Akquisition der Rohstoffe an bis hin zum Service gegenüber dem Kunden. Das Ziel der Qualitätssicherung ist die Gewährleistung der Qualität unter Berücksichtigung technologischer und wirtschaftlicher Aspekte. Die Komplexität dieses Zieles erfordert in industriellen Unternehmen die Einrichtung von Qualitätssicherungssystemen, die sowohl von firmenexternen als auch von -internen Einflußgrößen abhängig sind. Dies hat zur Folge, daß sich Qualitätssicherungssysteme von Unternehmen zu Unternehmen unterscheiden.

Aus diesem Grunde ist es unumgänglich, allgemeingültige Definitionen einzuführen[1]:

Qualitätssicherungssys.	Festgelegte Aufbau- und Ablauforganisation zur Durchführung der Qualitätssicherung.[2]
Qualitätssicherung	Gesamtheit aller organisatorischen und technischen Aktivitäten zur Sicherung der Qualität und der Wirtschaftlichkeit.[3]
Qualität	Gesamtheit von Merkmalen einer Einheit bezüglich ihrer Eignung, festgelegte oder vorausgesetzte Erfordernisse zu erfüllen[4] oder im Amerikanischen: „Quality is fitness for use"[5].

Folgende Grundsätze waren für die Festlegung der Definition der Qualität maßgebend:

- Die Qualität ist nichts Absolutes, sondern stets bezogen auf gegebene Erfordernisse oder auf vorgegebene Forderungen. Nicht diese Forderungen selbst, sondern ihr Erfüllungsgrad sind die Qualität.
- Die Qualität kann nicht allein als physikalische Größe betrachtet werden, deren Werte meßbar sind. Das hat zwei Gründe: Einmal geht es in der Regel nicht um eine einzige Größe, sondern um eine Gesamtheit vieler Merkmale und Eigenschaften, deren mathematische Formalbetrachtung als multivariante Größe in der Alltagspraxis weder heute noch künftig Nutzen bringen kann; zum anderen aber gibt es zum Beispiel bei einem Produkt sowohl Merkmale, deren Werte quantitativ erfaßt und mit den

---

1 Die folgenden Ausführungen zum Thema Qualität entstammen GRAP, R.; OTZIPKA, J.: Die Organisation von Qualitätslabors durch Checklisten beurteilen. In: CLB Chemie in Labor und Biotechnik, 45(1994)12, S. 629 - 637.

2 MASING, W.: Handbuch der Qualitätssicherung. München: Hanser, 1980.

3 Deutsch Gesellschaft für Qualität (Hrsg.): DGQ-Schriften Nr. 12 – 67. Berlin: Beuth, 1987.

4 DIN Deutsche Institut für Normung (Hrsg.): DIN EN ISO 8402 : Qualitätsmanagement - Begriff. Berlin: Beuth, 1995. S. 3.

5 Lt. DIN Deutsche Institut für Normung (Hrsg.): DIN 55350 : Begriffe zu Qualitätsmanagement und Statistik - Teil 11: Begriffe des Qualitätsmanagement. Berlin: Beuth, 1995. S. 2: Gebrauchstauglichkeit.

Forderungen verglichen werden können, als auch nur qualitativ erfaßbare Merkmale, die jedoch gleichermaßen zur Qualitätsbeurteilung gehören.

- Der Qualitätsbegriff ist auch auf Produkte oder Tätigkeiten anwendbar, bei denen vorgegebene Forderungen nicht erfüllt werden, daß heißt, die Bewertung der Qualität endet nicht zwangsläufig positiv wie oft im alltagssprachlichen Gebrauch und vor allem in der Werbung („Qualitätsware"). Die Qualität ist also kein bivalenter Begriff (Qualität vorhanden oder nicht vorhanden), sondern besitzt eine kontinuierliche Struktur.
- Jeder Qualitätsanteil eines Produktes oder einer Tätigkeit kann in positiver oder negativer Weise auf die Eignung dieser Einheit zur Erfüllung gegebener Erfordernisse einwirken. Die Einwirkung kann, meist kontinuierlich, alle möglichen Werte zwischen „sehr gut" und „sehr schlecht" annehmen.
- Es gibt somit gute Qualität und schlechte Qualität in den verschiedensten Abstufungen.

Damit wird deutlich, daß sich die substantielle Qualität eines Produktes weitgehend einer Beurteilung durch dritte entzieht. Sie ist letztendlich immer eine Sache zwischen Produzent und einem konkreten Kunden. Sofern es also darum geht, das Qualitätswesen zu begutachten und auf Übereinstimmung mit der Norm beglaubigen zu lassen (*zertifizieren*), kann nicht die Qualität der Produkte selbst sondern lediglich die Normgerechtheit des Qualitätssicherungssystems geprüft und bescheinigt werden. Das bedeutet „lediglich", daß der Produzent in der Lage ist, sein Produkt mit definierten und reproduzierbaren Eigenschaften nach dem Stand der Technik herzustellen, nicht mehr, aber auch nicht weniger.

Besonderes Gewicht wird dabei auf die Dokumentation des Produktionsprozesses gelegt. Dazu ein Beispiel:

Nachdem die Penaten GmbH in Bad Honnef durch den Johnson & Johnson Konzern übernommen worden war, sollten die Penatenprodukte auch auf dem amerikanischen Markt eingeführt werden. Dazu ist jedoch eine Zulassung nach dem dortigen Arzneimittelgesetzen erforderlich, womit ähnliche Anforderungen an die Dokumentation gestellt werden, wie durch die DIN. Ehe man nun den offiziellen FDA-Prüfer bestellt, unterzieht man sich gewöhnlich einem sogenannten internen Audit. Dieser Auditor aus der Konzernzentrale hatte sich nun bei Penaten angesagt. Als er anrückte, hatte er zuvor in einem Supermarkt auf dem Weg das Penaten-Produktprogramm erworben. Bei seiner Ankunft stellte er dem Leiter der QS diese Produkte auf dem Tisch und wollte ein Anzahl Fragen beantwortet haben: Wann, von welchem Lieferanten wurde das Wollfett für die Creme bezogen? War der Lieferant zertifiziert? Gab es von den Produkten ein Prüfzertifikat des Lieferanten? Ist das noch vorhanden? Wer nahm die Wareneingangsprobe? Mit welchen Verfahren wurde die geprüft? Wie waren die Ergebnisse? Existieren davon Rückstellmuster? Aus welcher Lieferung stammten die Dosen? Wie war hier die Lieferantenbeurteilung? Was ergab die Keimprüfung für die Packmittel? Wer machte wann die Einwaage für die fragliche Cremecharge? Wo ist das Wiegeprotokoll? Wie waren die Produktionsparameter? Wer hat die abgezeichnet? Wer nahm die Inprozeßprobe? Wie wurde die untersucht? Von wem? Wie waren die Ergebnisse? Wie ist das hier mit dem Rückstellmuster ...

Hier steht vor allem die - inzwischen ja auch in Europa gültige - Produkthaftung Pate. Nur wenn ein Hersteller im Zweifel belegen kann, daß ein Produktfehler, der einen Schaden hervorgerufen hat, nicht von ihm verursacht wurde und er zudem nachweisen kann, daß er vernünftige Gründe hatte, anzunehmen, daß die von ihm zugekauften und eingesetzten Rohstoffe und Teile seinen Spezifikationen entsprochen haben, kann er sich von Schadensersatzforderungen in solch einem Fall freistellen.

4.1.4 Produktion und Fertigung

Fertigungseinrichtungen selbst werden gewöhnlich noch in
* Instandhaltung,
* Teilefertigung,
* Montage,
* innerbetrieblicher Transport (Logistik) sowie
* Fertigungsorganisation (Arbeits- und Auftragsplanung)
unterschieden. Die folgenden Ausführungen stellen diese Bereich überblicksartig vor.

4.1.4.1 Instandhaltung

In der Alltagssprache werden die Begriffe „Instandhaltung" und „Instandsetzung" häufig nicht sauber getrennt. In der betrieblichen Fachsprache ist allerdings Instandhaltung eindeutig als der umfassende Oberbegriff definiert. Bild 4-6 zeigt, wie die einzelnen Begriffe zusammenhängen. Daran ist zu erkennen, daß zunächst bei einer *Inspektion* der Zustand eines Betriebsmittels überprüft und festgestellt wird, in welchem Zustand es sich befindet. Mit *Wartung* sind regelmäßige Arbeiten gemeint, die zum Erhalt der Betriebsfähigkeit erforderlich sind, also vor allem Pflegen, Reinigen, Schmieren, Betriebsstoffe ergänzen (Die „große" Inspektion beim Auto mit Kerzen-, Bremsflüssigkeits- und Ölwechsel ist also tatsächlich eine Inspektion plus Wartung). *Instandsetzung* schließlich bedeutet die Wiederherstellung des Soll-Zustandes eines Betriebsmittels nach einem Ausfall, also schlicht dessen Reparatur.

Ein Sonderfall ist die sogenannte „*vorbeugende Instandsetzung*". Hier wird ein Teil „auf Verdacht" ausgetauscht, ehe es zu einem Ausfall kommt, entweder weil es bei einer ohnehin laufenden Arbeit gerade gut zu erreichen ist oder bei Wartungsarbeiten, weil der Ausfall in absehbarer Zeit vorherzusehen ist. Die Abgrenzung vorbeugender Instandsetzung gegenüber Wartung ist somit schwierig. Man sollte wohl immer dann von Wartung sprechen, wenn der

Austausch nicht aufgrund „günstiger Gelegenheit" beschlossen wird, sondern Bestandteil eines regelmäßigen (Wartungs-)Planes ist.

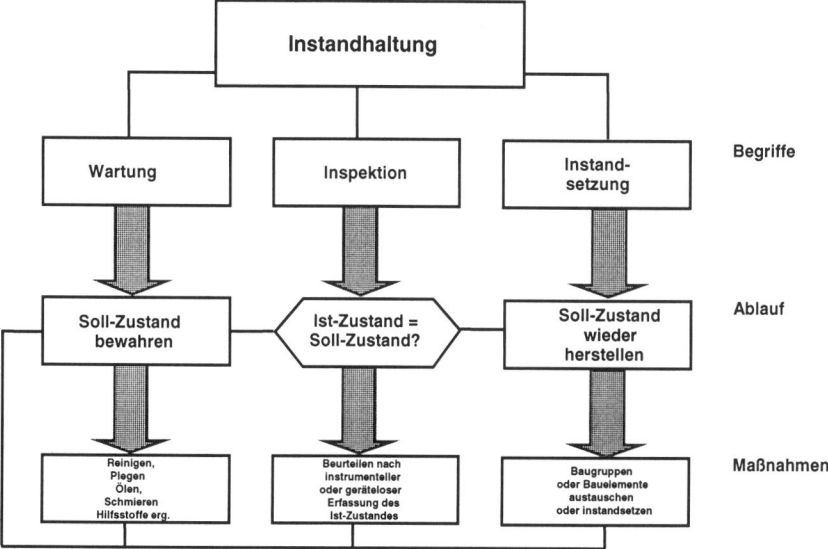

Bild 4-6: Aufgaben und Ablauf der Instandhaltung[1]

4.1.4.2 Teilefertigung

Grundsätzlich wird bei der Produktion von materiellen Gütern zwischen (Teile-)fertigung und deren Montage unterschieden. Dabei sind Fertigungsvorgänge alle Vorgänge, welche die stoffliche Form oder Eigenschaften des zu bearbeitenden Gegenstandes verändern, während in der Montage „nur noch" bereits fertige Teile zusammengefügt werden. Der Begriff „Fertigung" ist somit nicht eindeutig definiert, sondern muß in seinem jeweiligen Kontext gedeutet werden. Bild 4-7 gibt einen Überblick.

Zu den benutzten Begriffen (soweit sie nicht vorausgesetzt werden können):

Sintern	Pulveriges Materialgemenge wird in eine Form gegeben und dann daraus das Werkstück „gebakken".
Stauchen	Schmieden, Pressen
Ziehen	besonders das Tiefziehen; Tiefziehen wird in der Alltagssprache oft mit Pressen verwechselt, da die eingesetzten Werkzeugmaschinen Pressen sind. Wenn aber zum Beispiel ein Kotflügel aus einem Stück Blech „gepreßt" wird, handelt es sich tatsächlich um eine Verformung, bei der das Blech in seine neue Form gestreckt, also gezogen wird. Be-

---

[1] In Anlehnung an REFA.

Pulverbeschichten

Nitrieren

reits ein schlichtes Biegen von Blech über eine Kante, zieht es ja am Außenradius.

Ist Personen, die schon einmal hobbymäßig „emailliert" haben, in seinen Grundzügen bekannt: Eine zu schützende Oberfläche wird mit Pulverstaub beschichtet, der in einem Ofen zu einer glatten geschlossenen Oberfläche verschmilzt. Das Verfahren verdrängt zunehmend das Lackieren bei allen Oberflächen, wo der Kunde nicht auf „Hochglanz" besteht, da es sowohl vom Arbeitsverfahren als auch vom anschließenden Oberflächenschutz etliche Vorteile aufweist. Es werden keine Lösungsmittel frei, herunterfallendes Pulver kann problemlos wieder eingesetzt werden, die Oberfläche ist schlag- und temperaturbeständiger als Lack, oft ist auch der Korrosionsschutz besser.

Chemische Verfahren, mit denen NO_3-Gruppen zur Härtesteigerung in, in der Regel organische, Verbindungen eingeführt werden.

Fertigungs-bereich	Fertigungs verfahren	Erläuterung der Fertigungsverfahren	Beispiele
• **Teile-fertigung**	• Urformen	• Fertigen eines festen Körpers aus formlosem Stoff	• Gießen Sintern
	• Umformen	• Fertigen durch bildsames (plastisches) Ändern der Form eines festen Körpers	• Stauchen Ziehen
	• Trennen	• Fertigen durch Ändern der Form eines festen Körpers, wobei der Zusammenhalt örtlich aufgehoben wird	• Drehen Bohren Fräsen
	• Beschichten	• Aufbringen einer fest haftenden Schicht aus formlosem Stoff auf ein Werkstück	• Galvanisieren Pulverbeschichten Lackieren
	• Stoffeigen-schaften ändern	• Fertigen eines festen Körpers durch Umlagern, Aussondern oder Einbringen von Stoffteilen	• Härten Nitrieren
• **Montage**	• Fügen	• Zusammenbringen von zwei oder mehr Werkstücken oder von Werkstücken mit formlosem Stoff	• Kleben Schweißen Schrauben

Bild 4-7: Unterschiedliche Verfahren bei Teilefertigung und Montage[1]

Ergänzt werden die grundlegenden Fertigungsverfahren um diejenigen Arbeitsvorgänge, die begleitend oder zur Vor- und Nachbereitung der Fertigung erforderlich sind (Bild 4-8). Hierbei handelt es sich vor allem um

---

1   Auf der Grundlage von REFA.

Handhabungsvorgänge und Kontrollen, Transporte und Lagervorgänge. Etwas schwierig zu unterscheiden mögen die Transport- und die Handhabungsvorgänge sein. Die Abgrenzung in einem solchen Fall ist, daß alle Werkstückbewegungen am bestimmungsmäßigen Bearbeitungsplatz Handhabungen sind, während alle übrigen Bewegungen zwischen den Bearbeitungsplätzen untereinander und dem Lager Transporte sind.

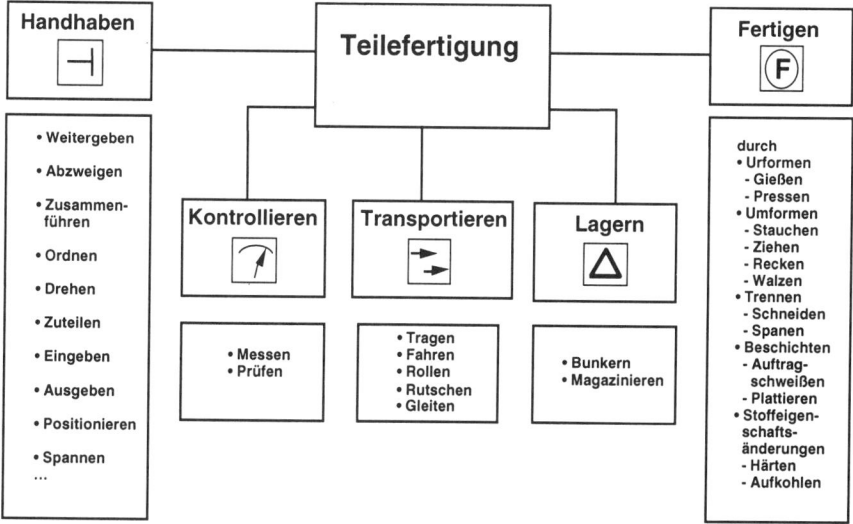

Bild 4-8: Aufgaben der Teilefertigung nach DIN 8580[1]

4.1.4.3 Montage

Ähnlich wie bei der Fertigung ist auch bei der Montage das eigentliche Fügen nur ein Teil der insgesamt auszuführenden Arbeiten. Wie bei der Fertigung kommen vor allem zunächst zahlreiche Handhabungen hinzu. Zusätzlich sind aber auch justierende und kontrollierende Aufgaben wahrzunehmen sowie etliche Sonderfunktionen. Obwohl in Bild 4-9 Transporte als Aufgaben in der Montage nicht aufgeführt sind, spielt die Wahl des Montageprinzips für den Anteil am Transport und vor allem Wartezeiten an der Durchlaufzeit in der Montage eine erhebliche Rolle (Bild 4-10).

---

1   In Anlehnung an REFA.

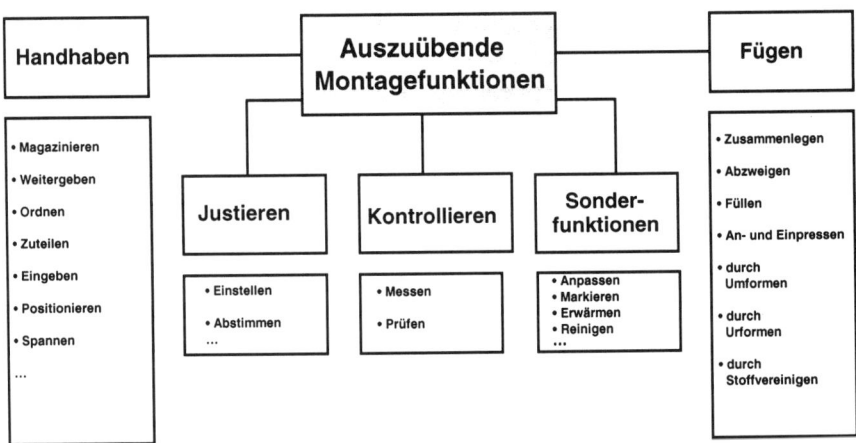

Bild 4-9: Montagefunktionen[1]

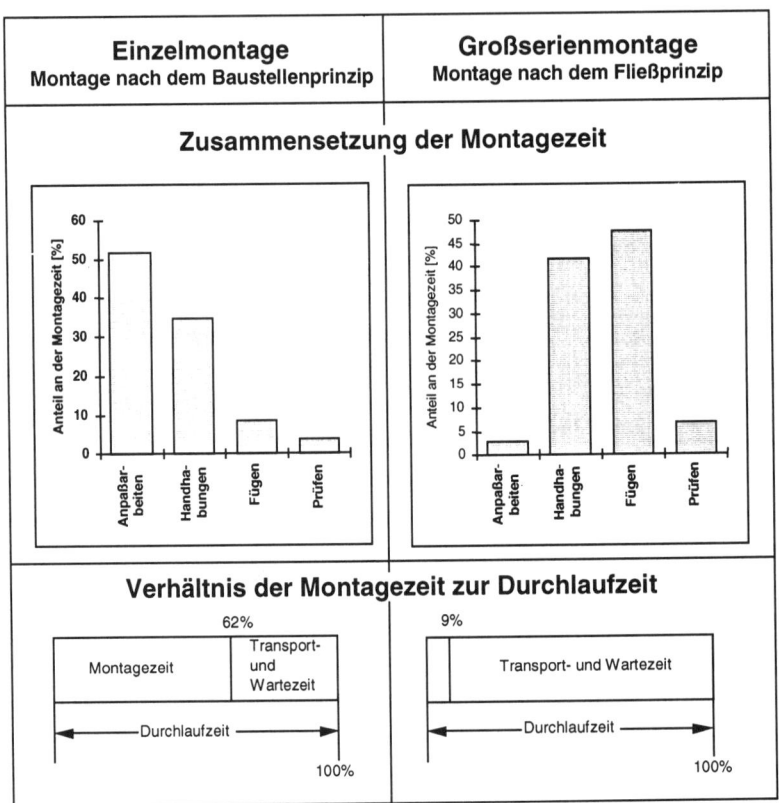

Bild 4-10: Zeitverteilung bei der Montage einer Werkzeugmaschine nach dem Baustellen- oder nach dem Fließprinzip

---

1   In Anlehnung an Warnecke nach REFA.

4.1.4.4 Fertigungsorganisation und innerbetrieblicher Transport

In konventionellen Fertigungsorganisationen[1] nehmen die Fertigungsplanung und -steuerung als Aufgabe der Fertigungsorganisation die zentrale Rolle ein. Die Bilder 4-11 und 4-12 zeigen deren Aufgaben. Bei der Fertigungssteuerung werden generell die Aufgabengebiete Auftrags- (oder Arbeits-)Vorbereitung und die operative Werkstattsteuerung unterschieden. Die Steuerungsaufgaben gliedern sich wiederum in die Funktionen *Veranlassen*, *Überwachen* und *Sichern*.

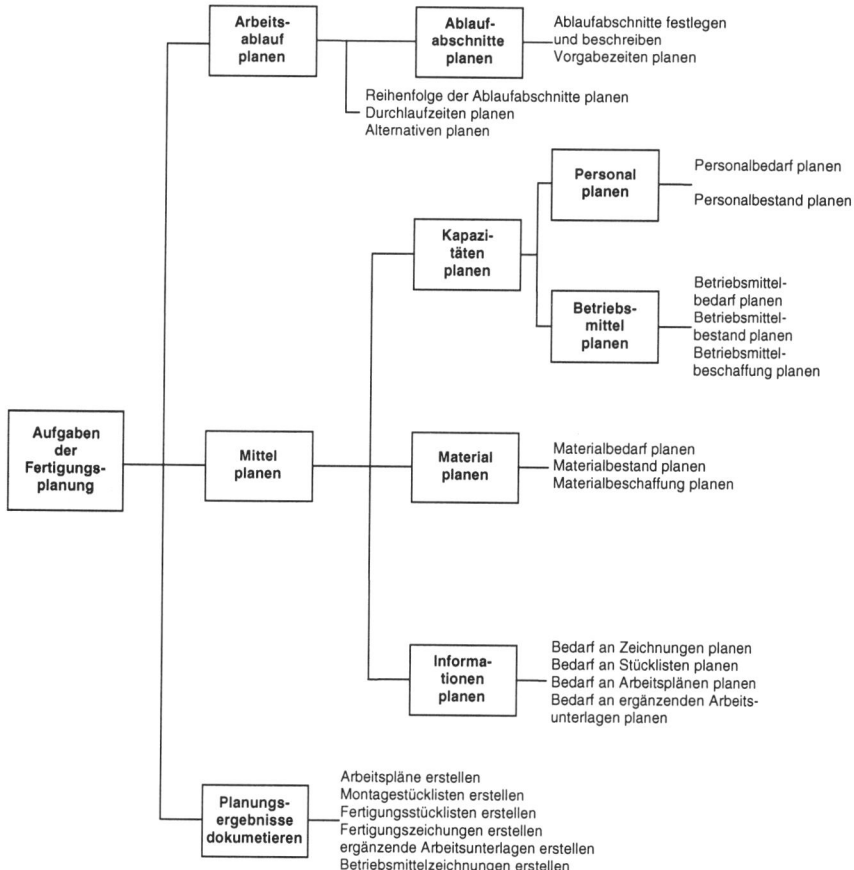

Bild 4-11: Aufgaben der Fertigungsplanung[2]

---

[1] Mit Fertigung ist jetzt allgemein die Produktion einer Sachleistung gemeint, also Teilfertigung plus Montage.

[2] In Anlehnung an REFA.

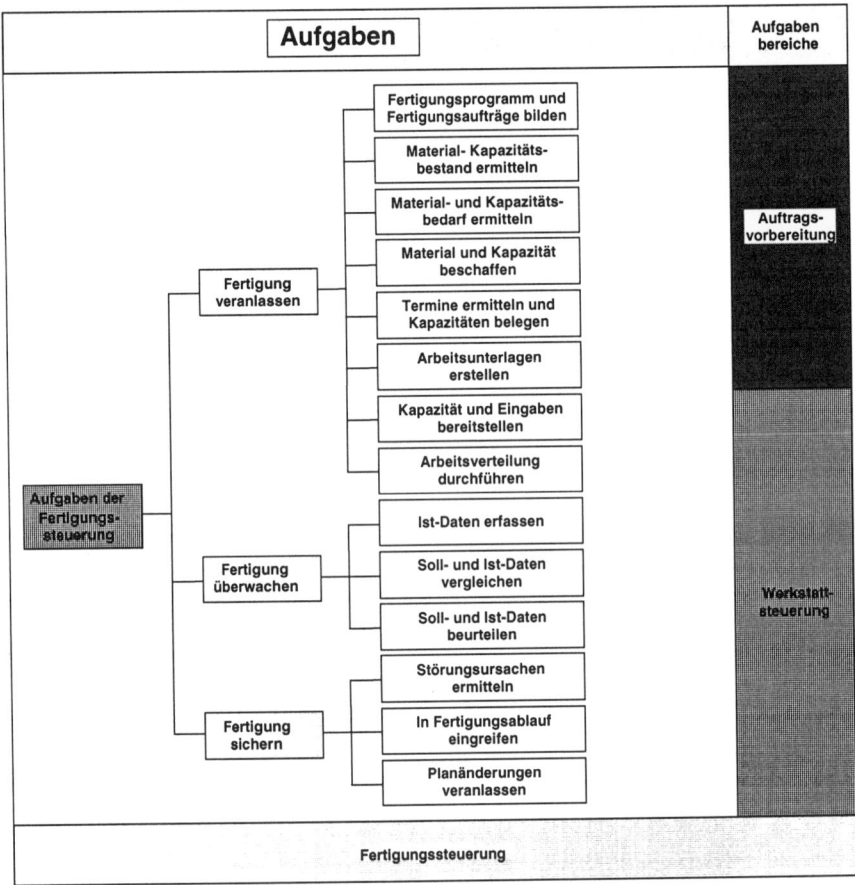

Bild 4-12: Aufgaben der Fertigungssteuerung[1]

Im Mittelpunkt der Fertigungssteuerung steht die *Erzeugnisgliederung*, die normalerweise in unterschiedlich strukturierten *Stücklisten* (Aufzählungs-, Mengenübersichts-, Struktur-, Baukasten-, Baukastenstruktur-, Auswahl-, Varianten-, Endformstückliste etc.) dokumentiert ist. In Bild 4-13 werden die Begriffe für die Erzeugnisgliederung anhand von Beispielen vorgestellt.

„Die Stückliste ist ein für den jeweiligen Zweck vollständiges, formal aufgebautes Verzeichnis für einen Gegenstand, das alle zugehörigen Gegenstände unter Angabe von Bezeichnung (Benennung, Sachnummer), Menge und Einheit enthält."[2] Nach DIN 199 Teil 2 werden nur solche Listen als Stücklisten bezeichnet, die sich auf die Menge 1 eines Gegenstandes beziehen. Li-

---

1   In Anlehnung an REFA.
2   REFA, Planung und Steuerung Teil 4, 1991, S. 400.

sten, die sich auf eine andere Anzahl oder nur auf den Teil eines Gegenstandes beziehen heißen dagegen schlicht „Listen".

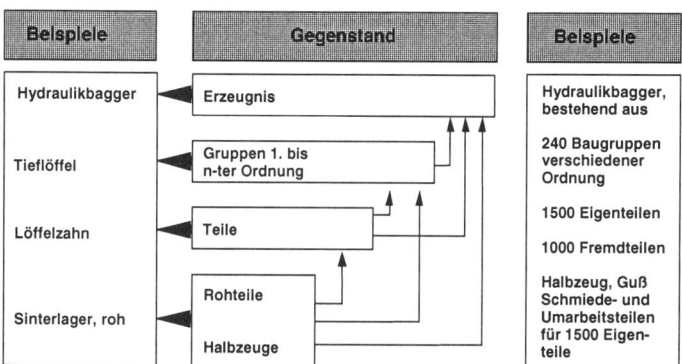

Bild 4-13: Begriffe der und Beispiele für die Erzeugnisgliederung[1]

Aus den Konstruktionszeichnungen oder CAD-Konstruktionen abgeleitete Stücklisten bilden die für die Fertigungsplanung entscheidende Arbeitsvoraussetzung und sind ihrerseits wieder Grundlage für eine Anzahl weiterer Dokumente, beispielsweise *Arbeitspläne*. Stücklisten bilden außerdem die Grundlage für die (deterministische) Bedarfsermittlung und Beschaffung, für die Materialbereitstellung und die Montage. Äquivalente zu Stücklisten sind in der chemischen und der Nahrungsmittelindustrie die *Rezepturen*, *Gattierungslisten* in Gießereien und stahlerzeugenden Unternehmen, *Holzlisten* in der holzverarbeitenden Industrie und *Materiallisten* in der Bauindustrie.

Bild 4-14 zeigt den Zusammenhang von Stücklisten und weiterer Arbeitsunterlagen im Zusammenhang. Der Übersichtlichkeit halber sind hier nur die konventionellen Organisationsmittel aufgeführt. Es sei deswegen darauf hingewiesen, daß es in den heutigen Fertigungen eher die Regel als die Ausnahme ist, daß alle Kataloge und Karteien mit EDV-Anwendungen geführt werden. Auch Stücklisten, Arbeitspläne, Prüf- und Fertigungspläne liegen in der Regel EDV-mäßig vor, werden dann aber in der Fertigung, zumeist zusammen mit den dort genannten Karten ausgedruckt und den Aufträgen oder den Mitarbeitern in Papierform übergeben. Die Karten in der Fertigung dienen der Rückmeldung der einzelnen Aktivitäten. Dies kann - und geschieht oft auch - durch sogenannte BDE-Systeme (Betriebsdatenerfassung) erfolgen. Es hat sich jedoch gezeigt, daß in sehr vielen Fällen BDE-Systeme nicht zuverlässig genug und nicht ausreichend wirtschaftlich arbeiten, so daß deren Verbreitungsgrad nach wie vor gering ist und wohl auch fürs erste bleiben wird.

---

1   In Anlehnung an REFA.

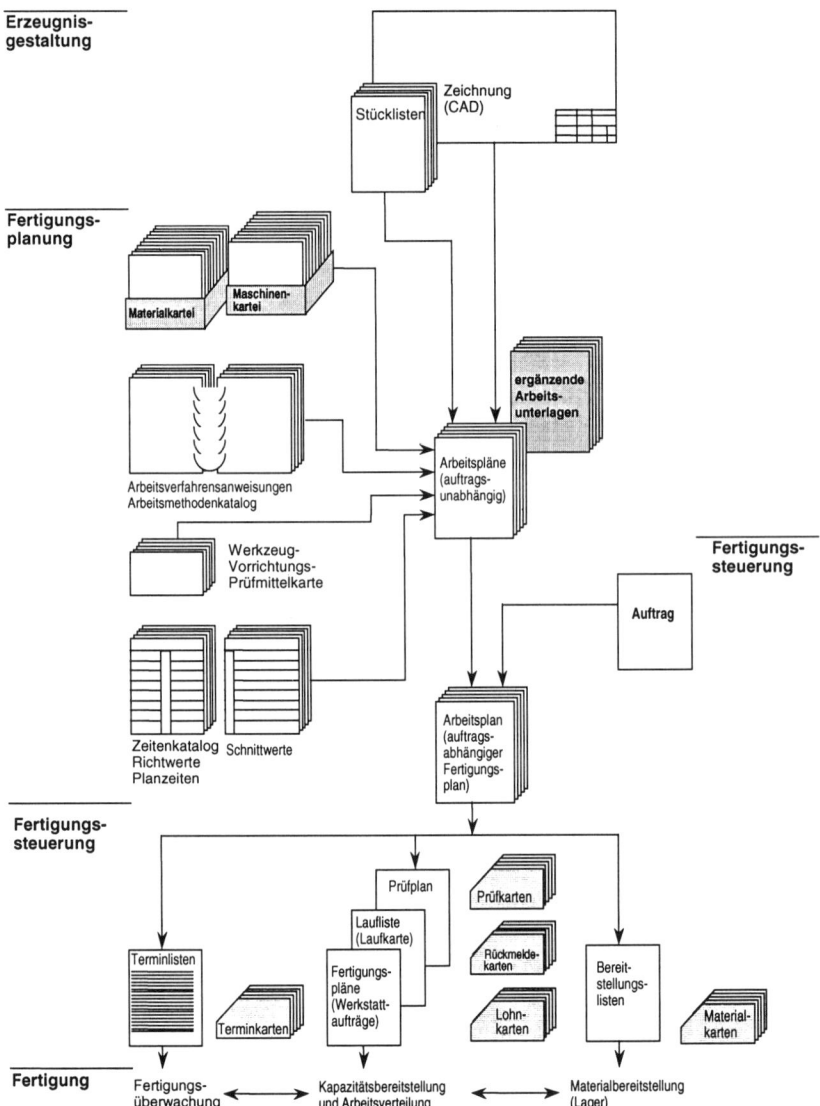

Bild 4-14: Zusammenhang der Arbeitsunterlagen[1]

Wie erkennbar wird, stehen offenbar die *Arbeitspläne* im Mittelpunkt der Fertigungsplanung. „Im Arbeitsplan ist die Vorgangsfolge zur Fertigung eines Teiles, einer Gruppe oder eines Erzeugnisses beschrieben; dabei sind mindestens das verwendete Material sowie für jeden Arbeitsvorgang der Arbeitsplatz, die Betriebsmittel, die Vorgabezeiten und gegebenenfalls die

---

1   In Anlehnung an REFA.

Lohngruppe angegeben"[1]. Ebenso wie es für unterschiedliche Anwendungen unterschiedliche Stücklisten gibt, so gibt es auch für besondere Zwecke verschiedene Arbeitspläne, zum Beispiel: Aufzählungs-, Elementar-, Ablauf-, Bereichsarbeitsplan etc. Arbeitspläne werden ebenso wie Stücklisten zunächst auftragsunabhängig erstellt. In Verbindung mit einem Auftrag wird er zu einem *Fertigungsplan*: Angaben des Arbeitsplanes über die Dauer einer Tätigkeit werden dadurch zu konkreten Terminen.

Erläuterung weiterer Begriffe aus Bild 4-14 (soweit sie nicht vorausgesetzt werden können):

Materialkartei	Dokumentation der im Betrieb eingesetzten Materialien, Qualitäten, Bezugsquellen, Preise und Beschaffungszeiten und anderen beschaffungsrelevanten Daten.
Maschinenkarte	Dokumentation der im Betrieb vorhanden Maschinen und deren Leistungsparameter, Verfügbarkeiten, Wartungszustände etc.
Arbeitsverfahren	ergeben sich aus den gewünschten Bearbeitungsvorgängen und den vorhanden Betriebsmitteln und Werkzeugen. Sie werden spezifisch beschrieben in Abhängigkeit vom jeweiligen Ablaufabschnitt.
Arbeitsmethoden	Abhängig von den gewählten Betriebsmitteln und den vorhandenen Materialien werden die jeweils einzusetzenden Arbeitsmethoden bestimmt.
Werkzeugkartei	Damit sind in aller Regel die unmittelbar an ein Bearbeitungsteil in der Fertigung eingreifenden Teile einer Maschine gemeint, also zum Beispiel Bohrer, Fräsköpfe etc. Neben standardisierten Werkzeugen für genormte Bearbeitung (zum Beispiel M6 Gewindeschneiden) liegt das eigentliche Wissen und Können eines Fertigungsbetriebes in, meist selbstgefertigten, Werkzeugen für spezifische Anwendungsfälle (besondere Tiefziehformen, Stanzen etc.). Solche Werkzeuge, für einen Auftrag gefertigt, werden zur Wiederverwendung aufgehoben, ihre Konstruktion auf jeden Fall gespeichert.
Vorrichtungskartei	Um beispielsweise schnelle und fertigungsgerechte Aufspannungen von Teilen zu erreichen, werden oft spezielle Vorrichtungen angefertigt, deren Existenz und Konstruktion ebenfalls dokumentiert wird.

---

1 REFA, Planung und Steuerung Teil 3, 1991, S. 134.

Prüfmittelkartei	Werden zur Qualitätsprüfung spezielle Prüfmittel (nicht Meßgeräte!) benötigt, beispielsweise eine besondere Chemikalie, so werden diese in einer solchen Kartei erfaßt.
Zeitkataloge	Der Zeitbedarf, die Soll-Zeit, für einzelne Arbeitsvorgänge kann sich aus unterschiedlichen Quellen speisen. Zum einen kann für den Arbeitsvorgang eine gesicherte Zeitaufnahme vorliegen oder es gibt Dokumentationen über ähnliche Vorgänge, die als Richtwerte herangezogen werden können, oder es wurden mit Hilfe von diversen Zeitaufnahmen in Regressionsanalysen Einflußgrößen ermittelt, die es erlauben, auftragsspezifische Planzeiten zu ermitteln etc.
Schnittwerte	Bei spanabhebenden Bearbeitungsvorgängen (Bohren, Drehen, Fräsen ...) hängt die jeweils mögliche oder optimale Schnittgeschwindigkeit von diversen Einflußgrößen ab, wie beispielsweise dem Werkzeugstahl und dem Material des Teiles, die Bearbeitungsqualität etc. Oft ergeben diese sich erst aus der betrieblichen Erfahrung heraus, so daß die jeweiligen Schnittwerte entsprechend zu katalogisieren sind.
Materialkarte	vollständig: *Materialentnahmekarte*. Sie belegt die Materialbewegungen und dient sowohl als Eingabebeleg für Bestandsberichtigungen als auch zur Erfassung der Materialkosten.
Lohnkarte	auch *Auftragskarte* genannt: sie gehört in der Regel zu jedem einzelnen Arbeitsvorgang und wird perforiert an den Fertigungsplan (auftragsabhängiger Arbeitsplan) angehängt. Der einzelne Mitarbeiter dokumentiert hier den Arbeitsfortschritt und seine Arbeitsdauer. Bei Leistungsentlohnung dienen die Angaben zur Ermittlung des Leistungsentgeltes.
Rückmeldekarte	Wird neben der Lohnkarte für bestimmte Vorgänge (in der Regel der Start und das Ende des ersten und letzten Vorganges) ausgefüllt und dient der Fertigmeldung eines Fertigungsabschnittes.
Prüfkarte	Dient der Rückmeldung der einzelnen Prüfungen nach Maßgabe des Prüfplans.
Terminliste	Dient der Terminüberwachung. Die Soll-Termine der Arbeitsplanung sind eingedruckt, die Ist-

	Termine werden aufgrund der Fertigungsrückmeldungen eingetragen und verglichen.
Terminkarte	Wird dann parallel zur Terminliste erstellt, wenn die Produktionsplanung und -steuerung durch PPS erfolgt, die Werkstattsteuerung jedoch über einen *Leitstand*. Diese Kombination, in der eine optimierende Grobterminierung sowie die zugehörige Beschaffung und Materialbereitstellung durch die PPS erfolgt, die terminliche Feinsteuerung jedoch konventionell in der Werkstatt, ist derzeit offenbar auf dem Vormarsch. Die Terminkarten sind dann für den Leitstand gedacht.

Ebenso wie es für unterschiedliche Zwecke unterschiedliche Arten von Arbeitsplänen gibt, so gibt es diese auch in unterschiedlichen Detaillierungstiefen. In Abhängigkeit von der Spezifiziertheit der Fertigungsplanung, des gewählten Ablaufprinzipes und der Seriengröße ist auch eine unterschiedliche Detaillierung sinnvoll und notwendig. In Bild 4-15 werden die einzelnen Gliederungsstufen der Ablaufabschnitte „Gesamtablauf", „Teilablauf", „Ablaufstufe", „Vorgang", „Teilvorgang", „Vorgangsstufe" und „Vorgangselement" anhand des Beispiels eines Elektromotors erklärt. Die auf Vorgangselemente aufbauenden Verfahren vorbestimmter Zeiten (SvZ, beispielsweise das in Deutschland verbreitete MTM) werden in Kapitel 5.3 noch näher vorgestellt.

Der Begriff *Auftrag* soll ebenfalls noch näher spezifiziert werden: Zunächst einmal drängt sich natürlich der Gedanke an den Kundenauftrag auf. Bild 4-16 zeigt jedoch beispielhaft, daß dies nur einen geringen Anteil der in einem Betrieb „kursierenden" Aufträge ausmacht. In einer konventionellen Betriebsorganisation „geht" - genau wie in der Urform aller Organisation, der Armee - ohne Auftrag „nichts". Und so lösen Kundenaufträge eine Anzahl von internen Folgeaufträgen aus, die wiederum selbst eigene Folgeaufträge haben können etc. Vor allem kommen zu den Kundenaufträgen noch weitere Grundaufträge als Eigenaufträge hinzu, die ganz vielgestaltige Ursachen und Ziele haben können.

Die termingerechte Fertigstellung der Aufträge in einer möglichst kostenoptimalen Abfolge ist ein zentrales Anliegen einer jeden Betriebsorganisation. In der Praxis läuft dies darauf hinaus, daß das sogenannte „Terminjagen" zu einer wesentlichen Beschäftigung wird. In der Regel ist nach Mitteln und Wegen zu suchen, eine geplante Durchlaufzeit durch wie auch immer geartete Maßnahmen zu verkürzen. Hierbei sind die Eingriffsmöglichkeiten beschränkt (hinterlegt in Bild 4-17[1]). Bei realistischer Prüfung der genannten Optionen wird deutlich, daß nur die unter dem Begriff Ablaufprinzipien ge-

---

[1]   Zu den genannten Zeitbegriffen: Siehe Abschnitt 4.3.

nannten diejenigen sind, an denen das operative Management „drehen"
kann. Das folgende Kapitel widmet sich deswegen diesem Aspekt.

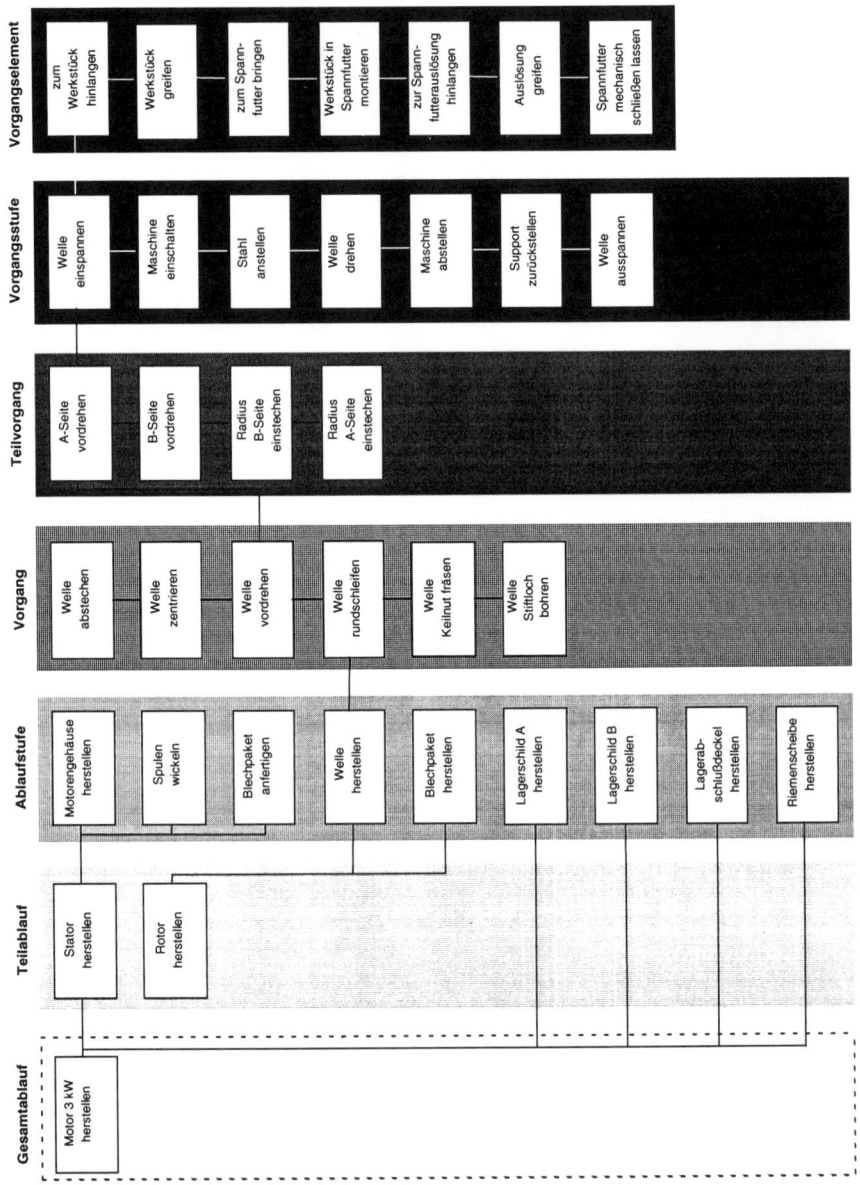

Bild 4-15: Gesamtablauf „Drehstrommotor 3 kW" in Ablaufabschnitte gegliedert[1]

---

1   In Anlehnung an REFA.

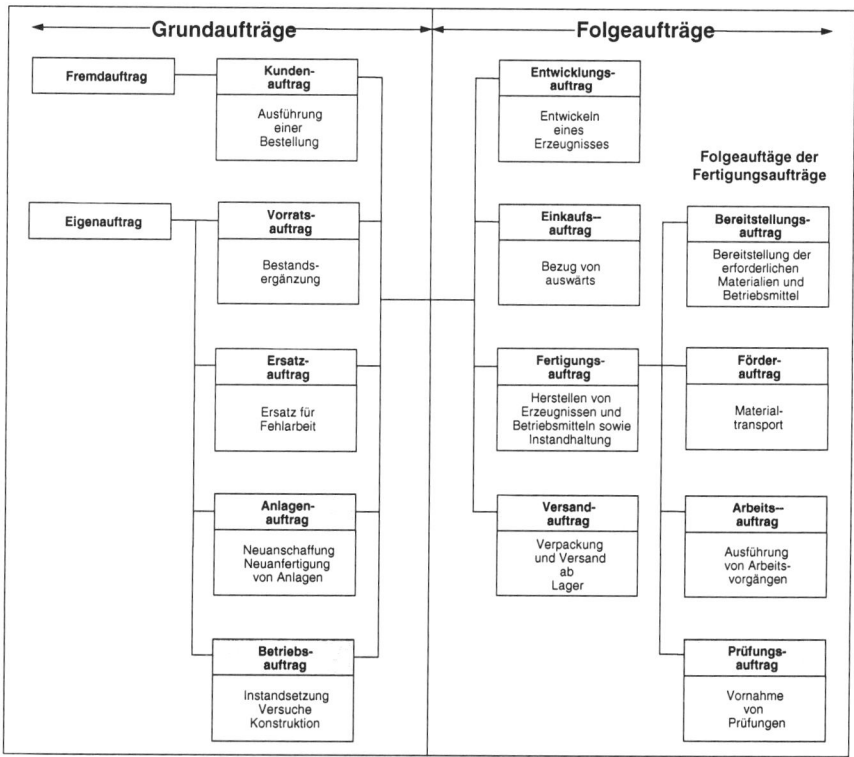

Bild 4-16: Arten von betrieblichen Aufträgen[1]

Auf dem Begriff *Kostendegression* in Bild 4-18 soll hier noch besonders hingewiesen werden. Die hier gemeinte Kostendegression muß sorgsam unterschieden werden von der *Kostenerfahrung*, die in Kapitel 3.1 behandelt wurde. Handelte es sich bei letzterer um den Effekt, der sich dadurch einstellt, daß es in einer Produktionswirtschaft gewöhnlich gelingt, ein und dasselbe Produkt bei jeder Wiederholung ein wenig rationeller zu fertigen und deswegen Fertigungskosten im Lauf der Zeit (analog der kumulierten Produktionsmenge) zu senken, so geht es hierbei um die generellen Effekte, die sich aus einem hohen Fertigungsvolumen in einer Zeiteinheit ergeben, also um Möglichkeiten hoher Bestellmengen und Rabatte, spezieller Anlagen, geringerer verrechneter Gemeinkosten pro Stück etc.

Sofern in der Verarbeitung auch (natürliche) Rohstoffe eingesetzt werden oder die Produktion aus sogenannten Ansätzen erfolgt, wird auch noch die Sorten-, Partie- und Chargenfertigung unterschieden.

---

1   In Anlehnung an REFA.

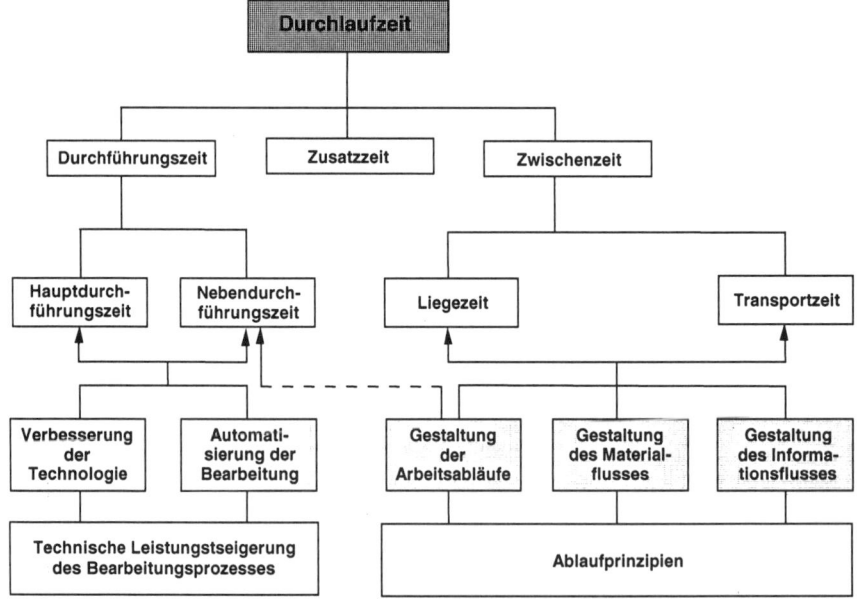

Bild 4-17: Möglichkeiten der Durchlaufzeitverkürzung[1]

Fertigungstyp Merkmale	Einzelfertigung	Serienfertigung	Massenfertigung
Stückzahl	Einzelstücke, keine Wiederholung	begrenzte Wiederholung	ununterbrochene Wiederholung
Maschinen	Universalmaschinen	Universal- und Spezialmaschinen	vorwiegend Spezialmaschinen
Produktvorgabe	auftragsorientiert	programmm- und auftragsorientiert	programmorientiert
Kosten	hohe Stückkosten	niedrige Stückkosten durch Kostendegression	hohe Kostendegression
Mitarbeiterqualifikation	vorwiegend Facharbeiter	Facharbeiter und angelernte Arbeiter	neben Facharbeitern angelernte und ungelernte Mitarbeiter
Flexibilität	sehr hoch	begrenzt	sehr gering
Fertigungsplanung -steuerung	hoher Aufwand	mittlerer Aufwand	geringer Aufwand
Produktstandardisierung	keine	Standardisierung möglich	Gleichartigkeit der Produkte
Automatisierungsgrad	sehr niedrig	mittel	hoch

Bild 4-18: Unterscheidungsmerkmalsschema für die einzelne Fertigungstypen[2]

Bei der *Sortenfertigung* werden Produkte hergestellt, die sich, was den Herstellungsprozeß, die benutzen Arten der Rohstoffe und die eingesetzten Anlagen angeht, kaum unterscheiden und die in Art, Größe und Güte genau

---

[1]   In Anlehnung an REFA.
[2]   In Anlehnung an REFA.

definiert und in der Regel katalogmäßig produziert werden. Beispiele sind Brauereien und Betriebe der Textilindustrie wie beispielsweise Webereien und Färbereien etc.

Partiefertigung liegt vor, wenn von Rohstoffsendungen ausgegangen wird, die zwar in sich gleichartig sind, sich aber von Sendung zu Sendung unterscheiden können. Die Unterschiede in den Rohstoffsendungen können sich dabei auf die Beschaffenheit des Produktes auswirken (beispielsweise Färben mit Pflanzenfarben oder unterschiedliche Wollfettpartien bei der oben bereits erwähnten Firma Penaten[1]).

Partiefertigung und Chargenfertigung sind im allgemeinen eng miteinander verknüpft. Eine *Charge* besteht aus einem einmaligen Materialeinsatz, der dann auch als Ganzes den Herstellprozeß bis hin zum Endprodukt durchläuft. Das Produkt ist innerhalb der Charge von einheitlicher Qualität, zwischen den Chargen können aber Unterschiede auftreten. Chargenfertigung liegt sowohl bei sogenannten Küchenbetrieben wie Spezialkosmetikherstellern, kleinen Pharmaproduzenten oder Nahrungsmittelherstellern (Metzger: Wurstkochen, Bäckereien), wie auch in chemischen Großbetrieben sowie im Hochofen oder der Stahlpfanne eines Stahlherstellers vor.

Der Fertigungstyp bestimmt die optimale Form des Ablaufprinzipes und diese wiederum die Art des (innerbetrieblichen) Materialtransportes und -flusses, die Logistik. Während mit *Ablaufprinzipien* die Grundsätze gemeint sind, nach denen die einzelnen Arbeitsplätze und Betriebsmittel angeordnet und verbunden werden, umfaßt die *Logistik* „.... die Planung, Gestaltung und Steuerung des gesamten Materialflusses mit den damit verbundenen Aufgaben der Durchführung; vom Beschaffungsmarkt ausgehend über die Produktion bis zur Auslieferung der Erzeugnisse an die Kunden, sowie des damit verbundenen Informationsflusses"[2].

Zur Beurteilung eines vorliegenden Ablaufprinzipes können insgesamt vier Kriterien herangezogen werden:
* Die *Bewegungsstruktur*: Sowohl die Arbeitsgegenstände als auch die Menschen, aber auch die Betriebsmittel sind mehr oder minder beweglich. Die Mobilität eines Menschen kann aus gesundheitlichen Gründen, persönlichen Bedürfnissen oder aufgrund seiner Qualifikation eingeschränkt sein. Die Transportierbarkeit eines Werkstücks, aber auch eines Betriebsmittels hängt entscheidend von Größe und Gewicht ab, bei Betriebsmitteln auch von besonderen Anforderungen des Standortes (Umweltschutz ...).

---

1   Dies stellte übrigens ein besonderes Problem in der Qualitätsdokumentation des Unternehmens dar. Die Penatencreme wird in einem kontinuierlichen Fertigungsprozeß hergestellt - also nicht in Chargen - wobei durch das Nachfüllen der natürlichen Rohstoffe in den Einsatzbehältern zu ganz unterschiedlichen Zeitpunkten die nicht exakt definierbar sind, die unterschiedlichen Rohstoffpartien in das Produkt Eingang finden.

2   REFA, Planung und Steuerung Teil 1, 1991, S. 134.

- Die *räumliche Struktur* eines Arbeitssystems wird insbesondere bestimmt durch die Beweglichkeit der Systemelemente, die vorliegende Arbeitsaufgabe und erforderlichen Arbeitsfolgen, die Art der Bereitstellung der Arbeitsgegenstände und die Verknüpfung mit den anderen Arbeitssystemen (also der Logistik).
- Die *zeitliche Struktur*, die sich insbesondere auf die Durchlaufzeit, den Nutzungsgrad der Betriebsmittel, die personelle Auslastung und die Materialbestände auswirkt, ist das dritte Kriterium. Generell sind die beiden - sich widersprechenden - Ziele nach minimalen Materialbeständen einerseits in Verbindung mit vollbeschäftigten technischen und personellen Kapazitäten andererseits zu optimieren.
- Dies wirkt sich auch auf die *organisatorische Struktur* aus, die Arbeitsorganisation, welche im operativen Sinne vor allem die sach- und zeitgerechte Verfügbarkeit von Informationen zu sichern hat.

Die grundsätzlichen Ablaufprinzipien werden in Bild 4-19 vorgestellt und die wichtigsten im weiteren erläutert. Neben den grundsätzlichen Ablaufprinzipien kann auch die Arbeitsteilung innerhalb eines bestimmten Ablaufprinzipes variieren. Prinzipiell wird die *Artenteilung* und die *Mengenteilung* unterschieden.

Bei der *Artenteilung* erfolgt die Arbeitsteilung so, daß die Arbeiten ihrer Art nach geteilt werden, also Arbeiten unterschiedlicher Art an einem Produkt jeweils an unterschiedlichen Arbeitsplätzen vorgenommen werden. Auf diese Weise stellt sich für die einzelnen Arbeiten sehr schnell eine sehr hohe Routine der Beschäftigten ein, die sich in einer ebenfalls hohen Effizienz des Arbeitsvollzuges niederschlägt. Dieser Effekt war es, den Adam SMITH 1776 beschrieb. Nachteilig an dieser Form der Arbeitsteilung ist zunächst einmal, daß eine derartige Aufteilung einen beträchtlichen Organisationsaufwand nach sich zieht. So müssen die einzelnen Verrichtungen so zusammengestellt werden, daß sich an den einzelnen Arbeitsplätzen immer genau die gleichen Verrichtungszeiten ergeben, weil sonst an einzelnen Arbeitsplätzen mehr oder minder lange (geplante) Stillstände vorkommen. Außerdem ist eine solche Arbeitsteilung schnell so weit ausgedehnt, daß der Arbeitsvollzug auf die Dauer persönlichkeitszerstörend wirkt, mit der Folge, daß Mitarbeiter jede Möglichkeit nutzen, sich der Arbeit zu entziehen und deswegen extrem kontrolliert werden müssen. Leerläufe sowie der Kontroll- und Organisationsaufwand können die Effizienzgewinne der Artenteilung schnell aufzehren.

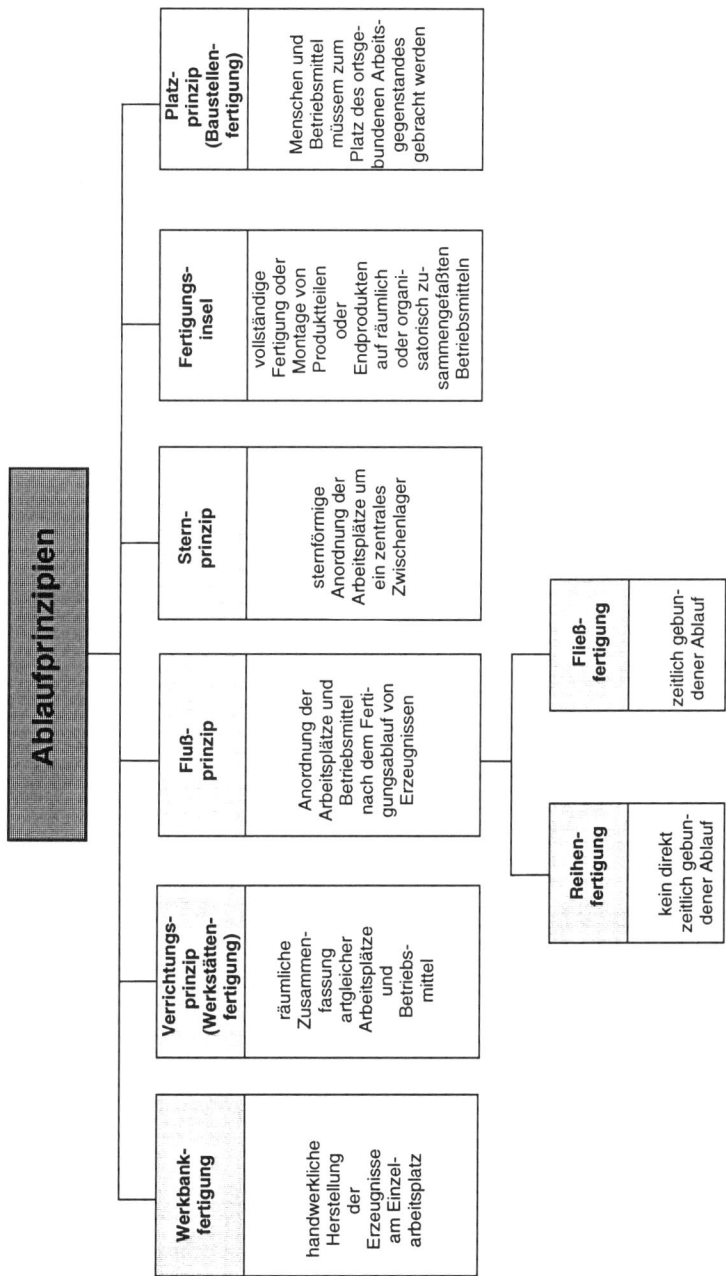

Bild 4-19: Ablaufprinzipien im Überblick[1]

---

[1]   In Anlehnung an REFA.

Die andere Variante ist die *Mengenteilung*. Hier wird immer ein vollständiger Arbeitsablauf von einem Mitarbeiter an einem Produkt vollzogen. Höhere Stückzahlen in einem bestimmten Zeitabschnitt erfordern mehr Arbeitsplätze, an denen aber immer die gleichen Arbeiten durchgeführt werden. Bei dieser Form der Arbeitsteilung paart sich eine in der Regel verhältnismäßig hohe Arbeitsmotivation mit einer einfach zu erarbeitenden und operativ abzuwickelnden Arbeitsorganisation, in der allerdings die Effizienzvorteile aus der hohen Routine der Artenteilung verloren gehen.

Reine Mengenteilung ist in der Praxis deswegen selten anzutreffen. Aber auch die Artenteilung in reiner Form ist selten. Es überwiegen Kombinationen. Selbst bei Fließfertigungen gelingt es oft nur durch eine Kombination beider Prinzipien, indem einzelne Ablaufabschnitte einer grundsätzlich artenteilig organisierten Fertigung auch noch parallelisiert (mengengeteilt) werden (Nebenflußprinzip), zu einem sinnvollen Takt zu kommen. Auf diese Weise können vor allem extreme Zeitunterschiede bei einzelnen Verrichtungen ausgeglichen werden. Auch die im folgenden vorgestellten Fertigungsprinzipien beinhalten meistens beide Varianten der Arbeitsteilung.

4.1.5 Fertigung nach dem Verrichtungsprinzip

Bild 4-20 zeigt ein Layoutbeispiel für dieses Ablaufprinzip. Beim Verrichtungsprinzip werden alle artgleichen Betriebsmittel in einer Werkstatt zusammengefaßt. Deswegen heißt dieses Ablaufprinzip auch *Werkstättenfertigung*. In dem Beispiel ist erkennbar, daß sich durch diese Art der Anordnung je nach Fertigungsablauf bei einem Teil ein umfangreicher „Materialtourismus" einstellen kann, wobei die Anzahl der Transporte selbst noch nicht einmal das gravierendste Problem darstellt. Wichtiger ist es, daß zur Organisation des Fertigungsablaufs eine umfangreiche Materialflußsteuerung erforderlich ist und damit ein erheblicher Organisationsaufwand für die Logistik, und daß in der Praxis gewöhnlich sehr hohe Liegezeiten entstehen und damit entsprechend hohe Materialbestände und folglich Kapitalbindungen.

Dennoch gibt es Auftragsstrukturen, die das Verrichtungsprinzip angeraten erscheinen lassen. Je höher die Typenvielfalt der gefertigten Produkte ist und je kleiner die Auftragsgrößen werden (im Extremfall Losgröße 1), desto mehr bewährt sich die Werkstättenfertigung. Je kleiner nämlich die Losgrößen werden und je verschiedener die Aufträge sind, desto wichtiger wird die Kompetenz der die Anlagen betreibenden Werker, die dann Auftragspapiere wirklich lesen können, Zeichnungen in Maschinensteuerungen umsetzen können und über eine hohe Routine in der Handhabung und Bedienung „ihrer" Anlagen verfügen müssen. In solchen Situationen ist der aus der kompetenten Routine der Leute resultierende Zeitgewinn höher zu bewerten als die Aufwendungen der zahlreichen Transporte und deren Organisation.

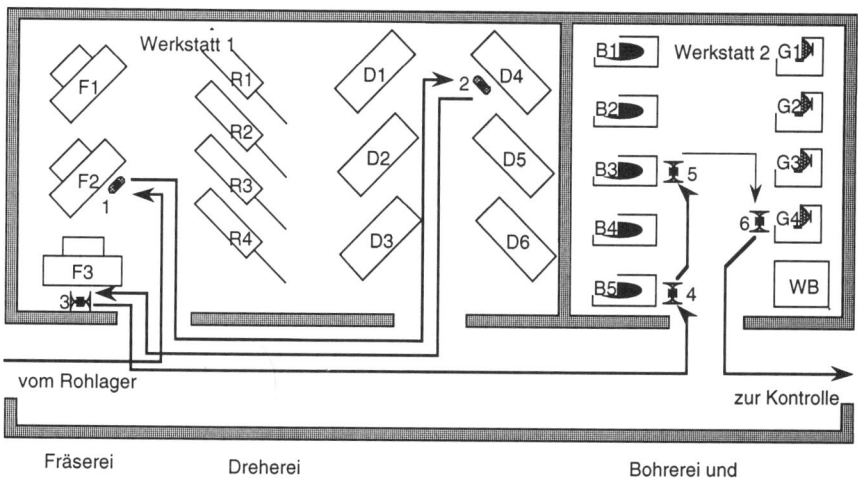

F1 - F3 Fräsmaschinen
R1 - R4 Revolverdrehmaschinen
D1 - D6 Spitzendrehmaschinen

B1 - B5 Bohrmaschinen
G1 - G4 Gewindeschneidmaschinen
WB   Werkbank

Nr.	Vorgang	Art und Nr. des Betriebsmittels
1	fräsen	Fräsmaschine F2
2	drehen	Spitzendrehmaschine D4
3	fräsen	Fräsmaschine F3
4	bohren, senken	Bohrmaschine B5
5	reiben	Bohrmaschine B3
6	gewindeschneiden	Gewindeschneidmaschine G4
7	messen	Platz im Kontrollraum

Bild 4-20: Beispiel zur räumlichen Struktur beim Verrichtungsprinzip[1]

4.1.6 Fertigung nach dem Flußprinzip

Bild 4-21 zeigt für das Beispiel in Bild 4-20 die eintretenden Veränderungen, wenn das fragliche Produkt nach dem Flußprinzip gefertigt wird. Der dadurch erzielte Platzgewinn und die Reduzierung der Transportwege werden unmittelbar ersichtlich. Deutlich wird aber auch, daß damit eine Spezialisierung auf eben dieses eine Produkt eintritt und andere Produkte, die teilweise auch andere Betriebsmittel erfordern, nicht mehr herstellbar sind. Verloren geht auch die Kompetenz der Leute, flexibel auf unterschiedlichste Anforderungen zu reagieren. Da genau diese aber auch nicht mehr benötigt wird, hat das in der Regel einen reduzierenden Effekt für die Lohnkosten.

---

[1]   In Anlehnung an REFA.

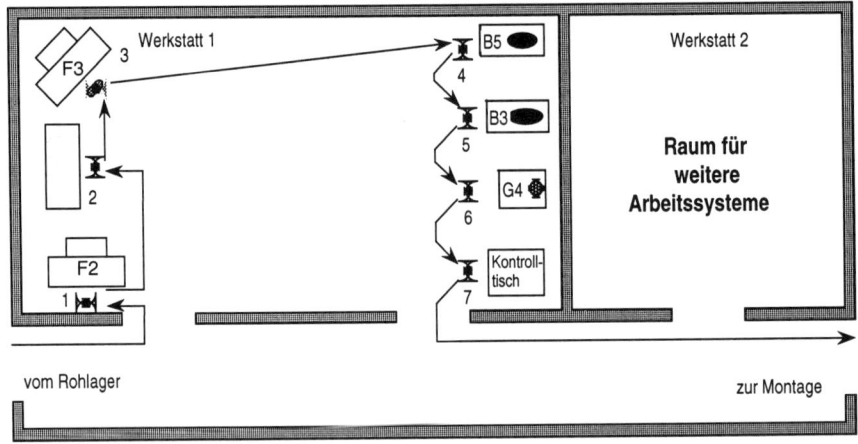

Bild 4-21: Beispiel für das Aufstellen von Anlagen nach dem Flußprinzip[1]

Wesentlich ist die Unterscheidung von Reihenfertigung nach dem Flußprinzip und der Fließ(band)fertigung, wie sie von HENRY FORD eingeführt wurde (Bild 4-22). Bei der Fertigung nach dem Flußprinzip ist immer noch die losweise Weitergabe des Produktes von einer Arbeitsstation zur nächsten charakteristisch mit - mitunter - Lagervorgängen oder zumindest Wartezeiten zwischen den einzelnen Bearbeitungsvorgängen. Auch für die unverkettete Fertigung nach dem Flußprinzip gelten daher tendenziell ähnliche Vorbehalte wie für die Fertigung nach dem Werkstattprinzip. Zwar können hier dezentrale logistische Konzepte der Selbststeuerung wie beispielsweise KANBAN[2], den logistischen Aufwand verringern und auch den Materialbestand in überschaubaren Grenzen halten, aber das Problem ist grundsätzlich vorhanden.

Erst durch die Verkettung der Arbeitsstationen dergestalt, daß sofort nach einer Bearbeitung an einem Arbeitsplatz *jedes einzelne Teil* zwangsläufig zur nächsten weiterbefördert wird, werden diese Probleme beseitigt. Das ist zunächst auch *das* Entscheidende bei der Fließfertigung. Bild 4-23 verdeutlicht den Effekt, der durch die Verkettung und die Weitergabe von einzelnen Teilen und nicht von Losen entsteht: Ablaufbedingtes Liegen entfällt gänzlich und die Durchlaufzeit reduziert sich auf die Zeit, die das Produkt an nur einer Arbeitsstation bearbeitet wird.

---

1   In Anlehnung an REFA.
2   Vgl. Abschnitt 7.3.3.

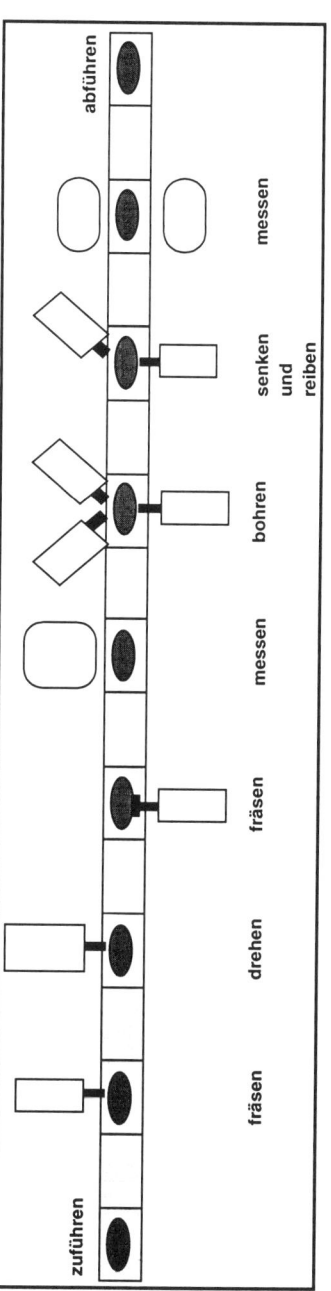

Bild 4-22: Beispiel für Fließarbeit

Bild 4-24 macht den Effekt der Arbeitsstrukturierung deutlich. Die starre Verkettung reduziert den Steuerungsaufwand beträchtlich, da ein Arbeitsgang sich aus dem vorhergehenden ergibt. Anders als bei der losen Verkettung, hier muß bei den üblichen zentral gesteuerten Systemen jeder Arbeitsgang an jeder Arbeitsstation erneut angestoßen und anschließend fertig gemeldet werden.

Im Zusammenhang mit Fließfertigung müssen wir noch die Begriffe Fließband und Transferstraße unterscheiden. Ein wie auch immer fördertechnisch konzipiertes *Fließband* ist durch seine anhaltende und kontinuierliche Bewegung gekennzeichnet. Das bedeutet, daß sich das zu bearbeitende Produkt auch während an ihm gearbeitet wird, in Bewegung befindet. Bei den meisten Montagevorgängen stellt dies eine zusätzliche erhebliche Belastung der Mitarbeiter dar, bei vielen Fertigungsverfahren ist deswegen Fließbandfertigung nicht vorstellbar. Seit Anfang der 70er Jahre sind aus diesem Grunde zunehmend *Transferstraßen* aufgebaut worden. Hier lösen sich - mehr oder weniger taktgebunden - die Transportvorgänge und Vorgänge, an denen am stillstehenden Produkt gearbeitet wird, ab. Transferstraßen sind in Lösungen starrer Verkettung und loser Verkettung vorstellbar, wegen der Unfallrisiken der starren Verkettung sind jedoch lose Verkettungen üblich. Dabei bieten auch lose verkettete Transferstraßen die gleichen logistischen Vorteile wie starr verkettete Systeme. Zusätzlich bieten sie den Vorteil, geringe Puffer ohne logistischen Zusatzaufwand zu ermöglichen.

Bild 4-23: Durchlaufzeiten beim Verrichtungs- und beim Fließprinzip[1]

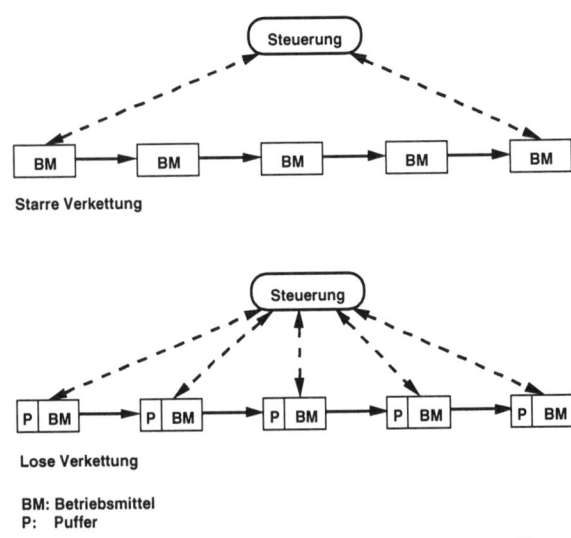

Bild 4-24: Fließprinzip in starrer und loser Verkettung[2]

---

1   In Anlehnung an REFA.
2   In Anlehnung an REFA.

Fließfertigungen haben vor allem den tendenziellen Nachteil der schlechten Kapazitätsausnutzung. Dieser Umstand wird sehr häufig verschwiegen, da als technische Leistungsfähigkeit immer nur die der ganzen Straße angegeben wird, und die Beschäftigungskennziffer einer solchen Straße dann auf diesen Wert bezogen gebildet wird. Das sagt jedoch nur die halbe Wahrheit, da das ganze System nur so schnell sein kann wie sein langsamstes Element. Ähnlich wie bei einem Computer, wo sich die maximale Taktfrequenz der CPU aus der langsamsten Komponente ergibt, ist es auch hier. Das Problem hält sich in Grenzen bei Massenfertigungen oder wirklich großen Serien, wo die allermeisten der eingesetzten Anlagen für genau diesen Zweck auch gebaut und ausgelegt wurden. Aber auch in solchen Fällen wird es jedoch oft wirtschaftlicher sein, an etlichen Stellen auf Normmaschinen zurückzugreifen, die dann auch eine Normleistung - in der Regel eine höhere - haben, als die geplante der Straße ist. Je stärker bei dem Aufbau einer Straße also auf Standardprodukte zurückgegriffen wird, desto weniger sind diese bezüglich ihrer Leistungskapazitäten harmonisierbar und desto größer werden die Kapazitätseinbußen bezüglich der leistungsfähigeren Anlagen an einer Straße.

Bei der Werkstättenfertigung können die unterschiedlichen Kapazitäten dagegen besser abgestimmt werden - was nicht heißt, daß dies auch immer gelingt.

4.1.7 Fertigung nach dem Sternprinzip

Für die Fertigung nach dem Sternprinzip ist ein zentrales Zwischenlager (dynamischer Produktionspuffer) charakteristisch. Um dieses herum werden die einzelnen Arbeitsplätze und Maschinen angeordnet (Bild 4-25). Alle Materialtransporte werden zwischen dem Lager und den einzelnen Bearbeitungsstellen vorgenommen. Transporte untereinander sind nicht vorgesehen. Vom Raumbedarf ist die Sternfertigung tendenziell günstiger als die Fertigung nach dem Flußbetrieb, da keine Puffer zwischen den Arbeitsstationen liegen. Bezüglich der zeitlichen Struktur machen sich die einzelnen Transportvorgänge vom und zum Lager negativ bemerkbar. Voraussetzung für die Funktion dieses Prinzip ist also ein gut und schnell funktionierendes Informationssystem, möglichst in Verbindung mit einer automatisierten Betriebsdatenerfassung (BDE) wie sie zum Beispiel die Transpondertechnologie ermöglicht[1]. Zudem ist eine zentrale Arbeitsverteilung erforderlich.

---

1   Transponder sind kleine batterielose Funkempfänger und Sender, die aufgrund der einstrahlenden Sendeleistung einer sich nähernden Kontrollstation aktiviert werden und zum Beispiel eine Materialnummer senden können. Transpondertechnologie ist aus dem Alltag bekannt von der Warensicherung in Kaufhäusern, insbesondere bei Textilien.

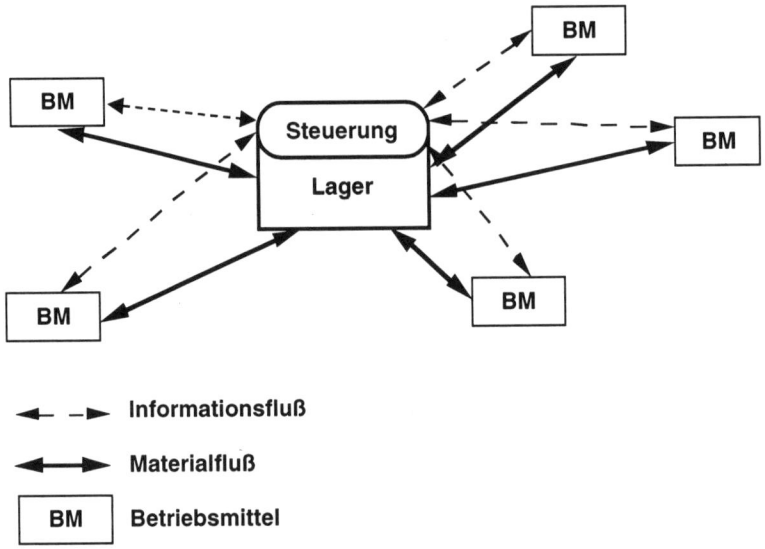

- ◄ --► Informationsfluß
- ◄──► Materialfluß
- | BM | Betriebsmittel

Bild 4-25: Räumliche und organisatorische Struktur der Sternfertigung[1]

Zwar sieht das Sternprinzip im ersten Augenblick etwas unzeitgemäß aus, tatsächlich ist es aber so selten - wenn auch kaum mal in Reinform - nicht anzutreffen. In der Praxis findet sich allerdings das Lager häufig nicht in der Mitte zwischen den Bearbeitungsstationen sondern am Rand, was die Wege noch weiter vergrößert.

4.1.8 Fertigungsinseln

„Die Fertigungsinsel hat die Aufgabe, aus gegebenem Ausgangsmaterial Produktteile oder Endprodukte möglichst vollständig zu fertigen. Die notwendigen Betriebsmittel sind räumlich und organisatorisch in der Fertigungsinsel zusammengefaßt. Das Tätigkeitsfeld der dort beschäftigten Gruppe trägt folgende Kennzeichen:
- weitgehende Selbststeuerung der Arbeits- und Kooperationsprozesse, verbunden mit Planungs-, Entscheidungs- und Kontrollfunktionen innerhalb vorgegebener Rahmenbedingungen und
- Verzicht auf eine zu starre Arbeitsteilung und demzufolge eine Erweiterung des Dispositionsspielraums für den einzelnen."[2]

---

1   In Anlehnung an REFA.
2   REFA 1996 (Produktionsdatenmanagement, Modul 3110361/3), S. 51.

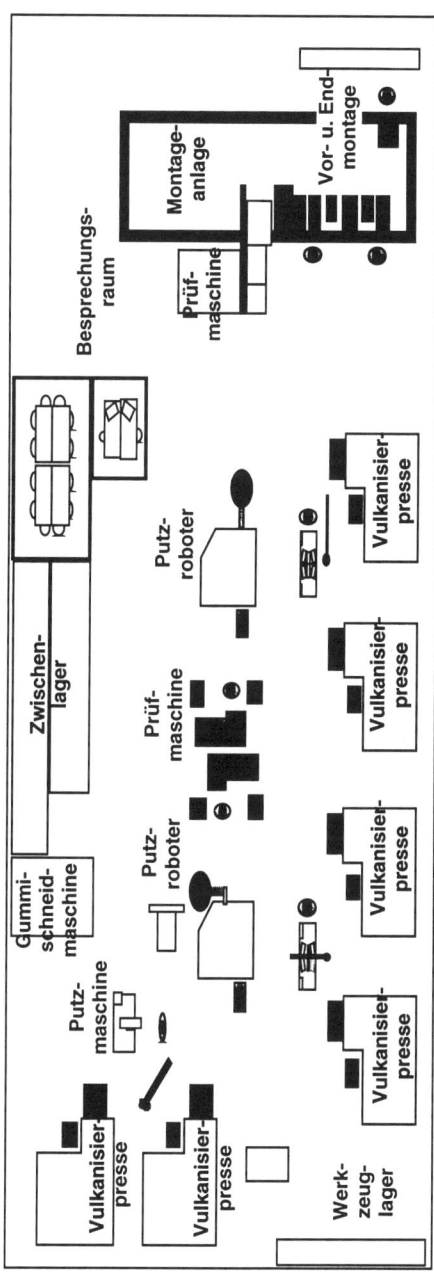

Fertigungsinseln sind also eine Sonderform der Fließfertigung, da in ihr nicht Anlagen und Arbeitsgänge des gleichen sondern unterschiedlichen Typs aus einer Ablaufsequenz zusammengefaßt werden. Sie ist aufgrund der übrigen nicht starren Vorgaben und Ablaufplanungen aber näher an der Werkstattfertigung als an einem Segment einer Fertigung nach dem Flußprinzip. In der Fertigungsinsel finden sich überdies häufig Maschinen, die nicht voll ausgelastet sind und insgesamt somit mehr Arbeitsplätze als Mitarbeiter. Nur die Schwerpunktmaschinen sind voll, die anderen, ergänzenden Plätze und Maschinen dagegen nur teilweise besetzt. In Fertigungsinseln wird in der Regel eine Form von *Gruppenarbeit* praktiziert. Die autonomen Dispositionsmöglichkeiten und daraus folgende Vereinfachungen für die Planung sowie die hohe Flexibilität der Mitarbeiter und somit des gesamten Arbeitssystems sind die wesentlichen Vorteile des Konzeptes.

Bild 4-26 zeigt eine Fertigungsinsel der Boge AG im Werk Simmern[1], in der hydraulische Motorlager gefertigt werden. Wie erkennbar ist, sind hier nicht nur alle Bearbeitungsmaschinen sondern auch Lagerplätze und Räume für die Mitarbeiter integriert.

Bild 4-26: Struktur einer Fertigungsinsel „Motorlager" bei der BOGE AG in Werk Simmern[1]

[1]   Vgl. WAGNER / SCHUMANN 1991.

4.1.9 Fertigung nach dem Platzprinzip

Die Fertigung nach dem Platzprinzip, auch *Baustellenfertigung* (Bild 4-27) genannt, zeichnet sich durch die Ortsgebundenheit des Arbeitsgegenstandes aus. Deswegen müssen alle Materialien, Betriebsmittel und die Arbeitenden an den Ort der Produktion gebracht werden. Die im allgemeinen nur provisorische Aufstellung der Betriebsmittel und das Vorsehen von Lagerflächen und Wegen für die Zu- und Abfahrt des Benötigten führen häufig zu einem erheblichen Flächenbedarf. Bei der Fertigung selbst entfallen dann allerdings die Förderzeiten für das Material. Auch ist charakteristisch, daß nur Start- und Endtermin für das Werk fest ist und damit zwar die Durchlaufzeit insgesamt definiert ist, jedoch Spielräume in der Gestaltung der Arbeitsabfolge verbleiben.

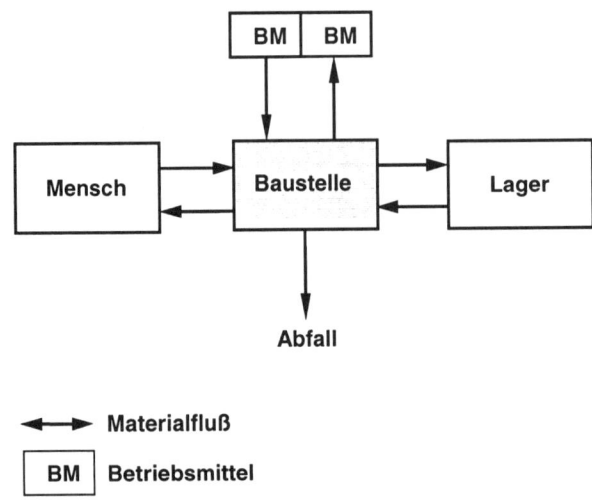

Bild 4-27: Prinzip der Baustellenfertigung[1]

Baustellen werden aufgrund der Komplexität des in der Regel zu errichtenden Werkes oft mit Hilfe der *Netzplantechnik* organisiert. Die Steuerung im Detail erfolgt jedoch nur indirekt. Der Verantwortliche vor Ort verfügt gewöhnlich über einen Arbeitsvorrat, der ihn von der Steuerung einer zentralen Organisation entkoppelt.

Baustellenfertigung ist auch innerhalb von Fabrikhallen anzutreffen. Häufig bei der Montage der fertigen Anlagen, die dann als ganzes erprobt werden und nachher, oft wieder in Teilen, an ihren Bestimmungsort verbracht werden.

---

1   In Anlehnung an REFA.

4.2 Analyse und Gestaltung von Arbeitsabläufen

Bei der Gestaltung von Arbeitsabläufen stehen gewöhnlich zwei Zielsetzungen im Vordergrund:
- optimale zeitliche und technische Nutzung der Betriebs- und Arbeitsmittel sowie
- menschengerechte Arbeitsbedingungen.

In den Grundsätzen der Betriebsorganisation nach REFA ist der Begriff des Arbeitssystems von zentraler Bedeutung (Bild 4-28). Ein *Arbeitssystem* wird so beschrieben, daß in ihm ein oder mehrere Menschen mit Betriebsmitteln nach Maßgabe einer Arbeitsaufgabe durch einen Arbeitsablauf aus einer Eingabe eine Ausgabe erzeugen wobei sich die Aktivitäten unter verschiedensten Einflüssen aus der Umgebung vollziehen. Für die Definition der Systemgrenzen gilt das in Abschnitt 2.3 bereits ausgeführte.

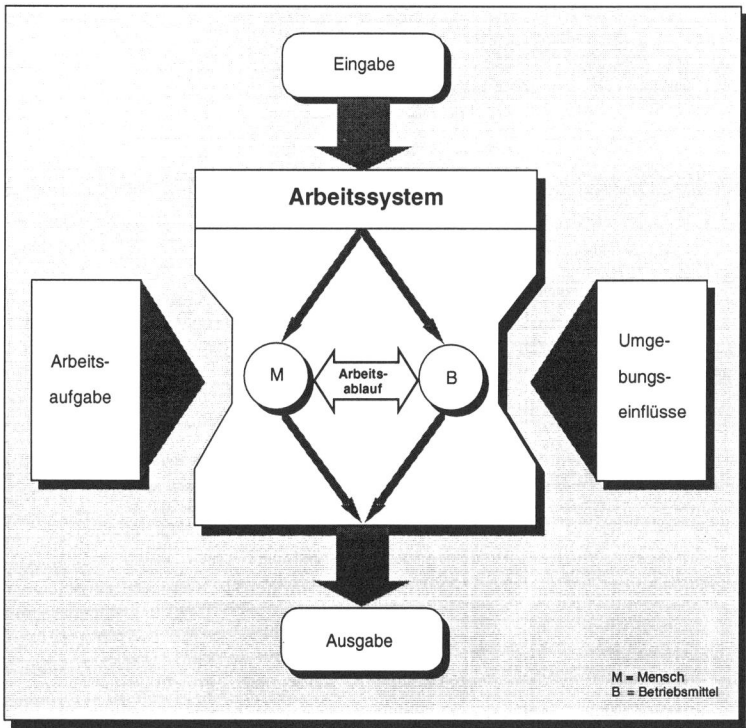

Bild 4-28: Das Arbeitssystem[1]

Der Arbeitsablauf ist mithin ein zentrales Element eines Arbeitssystems; eine Arbeitsablaufanalyse ist somit auch immer eine Analyse des Arbeitssystems

---

[1] In Anlehnung an REFA.

an sich, da der Einfluß der übrigen Systemelemente auf den Arbeitsablauf mit erfaßt und beschrieben werden muß.

4.2.1 Arbeitssystemtypen

Je nach Struktur der Arbeitsaufgaben und Arbeitsabläufe ergeben sich verschiedene Arbeitssystemtypen. Bild 4-29 stellt eine Gliederung vor.

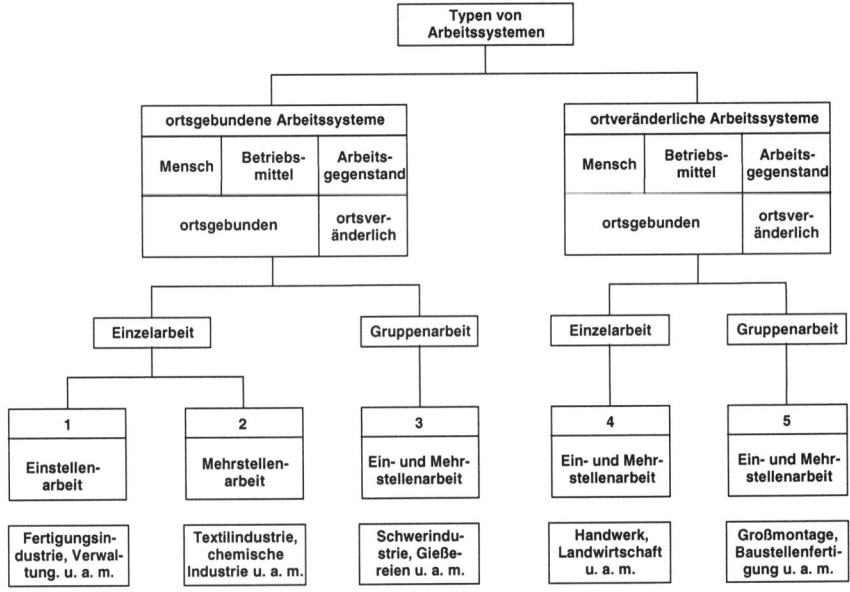

Bild 4-29: Arbeitssystemtypen[1]

Zu den Begriffen:

Mehrstellenarbeit:	Die Anzahl der Arbeitsstellen, also Orte, an denen Arbeit zu verrichten ist, übersteigt die Anzahl der im Arbeitssystem vorhandenen Mitarbeiter. Die Mitarbeiter überwachen also den Fortgang der Arbeiten an automatisch laufenden Anlagen und greifen bei Störungen oder zur Materialversorgung ein.
Gruppenarbeit:	Für Gruppenarbeit gibt es diverse Definitionen. Im vorliegenden Zusammenhang - und das ist gleichzeitig auch die zwischenzeitlich verbreitetste Auffassung - ist gemeint, daß mehrere Mitarbeiter gemeinsam eine Arbeitsaufgabe über eine längere Zeit zusammen wahrnehmen und dabei

---

1   In Anlehnung an REFA.

über Arbeitsaufteilung und Arbeitseinteilung selbst entscheiden.

4.2.2 Methoden der Ablaufanalyse

Die Zielsetzung einer Ablaufanalyse, deren Darstellung und somit die gewünschte Darstellungstechnik sowie die dann erforderlichen Instrumente der Datenerhebung und -auswertung stehen in einem engen Zusammenhang. Zudem legt die ausgewählte spätere Darstellungstechnik fest, welche Daten nach einer Analyse zur Verfügung stehen und welche nicht. Wie bei allen betrieblichen Untersuchungen ist es deswegen erforderlich, vor der Auswahl eines Erhebungsinstrumentes und der anzuwendenden Darstellungstechnik sich genau Rechenschaft abzulegen, was die Ziele der Untersuchung sind und welche Fragen beantwortet werden sollen. Für betriebliche Untersuchungen gilt es überdies, rechtzeitig an die Belange des *Betriebsrates* zu denken. Zwar sind die allermeisten Untersuchungen an sich nicht mitbestimmungspflichtig, die aus einer solchen Untersuchung abzuleitenden Konsequenzen sind es aber dann oft doch. Leitet man solche Maßnahmen aus Untersuchungen ab, denen der Betriebsrat nicht zugestimmt hat, kann die Folge sein, daß dieser dann beim zweiten Schritt seine Mitwirkung verweigert, mit der Begründung, daß die Untersuchung fehlerhaft oder unzulässig war. Bild 4-30 stellt verschiedene Aspekte von Arbeitssystemen und gebräuchliche Analysemethoden oder deren Darstellungsformen gegenüber.

Aspekte von Arbeits-, Arbeitssystem- oder Ablaufanalysen		gebräuchliche Analysen und Darstellungsformen
1.	zeitliche Folge von Ablaufabschnitten	Zeitaufnahme, Balkendiagramme, Netzplan
2.	logische Folge von Ablaufabschnitten	Flußdiagramm, Netzplan
3.	räumliche Darstellung des Ablaufes	Materialflußanalyse
4.	menschliche Aspekte • Arbeitsmethode • Belastung • Arbeitsanforderung • menschliche Leistung • andere ergonomische Aspekte • sozialpsychologische und organisatorische Aspekte	Bewegungsanalyse Belastungsanalyse Arbeits- oder Anforderungsanalyse, -beschreibung, -bewertung analytische Leistungsbewertung Sicherheitsstudie, Arbeitsunterweisung Organisationsstudie u. a.
5.	technische Aspekte • Arbeitsverfahren • Betriebsmitteleinsatz und -nutzung • Materialfluß • andere technische Arbeitsbedingungen	technologische Studie Betriebsmittelstudie (z. B. Multimoment) Materialflußstudie Werkstoffprüfung

Bild 4-30: Aspekte von Arbeitssystemen, deren Darstellung und Analyse[1]

---

[1] In Anlehnung an REFA.

4.2.3 Darstellungstechniken von Ablaufanalysen

Grundsätzlich ist die Fülle denkbarer Darstellungstechniken unendlich. Verbindliche Vorschriften über eine Form einer solchen Technik sollten auch nicht gemacht werden. Spezifische betriebliche Interessen an einer Untersuchung und die speziellen betrieblichen Umstände erfordern regelmäßig eine Spezifikation des einzusetzenden Verfahrens. Dennoch haben sich grundlegende Techniken etabliert und bewährt, von denen wichtige in den folgenden Abschnitten beschrieben werden sollen.

4.2.3.1 Einfache beschreibende Ablaufanalyse

Der einfachste Weg, eine Analyse zu machen, ist der, einzelne Arbeitsschritte in einer Tabelle zusammenzustellen und mit den dazugehörigen Daten, wie zum Beispiel Mengen, Zeiten, Einflußgrößen etc. zu versehen. In den Kopf oder auf dem Deckblatt wird noch das Arbeitssystem an sich beschrieben, um die Reproduzierbarkeit der Angaben zu ermöglichen, und damit ist eine einfache Variante bereits abgearbeitet. Bild 4-31 zeigt ein Beispiel.

Nr.			Einflußgr.		Zeit	
---	---	---	Weg	Gew	min.	
1	Blechstreifen holen		10		0,15	zusätzlicher Weg
2	in Schraubstock einsp., nachm.				0,65	ungenügende Vorbereitung
3	biegen				0,25	
4	ausspannen und prüfen				0,8	
5	zur Bohrmaschine gehen		20		0,24	zu weit entfernt
6	einspannen, einschalten				0,25	
7	bohren				0,64	
8	ausschalten, ausspannen				0,24	
9	zur Schleifmaschine gehen		10		0,12	Entfernung!
10	anstellen und einschalten				0,5	
11	schleifen				0,8	
12	ausschalten und prüfen				0,32	
13	zum Schraubstock gehen		30		0,38	
14	einspannen				0,26	
15	fertig bearbeiten				0,90	unsauberer Schnitt
16	ausspannen, ablegen				0,24	

Bild 4-31: Einfache beschreibender Ablaufanalyse[1]

---

[1]   In Anlehnung an REFA.

4.2.3.2 Abläufe in Layoutdarstellungen

Besonders bei Materialflußuntersuchungen ist die Übertragung der Darstellung in das Layout der Fertigung weit verbreitet, so wie in den Bildern 4-19 und 4-20 dieses Textes bereits dargestellt.

4.2.3.3 Balkendiagramm

Eine der verbreitetsten symbolischen Darstellungen von Abläufen ist das Balkendiagramm (Zeitband, Gantt-Diagramm; Bild 4-32)[1]. Es verbindet die Reihenfolge und die zeitliche Dimension der Abläufe in einer sehr einprägsamen und einfachen Visualisierung. Räumliche Zuordnungen fallen allerdings unter den Tisch, es geht nur um die Darstellung der Reihenfolgen.

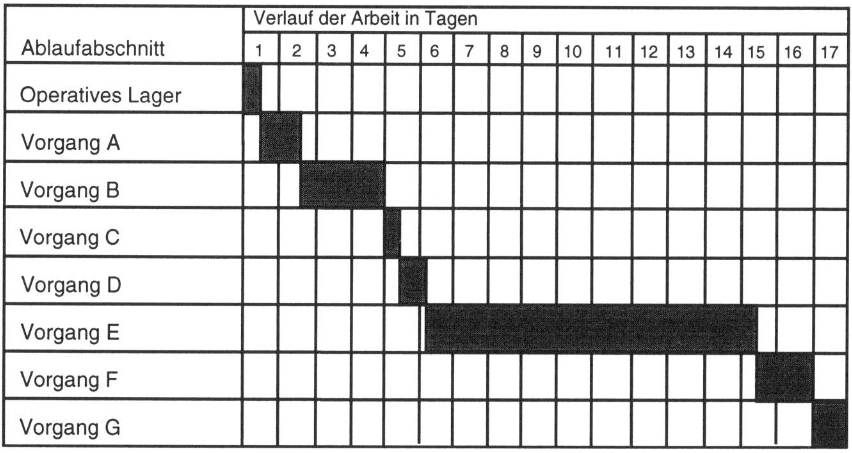

Ablaufabschnitt	Verlauf der Arbeit in Tagen																
	1	2	3	4	5	6	7	8	9	10	11	12	13	14	15	16	17
Operatives Lager	■																
Vorgang A		■	■														
Vorgang B				■	■												
Vorgang C						■											
Vorgang D						■											
Vorgang E							■	■	■	■	■	■	■	■			
Vorgang F															■	■	
Vorgang G																	■

Bild 4-32: Balkenplan

Mit dem Balkenplan lassen sich auch Arbeiten über verschiedene Produktionsmittel gut sortieren. Er ist wegen seiner einfachen Handhabung und seiner Übersichtlichkeit in der Praxis sehr beliebt, obwohl er bei Optimierungsfragen kaum Hilfe leistet.

4.2.3.4 Flußdiagramme

Bild 4-33 zeigt eine einfache Form des Flußdiagrammes. Man kann ihm die Abfolgen bei der Montage eines Elektromotors entnehmen. In der Darstellung werden zwei Informationen zusammen vermittelt: die Reihenfolge der Arbeiten und deren Dauer. Somit kann aus ihr auch eine Terminierung abgeleitet werden.

---

1   Von H. L. GANTT eingeführt. Vgl.: HEIZER, J.; RENDER B.: Production and Operations Management: Strategic and Tactical Decisions. 4. ed New Jersey: Prentice-Hall, 1996. S. 733 ff.

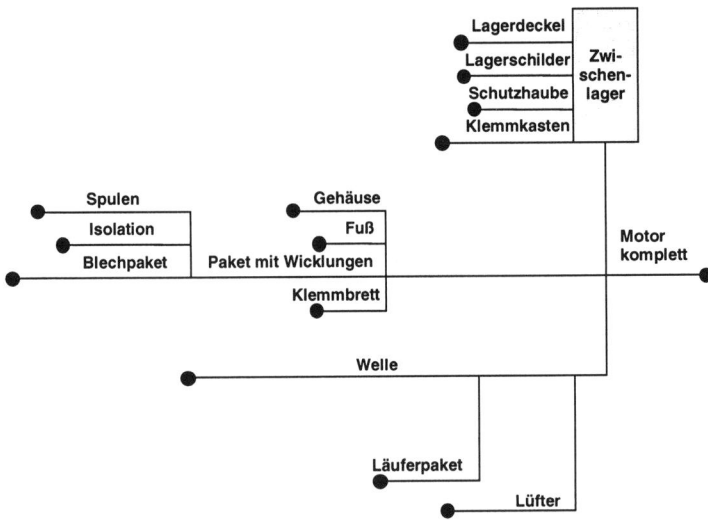

Bild 4-33: Einfaches Flußdiagramm ohne Verzweigungen[1]

Für die Darstellung verzweigter Abläufe bietet sich die durch DIN genormte Darstellungsweise an, die Bild 4-34 zeigt. Hier kann allerdings bezüglich der Terminierung nichts mehr abgelesen werden.

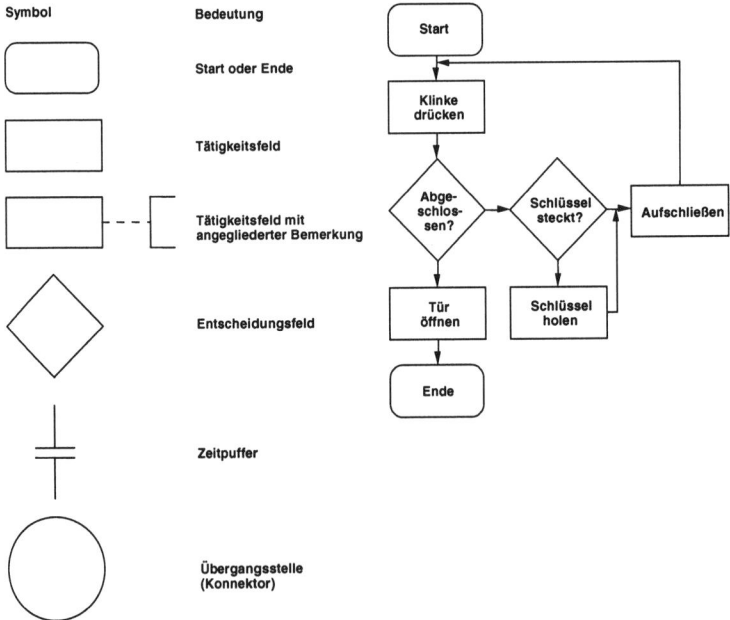

Bild 4-34: Symbole für Flußdiagramme nach DIN 66001 und ein Beispiel

---

[1]   In Anlehnung an REFA.

4.2.3.5 Netzplan

Kompliziertere Abläufe, bei denen neben der Reihenfolge auch die Dauer der Ablaufabschnitte sowie Beginn- und Endtermine dargestellt werden müssen, können mit einem Netzplan erfaßt und geplant werden.

Die Legende in Bild 4-35 (Planung eines Umzuges von Fertigungsstrecken) erläutert die Symbole. Neben Abläufen, die zeitliche Spielräume enthalten, ergibt sich immer zwangsläufig einer, der ohne Spielräume ist. Dies ist der sogenannte „kritische Pfad", der damit die Dauer des gesamten Projektes bestimmt. Ansätze zur Verkürzung und Optimierung müssen sich daher den Aktivitäten diese Pfades zuwenden.

4.2.3.6 Projektplanungssoftware

Ablaufplanungen, insbesondere, wenn sie nur auf eine einmalige Durchführung zielen, können heute wirksam unterstützt werden durch entsprechende PC-Programme. Programme wie beispielsweise *MC-Projekt* (Claris) oder *MS-Projekt* (Microsoft) speichern die Abfolge und Dauer der einzelnen Aktivitäten, visualisieren diese und können eigenständige Terminierungen vorschlagen.

Das Besondere daran ist das einfache Hinzufügen, Löschen oder Ändern von eingeplanten Aktivitäten und deren Verschieben im Ablaufplan. In der Regel vereinigen die einzelnen Programme die wichtigsten der hier vorgestellten Darstellungstechniken, insbesondere

- beschreibende Ablaufanalyse,
- Balkenplan und
- Netzplan.

Im Netzplan wird der kritische Pfad automatisch errechnet und gezeigt und Veränderungen können in allen Darstellungsformen eingeplant werden.

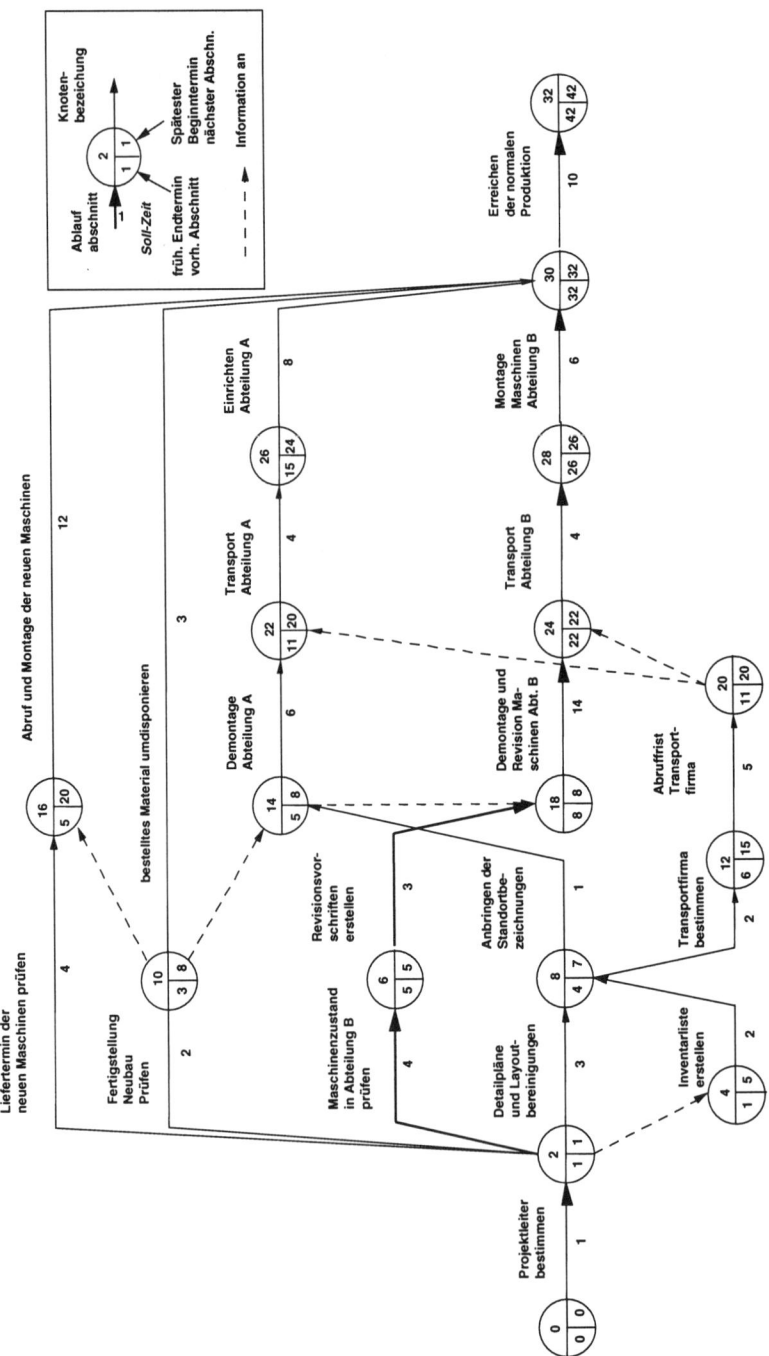

Bild 4-35: Netzplanbeispiel für die Planung eines Werksumzuges (REFA)

5 Methoden der Datenermittlung

Jede Managemententscheidung benötigt mehr oder minder präzise Informationen und Daten, um sie auf eine rechtfertigbare und verantwortungsvolle Grundlage zu stellen. Damit stellen Methoden, mit denen entweder kontinuierlich oder zu bestimmten, regelmäßig wiederkehrenden oder auch nur sporadisch auftretenden Gelegenheiten Daten ermittelt werden, ein entscheidendes Managementinstrument dar.

Im Mittelpunkt einer produktionswirtschaftlichen Datenermittlung steht zunächst einmal die Zeit. Zeiten bilden den entscheidenden Ausgangspunkt für betriebliche Ablaufplanungen ebenso wie für die Kostenrechnung und Kalkulation (Fertigungslöhne pro Zeit, Maschinen*stunden*satz). In aller Regel werden darüber hinaus zwar weitere Daten benötigt, aber die Zeit bildet die entscheidende Grundlage.

Aufgabe dieses Abschnittes ist es, ausgehend von der Analyse eines Produktionsprozesses in Ablaufarten, die dann wesentlichen Datenermittlungsmethoden im Überblick sowie deren Zusammenspiel und Einsatzmöglichkeiten vorzustellen. Einige davon werden beispielhaft anwendungsfähig dargestellt. Eine grundsätzliche Vorgehensweise, eine Datenermittlung vorzunehmen, stellt das REFA-Standardprogramm „Datenermittlung" (Bild 5-1) dar. Soweit das spezifische Vokabular des Arbeitsstudiums in diesem Abschnitt vorgestellt wird, dient es dazu, beim Leser den zugehörigen passiven Wortschatz zu etablieren.

Auf einige Aspekte des Standardprogrammes sei besonders hingewiesen:
- Nicht nur für die betriebliche Datenermittlung, sondern ganz generell gilt, daß ihr eine sorgfältige Definition des Verwendungszweckes vorhergehen muß. Diese Definition bestimmt nicht nur die Art der später zu erhebenden Daten, sondern auch deren Menge und Genauigkeit.
- Im Sinne einer systemorientierten Produktionswirtschaft geht REFA vom *Arbeitssystem*[1] als Element von Produktionswirtschaften aus.
- Die Datenermittlung dient im allgemeinen dem Bilden von Sollzeiten. Demzufolge sind auch Verfahren entwickelt, beispielsweise MTM, die es nicht erforderlich machen, zur Ableitung von Sollzeiten auf vorher ermittelte Ist-Zeiten zurückzugreifen.
- Auch im eigenen Haus kann der Aufbau eines Planzeitenkataloges die Menge der erforderlichen Datenermittlungen begrenzen.

---

[1] Vgl. Abschnitt 4.1.

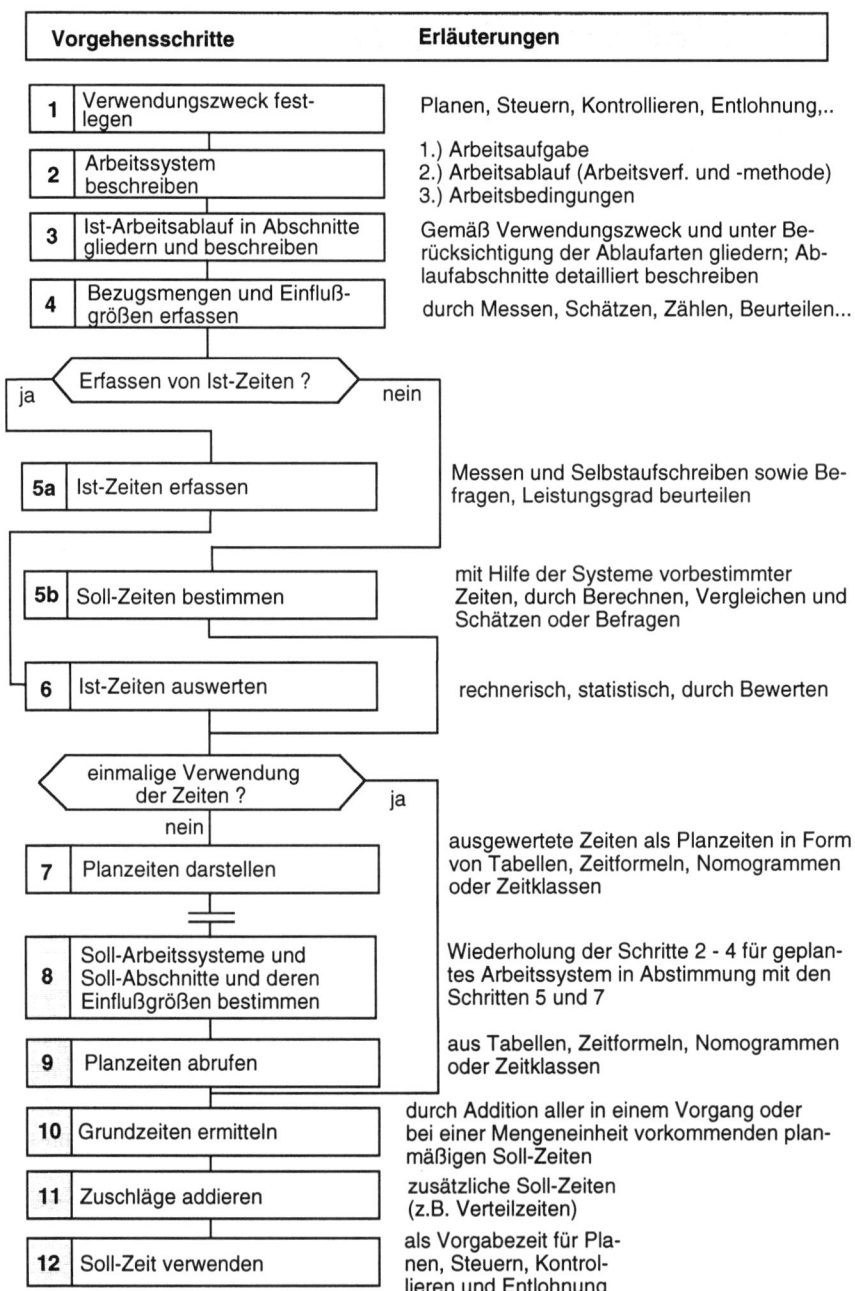

Vorgehensschritte	Erläuterungen
1 Verwendungszweck festlegen	Planen, Steuern, Kontrollieren, Entlohnung,..
2 Arbeitssystem beschreiben	1.) Arbeitsaufgabe 2.) Arbeitsablauf (Arbeitsverf. und -methode) 3.) Arbeitsbedingungen
3 Ist-Arbeitsablauf in Abschnitte gliedern und beschreiben	Gemäß Verwendungszweck und unter Berücksichtigung der Ablaufarten gliedern; Ablaufabschnitte detailliert beschreiben
4 Bezugsmengen und Einflußgrößen erfassen	durch Messen, Schätzen, Zählen, Beurteilen...
ja — Erfassen von Ist-Zeiten ? — nein	
5a Ist-Zeiten erfassen	Messen und Selbstaufschreiben sowie Befragen, Leistungsgrad beurteilen
5b Soll-Zeiten bestimmen	mit Hilfe der Systeme vorbestimmter Zeiten, durch Berechnen, Vergleichen und Schätzen oder Befragen
6 Ist-Zeiten auswerten	rechnerisch, statistisch, durch Bewerten
einmalige Verwendung der Zeiten ? — ja — nein	
7 Planzeiten darstellen	ausgewertete Zeiten als Planzeiten in Form von Tabellen, Zeitformeln, Nomogrammen oder Zeitklassen
8 Soll-Arbeitssysteme und Soll-Abschnitte und deren Einflußgrößen bestimmen	Wiederholung der Schritte 2 - 4 für geplantes Arbeitssystem in Abstimmung mit den Schritten 5 und 7
9 Planzeiten abrufen	aus Tabellen, Zeitformeln, Nomogrammen oder Zeitklassen
10 Grundzeiten ermitteln	durch Addition aller in einem Vorgang oder bei einer Mengeneinheit vorkommenden planmäßigen Soll-Zeiten
11 Zuschläge addieren	zusätzliche Soll-Zeiten (z.B. Verteilzeiten)
12 Soll-Zeit verwenden	als Vorgabezeit für Planen, Steuern, Kontrollieren und Entlohnung

Bild 5-1: REFA-Standardprogramm „Datenermittlung"

5.1 Analyse von Ablaufarten

Die Analyse von *Ablaufarten* dient der Gliederung eines Gesamtvorganges in verschieden große Abschnitte und deren Benennung. Damit entsteht ein einheitliches Vokabular, um betriebliche Abläufe präzise zu beschreiben und vergleichbar zu machen. Gleichzeitig können aus ihnen betriebliche Kennzahlen abgeleitet werden. „Ablaufarten sind Bezeichnungen für das Zusammenwirken von Mensch und Betriebsmittel mit der Eingabe innerhalb bestimmter Ablaufabschnitte"[1]. Kennzeichnet die Ablaufart die *Zeit* eines Ablaufabschnittes, so wird von *Zeitart* statt Ablaufart gesprochen. Um die vorgestellte Definition verstehen zu können, muß man sich der Definition des *Arbeitssystems* bewußt sein.

Weitere Begriffe:

Rüsten	Im betrieblichen Sinne ist damit das Vorbereiten, gegebenenfalls auch das Rückversetzen in den Ausgangszustand eines Arbeitssystems für die Erfüllung der Arbeitsaufgabe gemeint. Bei einer CNC-Maschine umfaßt dies beispielsweise das Laden und Anpassen des Programms, das Bestücken des Werkzeugmagazin, Einbau der passenden Spannvorrichtungen etc.
Ausführen	Die eigentliche Durchführung der Arbeit. Unter Zugrundelegung des Arbeitssystembegriffes präzise: die Veränderung der Eingabe im Sinne der Arbeitsaufgabe.

Analysen von Ablaufarten können sich auf drei verschiedene Erkenntnisobjekte beziehen: den *Menschen*, das *Betriebsmittel* oder den *Arbeitsgegenstand*.

5.1.1 Ablaufarten bezogen auf den Menschen

In Bild 5-2 sind die möglichen Ablaufarten des Menschen und deren Gliederung dargestellt. Außerdem sind die zugehörigen Formelzeichen der REFA-Methodenlehre angegeben. Grundsätzlich muß dabei bedacht werden, das alle Tätigkeiten des Menschen nach *beeinflußbar* (B) oder *unbeeinflußbar* (U) unterschieden werden, wobei die Klassifizierung in beeinflußbar noch die Unterscheidung zwischen *voll und bedingt beeinflußbar* beinhaltet. Diese Klassifizierung beschreibt das Ausmaß der Bindung des Menschen an den Prozeß und macht zugleich deutlich, ob Ansatzpunkte zur Prozeßsteuerung im humanen Bereich liegen können oder nicht.

---

1   REFA 1996 (Arbeitssystem und Prozeßgestaltung, Modul 3210245), S. 14. Die weiteren Ausführungen dieses Abschnittes folgen dieser Unterlage.

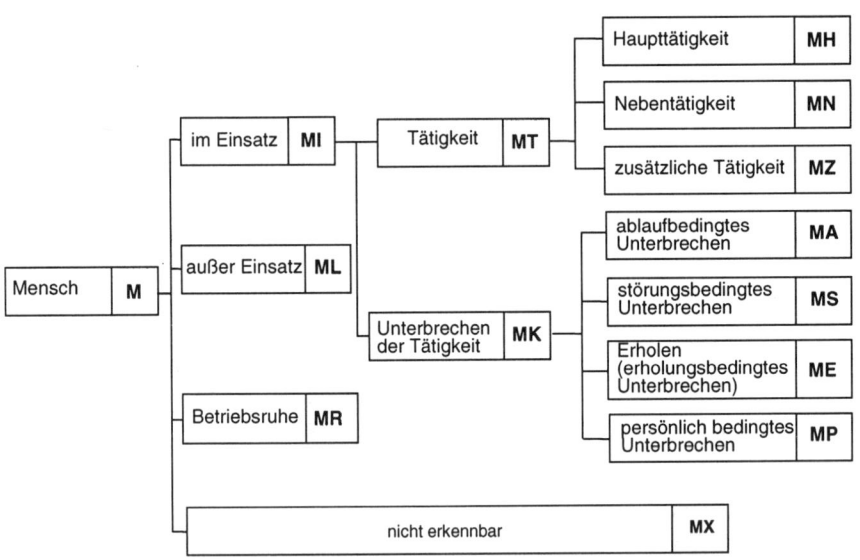

Bild 5-2: Ablaufgliederung bezogen auf den Menschen nach REFA

Im Einsatz	Während der festgelegten Arbeitszeit werden Arbeitsaufgaben ausgeführt.
Außer Einsatz	Der Mensch ist während der Arbeitszeit längerfristig nicht beschäftigt (Krankheit, Weiterbildung etc.).
Betriebsruhe	Gesetzliche, tarifliche oder betrieblich geregelte Arbeitspausen oder andere Anlässe, bei denen im (Teil-)Betrieb nicht gearbeitet wird.
Tätigkeit	Ausführen einer Haupt-, Neben- oder zusätzlichen Tätigkeit.
Haupttätigkeit	planmäßige und unmittelbare Erfüllung der Arbeitsaufgabe (Tabelle 5-1)
Nebentätigkeit	Ebenfalls planmäßige, aber nur mittelbar der Arbeitsaufgabe dienende Tätigkeit (Tabelle 5-1)
zusätzliche Tätigkeit	Tätigkeiten, deren Vorkommen oder Ablauf nicht planbar sind (Störungsbewältigung, Mithilfe bei anderen, Bewältigung von Informationsmangel, Tätigkeiten ohne Auftrag)
ablaufbedingtes Unterb.	planmäßiges Warten des Menschen auf das Ende eines beim Betriebsmittel oder Arbeitsgegenstand selbständig ablaufenden Ablaufabschnittes (warten auch auf Abkühlen, Trocknen, das nächste Stück am Fließband)

störungsbed. Unterb.   zusätzliches Warten des Menschen wegen techni-
                         scher, organisatorischer oder informatorischer
                         Mängel.
Erholen   Das Abwarten einer planmäßig vorgesehenen Er-
                         holungszeit, um eine vorangegangene Arbeitser-
                         müdung abzubauen[1].
Pers. Unterbrechen   Die Ursache der Unterbrechung liegt im Men-
                         schen selbst begründet und ist nicht geplant (Kaf-
                         fee holen, Toilette, Schwatzen, Verspätung etc.).

Haupttätigkeit	Nebentätigkeit
Werkstück bearbeiten	Werkstücke planmäßig holen Werkstücke in Magazin einlegen
Anstreichen	Farbe mischen
Schreibmaschine schreiben	neues Blatt einspannen
Selbsttätig ablaufenden Drehvorgang überwachen	Werkstücke, die geholt werden, abzählen Arbeitsanweisung lesen

Tabelle 5-1: Beispiele für Haupt- und Nebentätigkeiten

Es sei noch einmal der Unterschied zwischen Pause (Betriebsruhe) und Erholen betont. Es wird hierbei auf grundsätzlich andere Arten von Ermüdung
gezielt. Pausen, deren minimale Dauer und Häufigkeit für Deutschland im
Arbeitszeitgesetz (§4 und auch §5)[2] geregelt ist, zielen auf die aus dem biologischen Tagesrhythmus eines Menschen (Cirkadianrhythmus) entstam-
mende Ermüdung, die auch ganz ohne Arbeit eintritt. Die Erholungszeit dagegen wird erforderlich, um einer durch die Arbeit *zusätzlich* hervorgerufenen Ermüdung zu begegnen.

Bild 5-3 zeigt die Art, wie die Ablaufarten den Zeitarten zugeordnet werden.
Die Ablauf- und Zeitarten, die für eine Ablaufplanung in der Regel systematisch erhoben werden und die Grundzeit (t_g) bilden, sind hinterlegt dargestellt.

---

[1]   Vgl. Abschnitt 3.5.5.
[2]   Vgl. RICHARDI, R. (Hrsg.): Arbeitsgesetze 48. Aufl. München: Beck im dtv, 1996. S. 205 f.

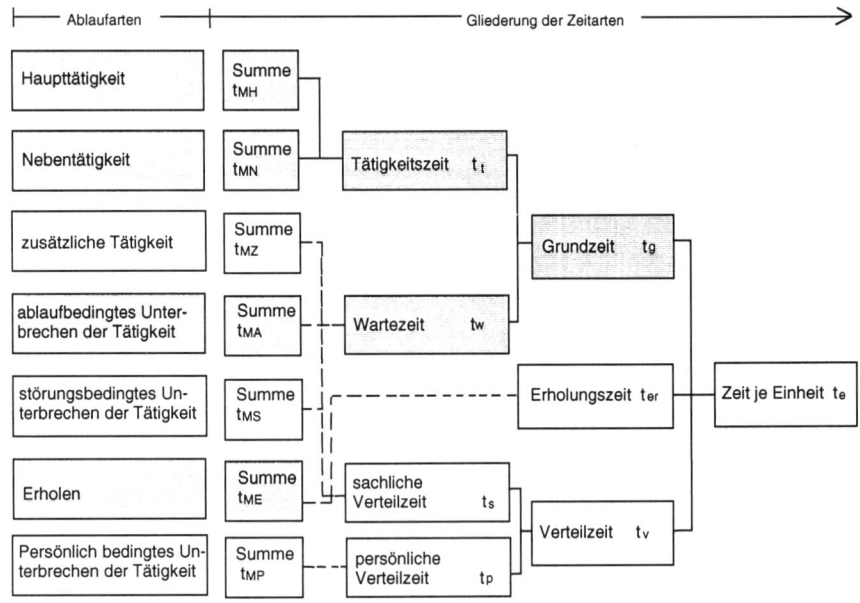

Bild 5-3: Gliederung der Zeit je Einheit (t_e) des Menschen nach REFA

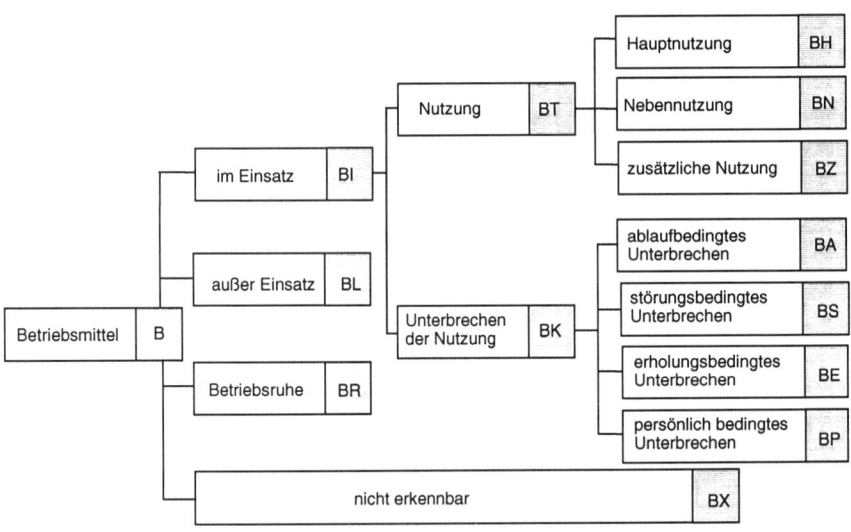

Bild 5-4: Ablaufgliederung bezogen auf das Betriebsmittel nach REFA

5.1.2 Ablaufarten bezogen auf das Betriebsmittel

Wie Bild 5-4 zu entnehmen ist, erfolgt die Gliederung der Ablaufarten beim
Betriebsmittel analog zu der beim Menschen. Allerdings wird hier von *Nut-*

zung anstatt von Tätigkeit gesprochen. Beispiele zu „Außer Einsatz" werden in Tabelle 5-2 angegeben. Wegen der im Verhältnis zum Menschen geringen Flexibilität von Betriebsmitteln sind hier die Arten zusätzlicher Nutzung naturgemäß recht eingeschränkt. Überraschen mag das *erholungsbedingte und persönlich bedingte Unterbrechen*. Hierbei wird die Analogie vollkommen, das Betriebsmittel wartet natürlich nicht, um sich selbst zu erholen oder Kaffee zu trinken, sondern auf den Menschen, der die Nutzung aus solchen Gründen unterbricht[1]. In Bild 5-5 ist, ebenfalls analog zum Menschen, die Art, wie die Ablaufarten den Zeitarten zugeordnet werden, dargestellt.

Fälle für „außer Einsatz"	Ursachen
fehlender Auftrag	1. Betriebsmittel dient planmäßig als Reserve 2. marktbedingter Auftragsmangel 3. fehlende Produktionsfreigabe des Auftrags
Planungsfehler	1. Arbeitskräftemangel 2. fehlendes Material 3. fehlende Arbeitsmittel 4. fehlende Energie 5. fehlende Informationen (Arbeitspapiere)
Mensch außerplanmäßig nicht anwesend	1. Krankheit 2. Nichteinhalten der Arbeitszeit
Störung des Betriebsmittels	1. Instandsetzung 2. Überholung 3. Umbau 4. Instandhaltung 5. Energieausfall

Tabelle 5-2: Ursachenbeispiele für Betriebsmittel „außer Einsatz"

5.1.3 Ablaufarten bezogen auf den Arbeitsgegenstand

Bild 5-6 zeigt die Gliederung der Ablaufarten für den Arbeitsgegenstand. Wie erkennbar ist, werden alle Substanz- und Lageveränderungen als Ablaufarten im Sinne von Arbeiten am Gegenstand aufgefaßt. An die Unterscheidung von *Handhaben* (Lage verändern) und *Transportieren* (Ort verändern) als *Arten von Fördern* sei hier noch einmal erinnert. Qualitätsprüfungen

---

1   An dieser Stelle eine Bemerkung: Es ist ganz erstaunlich, daß ganz selbstverständlich begriffen wird, daß eine Maschine dann den höchsten Ausstoß hat, wenn man sie mit der Geschwindigkeit fährt, für die sie ausgelegt ist. Ebenso ist nahezu jedem ohne weiteres klar, daß eine überbeanspruchte Anlage eine „Erholungspause" („Muß erst wieder abkühlen ...") benötigt. Daß für einen Menschen das Gleiche gilt, muß aber erst großartig erforscht und vor allem den Leuten anschließend, einschließlich der Arbeitenden selbst, vermittelt werden.

dagegen werden gesondert erfaßt. Interessant ist die Unterscheidung von Liegen und Lagern. *Liegen* erfaßt den planmäßigen oder unplanmäßigen Aufenthalt des Arbeitsgegenstandes im Produktionsbereich. *Lagern* dagegen meint das (planmäßige) Liegen in Lagerbereichen.

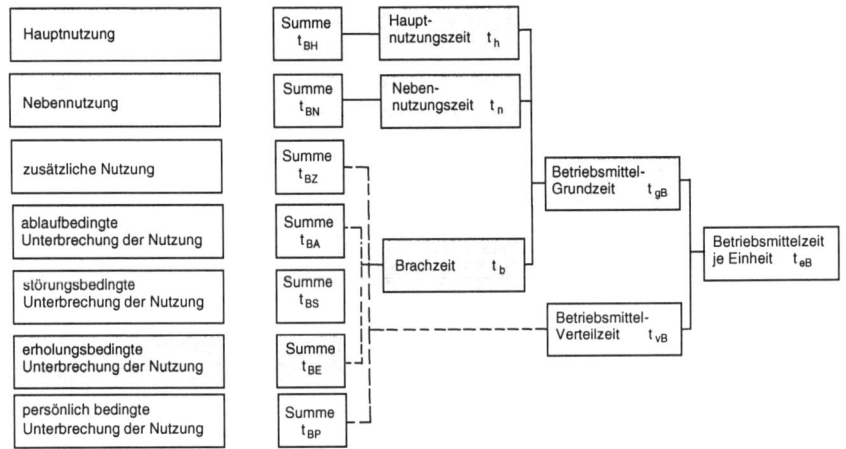

Bild 5-5: Gliederung der Zeit je Einheit des Betriebsmittels nach REFA

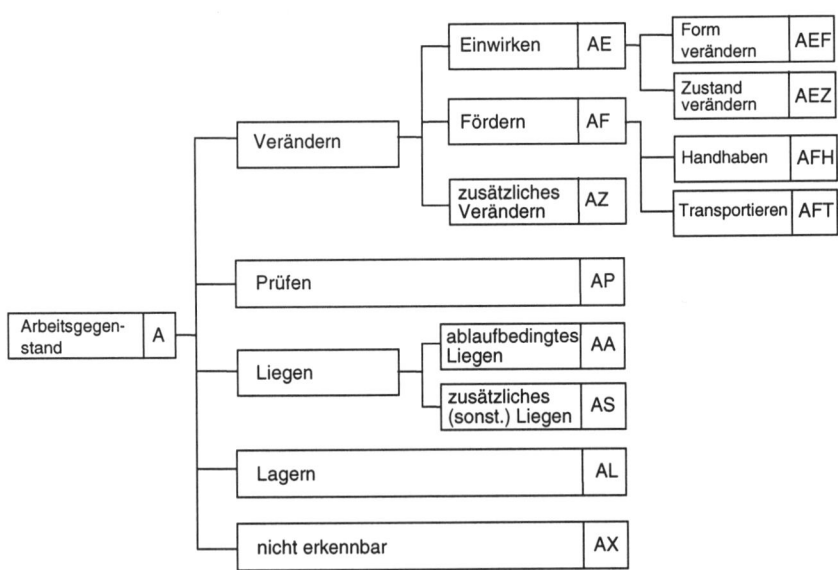

Bild 5-6: Ablaufgliederung bezogen auf den Arbeitsgegenstand nach REFA

5.1.4 Synthese zu Vorgabe- und Durchlaufzeiten

Vorgabezeiten beziehen sich gewöhnlich nicht auf das Anfertigen eines einzelnen Gegenstandes eines Auftrages, sondern auf die Zeit für den Auftrag selbst. Dies ergibt sich aus der üblichen losweisen Bündelung von Teilen. Zur jeweiligen Summe der Zeiten einer Einheit kommt dann immer noch die Rüstzeit dazu, wobei die Rüstzeiten sich intern jeweils in gleicher Weise gliedern, wie die eigentlichen Fertigungszeiten. Die Unterscheidung zwischen Mensch und Betriebsmittel führt zu den Begriffen

- *Auftragszeit* für den Menschen (Bild 5-7) und
- *Belegungszeit* für das Betriebsmittel (Bild 5-8).

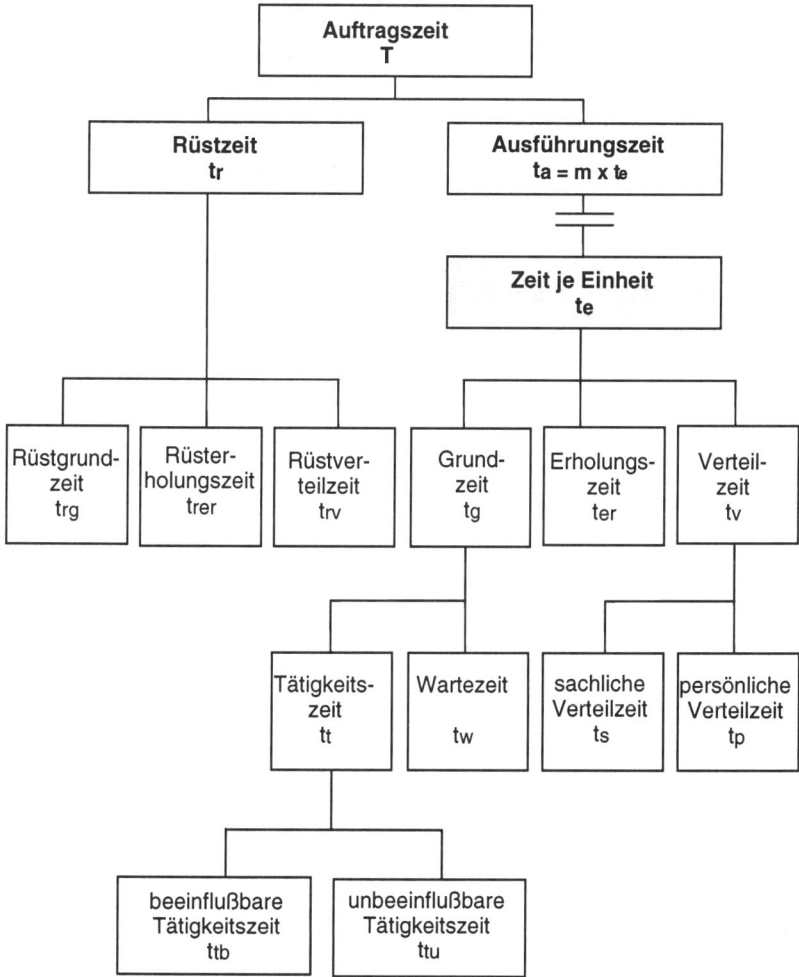

Bild 5-7: Zeitgliederung für die Auftragszeit nach REFA

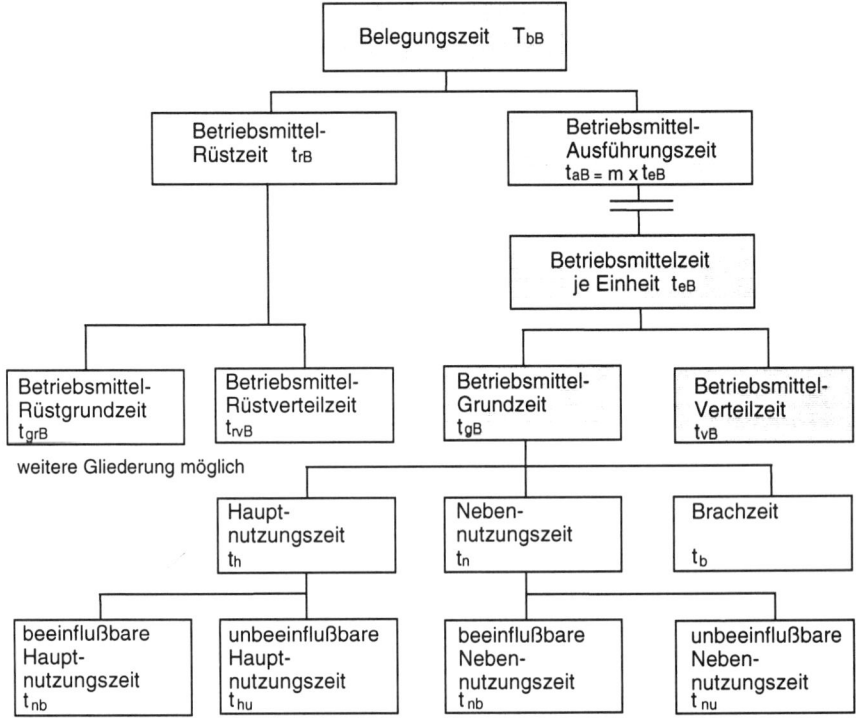

Bild 5-8: Zeitgliederung für die Belegungszeit nach REFA

Angesichts der Tatsache, daß für die Arbeitsgegenstände selbst keine Rüstzeiten anfallen, ist eine Weiterverfolgung dieses Gesichtspunktes hier nicht mehr notwendig.

Bild 5-9 beschreibt die beiden Varianten einer Vorgabezeit (Zeit, in der die Beendigung eines Ablaufabschnittes gefordert wird) und die üblichen Meßbezugsgrößen.

Für eine systematische wissenschaftliche Auseinandersetzung mit der *Durchlaufzeit* ist die nicht einheitliche Definition des Begriffes ein Problem[1]. In der Literatur werden Definitionen angetroffen, die sich unterscheiden bezüglich

- des Zeitraumes, der erfaßt wird,
- der „Strecke", auf die sich die Angabe bezieht und
- ob es sich um einzelne oder mittlere Zeiten handelt.

REFA entzieht sich dieses Problems durch eine Definition, die es den Betrieben überläßt, sie für den einzelnen Anwendungsfall zu konkretisieren. Dies bedeutet auch, daß bei Auseinandersetzungen mit Durchlaufzeiten eine An-

---

1   ADAM, D.: Produktionsmanagement. 7. Aufl. Wiesbaden: Gabler 1993. S. 406 f.

gabe der konkreten Definition unerläßlich ist. Charakteristisch für die REFA-Definition sind folgende Eigenschaften:

- Die Durchlaufzeit ist eine *Sollzeit* und damit eine Zeit, die sich auf einen mittleren Wert bezieht, der geplant, aber nicht notwendigerweise auch realisiert ist (Bild 5-10).

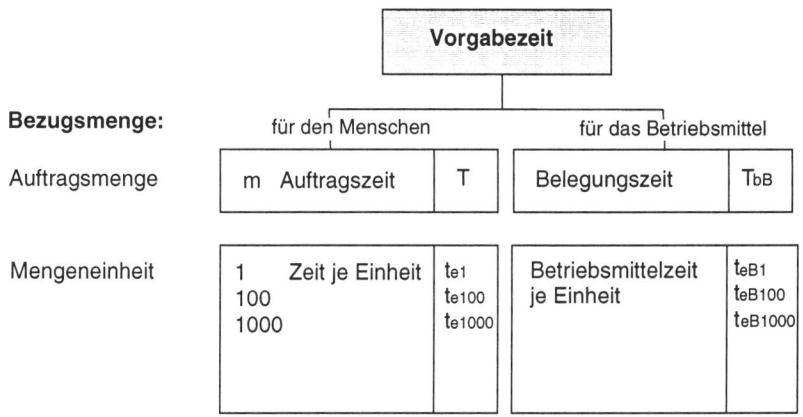

Bild 5-9: *Bezeichnungen für auftragsabhängige und auftragsunabhängige Vorgabezeiten nach REFA*

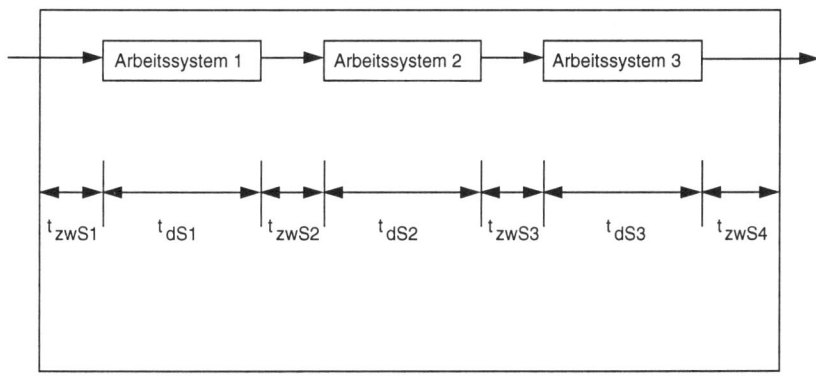

Bild 5-10: *Schematische Darstellung der Ermittlung der planmäßigen Durchlaufzeit t_{ps} nach REFA*

- Die Durchlaufzeit kann sich auf den Durchlauf des Auftrages durch nur einzelne oder eine Folge mehrerer Arbeitssysteme beziehen. Es bleibt der betrieblichen Anwendung überlassen, festzulegen, ob beispielsweise nur die Fertigung oder die gesamte Produktion oder auch die Auftragsabwicklung eingerechnet wird (Bild 5-11).

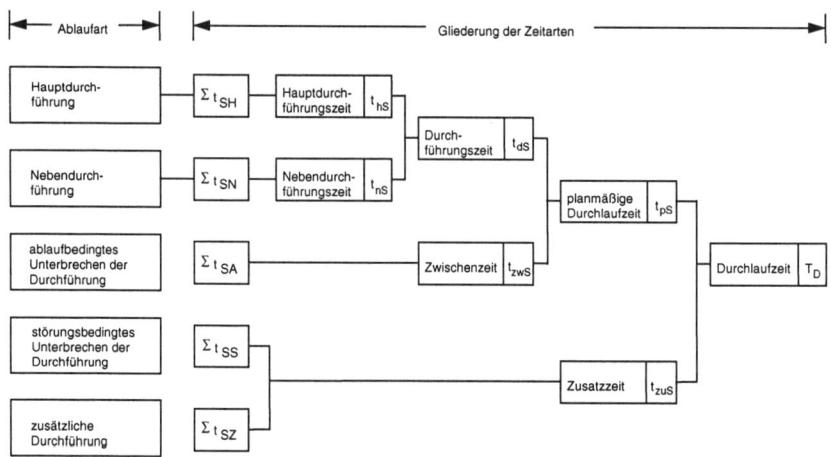

Bild 5-11: Gliederung der Durchlaufzeit T_D nach REFA

5.2 Wichtige Methoden und deren Einsatzmöglichkeiten im Überblick

Bild 5-12 zeigt die grundlegenden Methoden der Datenermittlung im Überblick. Die Methoden lassen sich prinzipiell in drei Kategorien klassifizieren,
wobei die hier vorgestellte Methodenzuordnung eine ist, die zwar für Labo-
ratorien erarbeitet wurde[1], aber prinzipiell auch auf andere betriebliche Ein-
satzfelder anwendbar ist.

5.2.1 Befragung

Befragungen sind regelmäßig das erste Erhebungsinstrument, das in Betracht zu ziehen ist. Wann immer ein Informationsbedarf besteht, kann in
aller Regel auch davon ausgegangen werden, daß Leute vorhanden sind, die
über diese Information verfügen und sie auf Befragen bekanntgeben. Das
mag oft nicht genügen oder zu subjektiv sein; eine Befragung steht jedoch
immer am Anfang einer Datenerhebung. Es gibt zahllose Befragungsmetho-
den und eine große Menge an Literatur zum Aufbau von Befragungen und
Befragungstechniken sowie Erhebungsmethoden, in denen Befragungen als
Erhebungsinstrument im Mittelpunkt stehen. Eine Methode wird in Kapitel
5.2.1 anhand eines Fallbeispieles vorgestellt. Generell lassen sich die folgenden Befragungsarten unterscheiden:

---

1   HEINEMANN, O.; GRAP, R. et. al.: So optimieren Sie Ihr Labor-Management : Effiziente Organisation im industriellen Labor. Köln: Verlag TÜV-Rheinland, 1992.

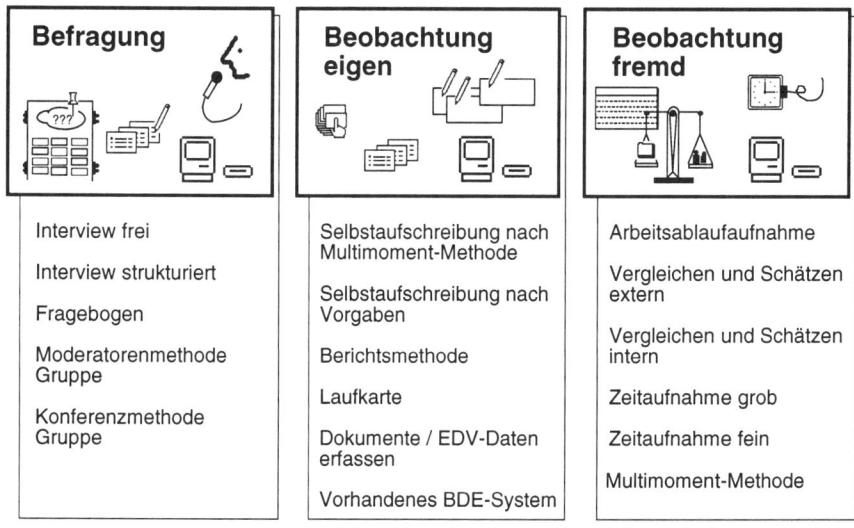

Befragung	Beobachtung eigen	Beobachtung fremd
Interview frei	Selbstaufschreibung nach Multimoment-Methode	Arbeitsablaufaufnahme
Interview strukturiert	Selbstaufschreibung nach Vorgaben	Vergleichen und Schätzen extern
Fragebogen		Vergleichen und Schätzen intern
Moderatorenmethode Gruppe	Berichtsmethode	Zeitaufnahme grob
Konferenzmethode Gruppe	Laufkarte	Zeitaufnahme fein
	Dokumente / EDV-Daten erfassen	Multimoment-Methode
	Vorhandenes BDE-System	

Bild 5-12: Wesentliche Methoden zur Datenermittlung (Überblick)

5.2.1.1 Interviews

Interviews sind mehr oder minder strukturierte Gespräche einer oder mehrerer Personen mit einem Interviewer. Das Gespräch kann völlig frei erfolgen, daß bedeutet, der Interviewer hat zwar ein spezifiziertes Erkenntnisinteresse, macht aber seine Fragen vom Gesprächsverlauf abhängig.

Sofern die Interviews und die so erhobenen Informationen jedoch über eine größere Anzahl von Gesprächen verglichen und die gesammelten Daten mittels statistischer Verfahren verdichtet werden sollen, ist eine solche unstrukturierte Erhebung nicht mehr sinnvoll. Fragen und Gesprächsverlauf müssen einem zunehmend strukturierteren Raster folgen. Eine höhere Strukturierung beinhaltet dabei verschiedene Probleme: Zum einen können mit stark strukturierten Interviews auch nur die Informationen gewonnen werden, nach denen ausdrücklich gefragt wird, begleitende Erkenntnisse sind dann nur eingeschränkt möglich, zum anderen steigen die Anforderungen an die Vorbereitung der Gespräche und die Sachkunde des Interviewers stark an.

5.2.1.2 Fragebogen

Die höchst strukturierte Form des „Interviews" stellt der Fragebogen dar. Er ist so aufbereitet, daß Befragte ihn auch ohne ergänzende (beeinflussende) Hinweise des Erhebers beantworten können. Weitere Vorteile eines Fragebogens sind, daß eine eventuell zugesagte Anonymität des Antwortenden glaubhafter gemacht und ein großer Personenkreis mit verhältnismäßig geringem Aufwand erreicht werden kann. Nachteilig wirken sich die im allgemeinen geringen Rücklaufquoten aus. Zudem besteht das Risiko, daß Fragen nicht oder mißverständlich bearbeitet werden, und, aufgrund schnell sinkender Auskunftsbereitschaft bei den Befragten, ist die Anzahl der erhebbaren Informationen deutlich beschränkt. Gerade bei Fragebögen ist die Chance, unvorhergesehene Informationen während der Erhebung zu erlangen, relativ gering.

5.2.1.3 Moderationsmethode

Die von SCHNELLE in den 60er Jahren zur Anwendungsreife entwickelte Moderationsmethode[1] stellt erheblich mehr als ein Datenerhebungsinstrument dar. Es handelt sich im Kern um eine Gruppengesprächs- und Visualisierungstechnik, die in Verbindung mit weiteren Techniken eine universal einsetzbare Methode der Organisationsarbeit darstellt. Sie hat im Rahmen der Umsetzung des *Lean-production Gedankens* und insbesondere durch die Einführung von Gruppenarbeit breiten Einsatz in allen Hierarchieebenen der Unternehmen gefunden und wird zunehmend als Grundlage von Problemlösediskussionen und Projektarbeit herangezogen.

Das erste Kernstück einer Sitzung mit Hilfe der Moderationsmethode ist gewöhnlich die Informationssammel-, Strukturierungs- und Bewertungsphase. Diese Phase für sich betrachtet bildet eine probate Methode, im Rahmen eines Gruppengespräches Daten zunächst unstrukturiert zu erheben, dann aber auch sofort zu gliedern und nach Bedeutung zu beurteilen[2]. Ein weiterer Vorteil der Methode liegt dabei darin, daß die Rückmeldung über das erzielte Befragungsergebnis durch den Einsatz des Erhebungsinstrumentes selbst unmittelbar erfolgt. Bild 5-13 zeigt ein Beispiel, in dem Mitarbeiter einer Elektromotorenmontage ihre Arbeitsabläufe und die jeweils benötigten Materialien ermittelten und strukturierten. Bedeutsam an einer Erhebung dieser Art ist, daß nicht nur der Befragende (Moderator in diesem Fall), sondern auch alle Beteiligten unmittelbar am Prozeß der Erkenntnisgewinnung teilnehmen.

5.2.1.4 Konferenzmethode

Die etablierteste und verbreitetste Art eines Gruppengespräches ist die Konferenzmethode. Gewöhnlich wird sie von einem Gesprächsleiter geleitet, der auch die Einhaltung der Gesprächsregeln überwacht, Wort erteilt und entzieht, die Tagesordnung umsetzt und die Protokollverantwortung hat. Im Vergleich zur Moderationsmethode sind Konferenzgespräche normalerweise langatmig und unergiebig. Dafür sind vor allem die sequentiellen und rein akustischen „Wortmeldungen", also mangelnde Visualisierung in Verbin-

---

[1]   Vgl. SCHNELLE, 1966.

[2]   Vgl. zu Kreativitätstechniken auch: SCHULTE-ZURHAUSEN, M.: Organisation. München: Vahlen, 1995. S. 441 - 445. und GRAP, R.: Neue Formen der Arbeitsorganisation : Leitfaden für die Stahlindustrie. Aachen: Augustinus, 1993. Abschnitt II.3.

dung damit, daß Strukturierungen fast ausschließlich in den Gedanken der Teilnehmer existieren und so nicht abgeglichen werden, verantwortlich. Generell ist eine Konferenz zur Lösung komplexer Probleme weniger geeignet - weswegen die in Konferenzen ausgiebig diskutierten und gelösten Probleme auch meistens trivialer Natur sind. Eine Konferenz bietet sich deswegen immer dann an, wenn das Problem überschaubar ist und nur wenig Zeit zur Verfügung steht, da eine Konferenz prinzipiell keiner besonderen Ausstattung bedarf und spontan überall und sofort stattfinden kann.

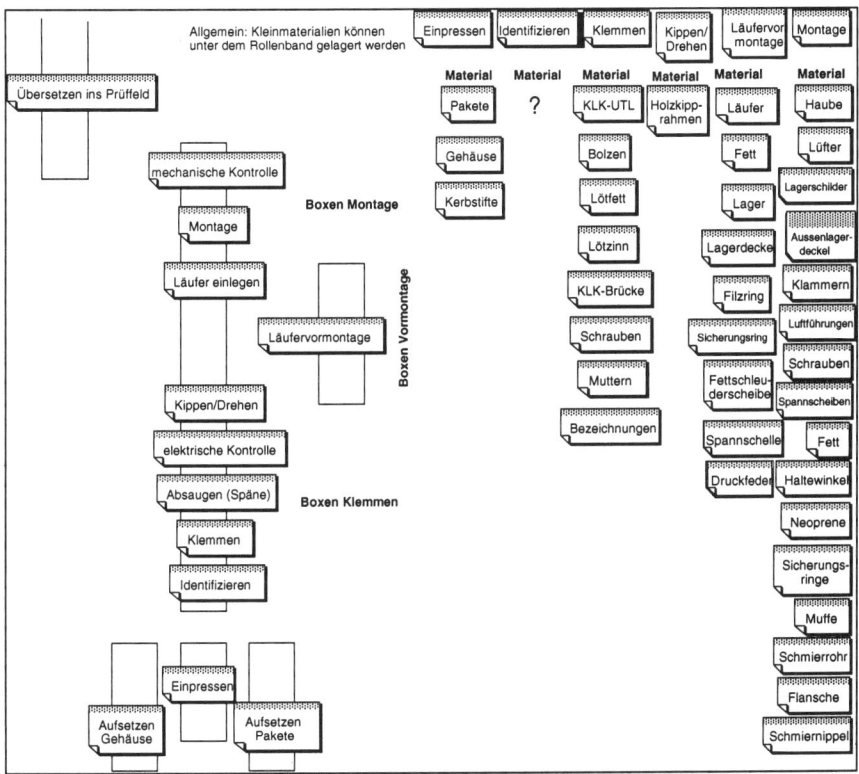

Bild 5-13: Ergebnisbeispiel einer moderierten Sitzung

5.2.2 Beobachtung eigen

Unter dem Begriff werden alle diejenigen Verfahren verstanden, mit denen der Mitarbeiter seine eigenen Arbeiten und Tätigkeiten auch selbst dokumentiert. Dadurch ist der Aufwand an zusätzlichem Studienpersonal sehr gering. Dies bedeutet aber auch, daß eine ehrliche und zuverlässige Mitarbeit der Leute Voraussetzung für eine valide Datenaufnahme ist. Deswegen werden solche Verfahren vornehmlich dann eingesetzt, wenn eine Beobachtung durch dritte angesichts der Tätigkeiten nur schwer möglich ist. Dies ist etwa bei vorwiegend geistigen Tätigkeiten der Fall. Selbstverständlich stellen diese Verfahren auch ein probates Mittel dar, mit denen jemand über sich selbst und die eigenen Arbeitsweisen Erkenntnisse gewinnen kann, um etwa das eigene Zeitmanagement besser „in den Griff zu kriegen".

Die bekannteste aber auch oberflächlichste Methode ist die *Berichtsmethode*, bei der Tages-, Wochen oder sonstige Berichte aus dem Gedächtnis angefertigt werden. Daneben existieren zeitnähere und strukturiertere Formen der *Selbstaufschreibung*. Beispielsweise indem man jeden Wechsel einer Tätigkeit unter Angabe der Uhrzeit dokumentiert.

Häufig existieren solche Selbstaufschreibungen auch bereits in Form von *Dokumenten* wie Maschinenbüchern, Laborjournalen u. ä., die ausgewertet werden können. In der Praxis zeigt sich allerdings recht häufig, daß diese Dokumentationen recht nachlässig geführt werden und die dort erhofften Informationen dann doch nicht vorgefunden werden. In der Regel genauer, vollständiger und für eine Untersuchung zugänglicher sind EDV-Daten, beispielsweise aus einem LIMS (Laborinformationssystem), die ja ebenfalls Selbstaufschreibungen aus einem laufenden Betrieb heraus darstellen.

Eine weitere, immer häufiger werdende Datenquelle stellen die *BDE-Systeme* (Betriebsdatenerfassungssysteme) dar, mit denen teilweise die betrieblichen Abläufe sogar automatisiert dokumentiert werden.

Ein interessantes Verfahren zum Ableiten von Tätigkeitsstrukturen ist das *Multimomenthäufigkeitsverfahren* (MM). Es wird in seiner originären Form in Kapitel 5.4.2 genauer dargestellt. Die für den Einsatz des Verfahrens erforderlichen zufallsverteilten Kurzzeitbeobachtungen über einen längeren Zeitraum können natürlich auch durch den Beobachteten selbst vorgenommen werden. Allerdings bedarf es hierzu einer gerätemäßigen Unterstützung, da von jemandem, der sich auf seine originäre Arbeitsaufgabe konzentriert, kaum die Einhaltung eines nach dem Zufallsprinzip aufgebauten Beobachtungsplanes erwartet werden kann. Zudem würde ein solches Anliegen zu deutlichen Verfälschungen in der Tätigkeitsstruktur des Beobachteten führen.

Das am einfachsten zugängliche Gerät zur Unterstützung ist ein sogenannter „Piepser" (Personenrufgerät). Der Untersuchungsleiter kann die Beobachteten in diesem Fall über den Personenruf zur Aufschreibung veranlassen. Selbständig arbeitende Zufallsgeneratoren, die in zufälligen Abständen signalisieren, sind eine weitere Alternative. Luxusausgaben solcher Geräte sind die elektronischen „Organizer", Pen-Computer oder andere Varianten von Westentaschencomputern. Diese können sowohl im Rahmen des Untersuchungsplanes „rufen", als auch gleich zur Datenerfassung genutzt werden.

Die MM-Selbstaufschreibung ist immer dann angezeigt, wenn die jeweiligen Tätigkeiten bei einer Kurzzeitbeobachtung durch Außenstehende nicht zuverlässig klassifiziert werden können, wie das beispielsweise bei den meisten Büroarbeiten der Fall ist. Auch hier ist die Qualität der Untersuchung stark davon abhängig, daß die Beobachteten „mitspielen". Allerdings kann man MM-Beobachtungen mit statistischen Methoden dahingehend untersuchen, ob einzelne diese systematisch verfälscht haben. Zudem zeigt die Praxis, daß nach Ablauf der ersten 14 Tage selbst „hartgesottene Fälscher" anfangen, entnervt einfach die Wahrheit zu dokumentieren.

5.2.3 Beobachtung fremd

Mit Fremdbeobachtung werden alle diejenigen Verfahren klassifiziert, in denen die Datenaufnahmen durch einen eigens dafür beauftragten Beobachter durchgeführt werden. Hierzu zählen neben unzähligen denkbaren Varianten grundsätzlich die Arbeitsablaufaufnahme, die Methoden des „Vergleichen und Schätzen" und - diesmal in der klassischen Form - das MM-Verfahren.

In einer Arbeitsablaufaufnahme werden durch einen Beobachter die tatsächlichen Arbeitsabläufe dokumentiert. Sie dienen dazu, allenthalben vorhandene Abweichungen der geplanten Abläufe von den tatsächlichen zu erfassen, zu dokumentieren und auszuwerten. Das Ziel ist regelmäßig die Korrektur der den Planungen zugrundeliegenden Daten sowie das Auffinden und Beseitigen von Fehlerquellen.

Verfahren des *„Vergleichen und Schätzen"* beziehen sich primär auf Zeiten. Sie dienen der unmittelbaren Soll-Zeitenermittlung für einen Ablauf ohne vorherige (exemplarische) Zeitaufnahme. Hierzu greift man auf bereits angelegte Planzeitentabellen zurück und sucht dort nach gemessenen Zeiten vergleichbarer Vorgänge. Zur Soll-Zeit gelangt man bei diesen Verfahren dadurch, daß man durch systematisches Vergleichen der zu beurteilenden Tätigkeit mit einer dokumentierten Tätigkeit des Kataloges zur Katalogzeit Zu- oder Abschläge festlegt. Die Unterscheidung in *extern* und *intern* bezieht sich auf die Herkunft der Planzeiten des Kataloges. Ist der Planzeitenkatalog im eigenen Haus erarbeitet - also intern - oder stammen die Zeiten aus anderen - externen - Quellen?

Mit *Zeitaufnahmen* können nur solche Tätigkeiten zeitlich bestimmt werden, die bereits ausgeführt werden und für deren zukünftige Planung eine Soll-Zeit bestimmt werden soll. Wenn in der Literatur von Zeitaufnahme gesprochen wird, ist im deutschen Sprachraum in aller Regel die Zeitaufnahme nach REFA, die nach wie vor auch einen Kern der REFA-Methodenlehre bildet, gemeint. Diese Zeitaufnahmen werden mit dezimalskalierten Zeitmeßgeräten bei einer Meßgenauigkeit von Hundertstel Minuten (HM) durchgeführt. Grundlage der Messung ist also die Minute und nicht die im internationalen Maßsystem festgelegte Sekunde, wobei durch die HM eine genauere Teilung erreicht wird als es die Sekunde darstellt. An diese Art der Zeitaufnahme ist hier gedacht, wenn die *„Zeitaufnahme fein"* angesprochen wird. Sie wird in Abschnitt 5.4.1 noch detailliert vorgestellt

Eine Soll-Zeit aus einer REFA-Zeitaufnahme setzt sich zusammen aus einer sehr sorgfältig gemessenen und statistisch abgesicherten Operationszeit und Zuschlägen für Erholung, Verteilzeiten etc. Diese Zuschläge entbehren im allgemeinen einer systematisch erarbeiteten Grundlage, sondern folgen betrieblichen Übungen, anerkannten Durchschnittswerten oder sind zwischen den Betriebsparteien (Arbeitgeber und Betriebsrat) ausgehandelt. Diese können schnell einen Aufschlag von 25% ausmachen. Daneben gibt es Tätigkeiten, bei denen die Bandbreite störender Einflüsse so groß ist, daß diese sich nicht ausschließen lassen und damit die gefundene Zeit nicht befriedigend statistisch abgesichert werden kann. Weiterhin kann es sein, daß die fragliche Arbeitsaufgabe gar nicht häufig genug anfallen wird, um zu einer gesicherten Zeitaufnahme zu kommen. In all' solchen Fällen wäre eine REFA-Zeitaufnahme im Verhältnis zum Ergebnis zu aufwendig. Um aber nicht gänzlich auf gemessene Zeiten („Die Uhr lügt nicht") zu verzichten, kann auf eine gröbere Zeitmessung mit der Wand- oder Armbanduhr zurückgegriffen werden, wo die Auflösung dann üblicherweise im Minutenbereich liegt. Dies wäre eine *„Zeitaufnahme grob"*.

5.2.4 Verfahrensklassifikation

Mit der Matrix in Bild 5-13 wurde versucht, die vorstehend im Überblick beschriebenen Verfahren oder Methoden bezüglich ihrer Eignung für bestimmte produktionswirtschaftliche Anwendungsfälle zu klassifizieren und den mit ihrem Einsatz verbundenen Aufwand (für den Organisator!) abzuschätzen. Parallel dazu erfolgt mit Hilfe von Thermometerskalen eine Einstufung der jeweiligen Objektivität der Verfahren. Die Matrix wurde in einem moderierten Gruppengespräch mit drei Fachwissenschaftlern und neun Organisationspraktikern erarbeitet. Wie erkennbar ist, weisen alle Verfahren im Punkt Objektivität ihre Schwächen auf. Für den Methodeneinsatz sollte sich also jeder bewußt sein, daß keine von ihnen „letzte Wahrheiten" ermittelt.

Konkret für die Zeitermittlung ist das Spektrum der etablierten Methoden breiter als die für die Matrix in Bild 5-14 ausgewählte Übersicht. Bild 5-15 zeigt die durch REFA vorgenommen Gliederung der Methoden mit einer bei REFA nicht enthaltenen Ergänzung. Diese Ergänzung betrifft die Multimomentstudie, die sehr wohl zur Herleitung von Zeiten herangezogen werden kann, deren Darstellung für diesen Zweck im Rahmen der REFA-Methodenlehre jedoch nicht zulässig ist.

Legende:

- ▭ Objektivitätsgrad gering / Objektivitätsgrad hoch
- ○ geringer Aufwand
- ◑ mittlerer Aufwand
- ● hoher Aufwand
- ++ gut geeignet
- + geeignet

Methoden zur Datenermittlung:

1 Befragung					2 Beobachtung eigen						2 Beobachtung fremd				
1 Interview frei	2 Interview strukturiert	3 Fragebogenmethode	4 Moderatorenmethode Gruppe	5 Konferenzmethode Gruppe	1 Selbstaufschreibung nach MM-Methode	2 Selbstaufschreibung nach Vorgaben	3 Berichtsmethode	4 Laufkarte	5 Dokumente / EDV-Daten	6 BDE-System	1 Arbeitsablaufaufnahme	2 Vergleichen und Schätzen extern	3 Vergleichen und Schätzen intern	4 Zeitaufnahme grob	5 Zeitaufnahme fein
Aufwand: ◑	◑	○	◑	◑	○	○	○	○	○	○	●	○	○	○	◑

Anwendungsbereiche:

1 Aufbauorganisation

Anwendungsbereich	B1	B2	B3	B4	B5	E1	E2	E3	E4	E5	E6	F1	F2	F3	F4	F5
1 Zuständigkeiten	+	++	+	++	+			+	+	+						
2 Stellenbeschreibung	++	++	++	++			++			+			+			
3 Labor- und Sozialräume	+	+	+	+	+					++						
4 Verfügbarkeit und Auslastung der Labortechnik	+	+	+	+		++			++	++	++	+			++	++
5 Arbeitsplatzgestaltung/ Arbeitsbedingungen	+	+	+	++	+		++			+		++				

2 Ablauforganisation

Anwendungsbereich	B1	B2	B3	B4	B5	E1	E2	E3	E4	E5	E6	F1	F2	F3	F4	F5
1 Arbeitsabläufe		++	++	++			+	+	++	+		++				
2 Prüfmethoden	+	++	+	++	+		+	+	+	++		++				
3 Prüfzeiten		+	+				+	+		+	+	++	+		++	++
4 Durchlaufzeiten			+			+	+	+		++	+	++	++		+	+
5 Pensumzuweisung		+	+	+						+	+	++	+	+	++	++
6 Arbeitszeitgestaltung		+	+	+						+			+	+	++	++

3 Personalorganisation

Anwendungsbereich	B1	B2	B3	B4	B5	E1	E2	E3	E4	E5	E6	F1	F2	F3	F4	F5
1 Personalstand	+	++	++	++	+			+								
2 Personalentwicklung	+	++	++	++	+			+								
3 Qualitativer Personalbedarf	+	++	+	++	+			+		+						
4 Quantitativer Personalbedarf	+		+			++	++		+	+	++	+	+	+	++	++
5 Entgeltdifferenzierung	+		++	+					++							

4 Kostenrechnung

Anwendungsbereich	B1	B2	B3	B4	B5	E1	E2	E3	E4	E5	E6	F1	F2	F3	F4	F5
1 Kostenarten	+		++	+					++							
2 Kostenträger	+		+				++		++	++	++	+	+	+	++	++
3 Wirtschaftlichkeitsrechnung	+		++	+			++		++	++	++	+	+	+	++	++

5 Dokumentation

Anwendungsbereich	B1	B2	B3	B4	B5	E1	E2	E3	E4	E5	E6	F1	F2	F3	F4	F5
1 Arbeitsanweisung	+		++	+					++			++	+	+	+	+
2 Prüfungsergebnisse	+			++	+			+		+						
3 Informationsfluß		++	+	++	+	++	+	++			+					
4 Archivierung	+	++	+	++	+	+	+	+	++	++	++					

Bild 5-14: Verfahrensmatrix - Verfahren beurteilt für den Einsatz im Labor[1]

---

[1] HEINEMANN / GRAP 1992, Anhang.

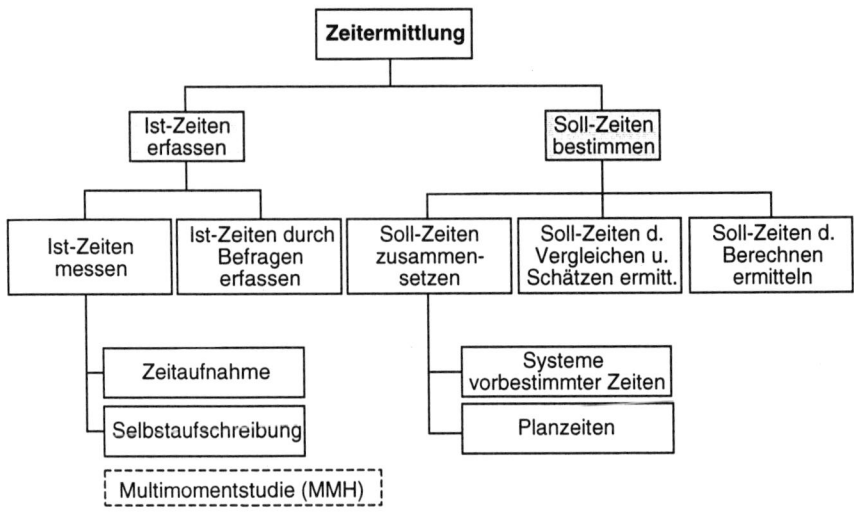

Bild 5-15: Methoden der Zeitermittlung

Dazu ist zu beachten, daß die Methoden der REFA-Methodenlehre von Fachwissenschaftlern und Betriebspraktikern erarbeitet und im Konsens der Betriebsparteien verabschiedet werden. Die Betriebsparteien haben sich im Fall der MM-Studie entschlossen, *diese zur Zeitermittlung nicht zuzulassen.* Dies bedeutet in der Praxis, daß gegen den Einsatz einer REFA-Methode im Rahmen einer produktionswirtschaftlichen Studie vom Betriebsrat kaum begründeter Widerspruch erhoben werden kann. Dagegen ist beim Versuch, das MM-Verfahren zur Zeitermittlung heranzuziehen, durchaus ernsthafte Ablehnung zu gewärtigen.

5.3 Interviewgestützte Methoden

Verwunderung wird in Bild 5-15 vielleicht die Aussage auslösen, daß Zeitbestimmungen auch durch Befragen möglich sind. Um zu unterstreichen, wie bedeutsam die Datenermittlung auf der Basis von Befragungen tatsächlich ist, werden im folgenden zwei Methoden vorgestellt, wie auf der Basis von Interviews Arbeitsstrukturen und auch Zeiten ermittelt werden. Auf befragende Methoden setzt man vor allem immer dann, wenn die jeweiligen Arbeitsabläufe eben nicht in Arbeitsplänen festgehalten sind, sondern im Ermessen und der Verantwortung der jeweiligen Mitarbeiter liegen (müssen). Dies ist heute bei einer Vielzahl und zunehmend größer werdenden Zahl von Produktionsstätten der Fall, beispielsweise bei hochautomatisierten Anlagen der Prozeßtechnik (Chemie, Stahl etc.) oder bei Nebenbetrieben wie Labor, Instandhaltung etc., und selbstverständlich ebenso bei nahezu allen anderen Formen der Dienstleistungen, und hierbei insbesondere der Büroarbeit.

5.3.1 Zeitermittlung durch Befragung - Fallbeispiel

Das folgende Fallbeispiel wurde in der chemischen Industrie in einem Betriebsteil (im folgenden BT der YB-GmbH[1]) durchgeführt. Die Studie war kurzfristig angesetzt und mußte in relativ kurzer Zeit bewältigt werden. Die Untersuchung begann am 30. Mai mit einer Auftaktveranstaltung (Kick-off) und endete am 15. August mit der Abschlußpräsentation.

Im BT bestanden offene Fragen bezüglich des *zukünftigen Personalbedarfs*. Eine überprüfbare Aussage diesbezüglich stellte das Primärziel der Studie dar. Hintergrund und Projektziele wurden folgendermaßen zusammengefaßt:
* Anlaß der Untersuchung:
  - geplante Steigerung der Jahresproduktion auf ca. 45.000 Tonnen,
  - Unsicherheit über die derzeitige Personalauslastung,
  - Umsetzung und Auswirkungen geplanter technischer Veränderungen.
* Ziele der Studie:
  - Ermittlung der notwendigen Personalstärke,
  - Transparenz der Tätigkeitsstruktur im BT,
  - Erfassung der Folgen geplanter technischer Änderungen.

Im BT werden angelieferte Rohstoffe umgefüllt, abgemischt, stabilisiert und abgefüllt. Der Versand erfolgt über Tankwagen oder Stückgutlastkraftwagen. Der BT hat mit der vollständigen Trennung der Produktion von der Logistik und dem damit gebildeten separaten Bereich Rohstoff- und Fertigprodukt-Logistik ein innovatives Logistikkonzept eingesetzt.

Die Untersuchungen entlang der Materialflußkette im Unternehmen wurden in vier Bereichen vorgenommen:
* Bereich I: Rohstoffeinlagerung
* Bereich II: Rohstoffumfüllung
* Bereich III: Fertigproduktbereich
* Bereich IV: Produktion

Diese Einteilung ermöglichte es, für die jeweiligen Bereiche gezielte Erhebungen vorzunehmen und spezielle Aussagen zu Aufgabengebieten sowie den dafür notwendigen Personaleinsatz treffen zu können.

Zur Ermittlung des erforderlichen Personalbedarfs für den Materialfluß im BT ist es zunächst erforderlich, die derzeitige Personalauslastung zu erfassen und zu beurteilen. Damit ergaben sich die folgenden Arbeitsschwerpunkte:
* Ermittlung der Tätigkeitsstruktur hinsichtlich der logistischen Aufgaben im BT,

---

[1]   Der folgende Abschnitt stützt sich auf einen einschlägigen, anonymisierten Untersuchungsbericht.

- Zeitermittlungen für die analysierten Tätigkeiten,
- Bestimmung der Auslastung bezogen auf den Ist-Stand,
- Prognostizierung der erforderlichen Personalstärke für das Jahr anhand der geplanten Jahresproduktion.

Das grundlegende Instrument zur Datenerhebung war das *Interview*, das entsprechend der gewählten Methodik eingesetzt wurde.

5.3.1.1 Der Betrieb

Im BT werden bis zu 120 Produkte hergestellt. Mit modernster Technik werden auf einem kompakt gestalteten Komplex des Areals der YB-GmbH Produkte unterschiedlicher Viskosität produziert. Der Betriebsteil BT-Logistik erfüllt die folgenden Hauptaufgaben:
- Einlagerung von Rohstoffen aus Tankwagen und Tankcontainern,
- Einlagerung von Rohstoffgebinden,
- Bereitstellung und Umfüllung der Rohstoffe,
- Abfüllung von flüssigen Produkten in Tankcontainer und Fässer,
- Lagerung von Fässern und Tankcontainern mit Fertigprodukten,
- Versand der Tankcontainer und Fässer.

Die Untersuchung umfaßt weiterhin die logistischen Aufgaben des Bereiches Produktion:
- Rohstoffeinsatz,
- Produktüberführung,
- Befüllung der Fertigproduktcontainer und Fässer.

5.3.1.2 Mitarbeiterstruktur

Im Bereich der Produktion werden die Arbeiten von unterschiedlichen Mitarbeitern flexibel ausgeführt. Der Personalstand im Bereich Logistik betrug während des Zeitraumes der Untersuchung, ohne Versandbüro, 30 Mitarbeiter. Im einzelnen setzte sich der Personalstand wie folgt zusammen:
- 2 Betriebsmeister Tagschicht,
- 8 Mitarbeiter Tagschicht,
- 4 Schichtleiter Wechselschicht,
- 16 Mitarbeiter Wechselschicht.

Das Schichtsystem besteht aus 4-Schicht-Wechselschicht plus zusätzlicher Tagschicht. Ergänzend zu den Mitarbeitern der Stammbelegschaft sind 4 befristete Mitarbeiter im Untersuchungszeitraum beschäftigt. Die Mitarbeiter der Logistik besitzen insgesamt gute Kenntnisse zur Ausführung der betrieblichen Tätigkeiten und sind an ihrem Arbeitsplatz meist voll einsetzbar.

5.3.1.3 Methodik

Die Erhebung von *Prozeßzeiten* mittels Befragung kann auf zwei Arten erfolgen:

- Wird ein ausführender Mitarbeiter unmittelbar anschließend über die geschätzte Dauer eines Abschnittes befragt, so handelt es sich um eine *Ist-Zeit-Erfassung durch Befragen.*
- Wird ein Mitarbeiter hingegen über eine oder mehrere Tätigkeiten befragt, die diese Person zwar regelmäßig, aber nicht gerade in diesem Moment ausführt, so werden *Soll-Zeiten* bestimmt. Das Vorgehen gehört damit zur Kategorie *Vergleichen und Schätzen.*

Die grundsätzliche Vorgehensweise in beiden Arten der Befragung ist dabei so, daß zunächst erfaßt wird, welche *Tätigkeiten im Betrieb überhaupt regelmäßig ausgeführt werden* und anschließend in der Ausführung der Tätigkeit erfahrene Mitarbeiter dazu befragt werden, wie lange eine bestimmte Tätigkeit unter normalen Umständen dauert.

Der wesentliche Unterschied liegt methodisch gesehen darin, daß völlig unterschiedliche geistige Leistungen des befragten Mitarbeiters abgefordert werden: kurzzeitiges Erinnern an einen konkreten Vorgang gegenüber der gedächtnisgestützten Rekonstruktion komplexer Arbeitsabläufe. In der zweiten Form werden Handlungsschemata aus der Erinnerung abgerufen, welche verdichtete Erfahrungen aus einer Vielzahl von Durchgängen darstellen (Bild 5-16). Für die Methodik ergeben sich daraus eine Reihe von Folgerungen:

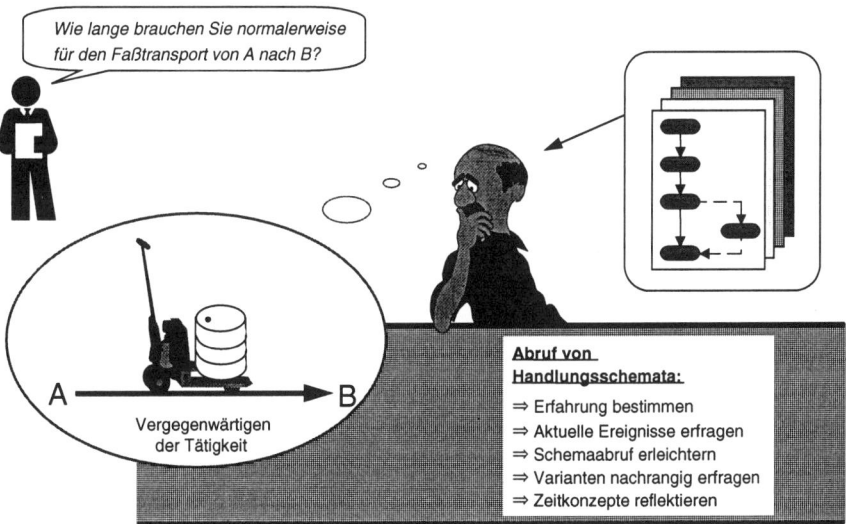

Bild 5-16: Zur Theorie der Befragung

- Der Grad der Erfahrung der interviewten Person ist zu bestimmen. Erfahrungsunterschiede in der Gruppe der Befragten sollen möglichst ausgeschlossen werden.

- Aktuelle Ereignisse (Havarien, ...) können die Schemata verzerren. Eine Überprüfung auf mögliche Störungen in der jüngsten Vergangenheit ist daher wichtig.
- Durch Hilfen kann der Schemaabruf erleichtert werden. Hier bieten sich strukturierte Listen oder Flußdiagramme an.
- Oft weisen Handlungsabläufe Varianten auf. Hier sollte zunächst mit einem „standardisierten" Ablauf begonnen werden, bevor Varianten erfragt werden.
- Schließlich sind die vom Befragten verwendeten Zeit-, Objekt- und Mengenbezüge zu reflektieren, da hier individuelle Unterschiede im Schemaaufbau vorliegen können.

5.3.1.4 Vergleich von Interviewtechnik und Multimomentverfahren

Bei den Überlegungen zur Methodik stand als Alternative zur Interviewmethode in dieser Untersuchung vor allem die MMH (Kapitel 5.4.2) zur Debatte, die sich als Methode zur Bestimmung von Auslastungsgraden in der Praxis bewährt hat. Es war daher zunächst erforderlich, diese Methoden miteinander zu vergleichen.

Bei der MMH erfolgt die Konstruktion der Beobachtungsklassen anhand vorgegebener Kategorien durch den externen Beobachter gemäß der Fragestellung. Die Vorgehensweise ist analytisch (von außen nach innen), da die Gesamttätigkeit vollständig zergliedert wird. Die MMH ist daher auch tendenziell „vollständig", da immer eine 100%ige Abbildung von Beobachtung in Aufschreibung erfolgen kann. Mit Hilfe der Aufnahme von Ist-Daten wird dann auf die Gesamttätigkeit geschlossen.

Bei der Interviewmethode dagegen werden Arbeitstätigkeiten sukzessive mit Hilfe betriebseigener Begriffe anhand von Dokumenten, Expertenbefragungen, etc. rekonstruiert (synthetisiert). Die Vorgehensweise ist damit eine „von innen nach außen". Es werden Soll-Daten erhoben. Aus diesem Grunde ist die Befragung tendenziell „unvollständig" - es ist kaum mit vertretbarem Aufwand zu leisten, sämtlichen Details und Verästelungen von Tätigkeiten nachzuspüren.

Wägt man Stärken und Schwächen der beiden Methoden gegeneinander ab, so spricht für die MMH zunächst die Verwendung mittels objektiver Beobachtung gewonnener Daten. Dies kann, je nach Lage, zur Begründung von Entscheidungen erforderlich sein. Auf der anderen Seite sind die „weichen" Daten des Interviews wesentlich transparenter, da Führungskräfte und Mitarbeiter unmittelbar einbezogen sind[1].

---

[1]   Nebenbei können in der Befragung zusätzliche Daten erhoben werden. Außerdem ergibt sich generell ein positiver Nebeneffekt (Hawthorne-Effekt) durch eine Befragung.

Die Fragen der *Datenverfälschung durch Zuschlag* sowie das Problem der *Erinnerungsverzerrung* im Interview sollen an dieser Stelle noch näher betrachtet werden. Durch wissentlich und willentlich fehlerhafte und damit in der Regel zu hohe Angaben könnte ein befragter Mitarbeiter eine nicht vorhandene Auslastung vortäuschen. Diesem Einwand kann wie folgt begegnet werden:

- Die Angabe von Spannen für die Dauer einer Tätigkeit (min - max) anstelle eines Mittelwertes reduziert die Neigung zum „Zuschlag", da sich die Unsicherheit über die „wahre" Dauer in den Schätzspannen widerspiegelt.
- Die Ankündigung der Überprüfung bei nicht plausiblen Daten kann der Befragung vorausgeschickt werden.
- Eine Überprüfung der Ergebnisse anhand von Vergangenheitsdaten schafft schließlich zusätzlich Sicherheit.
- Schließlich besteht rein faktisch tatsächlich die Möglichkeit, bei nicht plausiblen oder stark variierenden Angaben Zeitaufnahmen durchzuführen.

Eine zweite Fehlerquelle stellen Erinnerungslücken und -verzerrungen dar, welche die Genauigkeit der erhoben Daten vermindern. Diesem Einwand können die folgenden Argumente entgegengehalten werden:
- Der „subjektive Faktor" der Befragung ist auch in anderen Verfahren enthalten. So werden beispielsweise bei der MMH bestimmte Genauigkeitsparameter (f´) frei vereinbart.
- Methodische Planung und Durchführung der Befragung erhöhen die Genauigkeit beträchtlich.
- Unabhängige Schätzfehler heben sich im Mittel gegenseitig auf.

Eine Beherrschbarkeit der Verfahrensrisiken ist damit bei Beachtung der methodischen Anforderungen an Planung, Durchführung und Auswertung möglich.

Zusätzlich ist bei der Auswahlentscheidung zu bedenken, daß beide Methoden sich in der Behandlung nicht tätigkeitsgebundener Vorgänge deutlich unterscheiden. Die MMH weist pauschale Kategorien beispielsweise für „Kommunikation" oder „Gehen ohne Last" auf. In diese Kategorien fallen alle Beobachtungen dieser Art, egal ob sie für eine bestimmte Tätigkeit planmäßig vorgesehen, außerplanmäßig erforderlich werden oder gar überhaupt keiner betrieblichen Tätigkeit zurechenbar sind. Die Interpretation der Resultate muß stets „ex-post" erfolgen. Hingegen werden bei der Interviewmethode beispielsweise nur solche Kommunikations- und Wegeanteile abgefragt, die explizit in den zuvor gebildeten Tätigkeitsstrukturen vorgesehen sind. Außerplanmäßige Vorgänge sind mit Hilfe von speziellen Korrekturfaktoren zu berücksichtigen.

Neben diesen inhaltlichen Aspekten spielt die Kostenseite eine nicht zu unterschätzende Rolle. Der Planungs- und Durchführungsaufwand sowie die erforderliche Durchführungsdauer der MMH sind deutlich höher als jener für eine Befragung, und die Aufwendungen für Berater werden größer, während die höheren Zeiten der Mitarbeiter für die Interviews normalerweise im Gemeinkostenblock verschwinden.

Die hier vorgenommene Befragung gliedert sich in
1. Abgrenzung des Untersuchungsbereiches
2. Strukturieren der Tätigkeiten
3. Vorbereiten, Durchführen und Auswerten der Befragung
4. Datenverarbeitung,
wobei jedoch nur die Schritte 2 und 3 Besonderheiten gegenüber anderen Verfahren der Zeitermittlung aufweisen (Bild 5-17). Nur sie werden daher im folgenden betrachtet.

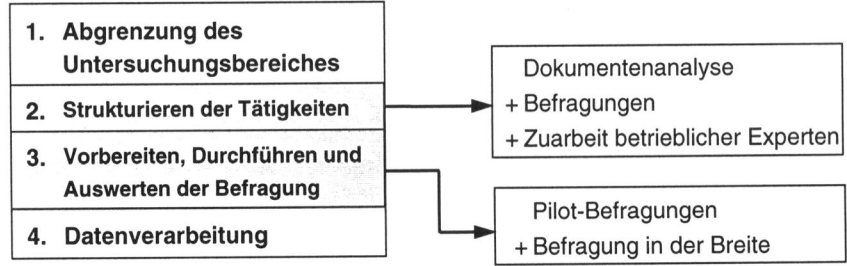

Bild 5-17: Arbeitsschritte der Befragung

Das Strukturieren der Tätigkeiten erfolgt in der Regel mittels Dokumentenanalyse bei Einbeziehung betrieblicher Experten. Eine Beobachtung von Arbeitstätigkeiten sollte dabei nach Möglichkeit immer zusätzlich erfolgen, um selbst einen Eindruck vom Ablauf zu bekommen und Zeitangaben besser einschätzen zu können.

Die erfaßten Tätigkeiten werden systematisch gegliedert (Bild 5-18). Diese Gliederung wird in der Regel zweistufig sein und bei Teiltätigkeiten enden. Dabei sind folgende Anforderungen der Interviewmethode zu berücksichtigen:
• Die Befragungsdauer sollte möglichst kurz, keinesfalls jedoch über 90 Min. betragen, da ansonsten ernsthafte Probleme durch Ermüdungserscheinungen auftreten.
• Die Gliederung sollte nicht zu fein erfolgen. Es sollten auf keinen Fall Tätigkeiten unter einer Minute abgefragt werden.
• Zu berücksichtigen ist schließlich, daß nur regelmäßige Tätigkeiten mit Mindesthäufigkeiten für diese Methode in Frage kommen.

Bei der *Vorbereitung* sind eine Reihe von Fragen und Anweisungen zu berücksichtigen, die in der folgenden Liste wiedergegeben sind.
• Erstellung eines Leitfadens

- Welche allgemeinen Angaben (Beschäftigungsdauer, ...) sind für die Befragung von Bedeutung?
- Welche Angaben zu den Tätigkeiten sind neben Dauer und Häufigkeit noch erforderlich oder erwünscht?
- Welche sonstigen Angaben (Probleme, Bedürfnisse, ...) sollen noch zusätzlich erhoben werden?
• Schulung der Interviewer
- Sind die Interviewer in der Lage, ein professionelles Frageverhalten zu zeigen und
- sind sie in der Lage, mit Störungen und Widerständen im Gespräch umzugehen?
• Planung der Befragung
- Ist der Personenkreis, den es zu befragen gilt, genau definiert und richtig abgegrenzt?
- Sind die geplanten Befragungszeiten unter Berücksichtigung auch von Schichtarbeit, Urlaub etc. realisierbar und bekannt?
- Können die Befragungen in einem geeigneten Rahmen (ruhig, ungestört und mit ausreichendem Platz) durchgeführt werden?
• Pilotbefragungen
- Beim Einsatz mehrerer Interviewer sollte die Vorgehensweise auf jeden Fall in Pilotbefragungen erprobt und abgestimmt werden.
- Gleichzeitig liefern solche Pilotbefragungen in der Regel Hinweise zur Verfahrensverbesserung.

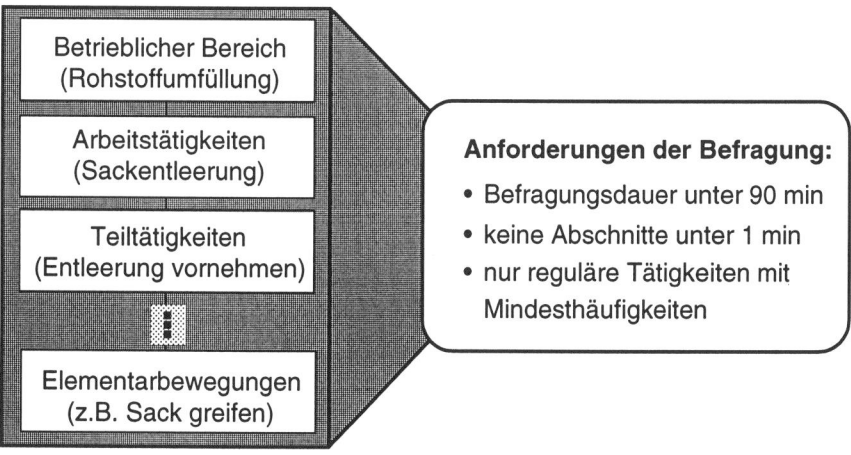

Bild 5-18: Vorgehen zur Tätigkeitsstrukturierung

Bild 5-19 zeigt das in der vorliegenden Studie verwendete Befragungsformular - noch ohne die Tätigkeiten. Neben den Spalten für Tätigkeiten und Teiltätigkeiten werden Angaben zu Häufigkeiten (täglich, wöchentlich, monatlich, ungeplant) sowie Zeitangaben (min - max) und der Art der Tätigkeit (ausführend, überwachend) erhoben. Eine weitere Spalte ist zusätzlichen Bemerkungen vorbehalten.

Nr.	Tätigkeit	Teiltätigkeiten	Häufigkeit				Zeit [min.]		Art		Bemerkungen
			t	w	m	u	min	max	A	Ü	

Legende:
t: täglich
w: wöchentlich
m: monatlich
u: unregelmäßig

A: Ausführung
Ü: Überwachung

Bild 5-19: Beispiel eines Befragungsformulars

Die *Durchführung* der Befragung hat einer Reihe von Kriterien zu genügen (Bild 5-20):
* Sie sollte methodisch sein, indem sie zügig, mit konstantem Personal und in einheitlicher Weise durchgeführt wird.
* Sie sollte übergreifend erfolgen, indem über Abteilungs- und Schichtgrenzen sowie hierarchieübergreifend Daten erhoben werden.
* Sie sollte nach Möglichkeit überlappend erfolgen, indem Tätigkeiten bei mehreren Ausführenden abgefragt werden.

In der abschließenden *Auswertung* der Daten ist neben der reinen statistischen Verarbeitung auch eine *Qualitätskontrolle der Daten* vorgesehen. Dazu sollte vorab eine Auswertungsvorschrift in Form eines Algorithmus definiert werden (z. B. Bild 5-21). Nach dem Erfassen der Datensätze mittels geeigneter Datenverarbeitungsprogramme (Tabellenkalkulation) werden die Rohdaten zunächst statistisch ausgewertet. Dabei erfolgt eine erste Prüfung der Daten auf Plausibilität. Dies beinhaltet den Vergleich der individuellen Datensätze mit dem Mittelwert der Daten, um extreme Abweichungen nach unten oder oben feststellen zu können.

In einem zweiten Schritt sind die Mittelwerte der min - max Spannen auf ihre Abweichungen zu überprüfen. Als Faustregel gilt, daß eine Abweichung kleiner 20% hingenommen werden soll. Bei stärkeren Abweichungen ist zunächst nach den Ursachen der Abweichung zu fragen. Gegebenenfalls sind weitere Datenerhebungen, falls notwendig auch mit anderen Verfahren wie Zeitmessung, erforderlich.

Die Auswertung der Daten endet mit der Berechnung der Gesamtmittel-werte für die einzelnen Tätigkeiten.

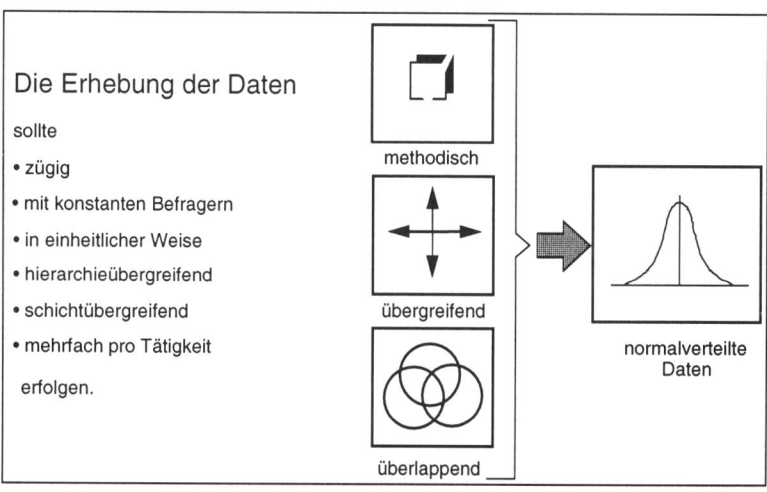

Bild 5-20: Durchführung der Befragung

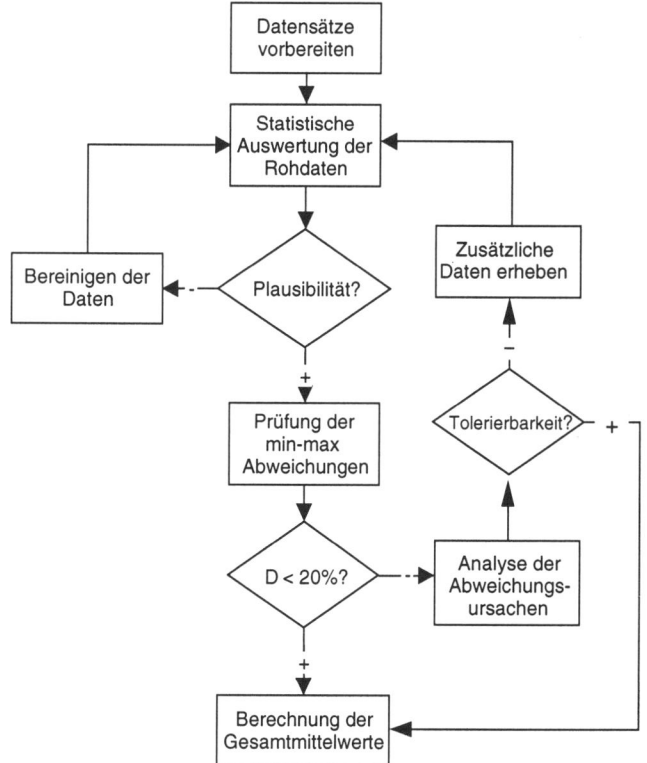

Bild 5-21: Auswertung des Befragungsbeispiels

5.3.1.5 Vorgehensweise im BT

Entsprechend der gewählten Methodik wurde folgende Vorgehensweise für die Untersuchung im BT festgelegt:
- Ermittlung der Tätigkeitsstruktur,
- Ermittlung der Tätigkeitszeiten,
- Bestimmung der Auslastung bezogen auf Ist-Stand und Plan im Folgejahr sowie
- Dokumentation.

Nach ersten Gesprächen mit der Betriebsleitung über Struktur, Organisation und die Bestandteile der Materialflußkette im BT konnten die Tätigkeiten entlang der logistischen Kette erhoben und strukturiert werden. Aufbauend auf diesen ersten freien Interviews wurden 41 Tätigkeiten mit entsprechenden Einzel- und Teiltätigkeiten ermittelt. Zur Erfassung der Soll-Einzelzeiten, die den Zeiten zur einmaligen Verrichtung der Tätigkeit entsprechen, wurden mit 21 Mitarbeitern (Betriebsleiter, Tagschichtmeister, Schichtleiter, Spezialisten, ...) vertiefende Gespräche geführt.

5.3.1.6 Bestimmung der Soll-Zeiten

Soll-Zeiten stellen in der vorliegenden Untersuchung die Zeiten dar, die notwendig sind, um die logistischen Tätigkeiten des BT durchzuführen. Sie entsprechen somit der notwendigen Arbeitszeit zur Realisierung der betrieblichen Aufgaben. In der durchgeführten Untersuchung wurden zur Berechnung der Soll-Zeiten zunächst die *Durchschnittswerte aus den Zeitspannen* der erhobenen Einzelzeiten gebildet. Diese Mittelwerte konnten dann mit dem *Mengengerüst* der für den derzeitigen Betriebszustand als repräsentativ anzusehenden Monate April und Mai belegt und mit den *definierten logistischen Einheiten* auf einen zukünftigen Monat hochgerechnet werden.

Eine *logistische Einheit* stellt in der vorliegenden Studie eine normierte Bezugsmenge für die Durchführung einer Tätigkeit oder Teiltätigkeit dar. Die Definition logistischer Einheiten war in den Bereichen Rohstoffeinlagerung, Rohstoffumfüllung und im Fertigprodukt von großer Bedeutung, da hier nur über solche Bezugsgrößen die Soll-Zeiten beschreibbar wurden. Bei der Befüllung von Fässern spielt beispielsweise die Viskosität eine entscheidende Rolle. Die gesamte Faßanzahl läßt deswegen nur bedingt eine Aussage über die zur Befüllung notwendige Zeit zu, so daß eine Bezugsgröße den Sachverhalt besser widerspiegelt. Im Beispiel der Faßbefüllung wurde aus den einzelnen Faßgewichten unter Berücksichtigung der Faßanzahl ein Durchschnittsgewicht gebildet. Entsprechend den Viskositätsbereichen (kleiner oder größer 5000 mPas) wurde die Menge der langsam oder schnell fließenden Produkte durch das mittlere Faßgewicht dividiert, so daß die anteilige Faßanzahl als logistische Größe in die weiteren Berechnungen einging.

Im Bereich Produktion konnte so das monatliche Stundenvolumen über ermittelte Häufigkeiten berechnet werden. Weiter definierte logistische Größen waren:

- Doppelfaß (z. B.: Stapler kann gleichzeitig 2 Fässer greifen, Faßklammer),
- Palette mit 4 Fässern,
- Tankkammer,
- Lagereinheit (2 Big-bag zu 500 kg oder 1 Big-bag zu 1000 kg),
- Umfüllaufträge, Umfüllcontainer, Abfüllaufträge,
- Octabiner,
- Stückgutlastkraftwagen, Tankwagen, Seecontainer,
- 40 Sack je 25 kg (maximale Palettenmenge),
- Holzpaletten,
- Absetzcontainer.

Zusammenfassend ist zu vermerken, daß sich die Soll-Zeiten aus den verdichteten Durchschnittswerten der Soll-Einzelzeiten, dem Mengengerüst und den definierten logistischen Einheiten zusammensetzen.

Der Soll-Zeit und der daraus errechneten notwendigen Arbeitszeit gegenüber steht die *verfügbare Arbeitszeit*. Sie beinhaltet die Stundensumme, in der Mitarbeiter im Monat anwesend waren. Geleistete Überstunden und Abwesenheitszeiten wurden berücksichtigt. Die ermittelte personelle Ist-Kapazität für logistische Aufgaben des Referenzmonates Mai mußte demzufolge mit den berechneten Soll-Zeiten vergleichbar sein und diente damit der Prüfung der Ergebnisqualität (Bild 5-22).

Bereich	Bezeichnung	verfügbare Arbeitszeit in Stunden je Monat	notwendige Arbeitszeit in Stunden je Monat	Zeitanteile für operative Tätigkeiten
I	Rohstoffeinlagerung	674,5	489,0	72%
II	Rohstoffumfüllung	825,0	523,0	63%
III	Fertigproduktbereich	3756,2	2786,0	74%
IV	Produktion	1800,0	1439,0	80%
			Ø Auslastungsgrad:	73%

Bild 5-22: Ergebnisse Ist-Auslastung

Die Qualität der erhobenen Daten wurde durch drei Prüfungen abgesichert:

Im Schritt 1 wurde mittels Stichproben eine *Plausibilitätsprüfung einzelner Daten* durchgeführt. Durch diese Stichproben konnte, insbesondere in den Bereichen der Rohstoffumfüllung und Faßabfüllung, die Plausibilität der Daten belegt werden.

Der Schritt 2 befaßt sich mit der Überprüfung der Soll-Zeiten anhand von Vergangenheitsdaten. Dies entspricht der Prüfung eines jeden Prognosemodelles: Man prognostiziert einen Zeitraum, für den die Ist-Daten bereits vor-

liegen, und stellt fest, inwieweit Prognose und Ist übereinstimmen. Im vorliegenden Fall mußten allerdings Zeiten für Sonderarbeiten, die nur im Referenzmonat anfielen, berücksichtigt werden .

Im abschließenden Schritt 3 wurde die Verteilung der einzelnen Zeiten untersucht, um festzustellen, ob die größten errechneten Zeitanteile auch den
typischen Hauptaufgaben entsprechen (ABC-Analyse: Kapitel 5.3.2 und
6.2.1). Abweichungen in dieser Verteilung zwingen zur genaueren Untersuchung. Das Ergebnis der Prüfschritte entscheidet über die Eignung der erhobenen Daten für die Berechnung des Personalbedarfs im Folgejahr (Beispiel
in Bild 5-23).

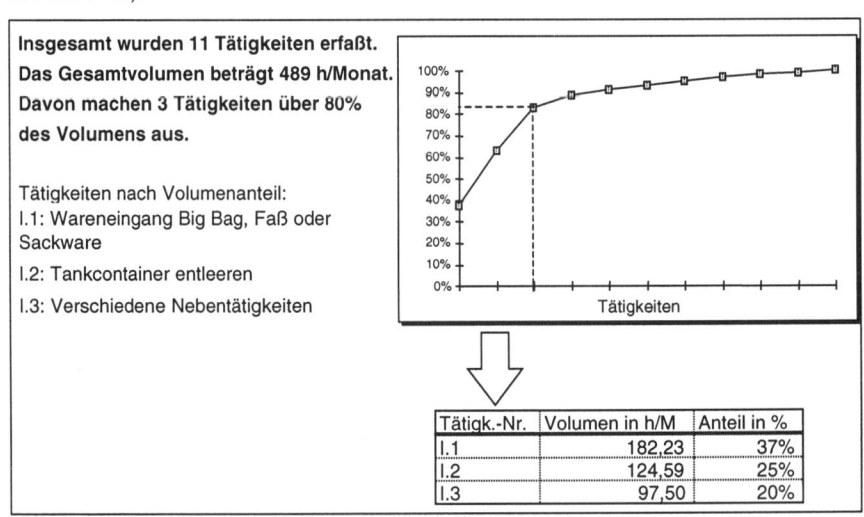

Bild 5-23: Plausibilitätskontrolle der Soll-Zeiten anhand deren Verteilung

5.3.1.7 Ergebnisse der Tätigkeitsanalyse

Grundsätzlich wurde von der Annahme ausgegangen, daß bei einem beleg-
baren Anteil von ca. 80% der Arbeitszeit die Mitarbeiter voll eingesetzt sind.
Die Differenz von 20% zur Erreichung einer Auslastung von 100% beinhaltet
Unterbrechungen der Tätigkeit aus den verschiedensten Gründen. Über die
ermittelten Soll-Zeiten konnten im Referenzmonat durchschnittlich 73% der
Anwesenheitszeiten für operative Tätigkeiten belegt werden. Damit werden
die Zeiten als brauchbar für die Berechnung des Personalbedarfs eingestuft.
Die ermittelten Zeitanteile für operative Tätigkeiten liegen im einzelnen zwischen 63% in der Rohstoffumfüllung und 80% im Fertigproduktbereich. Bei
der Beurteilung der niedrigen Zeitanteile im Ist sind die jeweiligen Tätigkeitsstrukturen und die für die Chemie typischen Formen der Arbeitsorganisation zu bedenken. Eine feste Arbeitsplatzbindung ist meist nicht vorgesehen, und eine exakte Trennung der operativen Tätigkeiten vom Gesamtum-

fang der Arbeit ist schwer möglich. Da zudem für die Personalplanung an der 80% These festgehalten wird, werden eventuell vorliegende Rationalisierungspotentiale automatisch mit berücksichtigt.[1]

Nach den während der gesamten Untersuchung durchgeführten Stichproben zur Datenkontrolle wurden die im Befragungszeitraum notwendigen Zeiten für Reinigungsarbeiten und unvorhergesehene Tätigkeiten ermittelt. Dem Prüfschritt 2 folgend ergeben 160 Stunden, welche den Zeiten des Monates Mai für Sonderarbeiten im BT entsprechen, nur ca. 3% vom Gesamtanteil der anfallenden Arbeit. Dieser geringe Prozentsatz beeinflußt die Zeitanteile nicht negativ, sondern bestätigt ebenfalls die berechneten Werte.

Eine anschließende Analyse der Tätigkeiten nach Volumenanteilen (Prüfschritt 3) erlaubt Rückschlüsse darüber, ob die Tätigkeiten mit den größten Stundenanteilen auch den Hauptaufgaben der Bereiche entsprachen. Es wurden dabei die kumulierten prozentualen Anteile der einzelnen Tätigkeiten über dem Stundenvolumen des jeweiligen Bereiches abgebildet, beginnend mit der Tätigkeit mit dem größten Anteil.

Im Bereich der Rohstoffeinlagerung entsprechen erwartungsgemäß 3 von insgesamt 8 Tätigkeitsgruppen über 80% des Gesamtvolumens von 489 Stunden je Monat. Die Nebentätigkeiten machen lediglich rund 20% aller anfallenden Tätigkeiten aus.

Aus der Analyse der 7 Tätigkeitsgruppen für den Bereich der Rohstoffumfüllung ist zu erkennen, daß die Faß- und Big-bag-Umfüllung mit zusammen über 80% den Haupttätigkeiten der Rohstoffumfüllung entsprechen. Mit über 250 Stunden ist allein die Faßumfüllung in diesem Bereich mit knapp 50% am Gesamtvolumen von 523 Stunden je Monat beteiligt.

Die Ergebnisse der Berechnungen im Fertigproduktbereich ergaben mit 2.786 Stunden den größten Anteil am gesamten Arbeitsaufkommen für logistische Aufgaben und mit 74% eine für die derzeitige Situation vernünftige Auslastung des dortigen Personals. Gemessen am Gesamtvolumen der Tätigkeiten hat die Faßabfüllung den größten Stellenwert.

Von besonderer Bedeutung ist im Fertigproduktbereich der Einsatz von 4 befristeten Arbeitskräften während des untersuchten Zeitraumes. Da die Teilzeitkräfte nur mangelhaft ausgebildet sind und nur sporadisch anwesend waren, wurden sie in der Untersuchung wie in Tabelle 5-3 dargestellt berücksichtigt. Der angegebene Einsatzgrad entspricht einer Einschätzung der jeweiligen Führungskräfte.

---

[1] Es sollte bedacht werden, daß hier aus einem Beratungsbericht zitiert wird. Der Berater mußte hier die psychologische Hürde nehmen, einerseits zu begründen, daß das ermittelte Zeitengerüst trotz der in einem Betriebsteil (zu) niedrigen Werte benutzbar ist ohne zugleich dem Auftraggeber vorzuwerfen, in diesem Bereich in der Vergangenheit eine personelle Überkapazität geduldet zu haben.

Teilzeitkräfte	1	2	3	4
Anwesenheit	108 Stunden	132 Stunden	97 Stunden	169,5 Stunden
Schulungen (Staplerpaß)		3 Tage = 96	Stunden	
Einsatzgrad		50	Prozent	
verfügbare Arbeitszeit		205, 25	Stunden (Monat Mai)	

Tabelle 5-3: verfügbare Arbeitszeit der Teilzeitkräfte

Mit 1.800 Stunden verfügbarer monatlicher Arbeitszeit im Bereich der Produktion wurde in der Untersuchung davon ausgegangen, daß der Produktionsbereich mit einem Personalaufwand von permanent 2,5 Mitarbeitern je Schicht die Erfüllung der logistischen Aufgaben realisiert. Diese Annahme war notwendig, da die untersuchten logistischen Tätigkeiten nur einen Teil der dort anfallenden Arbeiten darstellen. Der ermittelte Auslastungsgrad von 80% ist somit nur bedingt aussagekräftig, da kurzfristig mehr Mitarbeiter zur Verfügung stehen können, so daß endgültige Aussagen in diesem Bereich grundsätzlich nur in Verbindung mit den sonstigen Produktionsaufgaben möglich sind. Das Gesamtvolumen im Bereich Produktion beträgt 1.439 Stunden je Monat und setzt sich aus einer gleichmäßigen Verteilung der Einzelanteile zusammen.

5.3.1.8 Berechnungsvorschrift zur Bestimmung des Personalbedarfs im Folgejahr

Die Bestandteile zur Bestimmung des Personalbedarfs zeigt anschaulich die Grafik in Bild 5-24. Das geplante Mengengerüst im BT für das Folgejahr mit einer geplanten Jahresproduktion von 45.000 Tonnen bedingt ein erforderliches Stundenvolumen zur Realisierung der für die Produktion notwendigen Tätigkeiten, das sich aus den erhobenen Soll-Einzelzeiten, den zu erwartenden technischen Veränderungen und Übungseffekten sowie den Zuschlägen für Unterbrechungen zusammensetzt. Die Betrachtung dieser Zusammensetzung entscheidet über einen Mehr- oder Minderbedarf an Personal für den Planungszeitraum. Die Bestandteile können in einer Berechnungsvorschrift zur Bestimmung des Personalbedarfs für den BT zusammengefaßt werden und erfordern die Abarbeitung drei einzelner Teilschritte.

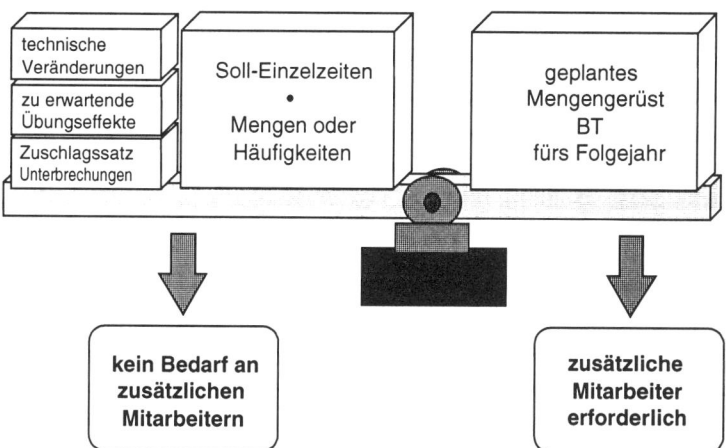

Bild 5-24: Personalbedarf im Folgejahr bestimmen

Im Teilschritt 1 wurden die in der Untersuchung zur Ermittlung des Ist-Standes erhobenen und geprüften Soll-Einzelzeiten mit den mengenabhängigen und mengenunabhängigen Größen des geplanten Mengengerüstes belegt und auf ein durchschnittliches Monatsvolumen hochgerechnet.

Die Erfassung der geplanten technischen Veränderungen im Teilschritt 2 ergab eine zu erwartende Einsparung von durchschnittlich 28% bei den betroffenen Tätigkeiten.

Im Teilschritt 3 wurden die Auswirkungen von Übungseffekten analysiert. Hier ist nur noch ein geringes Potential an zu erwartenden Übungseffekten vorfindbar, da die Mitarbeiter bereits jetzt ihre Arbeit beherrschen. Lediglich im Fertigproduktbereich konnten 4 relevante Tätigkeiten ermittelt werden, die jedoch nur einen Anteil an der gesamten Soll-Zeit von unter 1% ausmachen. Da dem BT ebensowenig wie dem BT betreibenden Konzern spezifische *Kostenerfahrungskurven* zur Verfügung stehen, konnte auch nicht über diesen Weg auf Effekte, die sich aus einer Restrukturierung von Tätigkeiten ergeben können, rückgeschlossen werden.

Entsprechend dem Teilschritt 4 der Berechnungsvorschrift zur Ermittlung des Personalbedarfs wurden Zuschläge für Tätigkeitsunterbrechungen einbezogen. Damit ist hier die Summe der Soll-Zeiten sämtlicher Ablaufabschnitte, die zusätzlich zur planmäßigen Ausführung eines Ablaufes durch den Menschen erforderlich sind, gemeint. Erst durch die Berücksichtigung solcher Zeiten ist es möglich, das Stundenvolumen der Mitarbeiter ganzheitlich abzubilden. Gemäß den Erfahrungen des Konzerns wurden für die Schichten folgende Zuschläge angesetzt:
• Tagschicht 15% und

- Wechselschicht 20%[1].

Für den Fall, daß in einem Bereich Mitarbeiter aus beiden Schichten arbeiten und eine korrekte Trennung ihrer Tätigkeiten nicht möglich ist, wird ein durchschnittlicher Zeitzuschlag angenommen. Dieser Zuschlag setzt sich proportional dem Mischungsverhältnis des jeweiligen Mitarbeiteranteils aus den Schichten zusammen:

$$\text{Ø Zeitzuschlag in \%} = (AM_{Ts} \bullet 15 + AM_{Ws} \bullet 20) / (AM_{Ts} + AM_{Ws})^2$$

Den abschließenden Schritt der Berechnungsvorschrift bildet die Quotientenbildung aus den erforderlichen und den verfügbaren Stunden. Dieser Quotient entspricht dem notwendigen Personalbedarf:

$$\text{Personalbedarf} = \text{erforderliche Stunden} / \text{verfügbare Stunden}$$

In diesem Berechnungsschritt sind verfügbare Stunden enthalten, die tatsächlich von einem Mitarbeiter in einem Monat durchschnittlich erbracht werden. Dieses Stundenvolumen berücksichtigt Abwesenheiten und Überstunden.

5.3.1.9 Ergebnisse der Personalbedarfsermittlung für das Folgejahr

Aus den Soll-Einzelzeiten wurden entsprechend der genannten Berechnungsvorschrift die erforderlichen Stunden zur Abarbeitung der Tätigkeiten für den Planzeitraum berechnet. Demgegenüber stehen die verfügbaren Stunden je Mitarbeiter und Monat. In dem verfügbaren Stundenvolumen wurden berücksichtigt:
- jährliche Arbeitszeit von 2.088 Stunden,
- Jahresurlaub von 30 oder 33 Tagen entsprechend Tag- oder Wechselschicht,
- Krankenstand von rund 2,5%,
- Ø Überstunden von 2,5%,
- Freistellungen mit 12 Stunden je Mitarbeiter und Jahr.

Nach Einbeziehung dieser Bestandteile ergibt sich ein gewichteter Mittelwert von 151,5 verfügbaren Stunden je Mitarbeiter und Monat entsprechend der Verteilung der Mitarbeiter auf die beiden Schichtsysteme. Auf dieser Basis wurde der in Tabelle 5-4 wiedergegebene Mehrbedarf an Personal je Bereich ermittelt.

Die Ergebnisse zeigen, daß die zukünftigen Aufgaben in den Bereichen Rohstoffeinlagerung und Rohstoffumfüllung von der vorhandenen Stammbelegschaft auch im Planungszeitraum realisiert werden können.

---

[1]   Der höhere Zuschlag der Wechselschicht erklärt sich durch die Berücksichtigung der bezahlten Pause mit 5%.

[2] AM_{Ts}: Anzahl Mitarbeiter Tagschicht und AM_{Ws}: Anzahl Mitarbeiter Wechselschicht.

Bereich	Bezeichnung	Personal-bedarf	Stammbeleg-schaft Ist-Stand	Mehrbedarf an Personal
I	Rohstoffeinlagerung	4	4	0
II	Rohstoffumfüllung	5	5	0
III	Fertigproduktbereich	24	19	5
IV	Produktion	14	10	4

Tabelle 5-4: Personalbedarf

Im Fertigproduktbereich ist ohne eine Erhöhung der derzeitigen Stammbelegschaft die geplante Produktion von 45.000 Jahrestonnen nicht zu realisieren. Die Verstärkung der Wechselschichtbelegung um 1 Mitarbeiter je Schicht und 1 zusätzlichen Mitarbeiter in Tagschicht ist aufgrund der Untersuchungsergebnisse zu befürworten. Im Bereich Produktion bezieht sich der Mehrbedarf auf das durch die Produktion für logistische Aufgaben bereitzustellende Personal. In der Untersuchung wurde davon ausgegangen, daß der Bereich Produktion mit einem derzeitigen Personaleinsatz von 2,5 Mitarbeitern je Schicht die Erfüllung der logistischen Aufgaben realisiert. Eine Verstärkung der Wechselschichten um je 1 Mitarbeiter, auch unter Berücksichtigung der gesamten Personalsituation des Produktionsbereiches, ist in diesem Bereich zu empfehlen.

5.3.2 Aufgabengliederung und ABC-Analyse - Fallbeispiel

Der Ablauf dieser Methode ist in Bild 5-25 dargestellt.

Eine Aufgabengliederung nach dieser Methode kann sich auf einen Soll-Zustand ebenso beziehen wie sie dazu benutzt wird, einen Ist-Zustand zu erfassen. Wie eine Aufgabengliederung prinzipiell angefertigt wird, ist bereits beschrieben worden. Im Rahmen der hier vorgestellten Methode[1] wird die Aufgabenanalyse nach einem festen Schema betrieben. Es folgt nach einer Aufstellung der Ziele eines Arbeitssystems eine Gliederung in *Aufgaben* (als Beschreibung von Maßnahmen zur Erreichung von Zielen), *Teilaufgaben* (Aufgaben, die sich aus dem Gliedern von Aufgaben ergeben) und *Unteraufgaben* (die sich aus dem Gliedern von Teilaufgaben ergeben), wobei jede Aufgabe eine *Verrichtung an Objekten* bedeutet. Grundsätzlich unterschieden werden zwei Hauptgesichtspunkte für die Analyse:
* die Sachzielorientierte Gliederung und
* die Formalzielorientierte Gliederung.

---

[1] In Anlehnung an REFA 1996 (Arbeitssystem- und Prozeßgestaltung : Aufgabengliederung/Funktionsverteilung/ABC-Analyse, Modul 3110360).

Aufgaben werden immer nach Sachzielen gegliedert, diese können aber in den weiteren Stufen auch nach Formalzielen wie Rang (entscheiden oder ausführen), Phase (planen, bearbeiten, kontrollieren), Zweck (mittelbar, unmittelbar), Mittel (womit?), Raum (wo?), Zeit (wann, wie lange?) weitergegliedert werden.

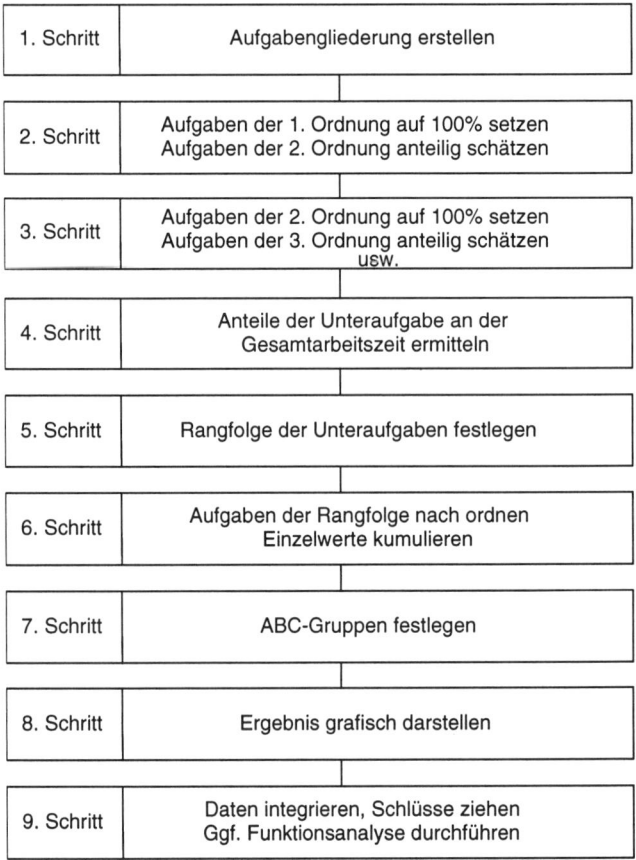

Bild 5-25: Vorgehensplan REFA-Methode „Aufgabengliederung/Funktionsverteilung/ABC-Analyse"

Bild 5-26 zeigt einen Ausschnitt aus einer angefertigten Aufgabengliederung für die Betriebsleitungen einer pharmazeutischen Fabrik. Wie erkennbar ist, wurde von der vorgegeben Systematik hier in zwei Fällen abgewichen:

*   Statt der in der Methode geforderten Beschreibung einer Aufgabe als Verrichtung an einem Objekt wurde hier häufig eine Substantivierung gewählt, die jedoch einen gleichen Aussagecharakter hat (Budgetplanung anstelle Planung der Budgets)
*   Es wurde eine vierte Gliederungsstufe eingeführt.

```
5 Controlling
          5.1  Budgetplanung
          5.2  Budgetkontrolle
          5.3  Jahresberichte
          5.4  Kennzahlenermittlung
          5.5  Rechnungsprüfung
6 Erfüllung gesetzlicher Auflagen
          6.1  Validierung und Qualifizierung von Anlagen
          6.2  Pharmazeutische Dokumentation
                6.2.1  Herstellungsprotokolle
                            6.2.1.1  Erstellung von HP-Scheinen
                            6.2.1.2  Modifizierung
                            6.2.1.3  Stichproben- oder Komplettkontrolle
                            6.2.1.4  Plausibilitäts- und Vollständigkeitsprüfung
          6.3  Sicherheitsanweisungen
          6.4  Betriebsvorschriften
          6.5  Registrierunterlagen
          6.6  Logbücher
```

Bild 5-26: Ausschnitt aus der Tätigkeitsstruktur der Betriebsleiter einer pharmazeutischen Fabrik

Außer durch den Formalismus und die vorgegebene Gliederungstiefe unterscheidet sich die Vorgehensweise bei der Aufgabengliederung in dieser Methode nicht von der in Kapitel 5.3.1 beschriebenen. *Die entscheidende Differenz besteht bei der Zeitermittlung.* Hier wird nicht nach der (im Zweifel meßbaren) Dauer einer einzelnen Verrichtung gefragt, sondern nach der Verteilung, welche die Teil- oder Unteraufgaben an der jeweils übergeordneten Aufgabe haben. Man fragt also nach *Zeitanteilen.* Damit wird ein gänzlich anderes gedankliches Konstrukt im Interview bemüht als zuvor. Man macht sich hierbei zunutze, daß gerade bei komplexeren Aufgaben die jeweiligen Durchführungszeiten zwar erheblich streuen können, die Mitarbeiter in solchen Fällen aber zumeist dennoch einen ganz zutreffenden Eindruck davon haben, wie die zeitliche Verteilung der einzelnen Aufgaben im Bezug auf die übergeordnete Aufgabe ist. Durch das gestufte Abfragen der Verteilungen werden somit relativ realitätsnahe Ergebnisse erzielt.

Für die spätere ABC-Analyse werden nur die Tätigkeiten der jeweils untersten Hierarchiestufe herangezogen und deren Anteil am Gesamttätigkeitsspektrum durch Multiplizieren der Anteilswerte der einzelnen Stufen ermittelt. Dazu folgendes Beispiel:

In einem DINKI[1]-Haushalt bemängelt die Ehefrau die Doppelbelastung durch die Hausarbeit. Diese soll neu organisiert werden und es soll die Frage geklärt werden, ob sich Tätigkeiten ausfindig machen lassen, die einer „Perle" übertragen werden können.
Hierzu eignen sich primär solche Tätigkeiten mit nennenswerten Zeitbedarf jedoch ohne Zeitbindung. Die Tätigkeiten mit dem Hauptzeitbedarf sind deswegen zunächst ausfindig zu machen. Die Rahmenbedingungen des Haushaltes sind:
• 75 qm 3ZKDBGWC-Stadtwohnung mit Balkon in erster Etage,
• Neubau,

---

[1]   <u>D</u>ouble <u>I</u>ncome, <u>N</u>o <u>K</u>ids.

- gehobene Ausstattung,
- Naßbereiche gefliest, sonst hochwertiger Teppichboden,
- Einbauküche, Waschmaschine, elektronischer Kondensationstrockner, Spül-
  maschine,
- diverse Küchenhelfer und Haushaltsgeräte.

Bild 5-27 zeigt die mit dem Paar im Konsens ermittelte Aufgabenverteilung und die zugehörigen Zeitanteilsschätzungen.

1. Ordnung		2. Ordnung		3. Ordnung		
1 Essen	25%	11 Kochen	70%	111 Planen	5%	0,88%
				112 Vorbereiten	60%	10,50%
				113 Zubereiten	35%	6,13%
		12 Tischdienst	10%	121 Tischdecken	40%	1,00%
				122 Servieren	30%	0,75%
				123 Abräumen	30%	0,75%
		13 Nachsorge	20%	131 Spülen	40%	2,00%
				132 Wegräumen	60%	3,00%
2 Wohnung reinigen	20%	21 Staubsaugen	15%			3,00%
		22 Staubwischen	15%			3,00%
		23 Fensterputzen	10%			2,00%
		24 Naßreinigen	30%			6,00%
		25 Aufräumen	25%			5,00%
		26 Abfall	5%			1,00%
3 Wäsche machen	30%	31 Vorbereiten	5%	311 Sammeln	30%	0,45%
				312 Sortieren	70%	1,05%
		32 Waschen	15%	321 Waschm. benutzen	60%	2,70%
				322 Trockner benutzen	40%	1,80%
		33 Nachsorgen	70%	331 Bügeln	80%	16,80%
				332 Falten	15%	3,15%
				333 Einräumen	5%	1,05%
		34 Reinigung	10%			3,00%
4 Einkaufen	15%	41 Bedarf feststellen	5%			0,75%
		42 Routenplanung	0%			0,00%
		43 Ladenbesuche	50%			7,50%
		44 Wegezeiten	40%	441 Parkplatzsuchen	40%	2,40%
				442 Fahrt	50%	3,00%
				443 Fußweg	10%	0,60%
		45 Einräumen	5%			0,75%
5 Organisation	10%					10,00%
						100,00%

Bild 5-27: Beispiel einer Aufgabengliederung (Hausarbeit)

In die als nächstes anzufertigende ABC-Analyse gehen nur die Aufgaben der jeweils höchsten vorhandenen Ordnung ein. Also bei „Essen" nur die der dritten Ordnung, aber bei „Wohnung reinigen" die der zweiten (und nur die). Die letzte Spalte des Bildes 5-26 zeigt die für diese Tätigkeiten errechneten Anteile an den Gesamttätigkeiten. Diese werden nun der Größe nach geordnet und deren kumulierte Anteile ermittelt (Tabelle 5-5).

Rangn.	Aufgen.	Bezeichnung	Anteil	Anteil kumuliert
1	331	Bügeln	16,80%	16,80%
2	112	Vorbereiten	10,50%	27,30%
3	5	Organisation	10,00%	37,30%
4	43	Ladenbesuche	7,50%	44,80%
5	113	Zubereiten	6,13%	50,93%
6	24	Naßreinigen	6,00%	56,93%
7	25	Aufräumen	5,00%	61,93%
8	332	Falten	3,15%	65,08%
9	132	Wegräumen	3,00%	68,08%
10	21	Staubsaugen	3,00%	71,08%
11	22	Staubwischen	3,00%	74,08%
12	34	Reinigung	3,00%	77,08%
13	442	Fahrt	3,00%	80,08%
14	321	Waschmaschine beschicken	2,70%	82,78%
15	441	Parkplatzsuchen	2,40%	85,18%
16	131	Spülen	2,00%	87,18%
17	23	Fensterputzen	2,00%	89,18%
18	322	Trockner beschicken	1,80%	90,98%
19	312	Sortieren	1,05%	92,03%
20	333	Einräumen	1,05%	93,08%
21	121	Tischdecken	1,00%	94,08%
22	26	Abfall	1,00%	95,08%
23	111	Planen	0,88%	95,95%
24	122	Servieren	0,75%	96,70%
25	123	Abräumen	0,75%	97,45%
26	41	Bedarf feststellen	0,75%	98,20%
27	45	Einräumen	0,75%	98,95%
28	443	Fußweg	0,60%	99,55%
29	311	Sammeln	0,45%	100,00%
30	42	Routenplanung	0,00%	100,00%

Tabelle 5-5: Nach Zeitanteilen sortierte Tätigkeitsverteilung Haushalt

Der letzte Schritt einer ABC-Analyse in dieser Methode bildet die grafische Darstellung der Tabellenwerte *Rangnummer* und *kumulierter Anteil* (Bild 5-28). Eine solche Grafik erleichtert die Beurteilung der Ergebnisse und besonders die Klassenbildung (A, B oder C) erheblich. Das Ergebnis weist *Bügeln*, das *Vorbereiten des Kochens* der Mahlzeiten und *allgemeine Organisation* als die Tätigkeiten aus, welche den höchsten Zeitbedarf haben. Davon ist allerdings nur das *Bügeln* nicht zeitgebunden und damit an eine „Perle" übertragbar.

Zusammen allerdings mit den übrigen, teilweise ebenfalls hochbewerteten und nicht zeitgebundenen Tätigkeiten aus Gruppe 2 und 3 ergibt sich dennoch ein übertragbarer Umfang von 47,45% der Hausarbeiten

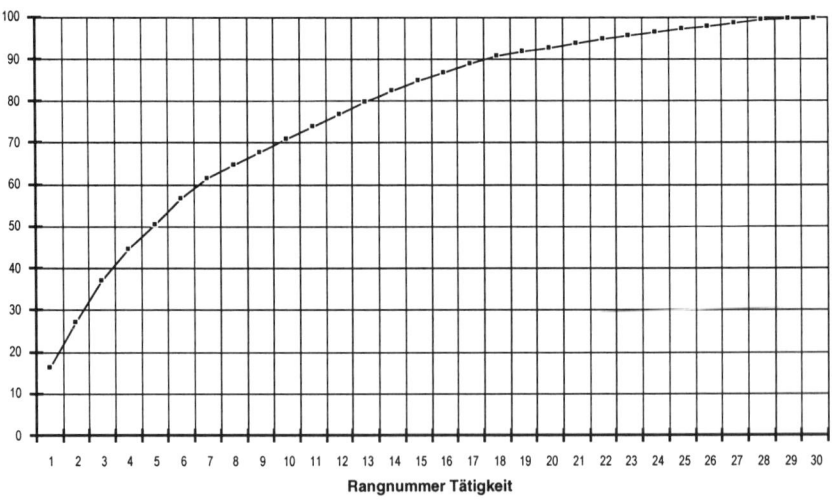

Bild 5-28: Beispiel einer Lorenzkurve (Haushalt)

5.4 Beobachtende Methoden

Wie bereits erwähnt, genießen beobachtende Methoden, also Methoden, in denen die Datenerhebung durch verschiedene instrumentell unterstützte Beobachtungen Außenstehender erfolgt, allgemein ein höheres Vertrauen bezüglich der Validität. Zwar wird noch gezeigt werden, daß auch diesen Methoden Probleme anhaften, die Verfälschungsmöglichkeiten eröffnen und bei denen durch Anwendungsgepflogenheiten teilweise auch bewußt Fehler und Ungenauigkeiten akzeptiert werden, dennoch ist das größere Vertrauen von der Tendenz her gerechtfertigt. Vor dem Einsatz einer solchen Methode steht aber dennoch immer noch die Frage: Wieviel genauer gegenüber einer befragenden Methode sind die Ergebnisse und ist dieser - in der Regel teuer erkaufte - Genauigkeitszusatz tatsächlich notwendig?

Die zwei wichtigsten betrieblichen Methoden stellen meiner Meinung nach die *Zeitaufnahme* und das *Multimomenthäufigkeitsverfahren* dar. Das MM-Verfahren wurde in den vorliegenden Ausführungen bereits öfter erwähnt und wird in diesem Abschnitt nun ausführlich abgehandelt. Zunächst aber soll die deutlich unmittelbarere und im Zweifel auch wichtigere Zeitaufnahme vorgestellt werden. Bei den folgenden Ausführungen ist zu beachten, daß die vorgestellte REFA-Zeitaufnahme einen Extrempunkt darstellt: genauere und ausführlichere Zeitaufnahmen sind in praktischen Zusammenhängen kaum vorstellbar - Vereinfachungen dagegen, je nach betrieblicher Anwendung, dagegen etliche.

5.4.1 Zeitaufnahme nach REFA

Es gibt diverse Methoden der Zeitaufnahme, die jeweils darauf ausgelegt sind, spezifische methodische Probleme zu vermeiden. Angreifbar bezüglich Validität und Reliabilität sind sie alle in gewissem Umfang. In Deutschland am weitesten verbreitet und von den Tarifparteien zudem akzeptiert ist die REFA-Zeitaufnahme[1]. Diese Zeitaufnahme dient der *Ermittlung von Soll-Zeiten* dadurch, daß *Ist-Zeiten gemessen und ausgewertet* werden. Einen besonderen Wert legt REFA dabei auf die Dokumentation der Zeitaufnahme, um sicherzustellen, daß auch nach Jahren die Herkunft und die Umstände, die zu einer Soll-Zeit geführt haben, nachgeprüft werden können. Dies hat vor allem den Hintergrund, daß einer Änderung eines auf der Basis einer Zeitaufnahme festgelegten Leistungslohnes ein Betriebsrat nur dann zuzustimmen braucht, wenn wesentliche Veränderungen in der Bemessungsgrundlage nachgewiesen werden können. Bei einer REFA-Zeitaufnahme (im folgenden auch nur kurz: Zeitaufnahme) werden gewöhnlich die auf den Menschen bezogenen Zeiten erfaßt.

5.4.1.1 Vorgehensweise

Im Mittelpunkt der Zeitaufnahme steht das Beobachten des Ist-Ablaufes mit Hilfe eines geeigneten Zeitmeßgerätes durch einen menschlichen Beobachter. Diese Arbeit ist kaum automatisierbar, da es vor allem auch darauf ankommt, alle Umstände, die auf die Arbeit einwirken und sich möglicherweise bei der Beobachtung mehrfach ändern, zu dokumentieren. Die Zeitaufnahme folgt dem *REFA-Standardprogramm Zeitaufnahme*, welches in Bild 5-28 dargestellt ist.

Bei einer Zeitaufnahme sind einige generelle Vorschriften und Höflichkeitsregeln zu beachten, die dazu führen, daß Betriebsrat, Vorgesetzte und natürlich die beobachtete Person selbst über die Aufnahme informiert sein müssen. Der Zeitnehmer sollte so stehen, daß er gut beobachten kann, ohne zu behindern und bei der Aufnahme nicht mit anderen diskutieren. Sicherheitsvorschriften gelten auch bei Zeitaufnahmen weiter, und die Zeitaufnahmebögen oder EDV-Datenträger sind Urkunden, die entsprechend zu behandeln sind.

Zu den Arbeitsschritten:
- Der jeweilige Verwendungszweck (Planung, Steuerung, Kontrolle, Entlohnung, ...) definiert die Sorgfalt, mit der die Zeitaufnahme angefertigt

---

[1] Die folgende Darstellung orientiert sich an REFA 1996 (Produktionsdatenmanagement : Zeitaufnahme-Grundlagen, Modul 3210247).

werden muß. Die jeweilige Arbeit muß auch zukünftig genügend häufig anfallen, um den Aufwand zu rechtfertigen.

- Zur Vorbereitung gehört neben den genannten Informationspflichten auch die Beschreibung des Arbeitssystems, insbesondere der Umgebung und der Bedingungen sowie grob der Arbeitsaufgabe.

- Heutzutage wäre aus methodischer Sicht ein ideales Zeitmeßgerät eine Videokamera. Diese Ansicht wird von den Tarifparteien allerdings bislang nicht geteilt. Ein einschlägiger Versuch wird in der Praxis daher von der Einschätzung des jeweiligen Betriebsrates und des Ausmaßes seiner gewerkschaftlichen „Linientreue" abhängen. Bei der Wahl anderer Zeitregistrierungsgeräte, insbesondere der einfachen Stoppuhr, ist eine Entscheidung zwischen *Einzelzeitenmessung* (jeder Vorgang wird separat gemessen) und *Fortschrittszeitenmessung* (die seit Beginn der Zeitmessung verstrichene Zeit wird dokumentiert) erforderlich. In der Regel wird die Fortschrittszeit gewählt.

- Bei Serien- und Massenfertigungen wiederholen sich identische Arbeitsabläufe gewöhnlich in relativ kurzen Zyklen. Bei anderen Fertigungsverfahren kann die Reihenfolge an sich gleicher Abläufe deutlich variieren. Die Techniken der Zeitaufnahme unterscheiden sich entsprechend. Dazu gehört im Fall der Stoppuhr als Zeitmeßgerät auch ein jeweils anders gestalteter Zeitaufnahmebogen.

- Wichtig ist die Beschreibung der jeweiligen Meßpunkte. Sie sollten so beschaffen sein, daß sie einen Ablauf erkennbar abschließen. Gut eignen sich solche, die mit einem besonderen Geräusch verbunden sind.

Die Bilder 5-29 und 5-30 zeigen ein Beispiel für eine Zeitaufnahme auf einem REFA-Zeitaufnahmebogen[1].

5.4.1.2 Leistungsgradbeurteilung

Der methodisch umstrittene Teil der REFA-Zeitaufnahme ist die Leistungsgradbeurteilung[2]. Sie findet sich auch nicht in allen Zeitaufnahmetechniken. TAYLOR beispielsweise orientierte sich prinzipiell an der gemessenen Spitzenleistung. Hintergrund der Leistungsgradbeurteilung ist die angestrebte Überführung der Ist-Zeiten in Soll-Zeiten. Da die menschliche Leistung stark streut - und bei einer Zeitaufnahme auch durch die Umstände bedingt oder willentlich systematisch verfälscht sein kann - wird ein Korrektiv gebraucht. Das Ergebnis einer Zeitaufnahme soll ja eine Soll- und mitunter auch eine Vorgabezeit sein, die einerseits den Menschen nicht überfordert, andererseits den Betrieb nicht übervorteilt (Kapitel 3.5.5).

---

[1]   Mit freundlicher Genehmigung von Herrn KURT QUAST, Langerwehe. Der Leser sollte versuchen herauszufinden, welche Ablauffolge der Arbeitende und welche Zeitmessung der Zeitnehmer gewählt hatte. Beachten sollte er auch die auf der Rückseite (Bild 5-30) angegeben Aufgaben.

[2]   Die Darstellung orientiert sich an REFA 1996 (Produktionsdatenmanagement : Menschlicher Leistungsgrad, Modul 3210248).

Z2	**REFA-Zeitaufnahmebogen** für Abläufe mit Wiederholungen	Ablage-Nr. **2/106** Blatt **1** von **1** Blättern

Arbeitsaufgabe **ROHRVERBINDUNG MONTIEREN**

Auftrag Nr. **471111**	Menge m des Arbeitsauftrages **10000**	Abteilung **438**	Kostenstelle **381**

Datum der Zeitaufnahme	Beginn Uhrzeit/Menge	Ende Uhrzeit/Menge	Dauer ≈ **12 min**

Zusammenstellung der Zeit je Einheit	Zeit in **cmin**	Herkunft
		Rückseite
Grundzeit t_g		
Erholungszeit t_{er} bei z_{er} = **10** %		
Verteilzeit t_v bei z_v = **.10** %		
sonstige Zuschläge		
Zeit je Einheit t_{e1} **in cmin**		
t_{e1}/t_{e100}/t_{e1000} in min ≈		
Rüstzeit t_r in min	**20**	

Arbeitsverfahren und Arbeitsmethode **DIE MONTAGE DER ROHRVERBINDUNG ERFOLGT SO, DASS DIE KONTERMUTTER VON HAND AUF DAS LÄNGSTE GEWINDE BIS CA. MITTE AUFGEFÄDELT WIRD. DANN WERDEN AUF DAS ZWISCHENSTÜCK JE 1 MUFFE LINKS UND RECHTS VON HAND BIS ANSCHLAG AUFGESCHRAUBT. DANACH WIRD DER KRÜMMER IN EINE SEITE DES ZWISCHENSTÜCKS BIS ANSCHLAG EINGESCHRAUBT, IN DIE ANDERE SEITE DAS ANSCHLUSSTÜCK MIT DER KONTERMUTTERNSEITE, WONACH DIESE BIS ANSCHLAG ANGESCHRAUBT WIRD.**

Arbeitsgegenstand (Eingabe)

Benennung	Werkstoff	Zustand bei Eingabe	Zeichn.-Nr.	Werkstoff Nr.	Maße, Formen, Gewichte
2 MUFFEN	ST 37	BEARBEITET	2332	10M2	30×23 Ø
KRÜMMER	ST 37	"	2332/A	"	SIEHE ZEICHNG.
ANSCHLUSSTÜCK U. KONTERMUTT.	"	"	2332/B	"	" "
ZWISCHENSTÜCK	"	"	2332/C	"	" "

Mensch

Name	Personalnummer	m	w	Alter	Dauer der Ausübung ähnlicher Aufgaben	der untersuchten Aufgabe
QUAST, KURT	282	X		54	6 MONATE	500 STCK.

Betriebsmittel

Benennung, Type	Anzahl	Betriebsmittel-Nr.	Baujahr	technische Daten, Zustand

Umgebungseinflüsse **NORMALE RAUMTEMPERATUR** | Entlohnung **AKKORD**

Bemerkungen **MITARBEITER FÜHLTE SICH NICHT WOHL, DAHER WURDE EINMAL DIE ZEITAUFNAHME UNTERBROCHEN**

Qualität des Arbeitsergebnisses **(PRÜFUNG DURCH QUALITÄTSÜBERWACHUNG) KEIN AUSSCHUSS**

Bearbeiter	geprüft	Datum	gültig ab	bis

Bild 5-29: Beispiel REFA-Zeitaufnahmebogen Z2, Vorderseite

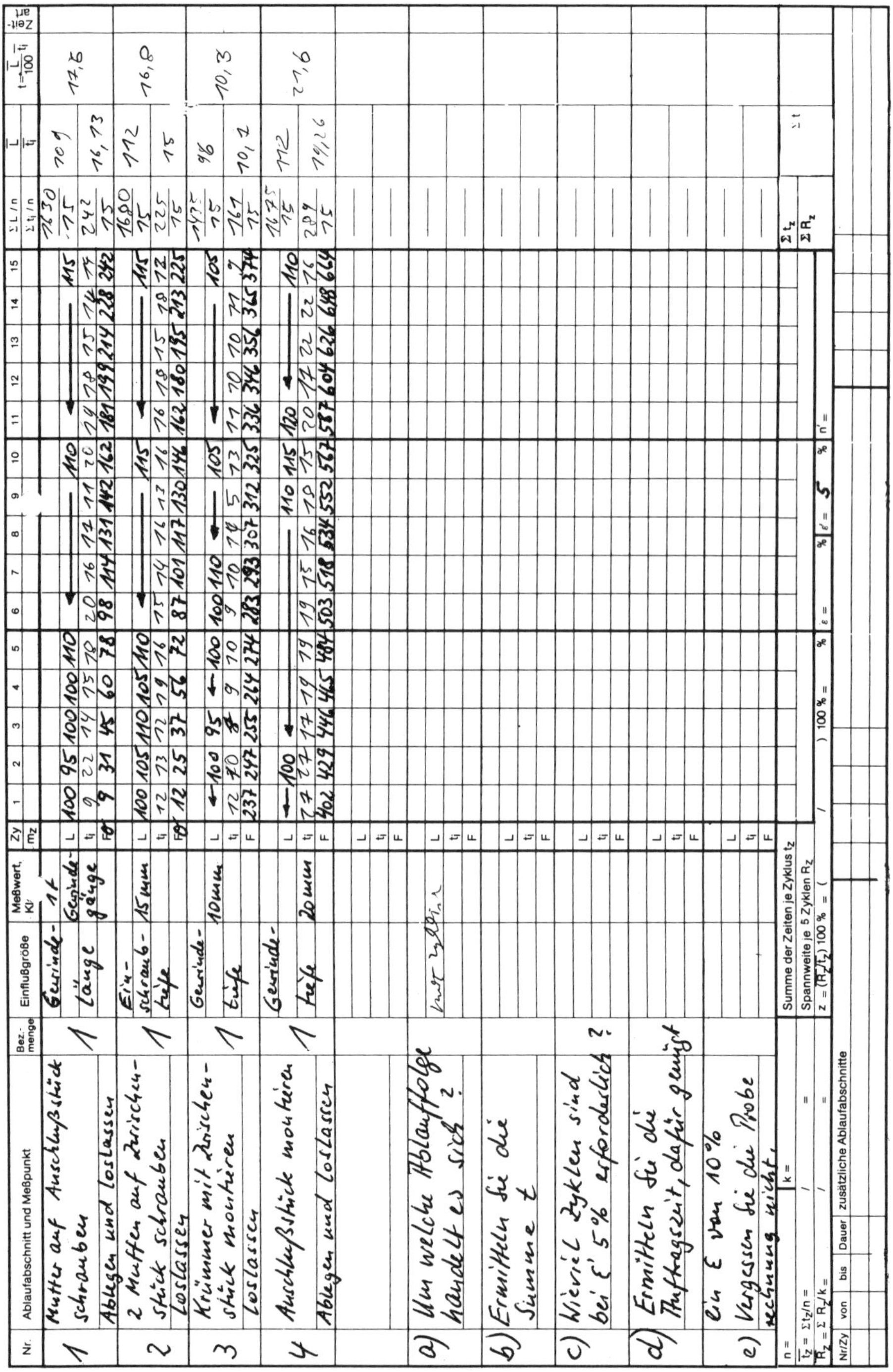

Bild 5-30: Beispiel REFA-Zeitaufnahmebogen Z2, Rückseite

Was geschieht nun bei der Leistungsgradbeurteilung? Der Zeitnehmer entwickelt eine Vorstellung davon, wie der Bewegungsablauf aussehen müßte, wenn der Arbeitende die Arbeit acht Stunden lang ohne Nachlassen im Arbeitstempo durchführen wollte. Dazu gibt es Kriterien wie beispielsweise „harmonischer" Bewegungsablauf etc. Der Zeitnehmer entwirft also eine Vorstellung, wie diese Leistung aussieht, setzt dieses „Bild" gleich 100% (Normalleistung) und vergleicht das, was der Arbeitende gerade tut, damit und beurteilt, ob und wieviel das schneller oder langsamer ist, als seine 100%-Vorstellung (Bild 5-31).

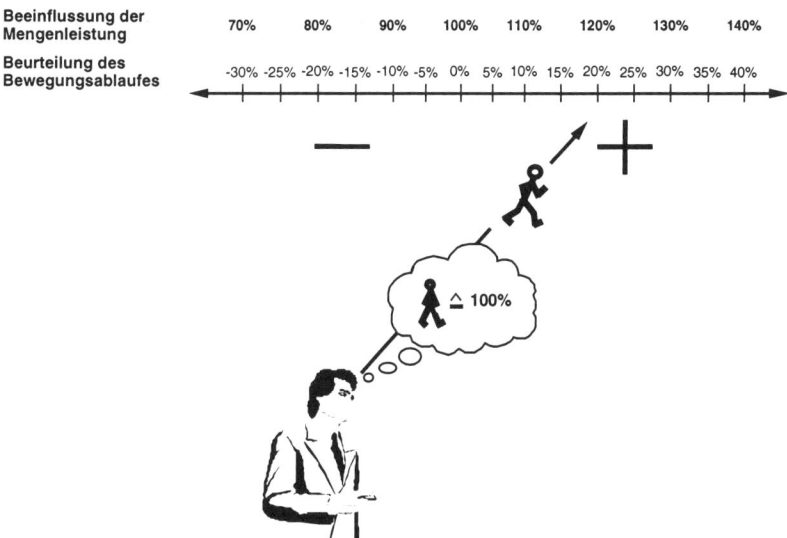

Bild 5-31: Beurteilung Leistungsgrad

Da es sich dabei um einen *subjektiven Vorgang* handelt, der nicht objektivierbar ist, spricht man heute von der Leistungsgrad*beurteilung.* Der früher übliche Begriff Leistungsgrad*schätzung* ist deswegen falsch, da eine geschätzte Größe prinzipiell nachmeßbar ist. Die Subjektivität der Leistungsgradbeurteilung ist somit unvermeibar und eingestanden. Es wird in der Folge notwendig, Zeitnehmer wenigstens so zu trainieren, daß sie zu möglichst übereinstimmenden Urteilen kommen. Dieses Training und die Erfahrung machen einen guten Zeitnehmer aus. Als Grundlage dient zunächst ein Modell wie in Bild 5-32. Hier wird das jeweilige menschliche Leistungsangebot zunächst in den Kontext der jeweiligen Fähigkeiten, Antriebe (Motivation) und seiner Disposition (Tagesform) gestellt. In der konkreten Arbeitsdurchführung sind dann die beiden Konstrukte *Intensität* und *Wirksamkeit* die leistungswirksamen (und nicht voneinander unabhängigen) Parameter (Bild 5-32).

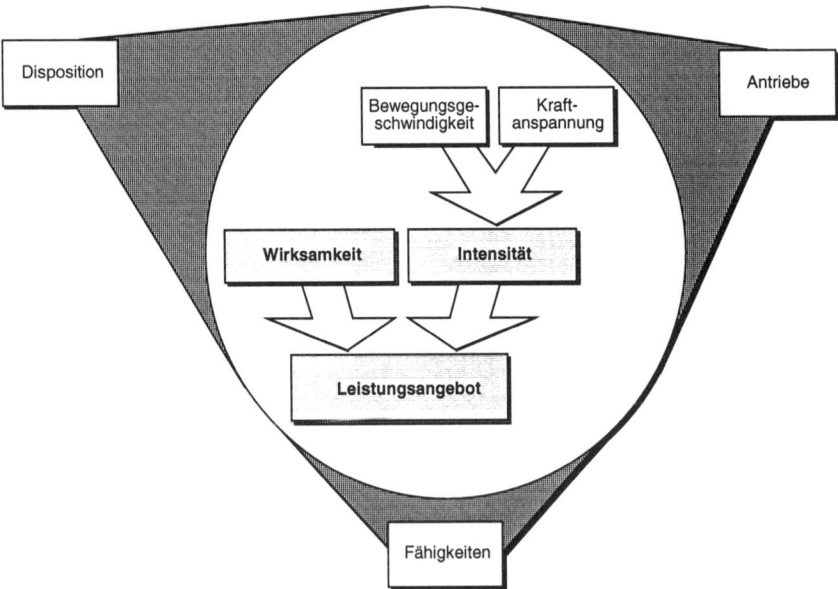

Bild 5-32: Zusammenhang zwischen Leistungsangebot, Wirksamkeit und Intensität

REFA definiert die *Wirksamkeit* als einen „... Ausdruck für die Güte der Arbeitsweise der Arbeitsperson. Die Wirksamkeit ist daran zu erkennen, wie geläufig, zügig, beherrscht, harmonisch, sicher, unbewußt, ruhig, zielsicher, rhythmisch, locker gearbeitet wird"[1]. Die *Intensität* dagegen ist ein Ergebnis von Kraftanspannung und Bewegungsgeschwindigkeit.

> Schwimmen kann hier als ein anschauliches Beispiel dienen, welches auch die Wechselwirkung zwischen den beiden Konstrukten deutlich macht. Man kann zumeist Schwimmer beobachten, die trotz „viel Schaum" kaum vom Fleck kommen, während andere scheinbar ohne besondere Anstrengung, beinahe behäbig wirkend, sehr zügig ihre Bahnen ziehen.

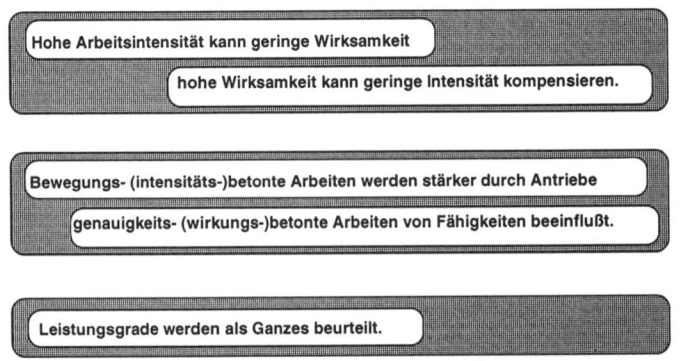

Bild 5-33: Kernaussagen zum Leistungsgrad

---

1   REFA, Leistungsgrad 1996, S. 7.

Bild 5-33 zeigt die Kernaussagen zum Leistungsgrad und seiner Beurteilung.

Die Leistungsgradbeurteilung ist fester Bestandteil der Zeitaufnahme und erfolgt parallel möglichst zu *jeder Zeitaufschreibung* bezüglich des gerade gemessenen Zeitabschnittes. Der Leistungsgrad geht als *Leistungsfaktor* für die jeweilige Zeit in die Auswertung der Zeitaufnahme ein (Bild 5-34 sowie 5-29, 5-30).

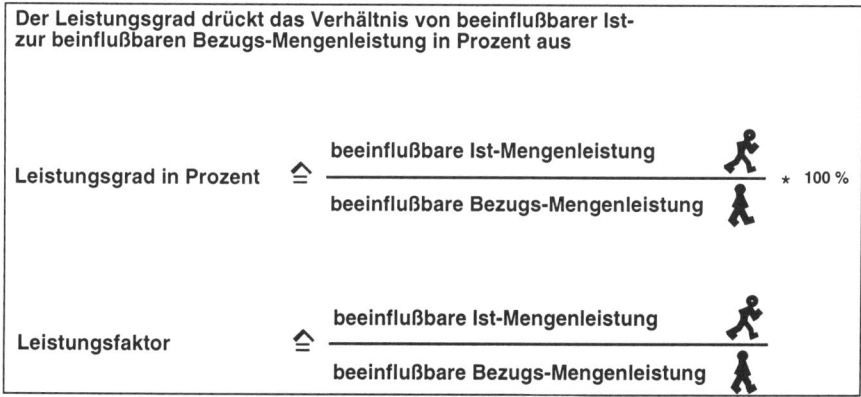

Bild 5-34: *Definition von Leistungsgrad und Leistungsfaktor*

5.4.1.3 Auswertung von Zeitaufnahmen

Die Auswertung einer Zeitaufnahme folgt generell dem Muster, das in Bild 5-35 dargestellt ist.

Auch nach der Korrektur einer Zeit durch den Leistungsfaktor streuen die ermittelten Werte gewöhnlich immer noch. Ganz unabhängig von der Leistungsgradbeurteilung muß aber von der Annahme auszugehen sein, daß gleiche Arbeitsabläufe auch gleich lange Zeiten benötigen. Besteht dieser Zusammenhang nicht, kann selbst aus einer mehrfach gemessenen Ist-Zeit keine Soll-Zeit abgeleitet werden. Die Zeitaufnahme würde somit zwecklos. Andererseits werden die Zeiten aufgrund unterschiedlichster Einflüsse immer streuen.

Es stellt sich bei der Zeitaufnahme somit das Grundproblem eines jeden statistischen Testes: Man betrachtet aus einer Vielzahl möglicher Ereignisse eine Stichprobe und muß die Frage beantworten, ob die aus der Stichprobe ermittelten Werte soweit mit denen der Grundgesamtheit übereinstimmen, daß man sie für die angestrebten Zwecke, hier die Ermittlung einer Soll-Zeit, benutzen kann. Bild 5-36 zeigt unterschiedliche Arten, wie sich gemessene Zeiten verteilen können, wobei die dritte die ist, die in der Praxis am häufigsten aufzufinden sein wird.

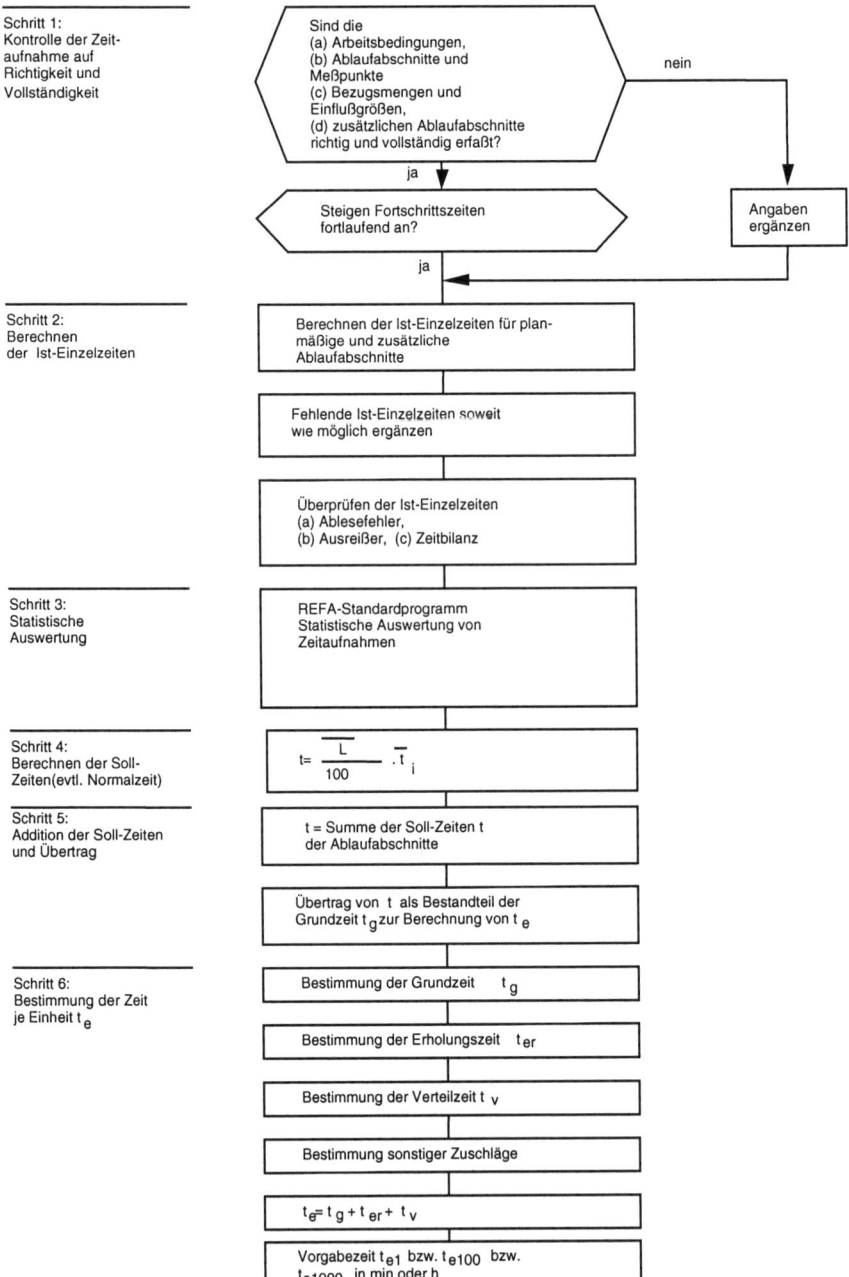

Schritt 1:
Kontrolle der Zeit-
aufnahme auf
Richtigkeit und
Vollständigkeit

Sind die
(a) Arbeitsbedingungen,
(b) Ablaufabschnitte und
Meßpunkte
(c) Bezugsmengen und
Einflußgrößen,
(d) zusätzlichen Ablaufabschnitte
richtig und vollständig erfaßt?

nein

ja

Steigen Fortschrittszeiten
fortlaufend an?

Angaben
ergänzen

ja

Schritt 2:
Berechnen
der Ist-Einzelzeiten

Berechnen der Ist-Einzelzeiten für planmäßige und zusätzliche
Ablaufabschnitte

Fehlende Ist-Einzelzeiten soweit
wie möglich ergänzen

Überprüfen der Ist-Einzelzeiten
(a) Ablesefehler,
(b) Ausreißer, (c) Zeitbilanz

Schritt 3:
Statistische
Auswertung

REFA-Standardprogramm
Statistische Auswertung von
Zeitaufnahmen

Schritt 4:
Berechnen der Soll-
Zeiten(evtl. Normalzeit)

$$t = \frac{\overline{L}}{100} \cdot \overline{t}_i$$

Schritt 5:
Addition der Soll-Zeiten
und Übertrag

t = Summe der Soll-Zeiten t
der Ablaufabschnitte

Übertrag von t als Bestandteil der
Grundzeit t_g zur Berechnung von t_e

Schritt 6:
Bestimmung der Zeit
je Einheit t_e

Bestimmung der Grundzeit t_g

Bestimmung der Erholungszeit t_{er}

Bestimmung der Verteilzeit t_v

Bestimmung sonstiger Zuschläge

$t_e = t_g + t_{er} + t_v$

Vorgabezeit t_{e1} bzw. t_{e100} bzw.
t_{e1000} in min oder h

Bild 5-35: REFA-Standardprogramm „Auswertung Zeitaufnahme"

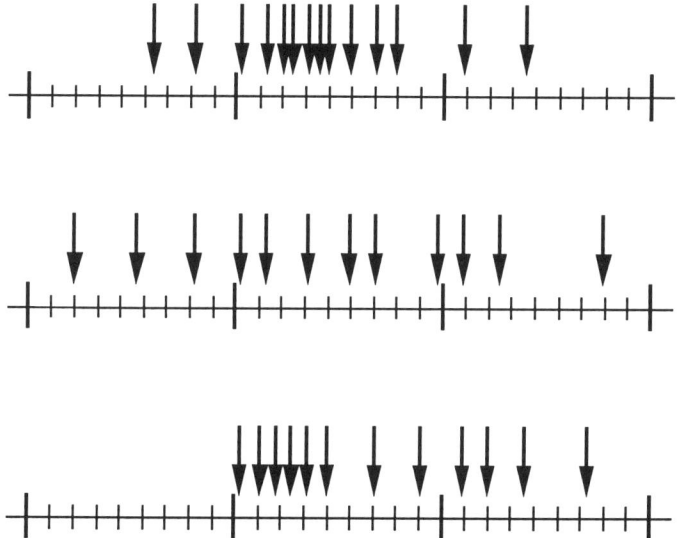

Bild 5-36: Verschiedene Streumöglichkeiten von Zeiten einer Aufnahme

Dennoch wird für die statistische Untersuchung generell von einer Art der Streuung ausgegangen, wie es in Bild 5-36 oben dargestellt ist. Wie unschwer zu erkennen, handelt es sich dabei um die Normalverteilung. Dahinter steckt die Überlegung, daß später für die Soll-Zeit eines Abschnittes nicht unmittelbar die jeweiligen Ist-Werte der Einzelzeiten, sondern deren *Mittelwerte* herangezogen werden. Dadurch kann bereits durch die Zusammenfassung ab fünf Einzelzeiten in einem Ablauf die Normalverteilung unterstellt werden. Aber auch bei extremen Abweichungen von der Normalverteilung und weniger Zeiten ist der Fehler, der sich aus einer anderen Verteilung ergibt, relativ gering und gefährdet die praktische Nutzbarkeit der Werte kaum.

REFA bietet zwei Verfahren zur statistischen Auswertung an: das *Streuzahlverfahren* und das *Variationszahlverfahren*. Im Zeitalter wissenschaftlicher Taschenrechner mit statistischen Funktionen und der Tabellenkalkulationen hat das „händisch" weniger rechenintensive Streuzahlverfahren allerdings keine Bedeutung mehr.

Sofern die Zeiten der einzelnen Ablaufabschnitte von zukünftigem Interesse sind, beispielsweise zum Aufbau einer Planzeitentabelle, müssen auch diese Zeiten (Laufindex i) untersucht werden. Ansonsten sollten die Einzelzeiten zu einem Zyklus zusammengeführt werden (Laufindex z) und auch nur diese Zeiten verfolgt werden. Die Rechenschritte sind identisch, deswegen wird im weiteren nur die Untersuchung der Einzelzeiten beschrieben. Für Zykluszeiten ist das im folgenden beschriebene Verfahren generell als unbedenklich anzusehen, während bei den Einzelzeiten die oben bereits angedeuteten Verfahrensrisiken bestehen können.

Zur Auswertung werden

der Mittelwert mit:

$$\bar{t}_i = \frac{\sum t_i}{n}$$

die Varianz mit:

$$s_i^2 = \frac{1}{n-1} \bullet \left[\sum t_i^2 - \frac{1}{n} \left(\sum t_i \right)^2 \right]$$

die Standardabweichung mit:

$$s_i = \sqrt{s_i^2}$$

und schließlich die Variationszahl mit:

$$v = \frac{s_i}{\bar{t}_i} \bullet 100 \qquad \text{(in \%)}^{[1]} \text{ berechnet.}$$

Die vom üblichen abweichende Schreibweise der Formeln liegt darin begründet, daß es nicht darum geht, die Struktur der Formel zu erklären, sondern daß die Formel möglichst leicht zum Beispiel mit Taschenrechnern berechnet werden können soll.

Zur Bestimmung des erreichten relativen Vertrauensbereiches ε dient das Nomogramm in Bild 5-37. Die Höhe von ε ist eine Vorgabe, die üblicherweise zwischen den Tarifparteien vereinbart wird und häufig mindestens 5% beträgt. Ɛ besagt, daß der tatsächliche Mittelwert der untersuchten Zeiten mit einer Wahrscheinlichkeit von 95% innerhalb des Intervalls $\bar{t}_i \pm \varepsilon$ liegt.

Für den normalverteilten Bereich folgen die Nomogrammwerte der Formel

$$\varepsilon = 1{,}96 \, \frac{v}{\sqrt{n}}$$
.

Für kleinere n (ab n = 9) werden die jeweiligen Werte der T-Verteilungen zugrundegelegt.

Die Auswertung kann besser an einem Beispiel erklärt werden:
Die Zeitaufnahme in dem Bogen von Bild 5-38 bildet eine Arbeit ab, bei der Stoffproben in einen Katalog für Textilstoffe geklebt werden. Das Ankleben erfolgt lediglich an einem schmalen Streifen, damit die Probe „fühlbar" bleibt. Dieses Einkleben muß manuell erledigt werden.

Die Mitarbeiter müssen zunächst an markierten Stellen des Blattes Leim aufstreichen, sodann die Stoffproben aus einem Behälter entnehmen, in dem diese nicht in der notwendigen Reihenfolge liegen, und sie auf der Musterbuchseite zunächst leicht ansetzen. Nach einer optischen Überprüfung und einem Ausrichten der Läppchen werden diese mit einem Andrücker fixiert.

---

[1]   Das ist der Variationskoeffizient in %.

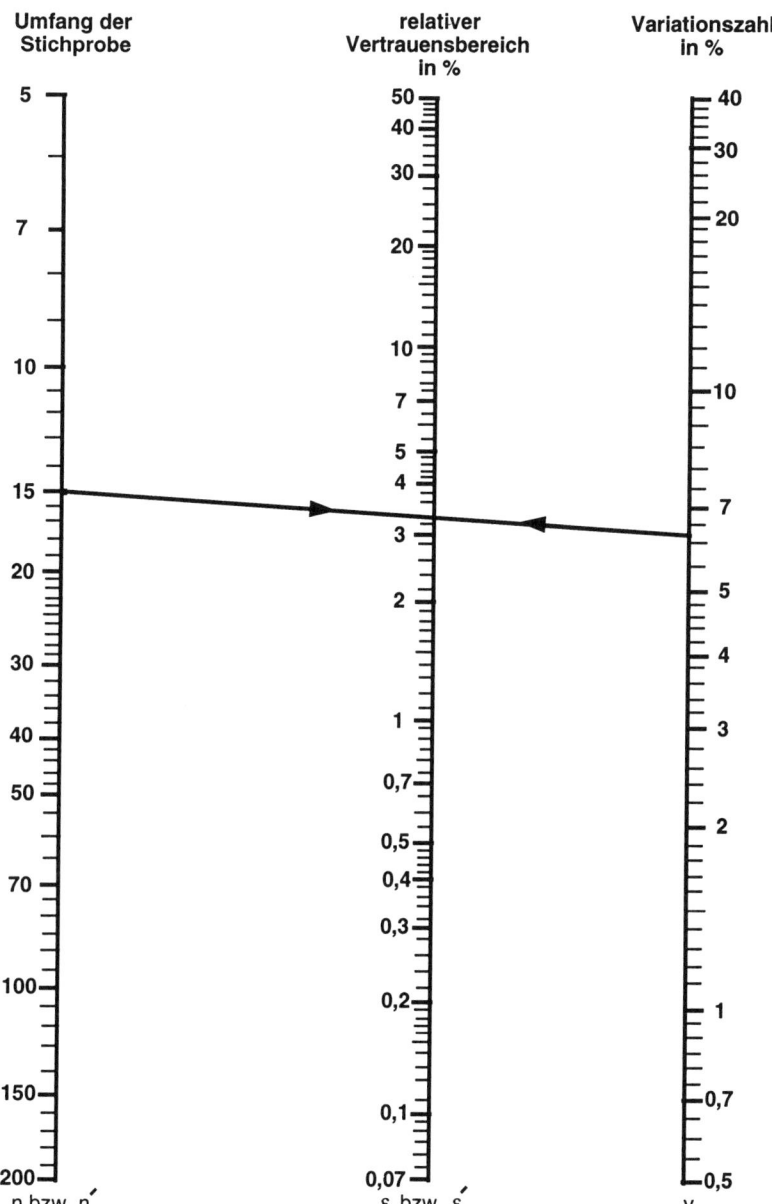

Bild 5-37: Nomogramm zur Bestimmung von ε nach REFA

Nr.	Ablaufabschnitt und Meßpunkt	Bez. menge	Einflußgröße	Meßwert Klasse	Zy Mz	1	2	3	4	5	6	7	8	9	10	11	12	13	14	15	ΣL/n	L/ti	
1	Einleimen			L		90					120					130						113,33	
				ti		22					25					27						24,67	
				F	484	22					171					324							
	Loslassen Pinsel																						
2	Läppchen in der richtigen Farbe aufnehmen, ankleben und ausrichten			L		80	110	100	90	110	80	80	120	80	100	90	70	140	100	90		96,00	
				ti		27	18	21	25	20	24	26	17	24	19	22	27	16	24	23		22,20	
				F		49	67	88	113	133	195	221	238	262	281	346	373	389	413	436			
	Lappen loslassen																						
3	Reihe korrigieren und Lappen mit Andrücker festdrücken			L					170				120						100			130,00	
				ti					13				16						20			16,33	
				F					146				297						456				
	Andrücker zurückstellen																						
1	Einleimen			L		60					80					90						76,67	23,4
				ti		20					29					26						25,00	
				F	400	20					182					333							
	Loslassen Pinsel				361																		
2	Läppchen in der richtigen Farbe aufnehmen, ankleben und ausrichten			L		100	120	90	100	110	120	110	90	110	100	120	130	100	120	140		110,67	
				ti		21	17	20	24	19	18	19	24	20	22	17	16	22	16	14		19,27	
				F		41	58	78	102	121	200	219	243	263	285	350	366	388	404	418			
	Lappen loslassen																						
3	Reihe korrigieren und Lappen mit Andrücker festdrücken			L					60				90						100			83,33	
				ti					32				22						24			26,00	
				F					153				307						442				
	Andrücker zurückstellen																						
1	Einleimen			L		100					90					100				90	220,00	96,67	21,6
				ti		19					30					22				24		23,67	
				F		19					199					346				486			
	Loslassen Pinsel										900					484							
2	Läppchen in der richtigen Farbe aufnehmen, ankleben und ausrichten			L		90	90	70	90	130	100	70	150	110	90	70	90	100	100	100	959,00	96,67	
				ti		25	27	25	22	17	21	26	14	22	22	27	25	20	20	24		22,47	
				F		44	71	98	120	137	220	246	260	280	302	373	398	418	438	462			
	Lappen loslassen																						
3	Reihe korrigieren und Lappen mit Andrücker festdrücken			L					60				80						90	205,00	76,67	22,0
				ti					32				22						24		26,00	
				F					169				324						486			
	Andrücker zurückstellen																						61,00

Summe der Zeiten je Zyklus t_z

Spannweite R_z je 5 Zyklen

$z = (R_z / t_z) \cdot 100\,\%$ (/)$\cdot 100\,\% =$ %

$k =$

$n =$

$t_z = \Sigma t_z / n =$ / $=$ $\varepsilon =$ % $\varepsilon' =$ %

$R_z = \Sigma R_z / n =$ / $=$ $\varepsilon =$ % $\varepsilon' =$ %

Σt = 61,00

Bild 5-38: Zeitaufnahme Beispiel

Danach kommt die nächst Reihe. Jede Reihe bildet einen Zyklus, die Zeit-aufnahme erfaßt eine Seite. Im Beispiel nicht enthalten, aber in der Praxis notwendig, ist die abschließende Ablaufart des Handhabens des Blattes.

Die Zeitaufnahme in Bild 5-38 zeigt, ebenso wie bereits die in Bild 5-30, daß eine zeilenweise Mittelwertbildung vorgesehen ist, deren Mittelwert wiederum dann die Vorgabezeit bildet. Damit ist dem Normalverteilungskriterium genüge getan. Beim Streuzahlverfahren baut der statistische Test auch auf diese Mittelwerte auf. Beim Variationszahlverfahren dagegen werden die Einzelwerte unmittelbar herangezogen. Bild 5-39 zeigt ein Rechenschema und verdeutlicht das Vorgehen.

1	2	3	3a	3b	4	5	6	7	8	9	10	11
Zeitauf-nahme Nr.	Ablauf-ab-schnitt	Anzahl der Ein-zelzeiten n	t_i	t_i^2	Mittelwert der Ein-zelzeiten $\bar{t}_i$ in HM	Varianz in HM 2	Stan-dardab-weichung s in HM	Vari-ationszahl in %	Ist-Wert ε in %	Sollwert ε' in %	ε ausrei-chend (Ja/Nein)	erforderliche Anzahl Einzelzeiten n'
	1	9	220	5.500,00	24,4	15,28	3,91	16,03	14,9	10	Nein	14
	2	45	959	21.047,00	21,31	13,86	3,72	17,46	4,6	10	Ja	-
	3	9	205	4.993,00	22,78	40,44	6,36	27,92	20,8	10	Nein	22

Bild 5-39: Sammelauswertung Zeitaufnahme

Die Werte in den Spalten 1 - 3 haben zunächst einen beinahe rein dokumentarischen Charakter. In 3a wird dann die Summe *aller Einzelzeiten* errechnet, in 3b die zugehörige Summe von deren Quadraten als Vorbereitung zur Ermittlung der Varianz in Spalte 5. Auch der Mittelwert in Spalte 4 wird aus den Spalten 3 und 3a ermittelt und damit unmittelbar *aus allen Einzelzeiten*. Die Werte in Spalte 6 können unmittelbar aus Spalte 5, die in Spalte 7 aus 6 und 4 ermittelt werden[1]. Die ε-Werte in Spalte 8 ergeben sich ebenso wie die *n* in 11 aus dem Nomogramm oder aus der Formel.

Wie erwähnt sind die Werte in Spalte 9 durch betriebliche Vereinbarungen vorgegeben, und in Spalte 10 wird das Ergebnis der statistischen Prüfung festgehalten.

5.4.2 Das Multimomenthäufigkeitsverfahren

Statt die absolute Dauer einzelner Ablaufarten zu ermitteln, kann es auch wichtig sein, deren zeitliche Verteilung zu kennen. Dies als fremdbeobachtende Dauerbeobachtung zu versuchen ist zeitaufwendig, kostspielig und daher nur selten möglich. Um dennoch die Objektivitätsvorteile einer

---

[1] Einmal im Taschenrechner sollten sie bei dessen Anwendung sofort mit ermittelt werden.

Fremdbeobachtung nutzen zu können, bietet sich eine Beobachtung in zeitlichen Intervallen an. Die Multimomentaufnahme ist somit ein Verfahren zur direkten Informationsbeschaffung durch Beobachtungen in Zeitabständen, wobei jede Form beobachtbarer Abläufe in Frage kommt[1]. Zuvor festgelegte Ablaufarten werden während sogenannter *Rundgänge* an festgestellten Positionen beobachtet (oder eben nicht) und gezählt. Die Zeitabstände der Rundgänge werden durch die Bildung einer Stichprobe so bestimmt, daß eine Aussage für den ganzen Zeitraum abgeleitet werden kann. Aus der Vielzahl von Einzelbeobachtungen (Momentaufnahmen) können über die richtige Wahl der Stichprobe statistisch gesicherte Mengen- und daraus Zeitangaben[2] gewonnen werden. Für die Genauigkeit der Ergebnisse gelten die Gütekriterien der Stichprobenstatistik.

Eine Multimomentaufnahme läuft nach dem Schema in Bild 5-40 ab.

1.   Zielformulierung
Wie bei jeder Datenermittlung ist als erstes das Ziel der Multimomentaufnahme zu formulieren. Damit geht in diesem Falle einher die Festlegung der zugrundeliegenden Arbeitsplätze und der zu erfassenden Menschen und Betriebsmittel. Beispielhafte Ziele sind die Ermittlung von (Zeit-)Anteilen für bestimmte Ablaufarten am Gesamtablauf oder die Beschäftigungsgrade von Mitarbeitern und Betriebsmitteln.

Ein besonderer Vorteil des Multimomenthäufigkeitsverfahrens ist, daß die Aufnahme bei ungewöhnlichen Ereignissen, die das Ergebnis verfälschen würden, jederzeit unterbrochen werden und dann fortgesetzt werden kann, wenn wieder „normale" Verhältnisse herrschen. In dem Zusammenhang gilt auch, daß die Studie zu normalen Zeiten (keine Urlaubs- oder Grippewelle) erfolgen sollte - also sinnvollerweise von Februar bis April (vor Ostern) oder September bis Mitte Dezember.

2.   Ablaufarten festlegen und beschreiben
Es ist festzulegen, welche Ablaufarten für die Untersuchung relevant sind. Bedingung ist, daß diese Ablaufarten durch kurzzeitiges Beobachten eineindeutig identifizierbar sind. Auch sollte man sich auf wenige Ablaufarten beschränken, da jede zusätzliche Ablaufart den erforderlichen Beobachtungsumfang überproportional erhöht. Andererseits müssen die Ablaufarten so gewählt und beschrieben sein, daß alle möglichen beobachtbaren Abläufe auch aufgenommen werden können.

In der Praxis hilft man sich dadurch, daß die jeweilige Ablaufart feiner untergliedert und örtlich sortiert auf dem Beobachtungsbogen aufgeführt wird. So könnte beispielsweise die Ablaufart *Produktionsarbeiten* bei einem chemi-

---

1   Vgl. beispielsweise GRAP, R.: Die Multimomentstudie als Hilfsmittel zur Objektivierung der Beobachtung von Probanden in Assessment-Centern. In: Personal (1991)6, S. 190 - 194.

2   Zur Problematik der Zeitermittlung mit dem MM-Verfahren sei an Kapitel 5.2.4 erinnert.

schen Betrieb auf dem Rundgangsbogen aufgeführt sein als *Ventile bedienen*, *Behälter befüllen* und *Einwaagen machen* etc. Der Beobachter kann so ankreuzen, was er sieht, ohne überlegen zu müssen, welcher Ablaufart diese Beobachtung zuzuordnen ist. Das erhöht die Reliabilität der Aufnahme deutlich.

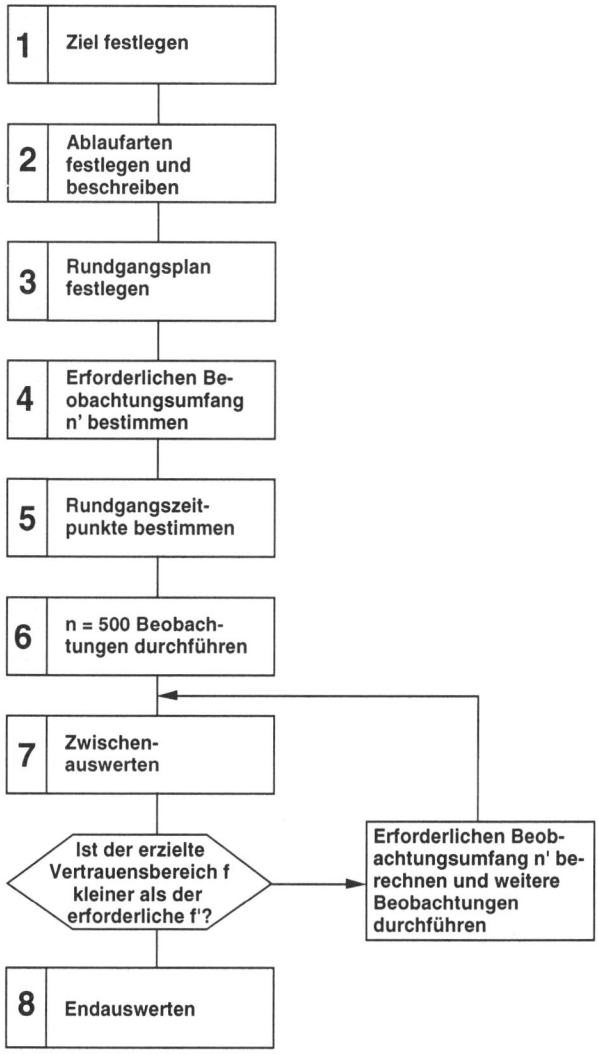

Bild 5-40: REFA-Standardprogramm Multimomentaufnahme[1]

3.   Rundgangsplan festlegen
Die Rundgangswege und die Beobachtungsstandpunkte werden festgelegt und in einem Rundgangsplan skizzenmäßig dargestellt. Der Beobachtungs-

---

1   Die Bilder 5-39 bis 5-44 sind in Anlehnung an REFA.

standpunkt ist die räumlich gekennzeichnete Stelle, von der aus die Beobachtung im Augenblick des Vorbeigehens erfolgen soll (Bild 5-41).

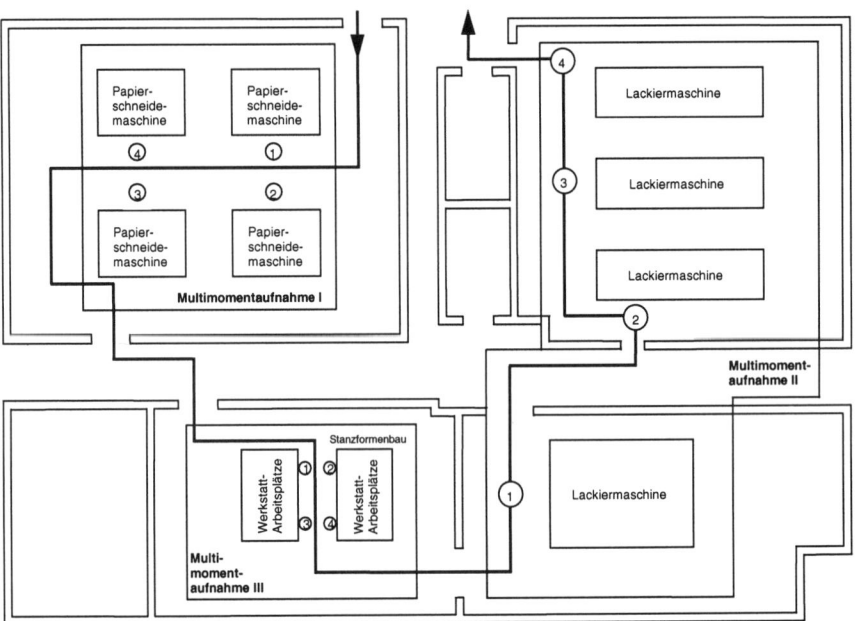

Bild 5-41: Rundgangsplan für die Durchführung einer Multimomentaufnahme

4.   Zahl der Beobachtungen festlegen

Die Anzahl der erforderlichen Beobachtungen (Stichprobenumfang), ist abhängig von dem geforderten absoluten Vertrauensbereich f' der Ergebnisse. Ähnlich wie das ε bei der Zeitaufnahme gibt dieser Wert ein Intervall (in % vom erhaltenen numerischen Wert) an, in dem der tatsächliche Wert vom Wert der Multimomentaufnahme (bei einer zusätzlich gegebenen Aussagewahrscheinlichkeit, üblicherweise 0,95) entfernt sein kann. Noch einmal: Bei einer Ausagewahrscheinlichkeit von 0,95 und einem f' von 2% liegt der tatsächliche Wert mit einer Wahrscheinlichkeit 0,95 nicht weiter als ±2% von dem in der Multimomentstudie ermittelten entfernt. Wäre dieser 100, ist der wirkliche Wert mit einer Wahrscheinlichkeit von 0,95 nicht kleiner als 98 und nicht größer als 102 - mit einer Wahrscheinlichkeit von 0,05 ist er das doch.

Die vermutlich erforderliche Zahl der Beobachtungen n' hängt - bei gegebener Aussagewahrscheinlichkeit - von der gewünschten Genauigkeit f' und dem *Anteilswert p der einzelnen Ablaufarten* ab. Je kleiner der Anteil einer interessierenden Ablaufart am Gesamtablauf ist, desto höher wird die Anzahl der erforderlichen Beobachtungen. Der Wert n' wird deshalb nicht für die kleinste überhaupt erwartete Ablaufart sondern für die, die vordringlich von

Interesse ist, ermittelt. Auf der Basis einer Aussagewahrscheinlichkeit von 0,95 gilt:

$$n' = \frac{1,96^2 \cdot p \cdot (100 - p)}{f'^2}$$

Als praktisches Hilfsmittel zur Bildung der Stichprobe läßt sich auch das *Nomogramm* in Bild 5-42 heranziehen. Erkennbar wird: je kleiner der Wert von *f'* ist, desto mehr Beobachtungen sind bei einem bestimmten Anteilswert *p* erforderlich. Deshalb sollte keine übertriebene Genauigkeit gefordert werden.

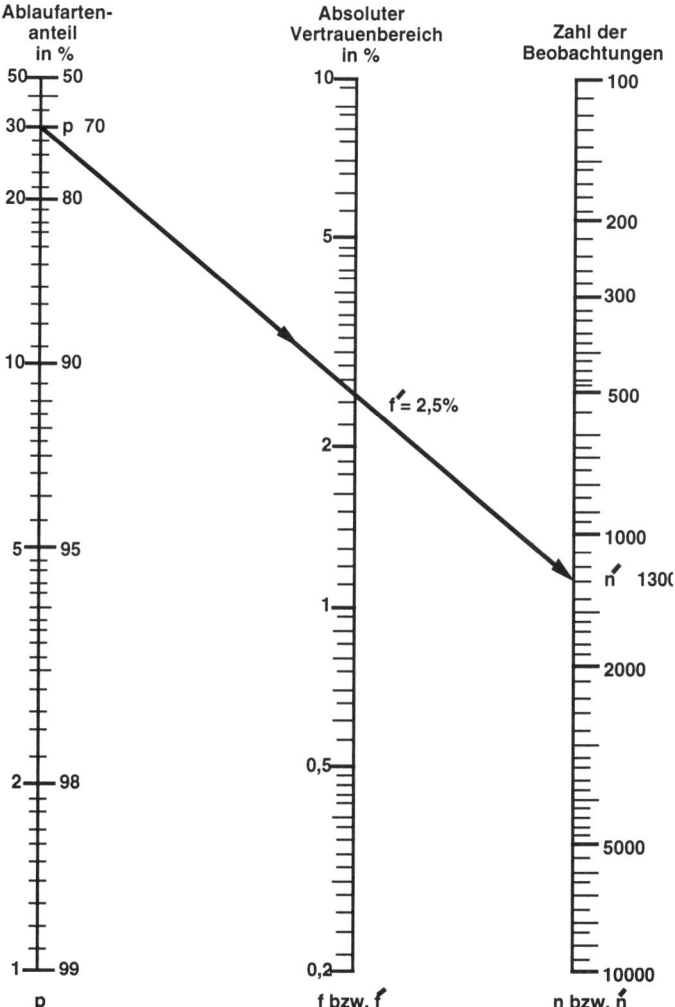

Bild 5-42: Nomogramm für die Auswertung von Multimomentaufnahmen bei einer Aussagewahrscheinlichkeit von 95%

Die Zahl der erforderlichen Rundgänge ergibt sich aus der absoluten Zahl der notwendigen Beobachtungen *n* und aus der Menge der je Rundgang möglichen Beobachtungen. Je mehr Beobachtungen pro Rundgang, desto weniger Rundgänge sind erforderlich - vorausgesetzt, *an jedem Punkt werden auch die gleichen Sachverhalte beobachtet.* Ansonsten gelten die gemachten Beobachtungen auch nur für diesen Beobachtungspunkt, und die einzelnen Punkte eines Rundganges markieren dann Beobachtungspunkte *verschiedener paralleler* Multimomentaufnahmen.

5.   Rundgangszeitpunkte bestimmen
Damit den statistischen Bedingungen genügt wird und auch eine unbewußte Beeinflussung der Ergebnisse durch den Beobachter ausgeschlossen wird, müssen die Zeitpunkte für die einzelnen Rundgänge *zufällig* gewählt werden.

Zunächst wird hierzu festgelegt, wie viele Beobachtungen pro Tag durchgeführt werden sollen. Diese hängen vor allem davon ab, wie häufig die jeweiligen Ablaufarten sich verändern. Wechseln sie schnell, können auch viele Beobachtungen vorgesehen werden, wechseln sie selten, dürfen nur weniger häufig Beobachtungen gemacht werden (Bild 5-43). Weitere Einflußgrößen auf die Rundgangshäufigkeit sind dessen Dauer, die geplante Dauer der Multimomentstudie an sich sowie die Anzahl der einsetzbaren Beobachter.

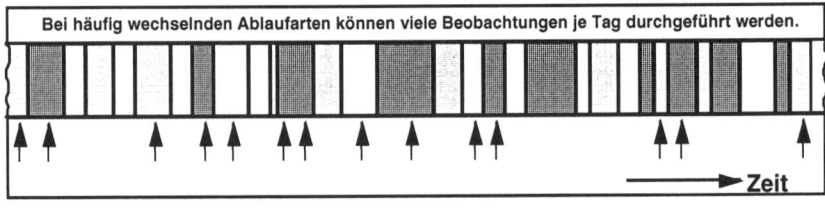

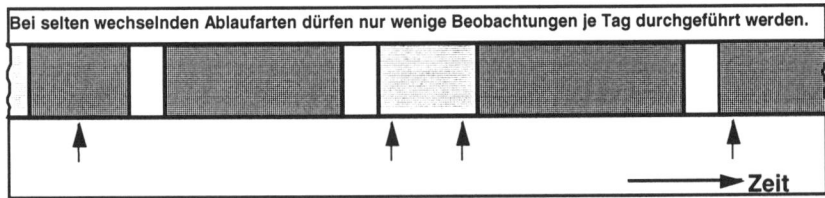

Bild 5-43: Die Zahl täglicher Beobachtungen in Abhängigkeit vom Wechsel der anfallenden Ablaufarten

7.   Die ersten 500 Beobachtungen durchführen
Die Rundgänge werden in einem Rundgangsplan festgelegt. Dabei sind die Rundgangszeitpunkte unter Berücksichtigung der Arbeitszeiten und Pausen zufällig festzulegen. Die an den Beobachtungspunkten jeweils vorgefundenen Ablaufarten werden einfach angekreuzt. Wechselt bei einer Beobach-

tung die Ablaufart, wird diejenige notiert, die beim Eintreffen festgestellt wurde. Werden mehrere gleichzeitig beobachtet, gilt die zuerst bemerkte.

Mit *Proberundgängen* sollte vor Beginn der eigentlichen Multimomentaufnahme geprüft werden, ob jeder Beobachter jedes Merkmal auch richtig notiert. Dabei können sich die Beobachter auch mit der Aufnahmetechnik vertraut machen. Außerdem kann der Beobachtungsbogen nochmals hinsichtlich seiner Vollständigkeit und Praktikabilität überprüft werden.

Mit zunehmender Anzahl an Beobachtungen ergibt sich eine Verteilung der Häufigkeiten der beobachteten Ablaufarten, die sich zunehmend der wirklichen Verteilung annähert, der Vertrauensbereich wird immer kleiner (Bild 5-44). Nach rund 500 Beobachtungen ist gewöhnlich ein geeigneter Zeitpunkt für eine *Zwischenauswertung* gekommen, in der die ursprünglich geschätzte Verteilung durch die nunmehr näherungsweise ermittelte ersetzt wird. Es wird dann geprüft, ob die ursprünglich vorgesehene Anzahl von erforderlichen Beobachtungen ausreicht, um die gewünschte Genauigkeit zu erreichen oder ob sich gar die Studie verkürzen läßt.

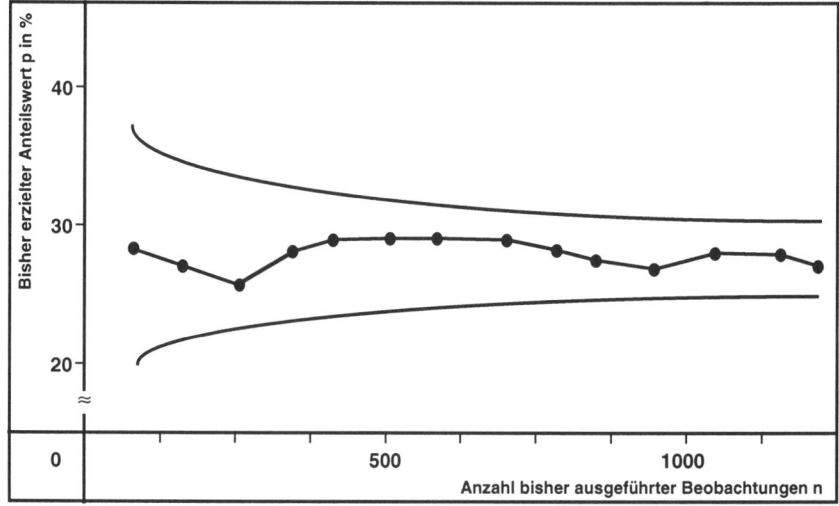

Bild 5-44: Näherung der MM-Beobachtungen an den wahren Wert in Abhängigkeit von der Beobachtungszahl

Auch die neuen Werte lassen sich - in umgekehrter Ablesefolge - aus dem Nomogramm entnehmen. Ersatzweise können sie durch folgende Formel ermittelt werden:

$$f = 1{,}96\sqrt{\frac{p \cdot (100 - p)}{n}}$$

Ein Beispiel ist in Tabelle 5-6 dargestellt. Spalte 1 zeigt die in der MM-Studie erfaßten Ablaufarten. Die vor Beginn vermutete zeitliche Verteilung der Ablaufarten ist in Spalte 2 angegeben, die auf der Basis dieser Annahme notwendigen Beobachtungen ($f' = 2{,}5\%$, Aussagewahrscheinlichkeit von 0,95) stehen in Spalte 3. Die absolute Anzahl der Beobachtungen nach 500 Rundgängen (Wieviel Beobachtungen wurden pro Rundgang gemacht?) ist in Spalte 4 angegeben, der daraus zu errechnende Anteil in Spalte 5. Unter der Annahme, daß dieser Anteil bereits der „richtige" ist, korrespondiert dieser mit einem Vertrauensbereich, der in Spalte 6 angegeben ist. Um diesen auf die geforderten 2,5% zu verkürzen, sind noch die in Spalte 7 errechneten Beobachtungen erforderlich.

1	2	3	4	5	6	7
Ablaufart	Ge-schätzter Anteil	Anfängl. Erforderli-che Beob-achtungen	Beobacht. nach 500 Rundgän-gen	Anteil an den Beob-achtungen	Erzielter Vertrau-ensbereich	Fehlende Beobach-tungen
Haupttätigkeit	40	1475	859	34,36%	3,18	527
Gehen mit Material	15	784	362	14,48%	3,63	399
Gehen ohne Last	20	983	458	18,32%	3,54	462
Sonstige	18	907	537	21,48%	3,47	500
Nicht ange-troffen	7	400	284	11,36%	3,69	335
Summe	100	4550	2500	100,00%		2223

Tabelle 5-6: Beispiel Multimomentfolgetest

8.   Endauswertung

Die Endauswertung folgt im wesentlichen der Vorgehensweise der Zwischenauswertung. Bei Einsatz einer leistungsfähigen Tabellenkalkulation kann eine kontinuierlich erweiterte Zwischenauswertung am Ende der Studie unmittelbar die Endauswertung sein (Bild 5-45).

In der Praxis empfiehlt es sich, auf den Beobachtungsbögen auch die Orte und die Zeitpunkte von Beobachtungen festzuhalten. Dadurch lassen sich nach der Aufnahme auch noch die Fragestellungen variieren. Zum Beispiel verändern sich die Tätigkeitsverteilungen über den Tagesverlauf oder gibt es Tätigkeiten, die sich an bestimmten (unerwarteten) Orten häufen. Bild 5-46 zeigt eine MM-Auswertung einer chemischen Anlage im sogenannten Kontibetrieb, wo die Frage untersucht wurde, ob sich die Tätigkeitsstrukturen in Abhängigkeit von der Schichtart ändern. Das abweichende Tätigkeitsprofil der Tagschicht ist deutlich erkennbar.

Multimomentergebnisse für 4 Schneidemaschinen					
Ablaufart	Gesamt-zahl x	Anteil p in %	erzielter Ver-trauens-bereich f in %	Der Anteil p in % beträgt bei einer Aussage-wahrscheinlichkeit von S=95 %	
				mindest.	höchst.
Hauptnutzung	130	10,9	1,8	9,1	12,7
Nebennutzung	568	47,7	2,8	44,6	50,2
ablaufbedingtes Unterbrechen	140	11,7	1,8	9,9	13,5
Fertigungszeit	838	70,0	2,6	67,4	72,6
zusätzliche Nutzung	25	2,1	0,8	1,3	2,9
störungsbedingtes Unterbrechen	174	14,5	2,0	12,5	16,5
erholungsbedingtes Unterbr.	54	4,5	1,2	3,3	5,7
persönlichbedingtes Unterbr.	85	7,1	1,5	5,6	8,6
Hilfszeit	338	28,2	2,5	25,7	30,7
Außer Einsatz = Ausfallzeit	21	1,8	0,8	1,0	2,6
nicht erkennbar *)	3	-	-	-	-
Summe	n = 1200	100,0			

Bild 5-45: Endauswertung und erzielte Ergebnisse

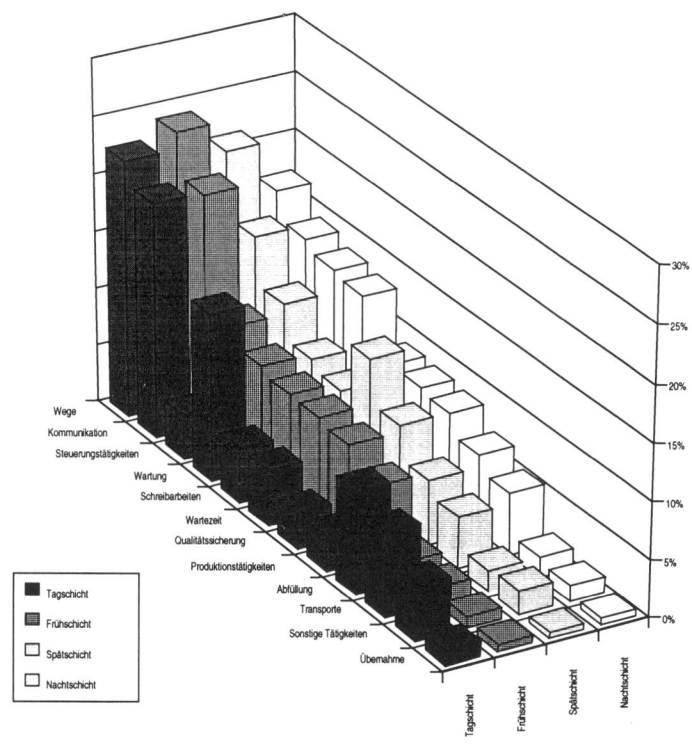

Bild 5-46: Beispiel einer MM-Auswertung (Chemie)

5.5 MTM als System vorbestimmter Zeiten zur Ermittlung von Sollzeiten
   Fallbeispiel

Ein enger Mitarbeiter von TAYLOR, F. B. GLIBRETH, gilt als Begründer des
Bewegungsstudiums. Er entwickelte eine Systematik, in der ihm 17 verschiedene Bewegungselemente genügten, um damit alle Arbeitsabläufe zu
beschreiben. Diese Vorgangselemente nannte er - ganz unbescheiden - in
Umkehrung seines Namens *Therbligs*. In späteren Arbeiten, in denen die Einflußgrößen auf die Bewegungszeiten für diese Elementarbewegungen ermittelt wurden, um daraus sogenannte Systeme vorbestimmter Zeiten (SvZ)
abzuleiten, gelang es, die Zahl der Elementarbewegungen noch weiter zu
reduzieren. So erklären allein die Grundbewegungen Hinlangen, Greifen,
Bringen, Fügen, Loslassen bereits rund 85 % aller manuellen Tätigkeiten.

Eines der Verfahren der SvZ ist das MTM (Methods-Time Measurement),
das in Deutschland weit verbreitet ist und durch das Hinterlegen von Zeitbausteinen in EDV-Systemen so rationell eingesetzt werden kann, daß es
nicht mehr nur für die Planung von Produktionssystemen der Serien- und
Massenfertigung benutzt wird, sondern auch als Hilfsmittel zur Rationalisierung bei Einzelfertigung und Instandhaltung anwendbar ist. So wurden, begründet durch die verstärkte Ausprägung an Einzel- und Kleinserienfertigung in Deutschland, weiterentwickelte Analysiersysteme mit „identischer
Struktur, aber unterschiedlichen Anwendungsbereichen" eingeführt[1]:

- das UAS (**U**niverselles **A**nalysier-**S**ystem) für Serienfertigung sowie

- MEK (**M**TM für **E**inzel- und **K**leinserienfertigung).

Ziel war es, eine höhere Analysiergeschwindigkeit zu erreichen, gleichzeitig
aber die Vorteile von MTM hinsichtlich „Planung, Ablaufbeschreibung und
Soll-Zeitermittlung" auch für die Kleinserienfertigung zu nutzen. UAS und
MEK sind Analysiersysteme, bei denen die Zeitwerte nun nicht mehr addi-
tiv, sondern vielmehr durch „statistische Datenverdichtung und kontrollierte
Mittelwertbildung" erfaßt werden. Durch Filmen und anschließendes Ana-
lysieren typischer Arbeitsabläufe wurden Grundvorgänge abstrahiert sowie
Einflußgrößen in Abhängigkeit zutreffender Rahmenbedingungen formu-
liert. Beispielsweise wurden die Grundbewegungen (Hinlangen, Greifen,
Bringen, Fügen und Loslassen) des MTM-Verfahrens auf die Grundvorgänge
Aufnehmen und Plazieren beim UAS/MEK-Verfahren reduziert. Obwohl
eine genaue Aufsplittung der einzelnen Grundvorgänge aufgrund der statistischen Datenaufbereitung der Zeitbausteine nun nicht mehr möglich ist,
weicht das universell einsetzbare Datensystem dem eher auf den jeweiligen
Leistungsbereich zugeschnittenen „praktikablen Datensystem".

---

1   Vgl. DEUTSCHE MTM-VEREINIGUNG E. V.: Die Methode bestimmt den Erfolg. Hamburg, o. J.

Neben dem MTM-Verfahren ist auch noch das etwas ältere WF-Verfahren (Work-Factor) im Einsatz. Der wesentliche Unterschied zwischen den beiden Verfahren ist der, daß im MTM auch beurteilende Elemente enthalten sind. Das vergrößert dessen Einsatzbreite, macht aber auch eine intensive Schulung unumgänglich.

Die Funktionsweise des MTM kann aus den in den Bildern 5-47 bis 5-56 dargestellten Tabellen aus der MTM Normzeitkarte recht gut abgeleitet werden.

Die Werte mit „m" in Bild 5-47 gelten für die Situationen, wo die Bewegung nicht aus der Ruhelage der Hand heraus erfolgt oder - in der Praxis noch seltener - nicht in der Ruhelage endet.

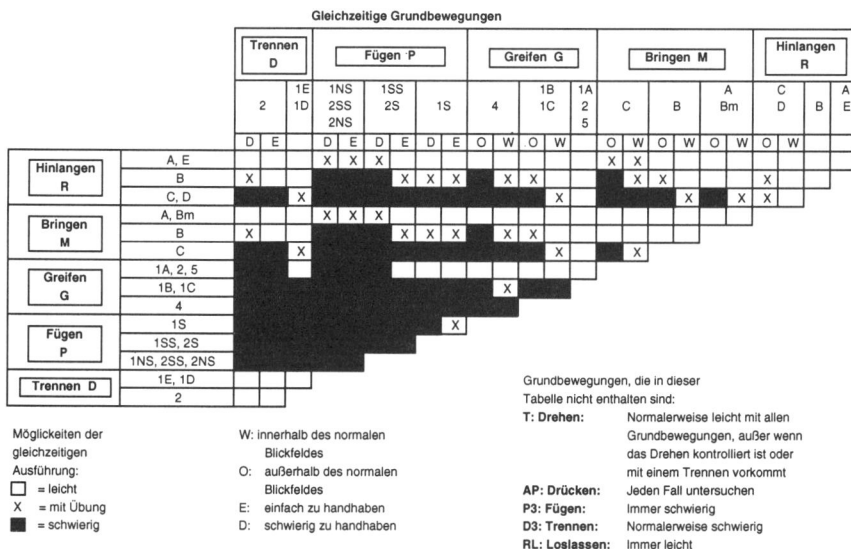

Bild 5-47: MTM-Normzeitwertkarte - Gleichzeitige Grundbewegungen[1]

Beispiele:
- Hinlangen zum Schalthebel im eigenen Wagen über 50 cm:
  R 50 A = 13,0 TMU
- Hinlangen zu einem Bonbon in einer Tüte über 30 cm:
  R30 C = 14,1 TMU.

Die Tabellenwerte in Bild 5-49 gehen von einer zu bewältigenden Gewichtskraft von 1 daN aus. Bei höheren Gewichten ist die gefundene TMU mit dem zugehörigen Faktor W (angefangene daN werden aufgerundet) zu multiplizieren. Bei beidhändigem Tragen gilt die halbe Gewichtskraft. Für die schwereren Gegenstände ist überdies ein Bewegungselement SC vorzusehen,

---

[1]   Bilder 5-46 bis 5-55 in Anlehnung an MTM Normzeitkarte, DEUTSCHE MTM-VEREINIGUNG E. V., Elbchaussee 352, 22 609 Hamburg

das die Zeit abbildet, die erforderlich ist, um den Gegenstand unter Kontrolle zu bringen. Die zugehörige TMU befindet sich in der Spalte K.

Hinlangen -R- (Reach)

Beweg.-Länge in cm	R-A	R-B	R-C R-D	R-E	mR-A R-Am	mR-B R-Bm	m-Wert für B	Beschreibung der Fälle
bis 2	2,0	2,0	2,0	2,0	1,6	1,6	0,4	A Hinlangen zu einem alleinstehenden
4	3,4	3,4	5,1	3,2	3,0	2,4	1,0	Gegenstand, der sich immer an einem
6	4,5	4,5	6,5	4,4	3,9	3,1	1,4	genau bestimmten Ort befindet, in der
8	5,5	5,5	7,5	5,5	4,6	3,7	1,8	anderen Hand liegt oder auf dem die andere
10	6,1	6,3	8,4	6,8	4,9	4,3	2,0	Hand ruht.
12	6,4	7,4	9,1	7,3	5,2	4,8	2,6	
14	6,8	8,2	9,7	7,8	5,5	5,4	2,8	B Hinlangen zu einem alleinstehenden
16	7,1	8,8	10,3	8,2	5,8	5,9	2,9	Gegenstand, der sich an einem von
18	7,5	9,4	10,8	8,7	6,1	6,5	2,9	Arbeitsgang zu Arbeitsgang veränderten
20	7,8	10,0	11,4	9,2	6,5	7,1	2,9	Ort befindet.
22	8,1	10,5	11,9	9,7	6,8	7,7	2,8	
24	8,5	11,1	12,5	10,2	7,1	8,2	2,9	C Hinlangen zu einem Gegenstand, der mit
26	8,8	11,7	13,0	10,7	7,4	8,8	2,9	gleichen oder ähnlichen Gegenständen
28	9,2	12,2	13,6	11,2	7,7	9,4	2,8	so vermischt ist, daß er ausgewählt werden
30	9,5	12,8	14,1	11,7	8,0	9,9	2,9	muß.
35	10,4	14,2	15,5	12,9	8,8	11,4	2,8	D Hinlangen zu einem Gegenstand, der klein
40	11,3	15,6	16,8	14,1	9,6	12,8	2,8	ist oder sehr genau oder mit Vorsicht
45	12,1	17,0	18,2	15,3	10,4	14,2	2,8	gegriffen werden muß
50	13,0	18,4	19,6	16,5	11,2	15,7	2,7	
55	13,9	19,8	20,9	17,8	12,0	17,1	2,7	E Verlegen der Hand in eine nicht bestimmte
60	14,7	21,2	22,3	19,0	12,8	18,5	2,7	Lage, sei es zu Erlangung des Gleich-
65	15,6	22,6	23,6	20,2	13,5	19,9	2,7	gewichtes, zur Vorbereitung der folgenden
70	16,5	24,1	25,0	21,4	14,3	21,4	2,7	Bewegung oder um die Hand aus der
75	17,3	25,5	26,4	22,6	15,1	22,8	2,7	Arbeitszone zu entfernen.
80	18,2	26,9	27,7	23,9	15,9	24,2	2,7	

Bild 5-48: MTM-Normzeitwertkarte – Hinlangen

Greifen -G- (Grasp)

Symbol	TMU	Beschreibung der Fälle	
G1A	2,0	Greifen eines leicht zu fassenden, allein liegenden Gegenstandes.	
G1B	3,5	Greifen eines sehr kleinen Gegenstandes oder eines Gegenstandes, der flach auf einer Ebene liegt.	
G1C1	7,3	>12mm Ø	Greifen eines ungefähr zylindrischen Gegenstandes, wobei dies durch Hindernisse von einer Seite und von unten erschwert wird.
G1C2	8,7	6 bis 12mm Ø	
G1C3	10,8	<6mm Ø	
G2	5,6	Nachgreifen: Verlegen des Kontrollpunktes an einen Gegenstand, ohne die Kontrolle über diesen zu verlieren.	
G3	5,6	Übergabegriff: Eine Hand übernimmt die Kontrolle über einen Gegenstand, während die andere Hand diese aufgibt.	
G4A	7,3	> 25X25X25 mm	Auswählgriff: Greifen eines mit anderen vermischten Gegenstandes, so daß er ausgesucht und ausgewählt werden muß.
G4B	9,1	6X6X3 bis 25X25X25 mm	
G4C	12,9	< 6X6X3 mm	
G5	0,0	Berührungsgriff: Durch Berührung genügend Kontrolle über einen Gegenstand erhalten, so daß die nachfolgende Grundbewegung augeführt werden kann.	

Bild 5-49: MTM-Normzeitwertkarte - Greifen

Beispiel zu Bringen: Ein 6 kg Hammer soll über 45 cm zu einer Tischfläche gebracht werden. Die Kodierung ist wie folgt:
1. SC 6 = 4,3 TMU
2. M 45 B 6 = 16,8 TMU • 1,12 = 8,16 TMU
Die Gesamtbewegung hat 12,46 TMU.

Bringen -M- (Move)

Beweg.-Länge in cm	Normzeitwerte in TMU					Mit Kraftaufwand			Beschreibung der Fälle
	M-A	M-B	M-C	mM-B M-Bm	m-Wert für B	Gewicht bis daN	Faktor W	Konst. K	
bis 2	2,0	2,0	2,0	1,7	0,3	1	1,00	0,0	
4	3,1	4,0	4,5	2,8	1,2				A Einen Gegenstand
6	4,1	5,0	5,8	3,1	1,9	2	1,04	1,6	zur anderen Hand
8	5,1	5,9	6,9	3,7	2,2				oder gegen einen
10	6,0	6,8	7,9	4,3	2,5	4	1,07	2,8	Anschlag bringen.
12	6,9	7,7	8,8	4,9	2,8				
14	7,7	8,5	9,8	5,4	3,1	6	1,12	4,3	
16	8,3	9,2	10,5	6,0	3,2				B Einen Gegenstand
18	9,0	9,8	11,1	6,5	3,3	8	1,17	5,8	in eine ungefähre
20	9,6	10,5	11,7	7,1	3,4				oder eine
22	10,2	11,2	12,4	7,6	3,6	10	1,22	7,3	unbestimmte Lage
24	10,8	11,8	13,0	8,2	3,6				bringen.
26	11,5	12,3	13,7	8,7	3,6	12	1,27	8,8	
28	12,1	12,8	14,4	9,3	3,5				
30	12,7	13,3	15,1	9,8	3,5	14	1,32	10,4	
35	14,3	14,5	16,8	11,2	3,3				
40	15,8	15,6	18,5	12,6	3,0	16	1,36	11,9	
45	17,4	16,8	20,1	14,0	2,8				C Einen Gegenstand
50	19,0	18,0	21,8	15,4	2,6	18	1,41	13,4	in eine genau
55	20,5	19,2	23,5	16,8	2,4				bestimmte Lage
60	22,1	20,4	25,2	18,2	2,2				bringen.
65	23,6	21,6	26,9	19,5	2,1	20	1,46	14,9	
70	25,2	22,8	28,6	20,9	1,9				
75	26,7	24,0	30,3	22,3	1,7	22	1,51	16,4	
80	28,3	25,2	32,0	23,7	1,5				

Bild 5-50: MTM-Normzeitwertkarte - Bringen

Fügen -P- (Position)

Symbol	Passung	Beschreibung	Anfügen mm	Symmetrie	E	D
P1	lose	Kein Druck notwendig	≤ ± 6,0	S	5,6	11,2
				SS	9,1	14,7
				NS	10,4	16,0
P2	eng	Leichter Druck notwendig	≤ ± 1,5	S	16,2	21,8
				SS	19,7	25,3
				NS	21,0	26,6
P3	fest	Starker Druck notwendig	≤ ± 0,4	S	43,0	48,6
				SS	46,5	52,1
				NS	47,8	53,4

Bild 5-51: MTM-Normzeitwertkarte - Fügen

Die Passungsklasse ist nach der Fügesituation aus den Komponenten Passung, Kraft- und Kontrollaufwand sowie der erforderlichen Genauigkeit beim Ein- oder Anfügen zu beurteilen. Die Symmetriemaße sind:

S symmetrical, es ist keinerlei Ausrichten erforderlich,

SS semi-symmetrical, mehrere Fügepositionen sind möglich und

NS non-symmetrical, das Fügen ist in nur genau einer Stellung möglich.

Schließlich wird die Fügesituation noch in E (easy) und D (difficult) unterschieden. D liegt beispielsweise bei verdeckter Fügestelle, Behinderung,

Scharfkantigkeit, Zerbrechlichkeit, Schlüpfrigkeit, flexiblen Teilen oder Gewichtskräften > 1 daN vor.

Loslassen -RL- (Release)

Symbol	TMU	Beschreibung	Symbol	TMU	Beschreibung
RL1	2,0	Durch Öffnen der Finger	RL2	0,0	Durch Aufheben des Kontaktes

Bild 5-52: MTM-Normzeitwertkarte - Loslassen

Trennen -D- (Disengage)

Symbol	Passung	Beschreibung	E	D
D1	lose	Sehr kleine Kraft - geringer Rückschlag	4,0	5,7
D2	eng	Mittlere Kraft - leichter Rückschlag bis 10 cm	7,5	11,8
D3	fest	Große Kraft - starker Rückschlag über 10 cm	22,9	34,7

Bild 5-53: MTM-Normzeitwertkarte - Trennen

Drehen -T- (Turn)

Symbol	Kraft-aufwand	in daN	\multicolumn{11}{Drehwinkel in Grad}										
			30	45	60	75	90	105	120	135	150	165	180
S	klein	≤1	2,8	3,5	4,1	4,8	5,4	6,1	6,8	7,4	8,1	8,7	9,4
M	mittel	>1 bis ≤ 5	4,4	5,5	6,5	7,5	8,5	9,6	11	12	13	14	15
L	groß	>5 bis ≤16	8,4	11	12	14	16	18	20	22	24	26	28

Bild 5-54: MTM-Normzeitwertkarte - Drehen

Drücken -AP- (Apply-Pressure)

Symbol	TMU	Beschreibung	Komponenten	AF 3,4	Kraftaufbau
APA	10,6	Ohne Nachgreifen	AF+DM+RLF	DM 4,2	Minimale Festhaltezeit
APB	16,2	Mit Nachgreifen	G2+APA	RLF 3,0	Kraftabbau

Bild 5-55: MTM-Normzeitwertkarte - Drücken

	Zeiteinheiten			
Die Zeitwerte dieser Karte entsprechen einer Leistung von 100% nach LMS	TMU	Sek.	Min.	Std.
	1	0,036	0,0006	0,00001
	27,8	1	-	-
	1.666,7	-	1	-
	100.000	-	-	1

Bild 5-56: MTM-Normzeitwertkarte - Zeitwerte

Probieren Sie es mal an der Aufgabe in Bild 5-57 aus!

Mit der linken Hand eine Schraube
M8X20 aus einem Haufen nehmen
und mit der rechten Hand eine
Scheibe auffädeln, anschließend
ablegen.

1 Zerlegen Sie den beschriebenen
Bewegungsablauf in seine
Bewegungselemente.

2 Bestimmen Sie die Kodierung und ordnen
Sie dieser die entsprechenden Zeitwerte
aus der Normzeittabelle zu.

3 Ermitteln Sie den Zeitwert in min pro Stück.

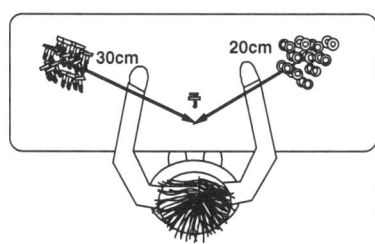

Bild 5-57: Aufgabenbeispiel MTM

Linke Hand			Rechte Hand			Summe
Bewegungselemente	Kodierung	Zeitwerte (TMU)	Bewegungselemente	Kodierung	Zeitwerte (TMU)	
					Summe	

Bild 5-58: Lösungsschema MTM-Aufgabenbeispiel (Lösung: 2,3 sec.)

6 Beschaffung und Disposition

Aus der Sicht einer Montage stellt die termin- und mengengerechte Versorgung mit den benötigten Teilen und anderen Einsatzstoffen einen Beschaffungsvorgang von Material dar. Betriebswirtschaftlich ist es dabei prinzipiell unerheblich, ob die zu beschaffenden Güter in der eigenen Fertigung erzeugt oder auf dem Markt eingekauft werden - sofern der Markt die entsprechenden Güter bereithält. Fertigungsstätten stehen, je weiter sich diese Denkweise durchsetzt, deswegen in einem erheblichen Wettbewerb zum Markt. Da die Entscheidung „Fremdbezug oder Eigenfertigung" jedoch noch weitere Determinanten als reine Kostenkriterien aufweist (Know-how Verlust, Lieferantenmonopol, Störungsbewältigung, langfristige Kapazitätsauslastung, etc.), sind in der Praxis unterschiedliche Strategien festzustellen. Während gerade bei großen Unternehmen und Konzernen, namentlich der Automobilindustrie, zu beobachten ist, daß eine geringe Fertigungstiefe angestrebt wird und statt dessen juristische und betriebswirtschaftliche Dienstleistungen wie Rechnungslegung, Marketing, Einkauf und Finanzdienste internalisiert werden, zeichnen sich kleinere und weniger bekannte, dafür aber in ihrem Marktsegment absolut erfolgreiche Unternehmen (sogenannte „Hidden Champions", Unternehmen mit unter 1,5 Mrd. DM Umsatz pro Jahr, aber Nr. 1 oder 2 auf dem Weltmarkt oder zumindest Nr. 1 auf dem europäischen Markt), durch das Gegenteil aus: Externalisierte betriebswirtschaftliche und juristische Dienstleistungen, aber sehr hohe Fertigungstiefe, in aller Regel gepaart mit einem *eigenen* Anlagen- und Betriebsmittelbau[1].

Die eine wie die andere Strategie stellt allerdings die Disposition von Material vor das gleiche Optimierungsproblem: Die Ziele „Reduzierung von Beständen und Kapitalbindung", „Minimierung der Materialbereitstellungskosten" und „Sicherstellung der Lieferbereitschaft" sind gegenläufig (Bild 6-1). Da die Folgen mangelnder Lieferbereitschaft in der Regel nicht vollständig quantifiziert werden können, ist das Problem überdies nur bedingt rechentechnisch lösbar.[2]

„Mit Material werden alle Werk-, Hilfs- und Betriebsstoffe bezeichnet, die zum Erzeugen von Gütern erforderlich sind und dabei ihre ursprüngliche

---

[1] Vgl.: SIMON, H.: Die heimlichen Gewinner : Die Erfolgsstrategien unbekannter Weltmarktführer (Hidden Champions). 4. Aufl. Frankfurt a. M.: Campus, 1996.

[2] Die Ausführungen dieses Abschnittes orientieren sich stark an FRIEMUTH, U.; HORNUNG, V.; SANDER, U.: Industrielle Logistik. 3. Aufl. Aachen: Augustinus, 1996. S. 127 - 182. Ich danke den Autoren für die freundliche Erlaubnis und insbesondere dafür, daß sie mir die den Abbildungen zugrundeliegenden Computerdateien zur Verfügung stellten. Soweit bei den Bildern dieses Abschnittes nichts anderes vermerkt ist, handelt es sich um überarbeitete Adaptionen aus diesen Dateien.

Form, ihre selbständige Funktion und die Möglichkeit zu anderweitiger Verwendung verlieren."[1] Die Materialkosten machen im Durchschnitt der deutschen Industrie den größten Teil der Selbstkosten aus. Oft liegt ihr Anteil bei über 50%. So stellte der Verband des deutschen Maschinen- und Anlagenbaus (VDMA) im Rahmen einer Erhebung 1993 bei seinen Mitgliedsunternehmen einen Materialkostenanteil von rund 43% fest. Damit stellt die Material- und nicht die vielfach im Mittelpunkt von Rationalisierungsüberlegungen stehende Produktionswirtschaft den Kostenfaktor Nr. 1 dar (Bild 6-2). Je weiter die Fertigungstiefe verringert wird, desto größer und bedeutsamer wird die Materialwirtschaft. Bild 6-3 zeigt die durch betriebliche Vorräte beeinflußten Kennzahlen im Wirkgefüge des betrieblichen Rechnungswesens.

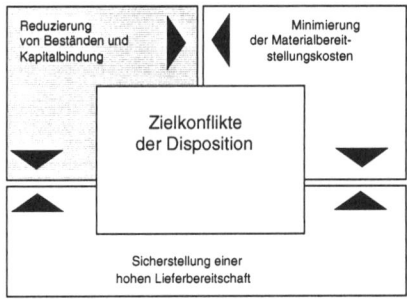

Bild 6-1: Zielkonflikt der Disposition

FRIEMUTH et. al. geben hierzu folgendes, etwas plakatives, Beispiel:
„Eine Senkung der Bestände um 10% bedeutet für ein mittelständisches Unternehmen mit ca. 200 Beschäftigten und folgenden Kenngrößen

- Umsatz   25 Mio. DM
- Umsatzrendite   3%
- Gesamtkapital   20 Mio. DM
- Umlaufvermögen   15 Mio. DM
- Vorräte   8 Mio. DM

entweder die einmalige Freisetzung von 800.000 DM in Form flüssiger Mittel oder - bei entsprechender Reduzierung des Umlaufvermögens - eine Verringerung der Kapitalbindungskosten und eine Erhöhung des Kapitalumschlags [...] von 1,25 auf 1,30. Bei einem angenommenen Zinssatz von 10% bewirkt die Reduzierung der Kapitalbindungskosten eine Gewinnsteigerung von 80.000 DM [...] das sind mehr als 10%. Die Rentabilität wächst - wegen des erhöhten Kapitalumschlages - noch stärker: von 3,75% auf 4,32%, eine Steigerung von 15%!"[2] Die Ergebnisse werden noch deutlicher, wenn noch

---

1   REFA, Planung und Steuerung Teil 2, 1991, S. 62.
2   FRIEMUTH ET. AL. 1996, S. 131 f.

bedacht wird, daß sich auch Folgekosten der Vorratshaltung wie Flächenbedarf und Transporte ebenfalls verringern dürften, was hier noch gar nicht in Ansatz gebracht wurde. Es wird erkennbar, daß Einkauf und Disposition zu den wichtigsten, weil enorm kostenbestimmenden, Funktionen im Unternehmen gehören.

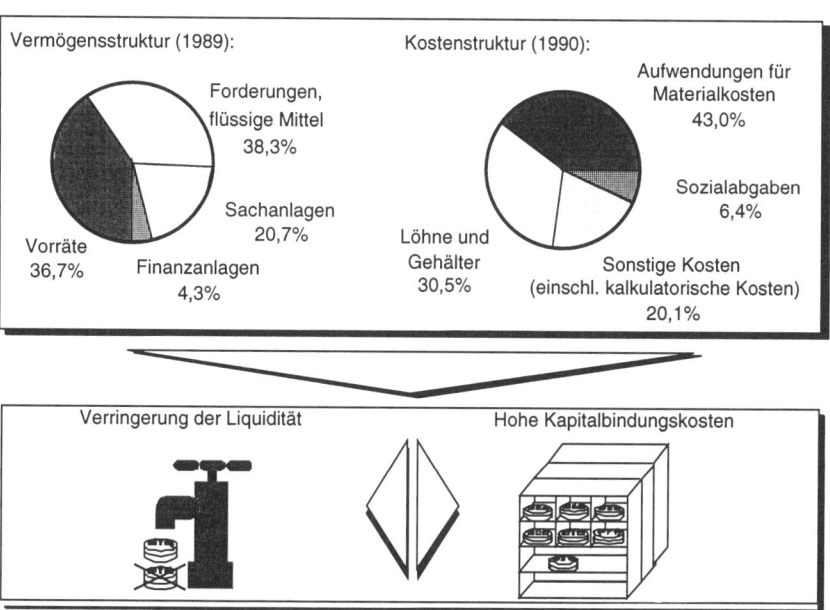

Bild 6-2: *Vermögens- und Kostenstruktur im deutschen Maschinenbau (lt. VDMA 1993)*

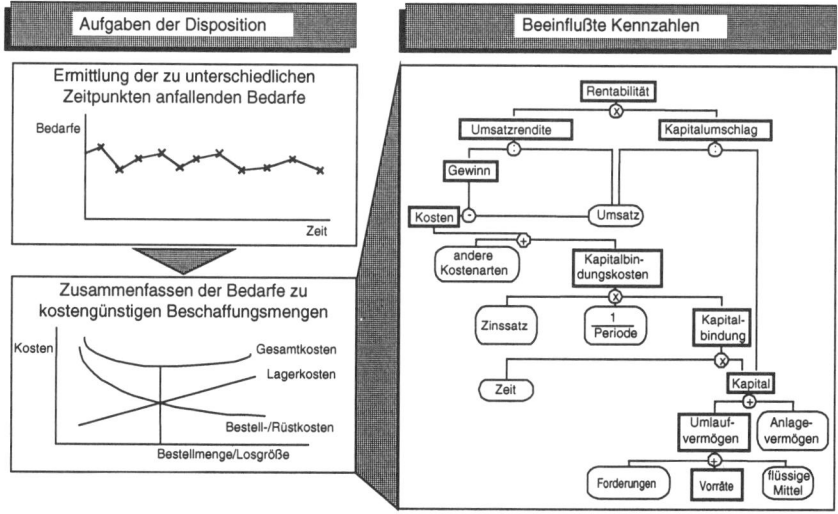

Bild 6-3: *Aufgaben und Auswirkungen der Disposition*

6.1 Die Rolle der Disposition im Unternehmen

Der Darstellung in Bild 6-4 kann entnommen werden, daß die Disposition nicht nur unter den genannten kostenmäßigen Aspekten als äußerst bedeutsam angesehen werden muß, sondern daß sie auch unter betriebsorganisatorischen Gesichtspunkten zentral ist. Erhebliche Teile des gesamten Informationsflusses eines Unternehmens berühren die Disposition, der störungsfreie Materialfluß ist ganz deutlich von der Arbeit der Disposition abhängig. Hierbei erfüllt die Disposition vor allem die folgenden Funktionen (Bild 6-5):

- Bedarfsermittlung (Was wird wann benötigt?),
- Bestellmengenermittlung (Was vom Bedarf muß konkret beschafft werden?),
- Bestellauslösung (Wie können Bestellmengen so gebündelt werden, daß der Beschaffungsvorgang kostenoptimal, aber zeitgerecht abgewickelt werden kann?) und
- Bestandsführung (Wie sehen die Bestände zu jedem Zeitpunkt aus?).

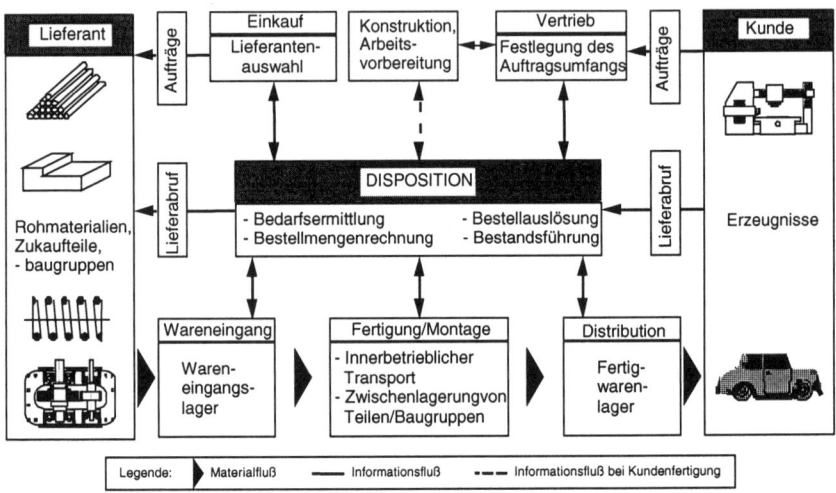

Bild 6-4: Die Stellung der Disposition im Unternehmen

Werden die einzelnen, sehr unterschiedlichen Bedarfsarten und die damit verbundenen Bedürfnisse näher ins Auge gefaßt, so wird schnell klar, daß ein einheitliches, starres und auf alle Materialien gleicherweise anzuwendendes Dispositionssystem wenig sinnvoll ist. Beispielsweise müssen geringerwertige Schrauben, die bei den unterschiedlichsten Produkten und Fertigungsabschnitten gleicherweise und damit vorhersehbar in großen Mengen benötigt werden, ganz anders beschafft und bevorratet werden als einzelne, selten benötigte und überdies sehr teure Teile. Die jeweiligen Anforderungen an die Disposition werden also von den zu disponierenden Artikeln bestimmt. Hierzu wurde ein zweidimensionales Klassifikationsschema entwikkelt, das einerseits die *Bedeutsamkeit* des Artikels, die nach unterschiedlichen Kriterien definiert sein kann und dann auch unterschiedlich gemessen wird, und andererseits *Vorhersehbarkeit* seines Bedarfes unterscheidet.

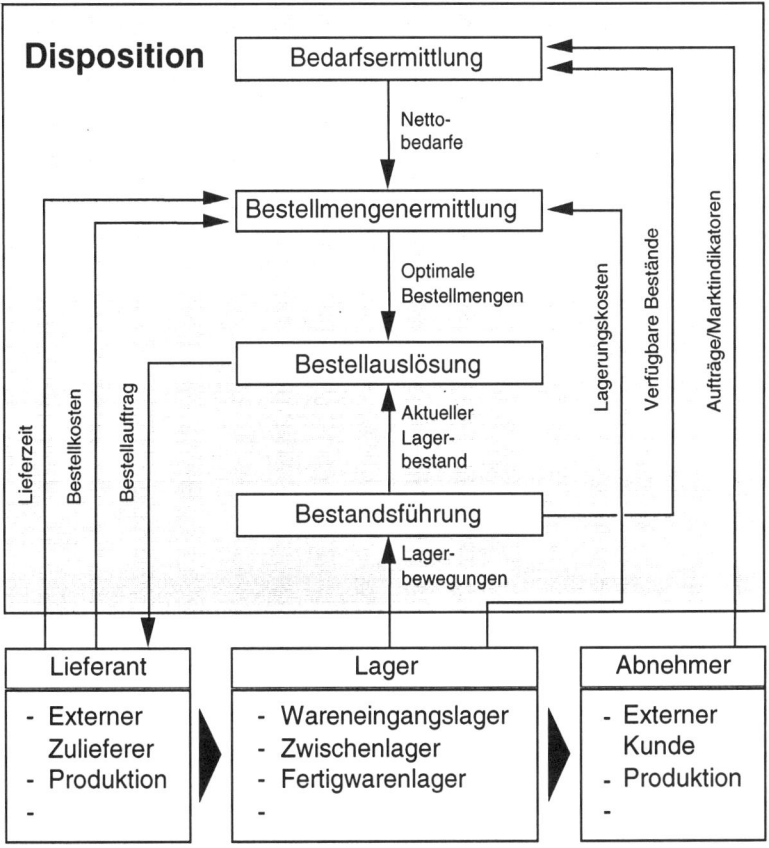

Bild 6-5: *In der Disposition auszuführende Funktionen*

6.2 Verfahren zur Artikelstrukturierung in der Disposition

Die häufigsten und bekanntesten Verfahren der Artikelstrukturierung sind die ABC-Analyse und XYZ-Analyse. Die ABC-Analyse dient dabei der Ermittlung der *Bedeutsamkeit* eines Artikel, während die XYZ-Analyse die Artikel nach *Vorhersehbarkeit* ihres Bedarfes strukturiert.

6.2.1 Die ABC-Analyse

Wie bereits in Kapitel 5.2.2 dargestellt, ist die ABC-Analyse ein grundsätzliches Verfahren, mit dem Items eines Sachverhaltes nach ihrer Bedeutsamkeit strukturiert werden können. Sie ist deswegen keineswegs auf die Materialwirtschaft beschränkt, hat hier aber ihre Ursprünge. In der Materialwirtschaft dient sie vor allem dazu, die disponierten Artikel nach ihrer wirtschaftlichen Bedeutung in eine Rangfolge zu bringen und anschließend zu klassifizieren. Geeignete Dispositionsverfahren werden danach jeweils bezüglich der einzelnen Klassen angeleitet.

Während bei einer Anwendung zur Aufgabenstrukturierung wie in Kapitel 5.2.2 die Kurven aus den kumulierten Größen oft noch relativ schwach ansteigen, werden in der Materialwirtschaft die „lehrbuchmäßigen" steilen Anstiege (wie in Bild 6-6) tatsächlich regelmäßig beobachtet. Als Klassengrenzen sind daher die in Bild 6-6 angegebenen 80%, 15% und 5% durchaus üblich und realistisch. Wie in Kapitel 5.2.2. sei aber auch hier noch einmal betont, daß die Grenzen jeweils in Abhängigkeit vom tatsächlich erzielten Ergebnis einer Analyse zu definieren sind.

Bild 6-6 zeigt die häufigste und grundlegende Form einer ABC-Analyse. In ihr werden die Werte der eingelagerten Artikel über eine Periode sortiert. An dieser Definition wird bereits die Problematik der zu wählenden Untersuchungsdimension erkennbar: Die Artikel sollen nach ihrem Wert gegliedert werden. Aber welcher Wert? Der eines einzelnen Artikels? Ein wenig problematisch, wenn man beispielsweise an eine einzelne Schraube denkt und gleichzeitig weiß, daß davon aber immer „Tausende" vorhanden sind. Oder nach dem jeweiligen Bestellwert eines Artikels? Am Ende soll gerade dieser Wert zum Abschluß der Studie und aufgrund der Studie verändert werden. Oder, wie hier zugrundegelegt, der durch den Artikel in einer Periode (durchschnittlich oder ...?) gebundene Wert?

Es können aber auch ganz andere als Bedeutungsüberlegungen im Vordergrund stehen. Beispielsweise die Lagerorganisation: Artikel, auf die häufig zugegriffen wird, sollten vorne im Lager stehen und leicht erreichbar sein, selten nachgefragte können auch unzugänglicher aufgehoben werden mit entsprechend längeren Zugriffszeiten. Oder: die Auslegung der Regalplätze. Für die „Gewichtsklassen" A, B und C werden Lagerflächen unterschiedlicher Tragkraft bereitgestellt, für die „Volumenklassen" A, B und C unterschiedlich dimensionierte Lagerplätze etc.

Wie bei allen Untersuchungsverfahren ist also eine sorgfältige Abwägung des Untersuchungszieles auch und gerade bei einer ABC-Analyse vor der Datenerhebung geboten. Beim Vergleich der Ergebnisse verschiedener ABC-Analysen wiederum ist es notwendig, genau darauf zu achten, welches Kriterium zugrunde gelegt wurde, da diese sich mitunter nur in Nuancen unterscheiden. Bild 6-7 liefert einen Überblick, für welche Einsatzzwecke in der Disposition ABC-Analysen herangezogen werden. Dabei werden gebräuchliche und erweiterte (sprich weniger gebräuchliche) unterschieden.

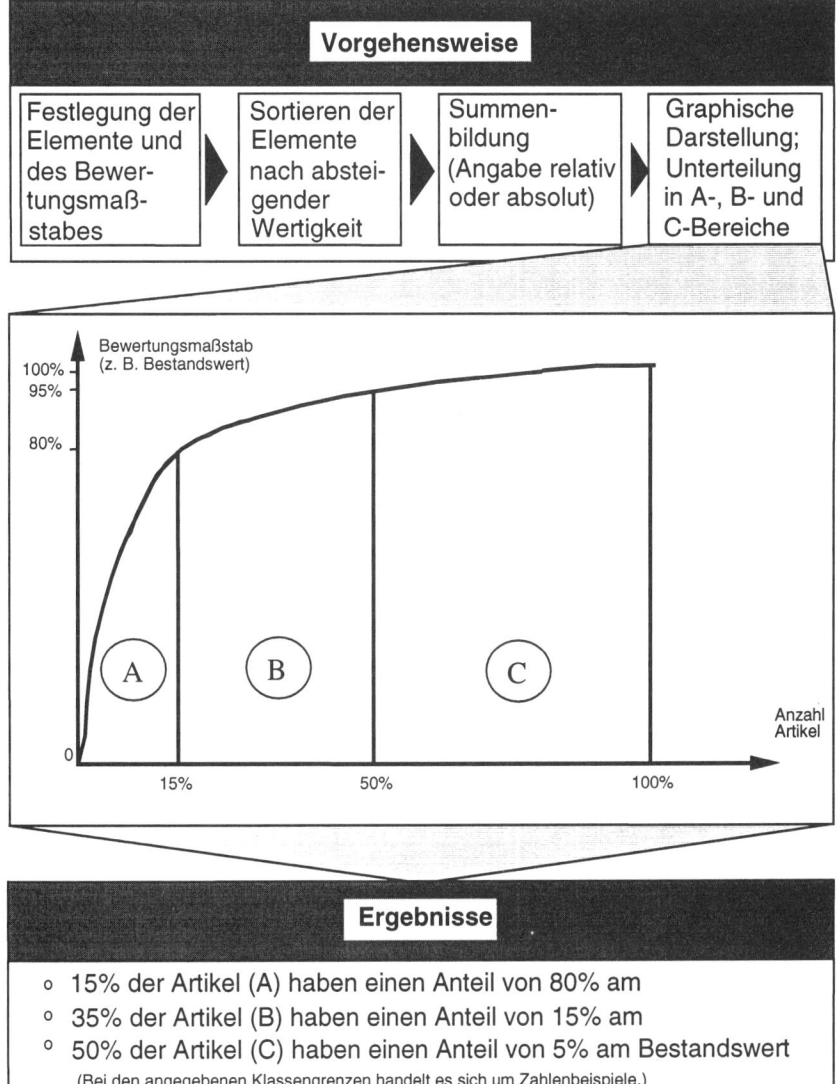

Bild 6-6: Ablauf der ABC-Analyse

Mit Blick auf das Beispiel in Bild 6-6 lassen sich bezüglich der Disposition der Artikel folgende Konsequenzen begründen:

Für A-Artikel sollte

- die optimale Bestellmenge genau ermittelt werden,
- die Bestandsentwicklung kontinuierlich und genau überwacht werden sowie
- die Möglichkeiten einer deterministischen Bedarfsermittlung sowie einer Just-in-time Belieferung geprüft werden.

Bei C-Artikeln dagegen kann es sinnvoll sein,

- sich bei der Ermittlung der optimalen Bestellmenge auf eine Schätzung zu beschränken (da der Artikel ohnehin in Gebinden mit standardisierten Mengen erworben wird),
- nicht deterministisch, sondern auf der Basis einfacher verbrauchsorientierter Verfahren (Mindestmenge erreicht) zu disponieren und
- gegebenenfalls einfach größere Mengen, zum Beispiel einen Jahresbedarf, zu ordern.

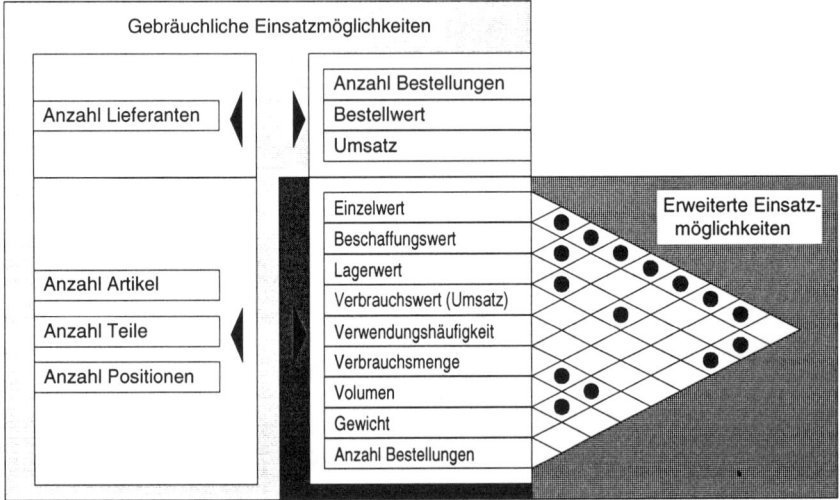

Bild 6-7: Gebräuchliche und erweiterte Einsatzmöglichkeiten der ABC-Analyse

Zur Durchführung von ABC-Analysen sind Tabellenkalkulationsprogramme an PCs ein fast schon unabdingbares Handwerkszeug. Die jeweils notwendigen Sortierungen, Kumulation der Werte und die Ableitung von Lorenzkurven lassen sich mit den aktuellen Versionen dieser Programme auch auf sehr umfangreichen Datenmengen problemlos und schnell durchführen. Einmal mehr zeigt sich an dieser Stelle, daß Tabellenkalkulationen ein elementares Werkzeug für den betriebswirtschaftlichen Mitarbeiter sind.

6.2.2 Die XYZ-Analyse

Ein weiteres sehr wichtiges Merkmal für die Wahl eines Dispositionssystems ist die *Vorhersehbarkeit* eines Bedarfes. Je kontinuierlicher der Verbrauch eines Gutes verläuft, desto einfacher kann sein Bedarf mit Hilfe einfacher Prognoseverfahren „vorhergesehen" werden, und desto autonomer und schneller kann die Disposition zu Beschaffungsentscheidungen kommen, ohne konkrete Auftragsdaten zu erheben und zu berücksichtigen. Eine bewährte statistische Kenngröße zur Beurteilung von Streuungen, im vorliegenden Fall die Streuungen des Verbrauches, ist der Variationskoeffizient v. Er wird mit

$$V = \frac{\sqrt{\frac{1}{n}\sum_{i=1}^{n}\left(x_i - \overline{x}\right)^2}}{\overline{x}}$$

errechnet. Es handelt sich hierbei um die gleiche Formel, die auch bereits in Kapitel 5.4.1.3 herangezogen wurde, mit zwei Unterschieden:

- Die Formel ist hier so geschrieben, daß der Sachverhalt, den sie definiert, sofort erkennbar ist und
- sie bezieht sich hier auf die Grundgesamtheit und nicht auf eine Stichprobe, deswegen erfolgt die Normierung einfach mit n und nicht $n-1$.

In der XYZ-Analyse werden nun die Variationskoeffizienten der Verbräuche der einzelnen Artikel über einen geeigneten längeren Zeitraum ermittelt. Auch hier hängt es vom Untersuchungsziel ab, ob für die herangezogenen Einzelwerte beispielsweise Tages-, Wochen- oder Monatsverbräuche zugrundegelegt werden. Der Gesamtbetrachtungszeitraum ist in aller Regel ein Jahr, es kann aber auch ein längerer angebracht sein. Wird ein Jahr unterstellt, dann errechnet sich bei Tagesverbräuchen der Variationskoeffizient aus 365 (in der Regel) Werten, bei Wochenverbräuchen aus gewöhnlich 52 etc.

Sofern das eingesetzte Warenwirtschaftssystem diese Analyse auf den verwalteten Bestand nicht anbietet, sollte die Analyse mit einer Tabellenkalkulation durchgeführt werden. In allen professionellen Systemen sind die hierzu erforderlichen Funktionen implementiert. Bild 6-8 stellt die Vorgehensweise einer XYZ-Analyse vor.

Kumuliert man die Variationskoeffizienten, nachdem die Artikel nach deren Größe sortiert wurden, so kann aus diesen kumulierten Werten, analog der ABC-Analyse, eine Grafik abgeleitet werden, welche die Gesamtstruktur gut visualisiert.

Für die Klassifikation der Artikel nach X, Y, und Z gilt:

X-Artikel:	Sie haben einen sehr konstanten Verbrauch und lassen sich deswegen relativ genau auch ohne Kenntnis der Auftragslage disponieren.
Y-Artikel:	Der Verbrauch dieser Artikel läßt sich nur bedingt vorhersagen, eine nähere Untersuchung der Schwankungsursachen, zum Beispiel auf saiso-

Z-Artikel:

nale oder trendbedingte Einflüsse, kann dennoch zu einem guten Prognosemodell führen.

Der Verbrauch ist unregelmäßig, Trend- oder Saisoneinflüsse können vorliegen, müßten aber so stark sein, daß sie auch ohne Untersuchung bekannt sind.

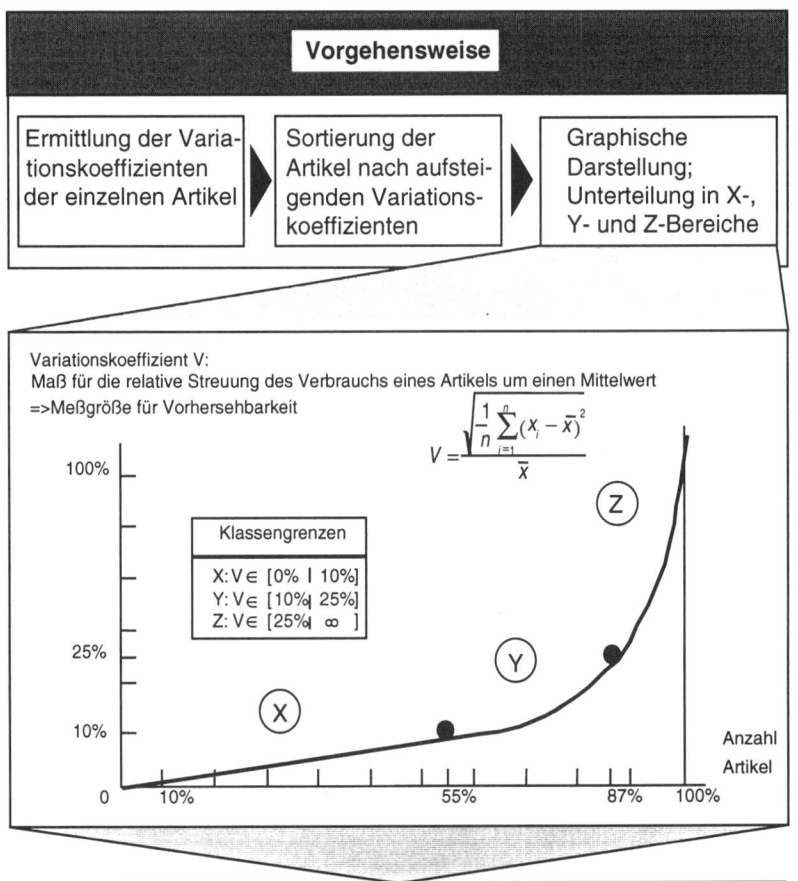

Vorgehensweise

| Ermittlung der Variationskoeffizienten der einzelnen Artikel | Sortierung der Artikel nach aufsteigenden Variationskoeffizienten | Graphische Darstellung; Unterteilung in X-, Y- und Z-Bereiche |

Variationskoeffizient V:
Maß für die relative Streuung des Verbrauchs eines Artikels um einen Mittelwert
=>Meßgröße für Vorhersehbarkeit

$$V = \frac{\sqrt{\frac{1}{n}\sum_{i=1}^{n}(x_i - \bar{x})^2}}{\bar{x}}$$

Klassengrenzen

X: $V \in [0\% \mid 10\%]$
Y: $V \in [10\% \mid 25\%]$
Z: $V \in [25\% \mid \infty]$

Ergebnisse

o 55% der Artikel sind gut vorhersehbar (X-Artikel)
o 32% der Artikel unterliegen einem schwankenden Bedarf (Y-Artikel)
o 13% der Artikel sind als sporadischer Bedarf anzusehen (Z-Artikel)
(Bei den angegebenen Klassengrenzen handelt es sich um Zahlenbeispiele.)

Bild 6-8: Ablauf der XYZ-Analyse[1]

---

[1]   Die Darstellung weicht inhaltlich von der bei FRIEMUTH ET. AL. ab.

6.2.3 Artikelklassen auf der Basis der ABC- und XYZ-Analyse

Auf der Basis der beiden Analysen lassen sich nun Dispositionsrichtlinien ableiten. Hierzu wird eine Matrix gebildet, die in der einen Dimension die Klasse der ABC-Analyse berücksichtigt und in der anderen die der XYZ. Damit werden Wertcharakteristika und Prognosemöglichkeiten zusammengefaßt. Es entsteht ein Spektrum von Artikelklassen, das von Artikeln mit hohem Wert und hoher Vorhersagegenauigkeit zu solchen mit niedrigem Wert gepaart mit niedriger Vorhersagegenauigkeit reicht (Bild 6-9).

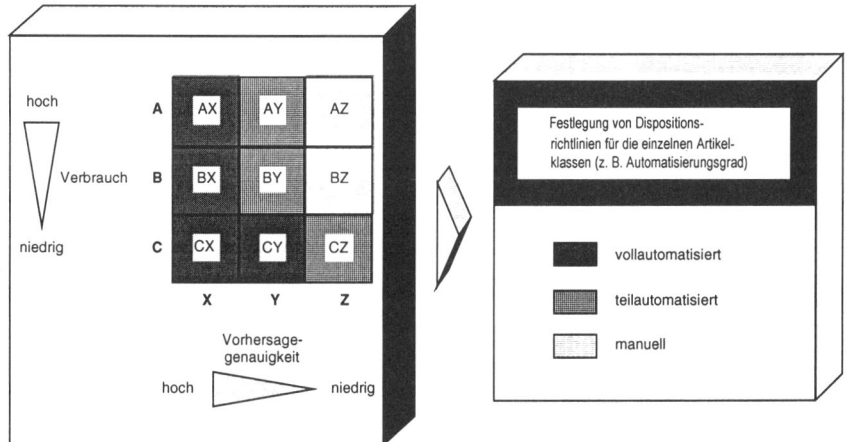

Bild 6-9: Artikelklassen und Dispositionsrichtlinien

6.3 Das Dispositionssystem und seine Elemente

Der Disposition werden üblicherweise die folgenden betrieblichen Aufgaben gestellt:
- Bedarfsermittlung,
- Bestellmengenrechnung
- Bestellauslösung
- Bestandsführung und
- Stammdatenverwaltung.

Bedarfsermittlung und Bestellmengenrechnung sind hierbei zunächst die Kernaufgaben der Disposition. Die Umsetzung in eine konkrete Bestellung kann auch dem Einkauf überlassen sein. Zu einer praktischen Bestellung, also der Umsetzung einer theoretisch ermittelten Bestellmenge in eine, die neben den bereits berücksichtigten Lagerbeständen auch offene (früher oder von anderen Mitarbeitern ausgelöste) Bestellungen und Materialreservierungen erfaßt, gehört aber immer der Rückgriff auf Informationen der Dis-

position. Somit ist durch einen EDV-Einsatz zwar die angedeutete Arbeitsteilung möglich, aber oft nicht sonderlich sinnvoll.

Der letzte Aspekt, Stammdatenverwaltung, ist einer, der mit dieser Bezeichnung zwar ausschließlich die heute übliche EDV-Anwendung erfaßt, eine
vergleichbare Aufgabe existiert aber auch in konventionell arbeitenden Systemen in Form der Verwaltung der Artikelkartei. In Bild 6-10 sind die Elemente im Zusammenhang dargestellt.

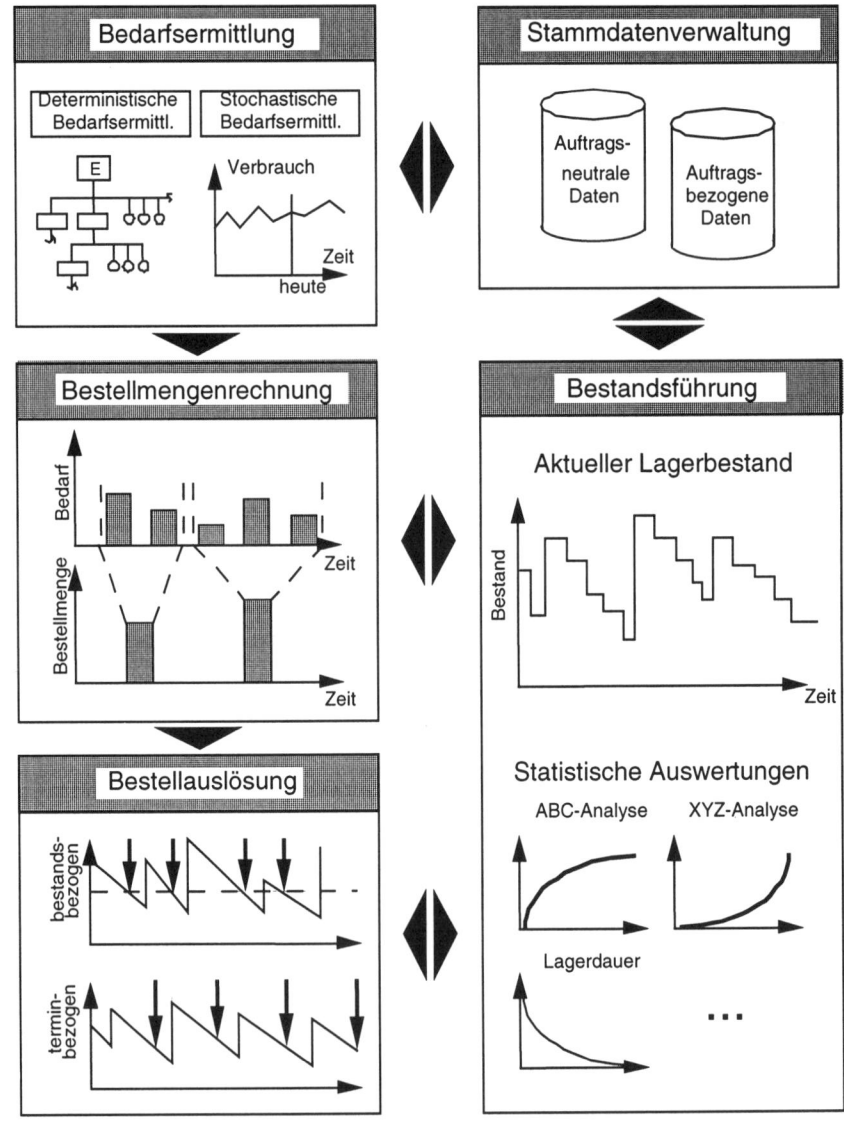

Bild 6-10: Elemente eines Dispositionssystems

6.4 Materialbedarfsermittlung

Wie erwähnt (Kapitel 4.1.2), ist die Aufgabe der *Materialbeschaffung* die wirtschaftliche, termin- und qualitätsgerechte Versorgung des Betriebes mit Material. Diese gliedert sich grob in die *Beschaffungsplanung* und die *Beschaffungssteuerung*. REFA definiert die Ermittlung des *Materialbedarfs* als eine betriebliche *Steuerungsaufgabe*, welche die Bestimmung des Bedarfes nach Art und Menge, der zu einem Termin oder für eine bestimmte Periode benötigt wird, umfaßt[1]. Je präziser es gelingt, den Bedarf zu ermitteln, desto genauer wird eine darauf aufbauende Disposition. Die oft erforderlichen *Sicherheitsbestände*, die notwendig sind, um immer vorhandene Unwägbarkeiten und Unsicherheiten in der Planung abzufangen, können so gering gehalten werden. Der Begriff Materialbedarf wird üblicherweise in fünf Arten gegliedert. Zunächst, orientiert an der Materialplanung, als

- *Primärbedarf*, den Bedarf an fertigen Erzeugnissen, dann
- *Sekundärbedarf*, den Bedarf an Teilen, Baugruppen und Rohstoffen, die benötigt werden, den Primärbedarf zu erzeugen und schließlich den
- *Tertiärbedarf*, den Bedarf an zusätzlichen Betriebs- und Hilfsstoffen.

Unter Dispositionsgesichtspunkten werden diese wiederum jeweils in
- *Bruttobedarf* (Was brauchen wir tatsächlich insgesamt?) und
- *Nettobedarf* (Was davon haben wir nicht auf Lager?) eingeteilt (Bild 6-11).

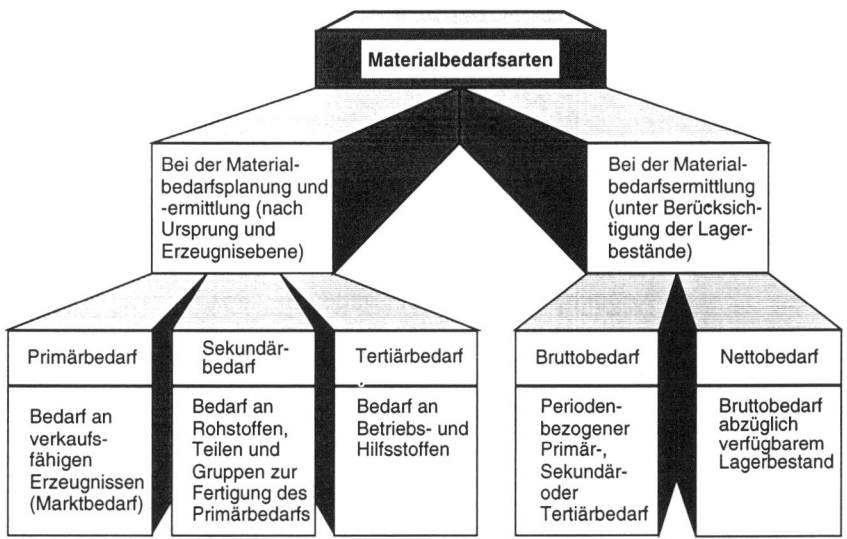

Bild 6-11: Materialbedarfsarten[2]

---

1   Vgl.: REFA, Planung und Steuerung Teil 2, 1991, S. 103.
2   In Anlehnung an REFA.

Beim *deterministischen* Vorgehen der Bedarfsermittlung wird der Bedarf für eine Periode oder einen Termin aus den vorliegenden Aufträgen unmittelbar abgeleitet. Solchen Aufträgen liegen dann entweder konkrete Kundenbestellungen zugrunde, oder es sind entsprechend verbindliche Produktionsprogramme. Diese definieren den Primärbedarf. Stücklisten und Rezepte in Verbindung mit betrieblichen Kennzahlen zur Ausbeute des Produktionsprozesses (Ausschuß, ...) führen zu den übrigen Bedarfsmengen.

Eine *deterministische Bedarfsermittlung* führt zwangsläufig zu äußerst geringen Lagerbeständen und damit zu geringem Lagerflächenbedarf und geringer Kapitalbindung in Material. Sie bildet die Grundlage für Just-in-time Disposition. Ihre Einsatzmöglichkeiten sind jedoch an einige Voraussetzungen gebunden:

- Die Durchlaufzeit (DLZ) für Beschaffung und alle Produktionsschritte muß geringer sein als die üblicherweise geforderte Lieferzeit (LZ) der Kunden, da sonst diverse Rohstoffe und etliche Teile bereits bei Auftragserteilung lagerhaltig sein müssen, um die DLZ auf diese Weise zu verkürzen und den Terminwünschen der Kunden zu entsprechen.
- Auch im Zeitalter EDV-gestützter PPS-Systeme ist die deterministische Bedarfsermittlung mit höchstem organisatorischen Aufwand gekoppelt. Sie lohnt also in der Regel auch nur für hochwertige oder kundenspezifisch anzufertigende oder selten zu disponierende Güter.

Liegen die Bedingungen für den Einsatz einer deterministischen Bedarfsermittlung nicht vor, so kommt meistens eine *stochastische Bedarfsermittlung* zum Einsatz. Der Bedarf eines Gutes wird hier mit Hilfe statistischer Verfahren aus den Verbräuchen der Vergangenheit extrapoliert. Dies ist mit den üblichen Unsicherheiten statistischer Fortschreibungen verbunden, die daraus resultierenden Fehler müssen bei der Wahl solcher Verfahren möglichst klein gehalten, im Endeffekt jedoch hingenommen werden.

Es gibt Güter, bei deren Geringwertigkeit selbst eine stochastische Bedarfsermittlung zu aufwendig ist. Auch kann es vorkommen, insbesondere bei der Neueinführung eines Produktes, daß keine Daten über den Verbrauchsverlauf vorliegen. Dann ist der Disponent auf die *heuristische Bedarfsermittlung* angewiesen, in der subjektive Schätzungen, basierend auf dessen Erfahrungswissen, die Grundlage bilden.

In Bild 6-12 sind die Bedarfsermittlungsarten dargestellt.

Die jeweils erforderlichen Basisdaten für eine Bedarfsermittlung, insbesondere für die stochastischen Verfahren, hängen im hohen Maße von der jeweils zu disponierenden Bedarfsart ab. In Bild 6-13 ist dieser Zusammenhang dargestellt.

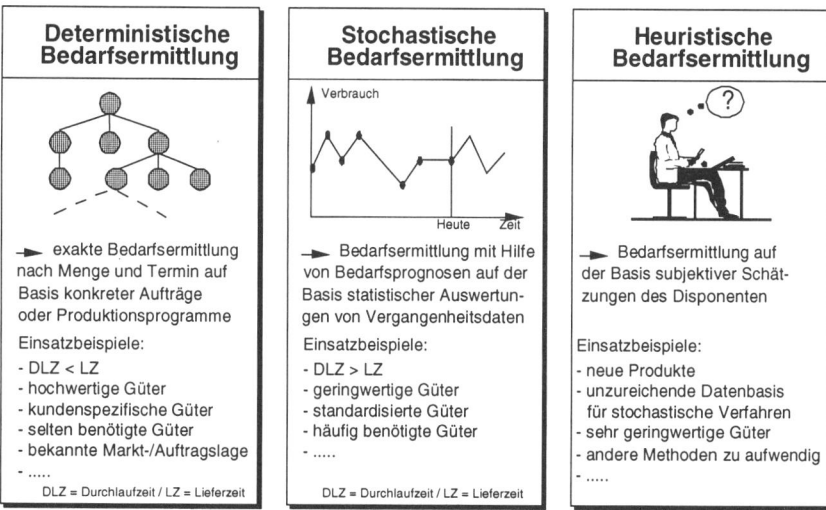

Bild 6-12: Methoden der Bedarfsermittlung

Bedarfsermittlungsmethode			
	deterministisch	stochastisch	heuristisch
primär	- Kundenaufträge - Produktionsprogramm	- Absatzdaten des End- erzeugnisses in den vergangenen Perioden	- Charakteristische Eigenschaften des Enderzeugnisses
sekundär	- Primärbedarfe - Erzeugnisstruktur - Vorlauf- bzw. Durchlauf- zeiten	- Verbrauchsdaten der Erzeugniskomponenten in den vergangenen Perioden	- Charakteristische Eigenschaften der Erzeugniskomponenten
tertiär	- Sekundärbedarfe - Arbeitsplandaten - technologische Kenn- ziffern	- Verbrauchsdaten der Hilfs- und Betriebsstoffe in den vergangenen Perioden	- Charakteristische Eigenschaften der Hilfs- und Betriebsstoffe

(Spalte links: **Bedarfsstufe**)

Bild 6-13: Basisdaten der drei Methoden der Bedarfsermittlung

6.4.1 Verfahren der deterministischen Bedarfsermittlung

„Die deterministische Bedarfsermittlung besteht in einer exakten Bestimmung des Materialbedarfs nach Menge und Termin. Sie dient in erster Linie der Ermittlung des Sekundärbedarfs bei bekanntem Primärbedarf"[1]. Deswe-

---

1   REFA, Planung und Steuerung Teil 2, 1991, S. 107.

gen ist auch der Begriff *deterministische Bedarfsauflösung* gebräuchlich. Als Ausgangsdaten werden benötigt:

- das Produktionsprogramm (Primärbedarf an Erzeugnissen oder Baugruppen pro Periode),
- Stücklisten oder Teileverwendungsnachweise (Bedarf pro Mengeneinheit),
- Lagerbestände (Ableitung des Nettobedarfes) sowie
- Fristenpläne (Durchlaufzeiten und Beschaffungszeiten).

Die weitere Einteilung der deterministischen Verfahren erfolgt in der Literatur nicht einheitlich. Zwar ist die Aufteilung in *analytische Verfahren* und *synthetische Verfahren* noch weitgehend durchgängig, das *Gozintoverfahren* wird jedoch in unterschiedlichen Quellen verschieden interpretiert. FRIEMUTH et. al.[1], HAMMERBECK[2] und OELDORF / OLFERT[3] rechnen dieses Verfahren zu den analytischen. REFA[4] und ZAHN / SCHMID[5] ordnen es den synthetischen Verfahren zu, während ADAM es als eigenständig neben den beiden Gruppen stehen läßt[6]. CORSTEN greift das Gozintoverfahren zwar auf und handelt es im Kontext der Stücklistenauflösung ab, eine Unterscheidung von analytischer und synthetischer Bedarfsermittlung führt er jedoch nicht ein[7]. Wie in Bild 6-14 zu sehen ist, wurde hier der Meinung von REFA und ZAHN / SCHMID gefolgt.

6.4.1.1 Analytische Verfahren der Bedarfsermittlung

In den *analytischen Verfahren* der Bedarfsermittlung wird jeweils vom Enderzeugnis ausgegangen, die Stückliste auf unterschiedliche Weise stufenweise aufgelöst und dabei der Verbrauch einzelner Teile ermittelt.

„Das *Produktionsstufenverfahren* (vielfach auch *Fertigungsstufenverfahren* genannt) ist das älteste Verfahren der maschinellen Bedarfsrechnung"[8]. In ihm wird der Bedarf durch eine Auflösung der Stückliste anhand der einzelnen Produktionsstufen ermittelt. Ausgangspunkt hierbei ist das Endprodukt, die Auflösung erfolgt also in Bezug auf die Produktionsreihenfolge rückwärts, wobei die Mengenangaben einer übergeordneten Einheit (Baugruppe oder Endprodukt) als Multiplikatoren für die untergeordneten Einheiten benutzt werden. Das Produktionsstufenverfahren hat seine Grenzen, wenn in der

---

1   Vgl. FRIEMUTH et. al. 1996, S. 174.

2   Vgl. HAMMERBECK, U.: Material- und Fertigungswirtschaft mit EDV. Hamburg: S+W, 1994. S. 67.

3   Vgl. OELDORF / OLFERT 1995, S. 140 ff.

4   Vgl. REFA, Planung und Steuerung Teil 2, 1991, S. 109.

5   Vgl. ZAHN 1996, S. 349.

6   Vgl. ADAM 1993, S. 358.

7   Vgl. CORSTEN, H.: Produktionswirtschaft : Einführung in das industrielle Produktionsmanagement. München: Oldenbourg, 1996. S. 367.

8   HAMMERBECK 1994, S. 59.

Stückliste dieselben Teile an verschiedenen Stellen mehrfach verwendet werden.

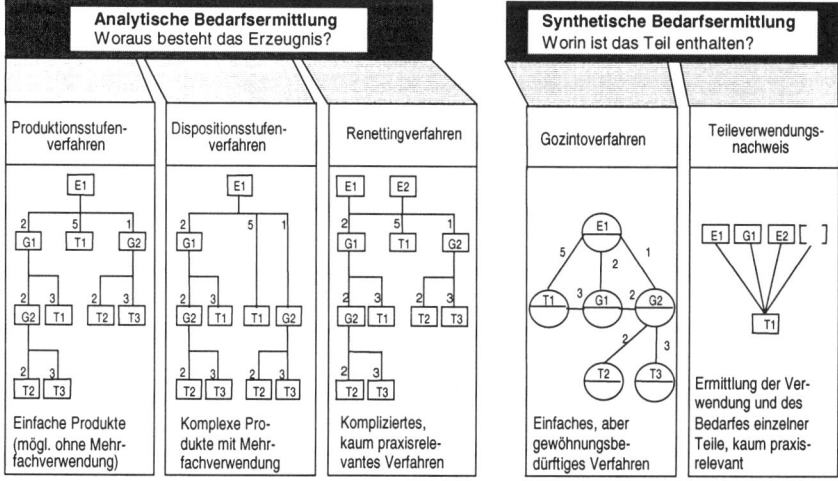

Bild 6-14: Verfahren der deterministischen Bedarfsermittlung[1]

Ein erster Lösungsansatz bei Mehrfachverwendungen bildet das *Renettingverfahren*, das aber wegen seiner komplizierten Anwendung heute kaum noch praktische Bedeutung hat. Es arbeitet im ersten Schritt wie das Produktionsstufenverfahren. Taucht jedoch ein mehrfach verwendetes Teil auf, wird die Bedarfsermittlung für dieses Teil so oft wiederholt - wobei der jeweils bereits ermittelte Bedarf berücksichtigt wird - bis alle Mehrfachverwendungen erfaßt sind.

Die größte praktische Bedeutung hat das *Dispositionstufenverfahren*. In ihm wird die Stückliste dergestalt aufgelöst, daß alle mehrfach verwendeten Teile auf die Stufe der Liste „heruntergezogen" werden, wo das Teil erstmalig verwendet wird. Diese Stufe bildet die Dispositionsstufe. Um den Bedarf leicht feststellen zu können, wird in die Sachnummer des Teiles diese Dispositionsstufe mit hineinkodiert. Damit läßt sich einerseits eine periodenbezogene Gesamtmenge relativ einfach aus den Stücklisten ziehen und zu optimalen Beschaffungslosen bündeln, andererseits sind auch die Einsatzzeitpunkte noch ermittelbar und damit termingenaue Dispositionen nicht ausgeschlossen.

6.4.1.2 Synthetische Verfahren der Bedarfsermittlung

Anders als bei den analytischen Verfahren steht bei den *synthetischen Verfahren* das einzelne Teil im Vordergrund. Es wird also für ein gegebenes Teil

---

[1] Die Darstellung weicht inhaltlich von der bei FRIEMUTH et. al. ab.

festgestellt, wo und wie oft es in den einzelnen Stücklisten Verwendung findet.

Dies kann beispielsweise anhand von *Teileverwendungsnachweisen* erfolgen. Praktisch hat dieses Verfahren jedoch keine große Bedeutung.

Das *Gozintoverfahren* geht auf den „Mathematiker" Zepartzat Gozinto[1] zurück. Obwohl häufig mit dem Verfahren ausschließlich der *Gozintograph* assoziiert wird, ist dieser lediglich eine Ergebnisvisualisierung, während das Verfahren selbst ein mathematisches und kein graphisches ist. Der Gozintograph ist an den Strukturbaum der Stücklistendarstellung angelehnt, unterscheidet sich aber davon dadurch, daß jedes Teil nur einmal mit einem Knoten aufgeführt wird und seine mehrfache Verwendung durch entsprechend viele gerichtete Kanten dargestellt wird.

„Die Gozinto-Methode stellt die Produktstruktur in einem Gleichungssystem dar"[2], wobei die Variablen des Gleichungssystems die Zwischenerzeugnisse darstellen. Für jede Mengenbeziehung zwischen den Erzeugnissen und Komponenten ist eine Gleichung zu formulieren. Das Gleichungssystem ist in einer Matrix darstellbar, dessen Lösung dann durch Matrixinversion erfolgt. Die Bedarfsermittlung erfolgt daher für alle Teile simultan[3]. Damit stellt das Gozintoverfahren ein relativ einfaches und schnelles Verfahren dar, das aber im Verhältnis zum verbreiteten Dispositionsstufenverfahren den Nachteil hat, daß die Information über den Einsatzzeitpunkt eines Teiles verloren ist und somit eine termingerechte Disposition mehrfach verwendeter Teile auf die Dispositionsstufen nicht mehr möglich ist.

6.4.1.3 Ablauf der deterministischen Bedarfsermittlung

In Bild 6-15 wird der Ablauf der deterministischen Bedarfsermittlung über die einzelnen Bedarfsarten und die jeweils notwendigen Informationsquellen zusammenfassend dargestellt. Ein Auftrag führt zum *Bruttoprimärbedarf*. Nach dessen Abgleich mit dem verfügbaren Bestand von Erzeugnissen ist der *Nettoprimärbedarf* bekannt. Mit Hilfe der Erzeugnisstrukturen wird hieraus der *Bruttosekundärbedarf* ermittelt. Dessen Abgleich mit dem verfügbaren Bestand an Baugruppen, Teilen und Rohstoffen ergibt den *Nettosekundärbedarf*. Anhand der Informationen aus Arbeitsplänen und Technologiekarteien ist auch der *Bruttotertiärbedarf* zu ermitteln, und der Abgleich dieser Ergebnisse wiederum mit vorhandenen Beständen ergibt den *Nettotertiärbedarf*.

---

1   Wortspiel, entstanden aus der Grundlage des Verfahrens: „the part that goes into".
2   ADAM 1993, S. 358.
3   Vgl. das Beispiel in: KERN, W.: Industrielle Produktionswirtschaft. 5. Aufl. Stuttgart: Poeschel, 1992. S. 224 ff.

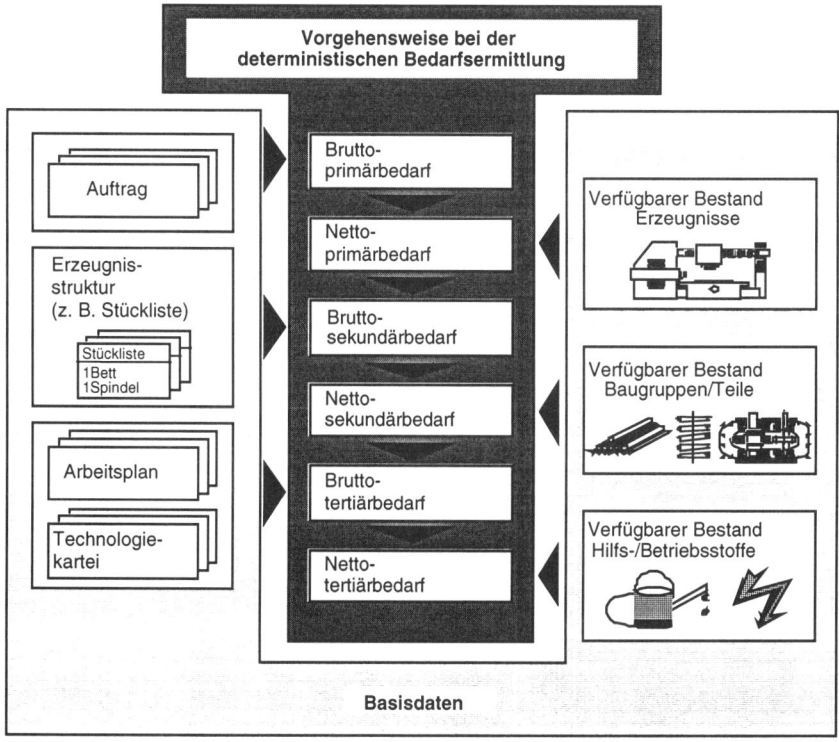

Bild 6-15: Ablauf der deterministischen Bedarfsermittlung

6.4.2 Verfahren der stochastischen Bedarfsermittlung

Es wurden bereits verschiedenste Gründe dafür angeführt, wieso eine deterministische Bedarfsermittlung nicht angebracht oder möglich sein kann. In solchen Fällen bietet sich alternativ in den meisten Fällen eine qualifizierte Schätzung des zukünftigen Bedarfes aus den Verbrauchsverläufen der Vergangenheit an. Hierzu werden statistische Methoden unterschiedlichen Aufwandes und unterschiedlicher Güte benutzt, die Methoden unter dem Begriff *stochastische Bedarfsermittlung* deswegen zusammengefaßt. „Die stochastische Bedarfsermittlung besteht in einer statistischen Bestimmung des periodenbezogenen Materialbedarfes, indem aus den Verbrauchsdaten der Vergangenheit auf den zukünftigen Bedarf geschlossen wird"[1]. Diese Methoden eignen sich zur Ermittlung des Primär-, Sekundär und Tertiärbedarfes.

Zu bedenken ist immer, daß alle Methoden der stochastischen Bedarfsermittlung sich durch ihren Prognosecharakter auszeichnen, sich also auf er-

---

1   REFA, Planung und Steuerung Teil 2, 1991, S. 112.

wartete Ereignisse in der Zukunft beziehen. Damit müssen die drei folgenden Aspekte, gleichwohl wie aufwendig das Verfahren ist, immer gewürdigt werden:

- Prognosen beziehen sich auf einen zukünftigen Zeitpunkt, der damit auch angegeben sein muß. Dies bedeutet auch, daß die Zeit als erklärende Variable in die Modelle aufgenommen wird, obwohl sie in aller Regel keine Inhaltsvalidität zur erklärten Variable aufweist.
- In der Entscheidungstheorie wird zwischen Unsicherheit, Ungewißheit und Risiko unterschieden[1]. *Unsicherheit* stellt den Oberbegriff für Risiko und Ungewißheit dar. In *Risikosituationen* können Eintrittswahrscheinlichkeiten für zukünftige Ereignisse begründet werden, bei *Ungewißheit* sind diese Wahrscheinlichkeiten rein subjektiv gebildet. Für eine Prognose sind Informationen dergestalt zusammenzutragen, daß möglichst Risikosituationen entstehen.
- Die Menge der in das Modell einfließenden relevanten Informationen ist entscheidend für die Qualität der Prognose. Es dürfen aber nicht beliebige Daten gesammelt und verwertet werden, sondern es ist jeweils zu prüfen, inwieweit die jeweiligen Daten tatsächlich zur Erklärung der Ergebnisvariable beitragen.

Damit wird klar, daß Prognosemodelle dem Entscheider immer nur einen Anhaltswert liefern können. Jeder Produktionsmanager ist daher gut beraten, Prognoseergebnisse sorgfältig vor dem Hintergrund seines Wissens und seiner Erfahrungen zu betrachten und die Prognosequalität der eingesetzten Modelle kontinuierlich zu evaluieren.

Die Zahl der gängigen Prognosemodelle ist nahezu unüberschaubar, und in vielen betrieblichen Situationen sind spezielle Anpassungen sinnvoller Grundmethoden eingesetzt. Um dennoch eine Klassifikation anzubieten wird die - selbsterklärende - in Bild 6-16 vorgeschlagen.

Der Verbrauch eines Gutes kann normalerweise über seine Lagerbewegungen beurteilt werden. Verbräuche definierter Perioden führen so zu einer Zeitreihe, die, um prognostizierbar zu sein, nach Charakteristika untersucht werden muß. Diese Suche ist mitunter schwierig, da die einzelnen Charakteristika auch gemeinsam auftreten können, sich somit überlagern und deswegen nicht so ohne weiteres erkennbar werden. Je nachdem ist es deswegen erforderlich, die Zeitreihe mit den verschiedenen, aus den in Bild 6-17 dargestellten, abgeleiteten Verbrauchsmodellen zu testen.

---

[1] Oft wird auch noch in partielle Wahrscheinlichkeiten, wo für Teilereignisse Wahrscheinlichkeiten zugeordnet werden können und Spielsituationen, in denen das eigene Szenario vom Verhalten eines Gegenspielers bestimmt wird, unterschieden. Diese beiden Aspekte sind hier nicht von Bedeutung.

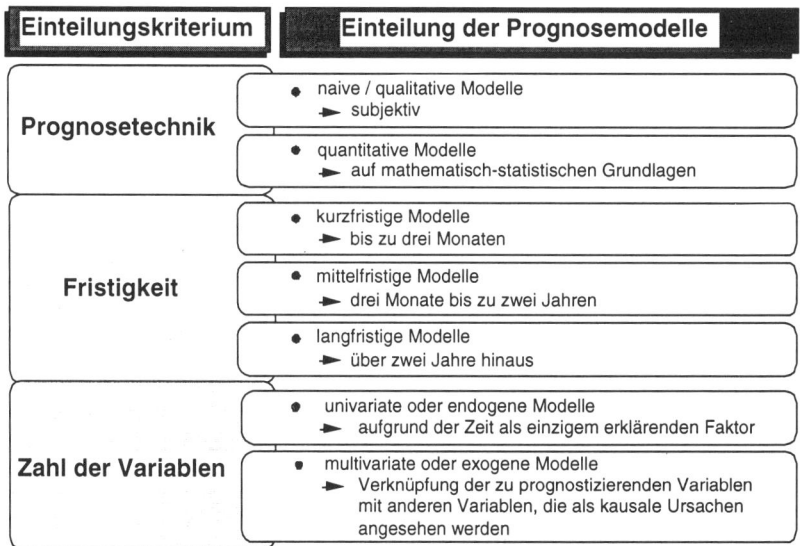

Einteilungskriterium	Einteilung der Prognosemodelle
Prognosetechnik	• naive / qualitative Modelle ➥ subjektiv • quantitative Modelle ➥ auf mathematisch-statistischen Grundlagen
Fristigkeit	• kurzfristige Modelle ➥ bis zu drei Monaten • mittelfristige Modelle ➥ drei Monate bis zu zwei Jahren • langfristige Modelle ➥ über zwei Jahre hinaus
Zahl der Variablen	• univariate oder endogene Modelle ➥ aufgrund der Zeit als einzigem erklärenden Faktor • multivariate oder exogene Modelle ➥ Verknüpfung der zu prognostizierenden Variablen mit anderen Variablen, die als kausale Ursachen angesehen werden

Bild 6-16: Einteilung gebräuchlicher Prognosemodelle

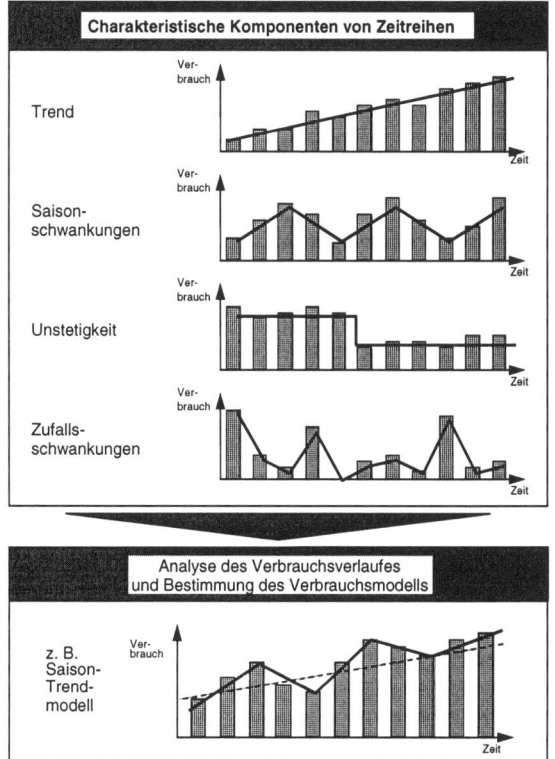

Bild 6-17: Verbrauchsmodell als Grundlage stochastischer Bedarfsermittlung

Bei den Saisonschwankungen müssen solche mit konstantem und solche mit
veränderlichem Zyklus unterschieden werden. *Konstante Zyklen* zeigen sich
meistens in den Charakteristika eines Jahres (Ferien, Jahreszeiten, Feiertage
etc.) begründet, während die *veränderlichen* ihre Ursachen in konjunkturellen
Schwankungen finden. *Unstetigkeiten* sind meistens die Folge von in der Regel wirtschaftspolitisch ausgelösten plötzlichen Veränderungen wirtschaftlicher Rahmendaten (Steuern aber auch Wechselkurse etc.). Auf der Suche
nach Einflußgrößen auf einen Verbrauchsverlauf wird sich auch nach Auf-
spüren der wesentlichen Modelle immer eine „Reststörung" zeigen, die als
Zufallsschwankung interpretiert wird. Je kleiner diese wird, desto besser
sind später die Prognosen mit Hilfe des gefundenen Modells.

In Bild 6-18 sind die drei grundlegenden Methoden, auf die in der Praxis die
Modelle der stochastischen Bedarfsermittlung gewöhnlich aufbauen, nach
Ableitungs- und Rechenaufwand gegliedert, dargestellt. Hierbei ist zum Rechenaufwand grundsätzlich zu bemerken, daß mit den heutigen Tabellenkalkulationen eine Regressionsanalyse oft leichter durchzuführen ist als eine
exponentielle Glättung oder ein gleitender Mittelwert.

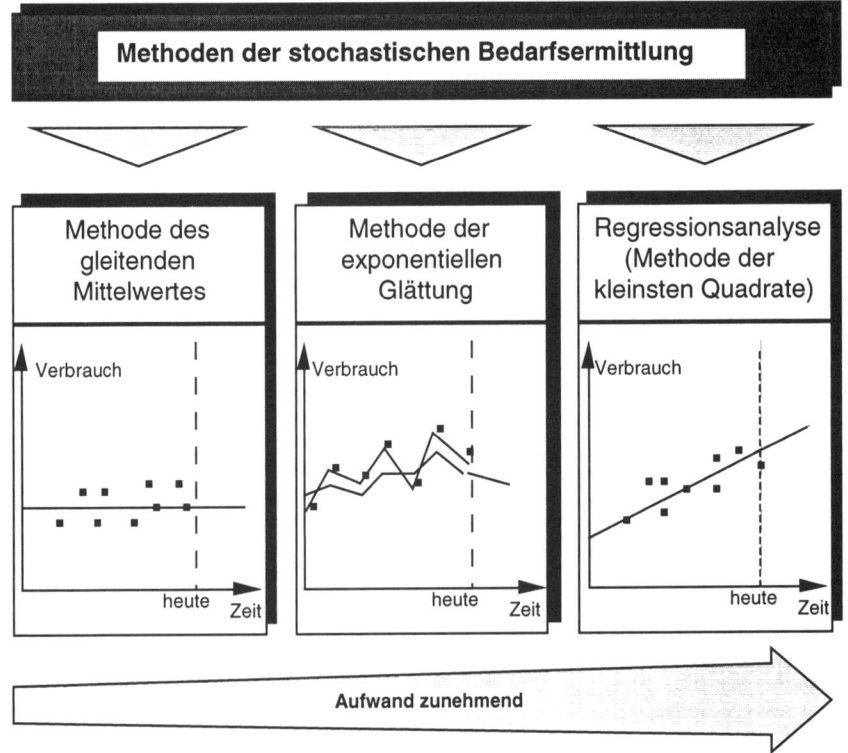

Bild 6-18: Methoden der stochastischen Bedarfsermittlung

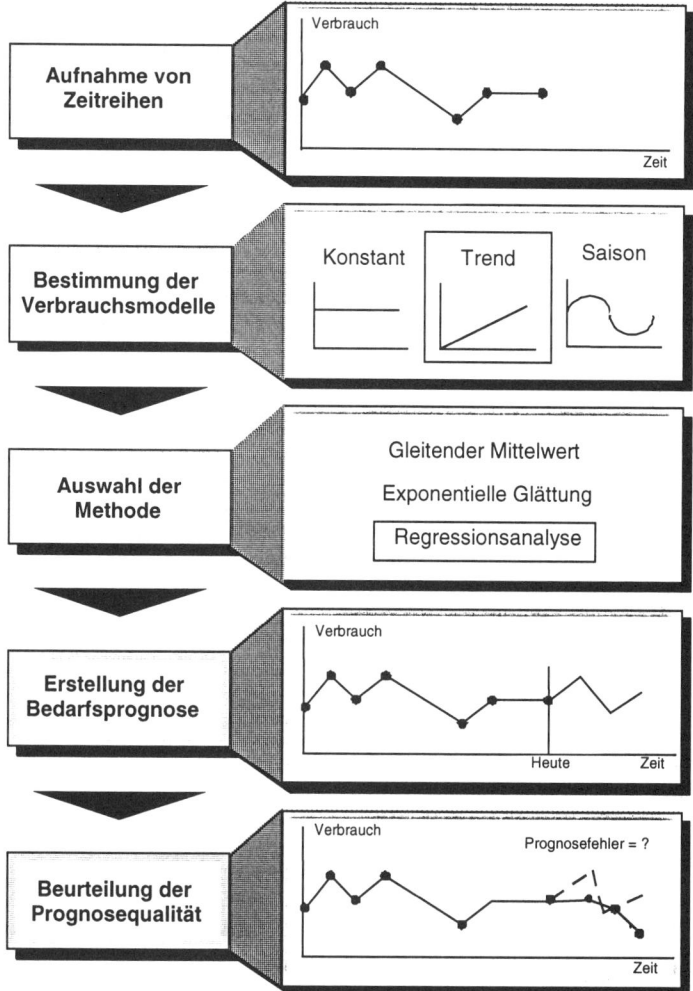

Bild 6-19: *Vorgehensweise bei der stochastischen Bedarfsermittlung*

Zusammenfassend ergeben sich für die Vorgehensweise bei der stochastischen Bedarfsermittlung die folgenden Schritte (Bild 6-19):

1. Aufnahme der Zeitreihen. Dabei ist zu beachten, daß diese von der Wahl der Periode (Stunden, Tage, Wochen, Monate ...) beeinflußt sind.
2. Bestimmung der zugrundeliegenden Verbrauchsmodelle.
3. Auswahl einer geeigneten Methode.
4. Ableitung der Prognose.
5. Beurteilung der Prognosequalität. Im Rahmen der Modellbildung geht das gewöhnlich so, daß das Modell aus den Daten der Perioden bis *t-2* gebildet wird und damit die ebenfalls bereits abgelaufene Pe-

riode *t-1* prognostiziert wird. Bei einem im Einsatz befindlichen Modell wird die Prognose regelmäßig - bei einigen Modellen ist das inhärent - mit den tatsächlichen Verläufen verglichen.

6.4.2.1 Verfahren des gleitenden Mittelwertes

In Bild 6-20 ist diese Methode dargestellt. Sie dient hauptsächlich dazu, in einer sich kontinuierlich (Trend) entwickelnden Zeitreihe die Zufallsschwankungen auszuschalten. Dabei wird immer eine gleiche Periodenzahl in die Berechnung einbezogen. Dies ist vor allem notwendig, wenn an- oder absteigende Trends vorliegen, da dort die Werte weiter zurückliegender Perioden die Prognose zunehmend verfälschen. Es kommt also bei der Wahl der betrachteten Perioden darauf an, einen gesunden Kompromiß zu finden. Für Zeitreihen mit Saisoneinflüssen ist das Verfahren nicht geeignet.

Abweichend von der hier vorgestellten Formel findet sich bei REFA unter dieser Bezeichnung eine Methode, die zwar ebenfalls nur eine beschränkte und immer gleiche Anzahl von Werten in die Prognose einbezieht, den Prognosewert aber mit Hilfe der linearen Regression ermittelt[1].

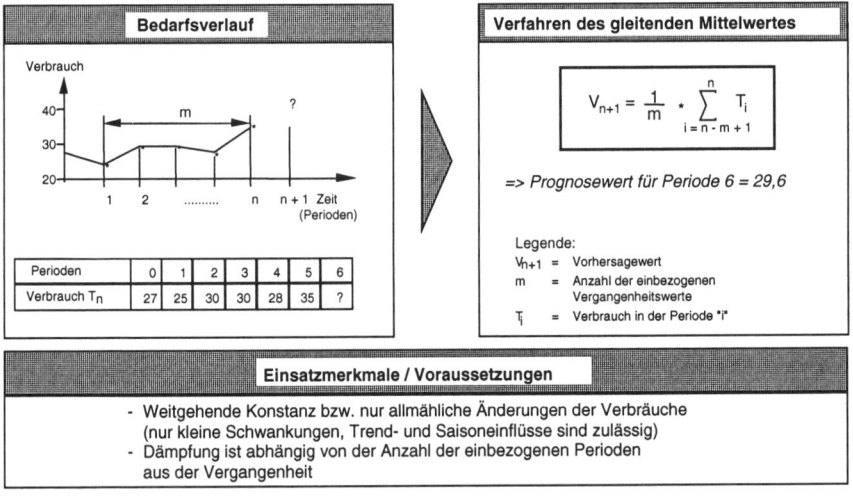

Bild 6-20: Verfahren des gleitenden Mittelwertes

Um den aktuelleren Werten in der Prognose ein höheres Gewicht zu verleihen, kann das Verfahren des gleitenden Mittels in eines des gewogenen gleitenden Mittels variiert werden. Hier erhält jeder Wert einer Periode noch einen Gewichtungsfaktor zugewiesen, der dessen Einfluß auf das Gesamtergebnis bestimmt. Wie in Bild 6-21 dargestellt, ist dieser für die Werte in der

---

1　　Vgl. REFA, Planung und Steuerung Teil 2, 1991, S. 118.

Nähe der aktuellen Periode hoch und nimmt dann in die Vergangenheit hinein ab. Das Zahlenbeispiel in Bild 6-22 ist eine recht gebräuchliche Variante.

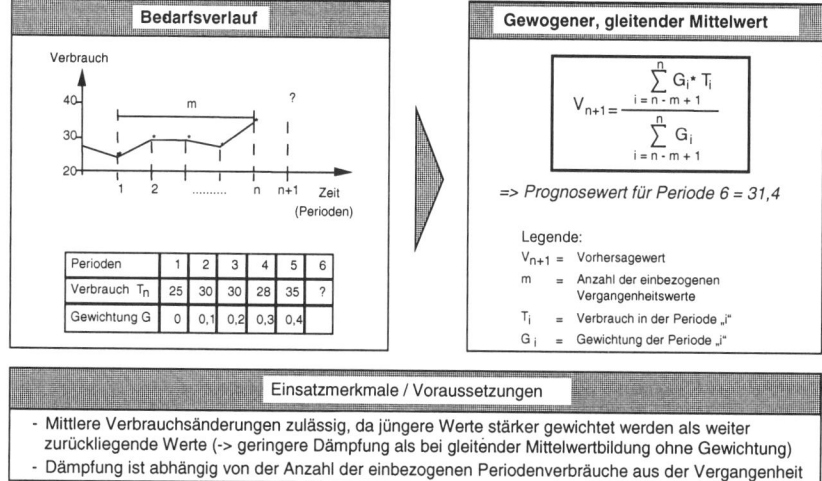

Bild 6-21: Verfahren der gewogenen gleitenden Mittelwertbildung

6.4.2.2 Die Verfahren der exponentiellen Glättung

Das jeweilige Heranziehen einer Tabelle von diskreten Gewichtungsfaktoren zur Ermittlung einer Prognose nach dem gewichteten gleitenden Mittel ist umständlich und benötigt bei der EDV-technischen Umsetzung auch nicht unerheblich zusätzlichen Speicher. Zudem werden häufig ohnehin Faktoren eingesetzt, die kontinuierlich nach einer inneren Gesetzmäßigkeit abnehmen. Kann man dabei mit Faktoren leben, die nach einer geometrischen Reihe abnehmen, so ist die Methode der exponentiellen Glättung die geeignete Wahl, und sie ist unter anderem deswegen auch die in der Praxis bedeutsamste. Formel und ein Rechenbeispiel für die *exponentielle Glättung erster Ordnung* sind in Bild 6-22 dargestellt.

Die hier angegebene Formel ist die gebräuchliche, sogenannte *vereinfachte Variante*, die noch durch weitere Eigenschaften besticht:
- Zur Berechnung des nächsten Prognosewertes wird nur auf ein Wertepaar (den Prognosewert und den Ist-Wert) der Vorperiode zurückgegriffen. Da der vorherige Prognosewert aber bereits ebenfalls aus seinem Vorgänger entstanden ist, sind alle Vorperioden - mit abnehmender Gewichtung - dennoch implizit berücksichtigt. Bei dem ersten Einsatz des Modells muß deswegen die Prognose für eine Anzahl der Vorperioden durchgeführt werden. Dennoch, der Rechenaufwand im „täglichen" Einsatz sinkt dadurch enorm.
- Durch den Vergleich des jeweiligen Prognosewertes mit dem Ist-Wert korrigiert sich das Modell quasi selbst.

- Durch die Wahl des jederzeit veränderbaren Wertes von α wird die Anzahl der in der aktuellen Prognose wirksamen Vorperioden festgelegt und damit die Reaktionsstärke auf aktuelle Schwankungen. Bei $\alpha=0,5$ wirken etwa 10 Werte nach, je kleiner α wird, desto mehr Werte werden wirksam. In der Praxis sind α-Werte von 0,1 - 0,3 üblich. Wenn saisonale Schwankungen zu berücksichtigen sind, wird der Wert höher gewählt, wobei α in der Praxis fast nie über 0,5 gesetzt wird.

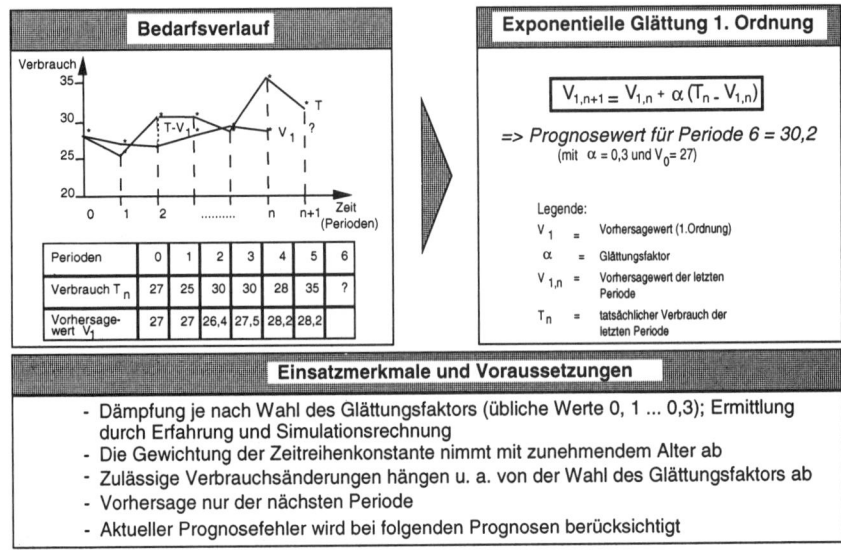

Bild 6-22: Exponentielle Glättung 1. Ordnung

Die Konstruktion der Formel der exponentiellen Glättung erster Ordnung macht diese ungeeignet für Prognosen, in denen der Bedarfsverlauf einen Trend oder saisonale Schwankungen aufweist. Die Prognosewerte weisen dann einen systematischen Fehler auf, sie laufen der tatsächlichen Entwicklung hinterher. Um Trends zu erfassen, dient die exponentielle Glättung zweiter Ordnung. Diese baut auf dem Ergebnis der Berechnung aus der ersten Ordnung auf. Der Trend wird nun aber, in einem zweiten Schritt, systematisch berücksichtigt. Ähnlich wie bei der später noch vorgestellten Methode der linearen Regression wird für die Prognose eine Geradengleichung abgeleitet und deren Parameter von Periode zu Periode neu geschätzt. Der Prognosewert ergibt sich als Punkt aus dieser Geraden. Die Parameter der Geraden werden dabei wie folgt ermittelt:

- Der erste Punkt ergibt sich aus dem Wert der Glättung erster Ordnung.
- Der zweite Punkt ergibt sich aus der Differenz zurückliegender Werte der ersten Ordnung und Werten, die aus der erneuten Anwendung der Formel der ersten Ordnung entstehen (zweite Ordnung).

Dies führt schließlich zu der in Bild 6-23 dargestellten und mit einer Beispiel-rechnung versehenen Formel[1]. Da die Formel der exponentiellen Glättung zweiter Ordnung bei Fehlen eines Trends zu denselben Ergebnissen führt wie diejenige der ersten Ordnung, wird empfohlen, die der zweiten Ordnung von Anfang an vorzusehen[2].

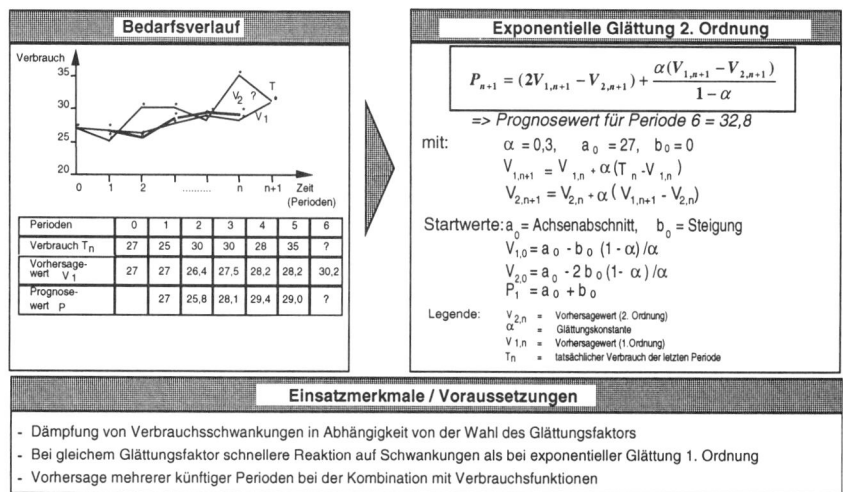

Bild 6-23: Exponentielle Glättung 2. Ordnung

Für saisonale Schwankungen ist keines der bislang vorgestellten Modelle brauchbar. Obwohl die Schwankungen systematischer Natur sind, werden durch sie die vorliegenden Muster weggeglättet. In Bild 6-24 sind die Ergeb-nisse von Simulationsberechnungen dargestellt, an denen erkennbar wird, wie die Modelle auf die unterschiedlichen Bedarfssituationen reagieren.

Für Saisonmodelle bildet das Verfahren der *Zeitreihendekomposition* eine gute Grundlage, um daraus geeignete Prognosemodelle abzuleiten. Die Zeitreihendekomposition wird gewöhnlich bereits angewendet, um überhaupt her-auszufinden, ob Bedarfsverläufe einem saisonalen oder sonstigen systemati-schen Einfluß unterliegen[3]. Die Modellierung erfolgt jetzt zweistufig. Zu-nächst werden mit einem der beschriebenen Modelle Prognosewerte ermit-telt und schließlich mit einem separat prognostizierten (beispielsweise er-rechnet aus dem Mittelwert der Saisonwerte vergangener gleichartiger Peri-oden[4]) Saisonfaktor multipliziert.

---

1   Zur Herleitung der Formel vgl.: ARNOLDS, H.; HEEGE, F.; TUSSING, W: Materialwirtschaft und Einkauf. 9. Aufl. Wiesbaden: Gabler, 1996. S. 100 ff. sowie ADAM 1993, S. 368 f.

2   Vgl.: ARNOLDS et. al. 1996, S. 102.

3   Vgl.: ADAM 1993, S. 364 und 369.

4   Zum Beispiel der bekannte „Vorjahresmonat".

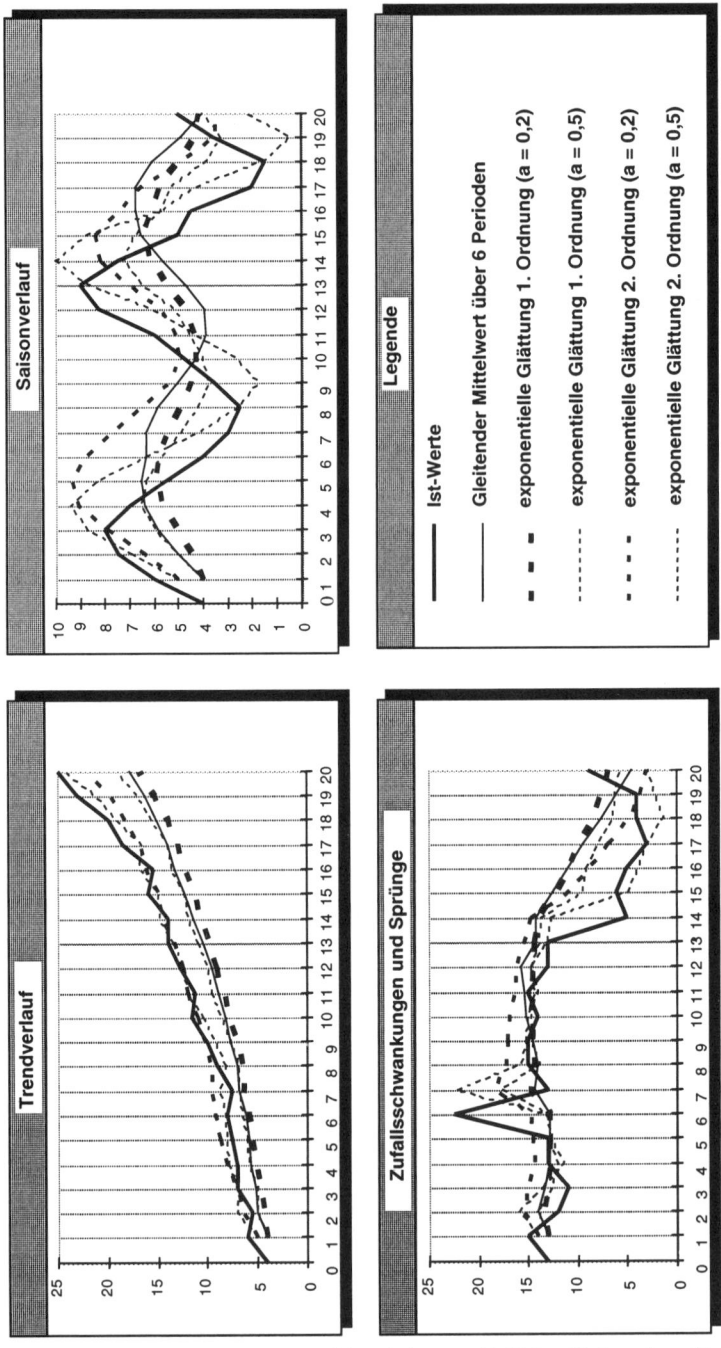

Bild 6-24: Prognoseergebnisse der Verfahren bei unterschiedlichen Verbrauchsverläufen

Das aufwendigste der Verfahren, die gemeinhin zur Prognose von Bedarfen herangezogen werden, stellt die *Regressionsanalyse* dar. Wegen des hohen Rechenbedarfes, insbesondere, wenn eine multivariate Regression durchgeführt werden muß, wurde es in der Vergangenheit nur zurückhaltend angewendet. Angesichts der jüngsten Entwicklungen der Datenverarbeitungstechnik ist heute auch eine multivariate Regressionsanalyse mit Hilfe eines jeden handelsüblichen PC und einer typischen Tabellenkalkulation durchführbar.

Das Grundmuster der Analyse ist dabei immer gleich und in Bild 6-25 dargestellt. An den Formeln für die Parameter *a* und *b* der Regressionsgraden $Y = ax + b$ läßt sich ablesen, wie enorm fehleranfällig eine solche Analyse mit konventionellen Rechenhilfen einschließlich Taschenrechner oder eigener Computerprogrammierung ist. Gleichzeitig läßt sich aber auch erkennen, wie einfach eine Durchführung mit einer Tabellenkalkulation wird, selbst wenn diese noch keine eigenen internen Routinen für die Regressionsrechnung ausweist[1].

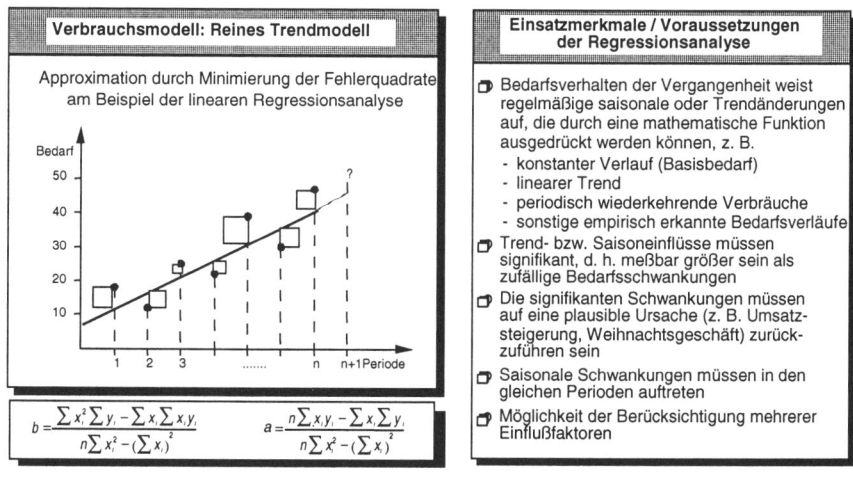

Bild 6-25: Regressionsanalyse[2]

Auch bei nichtlinearen Verläufen ist die Regressionsanalyse prinzipiell anwendbar. Voraussetzung ist hierbei, daß die Verläufe eine durch eine mathematische Funktion darstellbare Regelmäßigkeit aufweisen, beispielsweise einen erkennbaren exponentiellen Wachstumsverlauf. In Verbindung mit einer solchen Funktion können dann wieder die Regressionsparameter abgeleitet werden. Zusammen mit *Korrelationsanalysen* bilden Regressionsmodelle den Übergang zu inhaltsvaliden Modellen, in denen andere, den Ver-

---

[1] Beim Marktführer MS Excel ist eine solche Formel ab der Version 5.0 enthalten.

[2] Die Darstellung weicht inhaltlich von der bei FRIEMUTH ET. AL. ab.

brauch tatsächlich bestimmende Indikatoren als Variablen herangezogen werden.

Letzter wesentlicher Schritt beim Einsatz eines Prognosemodells ist die kontinuierliche, mindestens aber regelmäßig häufige Kontrolle der Prognosequalität der Modelle. Allmähliche wie plötzliche Veränderungen in den ursprünglich zugrundegelegten Annahmen und Tatbeständen können jederzeit auftreten und dann Ursache teurer Fehldispositionen sein. In Bild 6-26 sind gebräuchliche Abweichungsmaße zusammengestellt. Die Maße MQA und WMQA sind auf eine der Normalverteilung gehorchenden Fehlerverteilung ausgelegt. Diese Maße können also bei der Ermittlung von Sicherheitsbeständen, zusammen mit den anderen Formeln der Statistik, für die ebenfalls normalverteilte Grundgesamtheiten unterstellt sind, benutzt werden.

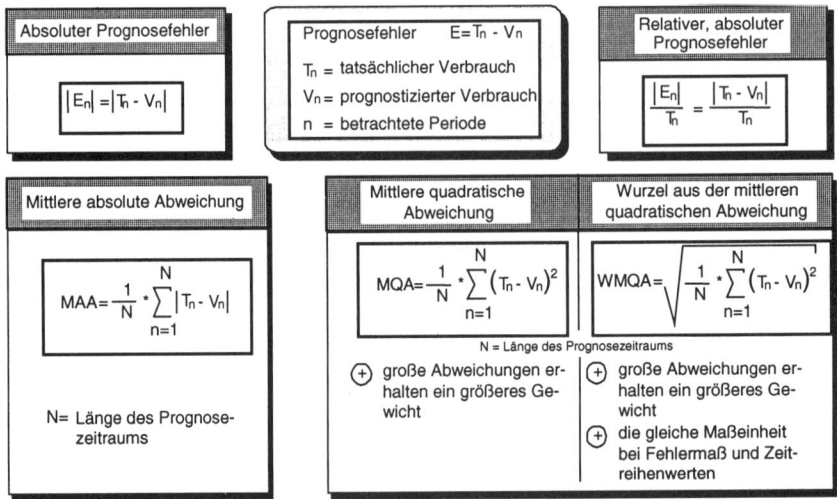

Bild 6-26: Beurteilungsmaße für die Prognosequalität

6.5 Von der Bedarfsprognose zur Bestellmenge

Korrekter als *Bestellmenge* wäre die Bezeichnung *Beschaffungsmenge*, da diese auch die Bedarfsdeckung aus eigener Fertigung einschließt. Eingebürgert ist jedoch der Begriff Bestellmenge, und deswegen wird er auch hier beibehalten. In diesem Kapitel steht die Frage nach der (kosten-)optimalen Bestellmenge oder eben - bei Beschaffung aus eigener Fertigung - die optimale Losgröße im Vordergrund. Hierbei wirken verschiedene Kostenarten (Bild 6-27) gegenläufig. Einige sinken bei großen Bestellmengen, andere wiederum steigen. Generell wirken zwei große Blöcke: Zum einen verursacht jede Beschaffung beschaffungsfixe Kosten, die sich bei großen Bestellmengen auf eine große Stückzahl verteilen. Zum anderen verursacht jeder Lagerbestand unmittelbar Kapitalbindungskosten und mittelbar Flächen- oder Raumkosten.

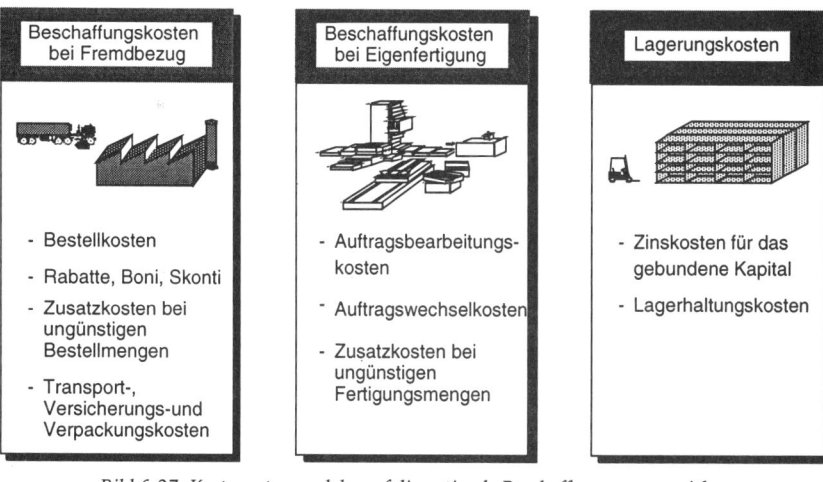

Bild 6-27: Kostenarten, welche auf die optimale Beschaffungsmenge wirken

6.5.1 Verfahren mit festgelegten Bestellmengen

In vielen Fällen lohnen weitere Überlegungen über die Bedarfsermittlung hinaus in Richtung auf optimale Bestellmengen nicht. Dies kann einmal daran liegen, daß die fraglichen Teile zu geringwertig sind und somit die vorliegenden Lieferkonditionen erkennbar die Beschaffungsentscheidung dominieren. Es kann aber auch umgekehrt sein, daß aufgrund der Hochwertigkeit und Einmaligkeit der Teile eine bedarfsabweichende Bestellmenge nicht erwogen werden braucht (Bild 6-28).

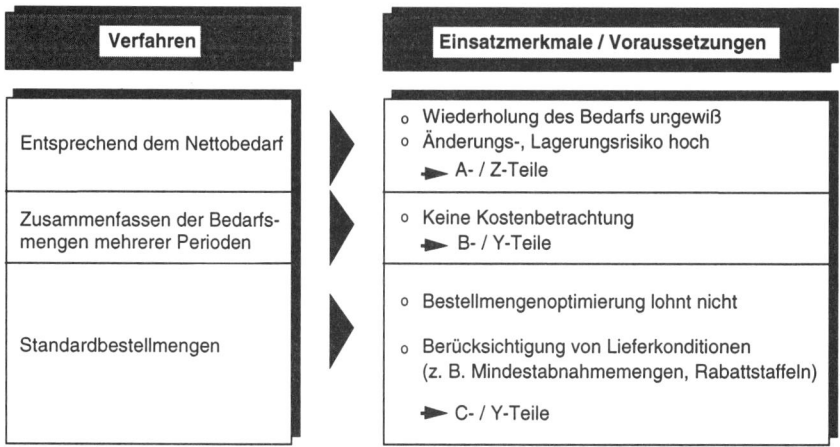

Bild 6-28: Verfahren mit festgelegten Bestellmengen bei der Bestellmengenermittlung

6.5.2 Klassische Losgrößenformel

Die ANDLERsche Losgrößenformel[1] ist Standardbestandteil der meisten BWL-Lehrbücher, obwohl die Bedeutung der Formel für die Praxis gegen Null geht. Sie zu beherrschen ist daher mehr eine kulturelle Aufgabe als eine von praktischer Relevanz. Die Formel und ihre Herleitung bietet jedoch eine brauchbare Einführung in die hier zur Diskussion stehende Problematik.

In Bild 6-29 ist die Herleitung der Formel angegeben. Bei den Bestellkosten wird die folgende Situation zugrunde gelegt: Die Bestellkosten K_B werden pro Periode dem Rechnungswesen entnommen. Der Quotient aus der insgesamt bestellten Menge X_{ges} der Periode und der (immer gleichen) Menge x pro Bestellung ergibt die (fixen) Kosten einer jeden Bestellung des betrachteten Artikels. Die Grafik in Bild 6-29 zeigt, daß sich diese Kosten mit zunehmenden x auf immer mehr Produkte verteilen und somit jedes einzelne zunehmend geringer kostenmäßig belasten.

Viele Kostenrechnungssysteme belasten jedes bestellte Produkt mit Zusatzkosten, die aus internen Transporten, Buchungsaufwendungen u. ä. gespeist werden.

Für die Bestimmung der Lagerkosten werden von ANDLER nur die Zinsen der Kapitalbindung herangezogen und dabei unterstellt, daß auch nur ein Zinssatz wirksam ist. Weiterhin wird von einem kontinuierlichen, nicht schwankenden Verbrauch der bestellten Menge ausgegangen. Damit kann man mit der vereinfachten Annahme weiter rechnen, daß über die Gesamtverbrauchszeit gerade die Hälfte der ursprünglichen Menge voll zu verzinsen ist.

Die Gesamtkosten einer Bestellung definierter Mengen errechnet sich aus der Summe der drei Kostenarten. Das Minimum dieser Kostenfunktion ist somit zu bestimmen. Dies bedeutet, daß zunächst die Nullstelle der ersten Ableitung berechnet werden muß. Dabei fallen die Zusatzkosten - da ohnehin stückbezogen definiert - als irrelevant wieder heraus, und die Umstellung der Formel nach der gesuchten Bestellmenge x führt zu der bekannten ANDLERformel. Wie Bild 6-30 zeigt, hat die Untersuchung der optimalen Losgröße bei Eigenfertigung analoge Ergebnisse.

In der Praxis zeigt sich, daß die teilweise stillschweigenden Voraussetzungen der ANDLERformel in aller Regel nicht gegeben sind:
- Üblicherweise gibt es Mindestabnahmemengen und Mengenrabatte.
- Die Lagerflächen und die für Materialaufwendungen verfügbaren Finanzmittel sind meistens beschränkt.
- Lagerabgänge sind gewöhnlich unregelmäßig, nicht stetig.

---

[1]   Vgl.: ANDLER, K.: Rationalisierung der Fabrikation und optimale Losgröße. München: Oldenbourg, 1929.

- In aller Regel bestehen Lieferzeiten, und eine Lieferung kann in unterschiedlichster Weise fehlerhaft sein.
- Rüstkosten sind sehr oft von der Reihenfolge der Produkte abhängig, Bestellungen eines Material können oft nicht unabhängig von anderen Bestellungen disponiert werden.
- Häufig sind weder die Lager- noch die Bestell- oder Produktionskosten in der hier angenommen Genauigkeit bekannt.
- Für das Unternehmen existiert kein einheitlicher, konstanter Zinssatz.

Bild 6-31 zeigt diese und wesentliche weitere Einflußgrößen, die auf eine optimale Beschaffungsmenge wirken.

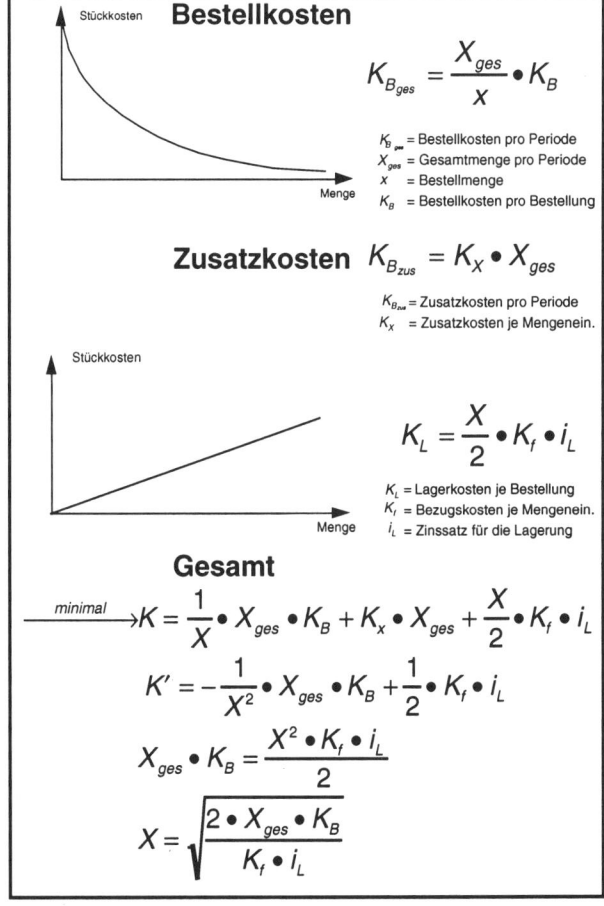

Bild 6-29: Herleitung der ANDLERschen Losgrößenformel (eigene Darstellung)

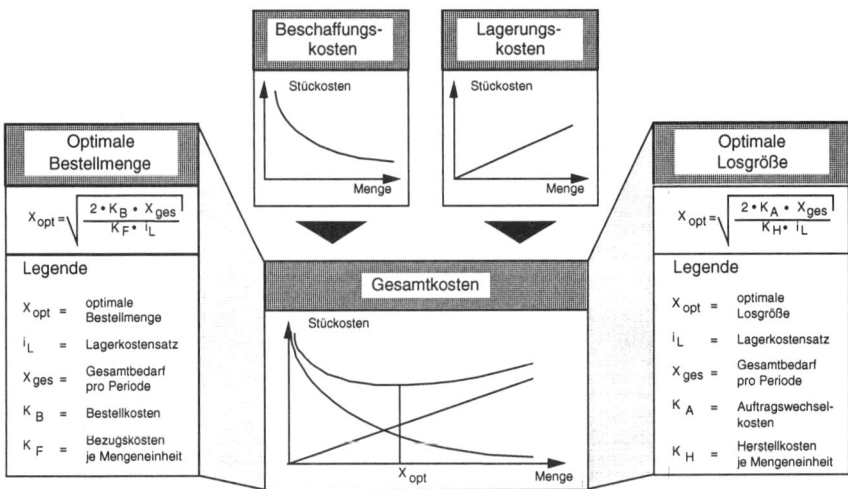

Bild 6-30: Ermittlung optimaler Beschaffungsmengen nach ANDLER

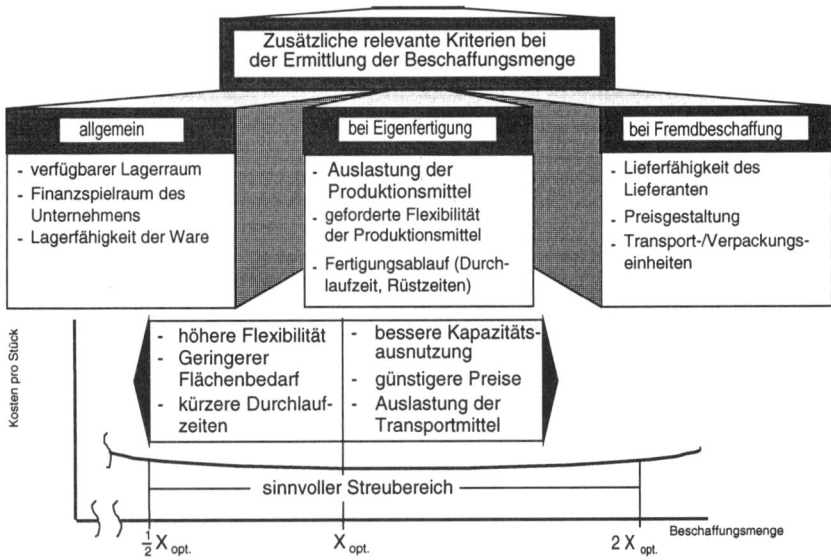

Bild 6-31: Zusätzliche Einflußgrößen auf die Beschaffungsmenge in der Praxis[1]

---

1   In Anlehnung an REFA.

6.5.3 Erweiterte, statische Verfahren der Ermittlung kostenoptimaler Bestellmengen

Eine Untersuchung der ANDLERformel zeigt aber noch einen anderen Zusammenhang, der ebenfalls in Bild 6-31 dargestellt ist. Die Kostenfunktion verläuft nämlich gerade im Bereich des Kostenminimums normalerweise sehr flach. Oft verursacht eine um die Hälfte nach unten oder um das Doppelte nach oben vom rechnerischen Optimum abweichende Beschaffungsmenge noch keine nennenswerte Kostenverschiebung. Deswegen kann zumeist so verfahren werden, daß zunächst ein theoretisches Optimum errechnet wird und dann, von diesem Wert ausgehend, eine Bestellmenge bestimmt wird, die den übrigen Restriktionen genügt (Bild 6-32). Damit werden dann „krumme" Bestellmengen und Bestellrhythmen ausgeklammert und rechnerische Ausreißer eliminiert. In *Sensitivitätsanalysen* wird ermittelt, welche Grunddaten die Ergebnisse einer Optimierungsrechnung stark beeinflussen und welche kaum. Dadurch entsteht ein Gespür für die entscheidungsrelevanten Einflüsse. Auf diese Weise errechnete Werte sind zwar nicht im mathematischen Sinne optimal, aber jedenfalls sinnvoll und mit vertretbarem Aufwand ermittelt.

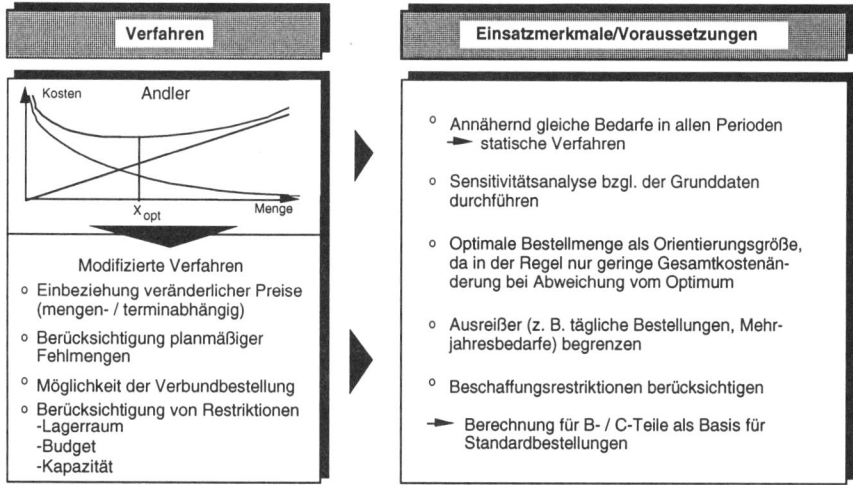

Bild 6-32: Statische Verfahren der Ermittlung kostenoptimaler Bestellmengen

6.5.4 Dynamische Verfahren der Ermittlung kostenoptimaler Bestellmengen

Die bisher vorgestellten statischen Verfahren der Bestellmengenermittlung weisen vor allem die Eigenart auf, daß in ihnen von zukünftig gleichen, nicht schwankenden Bedarfsmengen ausgegangen wird. Im Gegensatz dazu werden in den dynamischen Modellen auch schwankende und nur zu diskreten Zeitpunkten auftretende Bedarfe berücksichtigt.

Die gebräuchlichen *Stückperiodenausgleichs-* (Part-period) und *Kostenausgleichsverfahren* (Cost-balancing) sind sich sehr ähnlich und knüpfen prinzipiell an ANDLER insoweit an, daß in ihnen der Ausgleich zwischen den bestellfixen Kosten und Lagerkosten als Optimalitätskriterium aufgegriffen wird[1]. Sie stellen ebenso wie das Verfahren der *gleitenden wirtschaftlichen Bestellmenge* nur heuristische Näherungsverfahren dar.

Als optimal unter der Bedingung, daß am Ende der Betrachtungsperiode der Bestand aufgebraucht ist, gilt der WAGNER-WITHIN-ALGORITHMUS[2], der aber sowohl wegen des erforderlichen Rechenaufwandes als auch wegen der gerade genannten einschränkenden Bedingung nur selten benutzt wird. Eine Ausnahme macht an dieser Stelle SAP[3].

Da alle diese Verfahren jedoch auf Bedarfsprognosen aufbauen, die mit wachsendem Horizont immer unzuverlässiger werden und sich dynamisch verändern, kann in der Praxis der paradoxe Fall auftreten, daß, ex post betrachtet, die Bestellheuristiken zu besseren Ergebnissen führen als der WAGNER-WITHIN-ALGORITHMUS[4], der gerade bei rollierenden Planungen rasch seine Optimalitätseigenschaft verliert[5]. In Bild 6-33 sind die Verfahren gegenübergestellt.

6.5.5 Beispiel zum Losgrößenproblem: MLCLSP

Zur Verdeutlichung der Problematik einer optimalen Losgrößenbestimmung soll das Modell MLCLSP (Multi-Level Capacitated Lot-Sizing Problem) näher untersucht werden.[6]

$$\text{Min } Z = \sum_{t=1}^{T} \sum_{k=1}^{K} \left(h_k \cdot y_{kt} + s_k \cdot \gamma_{kt} \right) \tag{1}$$

$$y_{k,t-1} + q_{k,t-z(k)} - \sum_{i \in N_k} a_{ki} \cdot q_{it} - y_{kt} = d_{kt} \qquad k = 1, 2, ..., K; t = 1,2, ..., T \tag{2}$$

$$\sum_{k \in K_j} tb_k \cdot q_{kt} + tr_k \cdot \gamma_{kt} \leq b_{jt} \qquad j = 1, 2, ..., J; t = 1,2, ..., T \tag{3}$$

$$q_{kt} - M \cdot \gamma_{kt} \leq 0 \qquad k = 1, 2, ..., K; t = 1,2, ..., T \tag{4}$$

---

[1]   Vgl. ADAM 1993, S. 440.
[2]   Vgl.: WAGNER, H.; WITHIN, T.: Dynamic Version of the Economic Lot Size Model. In: Management Science 5(1958), S. 89 - 96.
[3]   Vgl. ZAHN / SCHMID 1996, S. 436.
[4]   Vgl.: ARNOLDS et. al. 1996, S. 77.
[5]   Vgl. ZAHN / SCHMID 1996, S. 435.
[6]   Die folgenden Ausführungen orientieren sich an GÜNTHER, H.-O.; TEMPELMEIER, H.: Produktion und Logistik. 3. Aufl. Berlin: Springer 1997, S. 183 f.

$q_{kt} \geq 0$ $\qquad$ $k = 1, 2, ..., K; t = 1,2, ..., T$ $\qquad$ (5)

$y_{kt} \geq 0$ $\qquad$ $k = 1, 2, ..., K; t = 1,2, ..., T$ $\qquad$ (6)

$y_{k0} = 0$ $\qquad$ $k = 1, 2, ..., K; t = 1,2, ..., T$ $\qquad$ (7)

$\gamma_{kt} \in \{0, 1\}$ $\qquad$ $k = 1, 2, ..., K; t = 1,2, ..., T$ $\qquad$ (8)

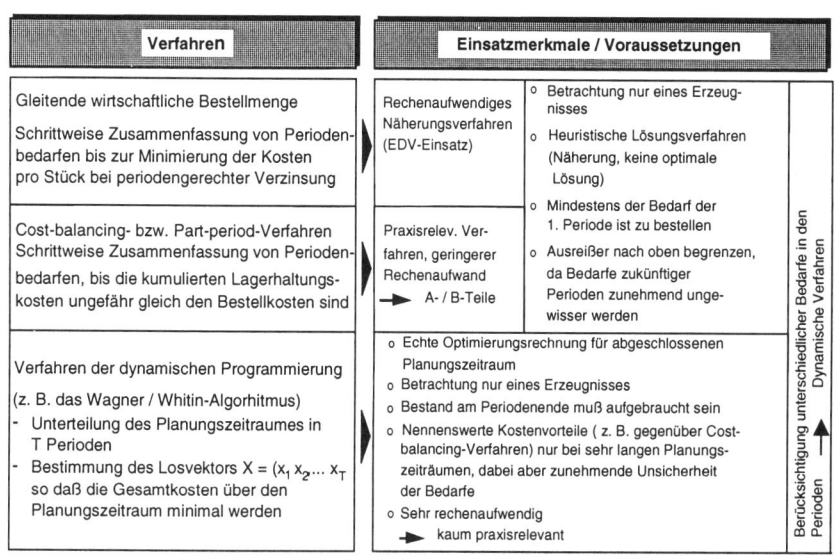

Bild 6-33: Dynamische Verfahren der Ermittlung kostenoptimaler Bestellmengen

Dabei bedeuten:

a_{ki} - Direktbedarfskoeffizient bezüglich Produkt k und i

b_{jt} - verfügbare Kapazität der Ressource j in Periode t

d_{kt} - Primärbedarf für Produkt k in Periode t

h_k - Lagerkostensatz für Produkt k

J - Anzahl der Ressourcen ($j = 1, 2, ..., J$)

K - Anzahl der Produkte bzw. Arbeitsgänge ($k = 1, 2, ..., K$)

K_j - Menge der Arbeitsgänge, die durch die Ressource j vollzogen werden

M - große Zahl

N_k - Menge der Nachfolger des Produktes k (direkt übergeordnete Produkte bzw. nachfolgende Arbeitsgänge)

s_k - Rüstkostensatz für Arbeitsgang k

T - Länge des Planungszeitraumes in Perioden ($t = 1, 2, ..., T$)

tb_k - Stückbearbeitungszeit für Arbeitsgang k

tr_k - Rüstzeit für Arbeitsgang k

$z(k)$ - Mindestvorlaufzeit eines Auftrages für Produkt k

Variablen:

q_{kt} - Losgröße für Arbeitsgang k in Periode t

y_{kt} - Lagerbestand für Produkt k am Ende der Periode t

γ_{kt} - binäre Rüstvariable für Arbeitsgang bzw. Produkt k in Periode t

Das Losgrößenproblem stellt sich als Konflikt zwischen den entstehenden Rüst- und Lagerkosten dar. Dieser Konflikt entsteht zum einen durch das Bestreben, möglichst geringe Rüstkosten durch Zusammenfassen mehrerer Bedarfsmengen zu einem größeren Los zu erreichen, zum anderen führen diese vorzeitig produzierten Erzeugnisse zu erhöhten Lagerkosten. Ziel ist es daher, den Kompromiß zu finden, der zu minimalen Kosten, die Lager- und Rüstkosten betreffend, führt.

Daher gilt als Zielfunktion:

$$\text{Min } Z = \sum_{t=1}^{T}\sum_{k=1}^{K}\left(h_k \cdot y_{kt} + s_k \cdot \gamma_{kt}\right) \tag{1}$$

Die Lagerkosten des Arbeitsganges k fallen hierbei erst am Ende der Periode t an. Da in diesem Zusammenhang von mehrstufigen Produkten innerhalb unterschiedlicher Erzeugnisstufen ausgegangen wird, ist es sinnvoll, das Arbeitssystem in einzelne von einander unabhängige Arbeitsgänge k oder Zwischenprodukte zu zerlegen und diese dann für den gesamten Arbeitsplan zu aggregieren. Die Rüstvariable γ_{kt} ist eine Binärvariable, die nur dann den Wert 1 annimmt, wenn in der jeweiligen Periode ein Los aufgelegt wird. Der Wert für γ_{kt} wird durch folgende Nebenbedingung bestimmt:

$$q_{kt} - M \cdot \gamma_{kt} \leq 0 \tag{4}$$

Sofern ein Los $q_{kt} > 0$ aufgelegt wurde, ist diese Ungleichung nur dann erfüllt, wenn γ_{kt} dem Wert 1 entspricht, da M eine große Zahl, größer als die maximale Losgröße, ist. Somit wird in diesem Fall für die Rüstvariable γ_{kt} der Wert 1 erzwungen, andernfalls wird bei Nichtauflegen eines Loses, also bei $q_{kt} = 0$, auch γ_{kt} Null sein.[1]

Um die Interdependenzen zwischen den Erzeugnissen zu berücksichtigen, wird bei der Losbildung für ein übergeordnetes Erzeugnis auch ihr Einfluß auf die Bedarfsstruktur des untergeordneten Erzeugnisses betrachtet (Sekundärbedarf). Die Berücksichtigung dieser In- und Outputbeziehungen zwischen den Erzeugnisstufen bringt das Problem der „deterministischen Materialbedarfs- und Losgrößenplanung" mit sich. Auf die Bestimmung der Losgröße wirkt jetzt, neben dem Problem möglichst geringer Lagerbestände versus einer großen Losgrößenbildung, auch der Bedarf an Primär- sowie an Sekundärerzeugnissen ein. Die Ermittlung des Nettobedarfs, der Ausgangspunkt für die Bestimmung der Losgröße ist, erfolgt dabei durch die Summenbildung von Primär- und Sekundärbedarf abzüglich des disponiblen Lagerbestandes.

---

[1]   Vgl. TEMPELMEIER, H.: Material-Logistik. 2. Aufl. Berlin: Springer 1992, S. 152 f.

Die Lagerbilanz stellt sich daher wie folgt dar:

$$y_{k,t-1} + q_{k,t-z(k)} - \sum_{i \in N_k} a_{ki} \cdot q_{it} - y_{kt} = d_{kt} \tag{2}$$

Dabei ist zu beachten, daß der Sekundärbedarf $\sum_{i \in N_k} a_{ki} \cdot q_{it}$ des Produktes k in der Periode t nicht gelagert wird, sondern direkt in die Nachfolger des Produktes k oder in nachfolgende Arbeitsgänge übergeht. Der Direktbedarfskoeffizient a_{ki} drückt hierbei die erforderliche Stückzahl des Produktes k zur Herstellung des übergeordneten Erzeugnisses i aus.

Die zeitliche Inanspruchnahme des Fertigungsauftrages entspricht mindestens, auch bei unbeschränkten Kapazitäten, der minimalen arbeitsgangbezogenen Durchlaufzeit $z(k)$. Die Größe $z(k)$ kommt also der Summe der Bearbeitungs- und Rüstzeit gleich. So muß der Produktionsbeginn des Arbeitsganges k mindestens $z(k)$ Zeiteinheiten vor Beginn des Bedarfstermines erfolgen. Beispielsweise werden bei einer Losgröße von 45 Stück sowie einer Bearbeitungszeit von 10 Minuten und einer Rüstzeit von 30 Minuten insgesamt 480 Minuten benötigt. Unter der Annahme der Unterteilung der Periode in jeweils 480 Minuten, würde sich der Beginn des vorzunehmenden Arbeitsganges k auf genau eine Periode $z(k) = 1$ vor dem nachfolgenden Arbeitsgang oder Bedarfstermin verschieben.

Obwohl streng genommen eine variable Größe, wird in dem vorliegenden Modell $z(k)$ als konstante Größe behandelt, also nicht in Abhängigkeit der Losgröße q_{kt} bestimmt, da empirische Untersuchungen ergeben haben, daß „die Bearbeitungszeit i. d. R. nur einen vergleichsweise geringen Anteil an der gesamten Durchlaufzeit eines Erzeugnisses in Anspruch nimmt."[1]

Von einer minimalen arbeitsgangbezogenen Durchlaufzeit $z(k)$ kann jedoch nur ausgegangen werden, sofern unbeschränkte Kapazitäten innerhalb aller Produktionseinheiten vorliegen. Setzt man voraus, daß keine ablaufbedingten Wartezeiten berücksichtigt werden müssen, entspricht $z(k)$ einem Summanden $tb_k \cdot q_{kt} + tr_k \cdot \gamma_{kt}$ der folgenden Kapazitätsrestriktion:

$$\sum_{k \in K_j} tb_k \cdot q_{kt} + tr_k \cdot \gamma_{kt} \le b_{jt} \qquad j = 1, 2, ..., J; t = 1, 2, ..., T \tag{3}$$

Diese Restriktion, ausgedrückt in Zeiteinheiten, beinhaltet die erforderliche Bearbeitungs- und Rüstzeit für die Fertigung aller Erzeugnisse, die durch die Ressource j hergestellt werden. Reichen die verfügbaren Kapazitäten b_{jt} der Ressource j innerhalb der Periode t hinsichtlich der Zeit nicht aus, um die für eine optimale Losgröße erforderlichen Mengen je Periode zu produzieren, wird der Arbeitsgangbeginn eines Erzeugnisses zeitlich in eine frühere Periode τ vorverlegt. Durch die vorzeitige Produktion, die der Differenz $[t\text{-}\tau\text{-}z(k)]$

---

1   TEMPELMEIER 1992, S. 204.

entspricht und somit sowohl das Überschreiten verfügbarer Kapazitäten, als auch arbeitsgangbezogene Vorlaufzeiten berücksichtigt, ist eine just-in-time-Produktion nicht mehr realisierbar. Vielmehr gehen mit diesem vorverlegten Produktionsbeginn Warte- und Lagerzeiten der Zwischenerzeugnisse nach Produktionsende einher.[1]

Vernachlässigt werden in dem Modell MLCLSP Beschaffungs- oder Produktionskosten des Primär- und Sekundärbedarfs. Nimmt man diese Kosten als eine konstante Größe an, dient die Vernachlässigung der Beschaffungs- oder Produktionskosten der Vereinfachung und somit der Konzentration auf das eigentliche Losgrößenproblem.

6.5.6 Bestandsführung und Bestellauslösung

Der dritte Schritt im Gesamtablauf der Disposition ist die Festlegung des konkreten Zeitpunktes, an dem nun eine Bestellung erfolgen soll. Hier wird zwischen

* bedarfsbezogener (Bild 6-35),
* terminbezogener (Bild 6-36) und
* bestandsbezogener (Bild 6-37)

Auslösung unterschieden.

Voraussetzung hierzu ist eine Bestandsführung, die, schon aus rein rechtlichen Erfordernissen, durch Inventuren ergänzt wird. Heutzutage werden in aller Regel EDV-gestützte Systeme zur Bestandsführung herangezogen. Je nach technischer Ausführung eines Lagers (Paternosterregale oder Hochregallager mit führerlosen Regalförderfahrzeugen, ...) sind diese ohne EDV gar nicht betreibbar. Eine möglichst genaue Kenntnis aller Bestände, also auch darüber, was in der Produktion (sogenannter *Werkstattbestand*) und im Wareneingang (*Wareneingangsbestand*) liegt und aller laufenden Bestellungen (*Bestellbestand*) einerseits, aber auch der *Materialreservierungen* (Vormerkungen) andererseits, ist Voraussetzung für eine präzise Nettobedarfsermittlung.

Vormerkungen sind buchmäßig bereits zugeteilte Bestände, die lediglich physikalisch noch nicht ausgeliefert sind. Das Gegenteil davon bilden sogenannte *Konsignationslager*. Dabei handelt es sich um Lager, die sich nicht auf dem eigenen Gelände befinden, sondern beim Kunden. Die dort gelagerten Materialien sind also bereits im Besitz des Kunden, die buchhalterische Lieferung und damit der Rechnungstermin erfolgen aber erst, wenn der Kunde sie auch in Gebrauch nimmt, der Eigentumsübergang ist gewöhnlich an die Zahlung der Entnahmen gebunden.

---

1   Vgl. GÜNTHER / TEMPELMEIER, 1997, S. 184.

Um Bestellauslösungen anhand von Lagerbewegungen zu planen, spielen die folgenden Größen ein Rolle:
- der *Bestellauslösebestand*, das heißt der Bestand, bei dessen Unterschreiten ein Beschaffungsvorgang ausgelöst wird,
- der *Sicherheitsbestand*, das heißt der Bestand, der nur bei ungewöhnlichen Ereignissen unterschritten werden sollte und die
- *Wiederbeschaffungszeit*, das heißt die Zeit, die zwischen Bestellauslösung und Wiedereinlagerung liegt (Bild 6-34).

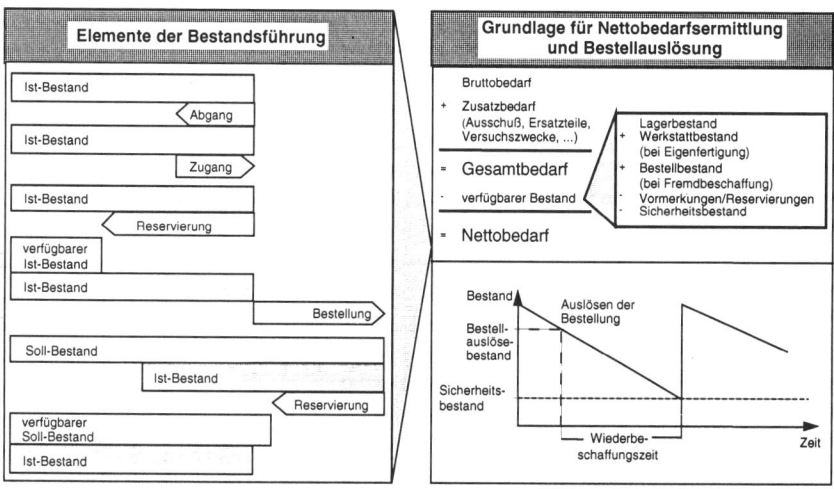

Bild 6-34: Elemente und Aufgaben der Bestandsführung

Die naheliegendste und einfachste Form einer Bestellstrategie ist die *bedarfsbezogene Bestellauslösung*. Hierbei wird jeweils dann bestellt, wenn nach einem Auftragseingang die Bedarfermittlung abgeschlossen ist. Dies bedeutet - als Vorteil -, daß eine Lagerung der beschafften Materialien in aller Regel nicht erfolgt. Dem steht der Nachteil gegenüber, daß die volle Beschaffungszeit bei existierendem Auftrag abgewartet werden muß. Bei angespannter Terminlage ist dies kaum möglich. Diese Form der Bestellauslösung empfiehlt sich daher gewöhnlich nur für A/Z-Teile (Bild 6-35).

Beim *Bestellrhythmus-Verfahren* wird eine Lagerhaltigkeit der Teile vorausgesetzt. Es ist durch feste Beschaffungsrhythmen bei jedoch variablen Bestellmengen gekennzeichnet. In regelmäßigen Abständen wird der jeweilige Lagerbestand überprüft. Unterschreitet die vorhandene Menge den *Bestellauslösebestand*, so wird eine Menge bestellt, die vermutlich geeignet ist, das nach Ablauf der Beschaffungszeit ja noch weiter entleerte Lager wieder auf einen definierten Höchststand aufzufüllen. Dazu orientiert man sich an dem Verbrauch der vergangenen Bestellperiode. Das Verfahren bietet sich einerseits für X/C-Teile an, kann aber auch durch die Eigenheiten der zu bestellenden Materialien (natürlich nachwachsende Rohstoffe mit bestimmtem Wachstumszyklus, „Walzturnus" bei einem Stahlwerk, ...) notwendig werden (Bild 6-36).

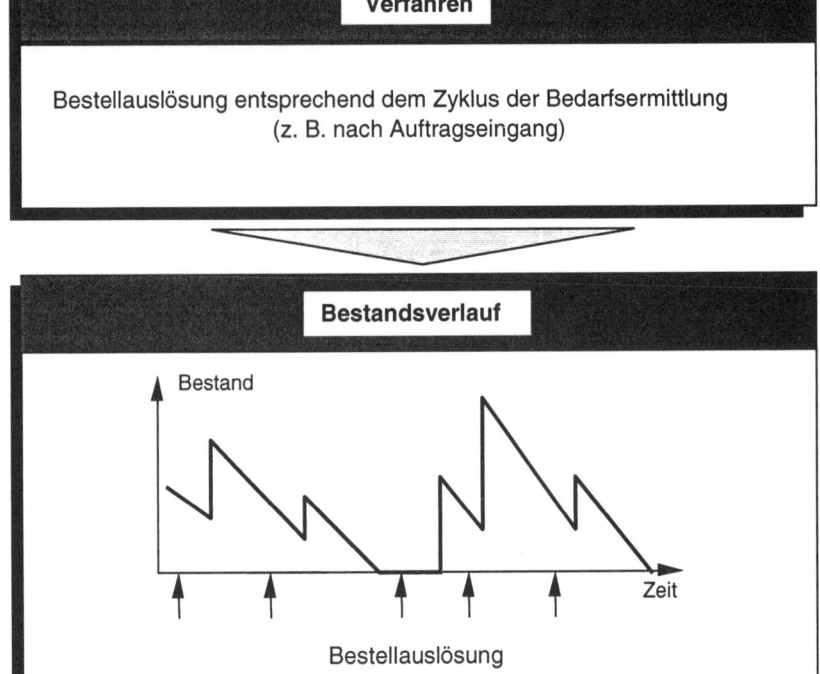

Verfahren

Bestellauslösung entsprechend dem Zyklus der Bedarfsermittlung
(z. B. nach Auftragseingang)

Bestandsverlauf

Bestand

Zeit

Bestellauslösung

Einsatzmerkmale / Voraussetzungen

o Bestellung einer festgelegten Menge (meist auf Basis eines
  deterministisch ermittelten Bedarfs)
o Beschaffungsmengen und Beschaffungsintervalle nicht
  konstant
o Wiederholung des Bedarfs ungewiß
o Änderungs-, Lagerungsrisiko hoch   ➤ A- / Z-Teile

Bild 6-35: Bedarfsbezogene Bestellauslösung

Ein drittes, unter den Bedingungen einer konventionellen Bestandsführung sehr aufwendiges Verfahren, stellt das *Bestellpunkt-Verfahren* dar. Hier wird bei jeder Entnahme eines lagerhaltigen Materials der verbleibende Bestand zunächst daraufhin geprüft, ob der *Meldebestand* erreicht ist. Der Meldebestand ist prinzipiell auch der Bestellauslösebestand. Mit einer Einschränkung: wenn bei einer vorangegangenen Entnahme der Meldebestand schon erreicht und dadurch eine Bestellung ausgelöst wurde, eine Bestellung also bereits läuft. Ist dies nicht der Fall, wird eine immer gleiche (optimale) Bestellmenge ausgelöst. Das Verfahren bietet sich besonders für B/Y-Teile an (Bild 6-37).

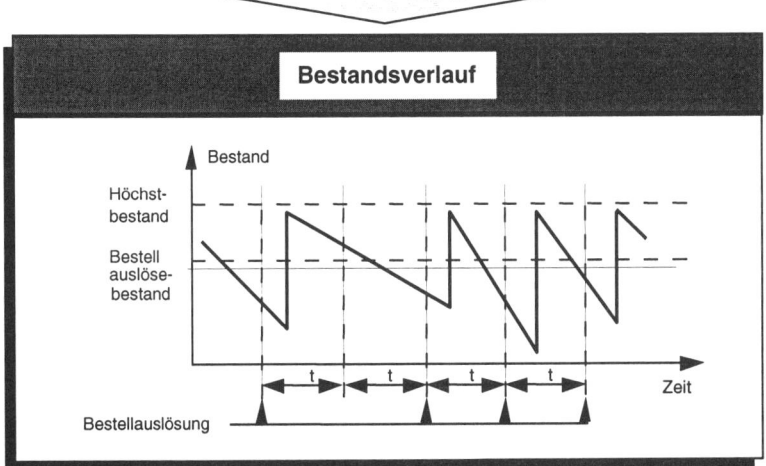

Verfahren

Überprüfen in festen Intervallen, ggf. Auslösung (Terminsteuerung)
o Auffüllen des Lagers auf festgelegten Höchstbestand
o Bestellung einer festen, evtl. kostenoptimalen Menge, falls Meldebestand unterschritten ist

Bestandsverlauf

Einsatzmerkmale / Voraussetzungen

o Überprüfungsaufwand geringer als bei Bestellpunkt-Verfahren
o Keine zu großen Entnahmemengen zwischen zwei Intervallen
o Realistische, artikelbezogene Wiederbeschaffungszeiten
o Koordination von gemeinsamen Bestellungen an einen Lieferanten möglich
➤ C-Teile (Normteile, Hilfs- und Betriebsstoffe)

Bild 6-36: Terminbezogene Bestellauslösung (Bestellrhythmus-Verfahren)

Verfahren

Eine Bestellung wird ausgelöst, wenn der Melde- bzw. Bestellauslösebestand erreicht wird (Mengensteuerung)

- Bestellung einer kostenoptimalen Menge (fix oder variabel)
- Auffüllen des Lagers auf festgelegtem Höchstbestand

Bestandsverlauf

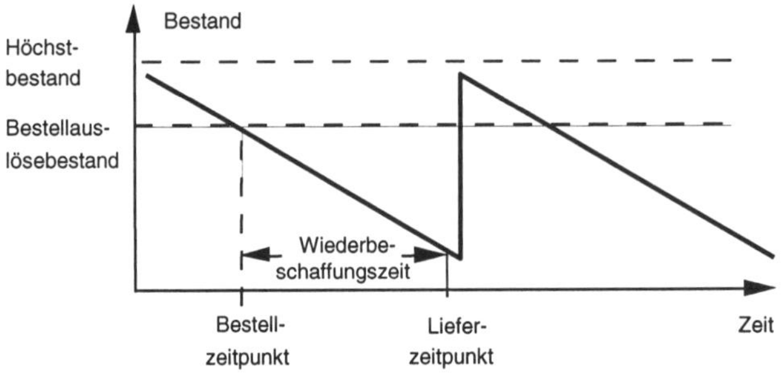

Einsatzmerkmale / Voraussetzungen

- Bestellung von stochastisch ermittelten Bedarfen
- Bei jeder Entnahme Abprüfung auf Meldebestand erforderlich
- Offene Bestellungen werden berücksichtigt
- Realistische, artikelbezogene Wiederbeschaffungszeiten
- Meldebestand dynamisch (verbrauchsabhängig) festlegen

Bild 6-37: Bestandsbezogene Bestellauslösung (Bestellpunkt-Verfahren)

6.5.7 Sicherheitsbestände

Kein Lager kann realistischerweise eine 100%ige Lieferbereitschaft garantieren. Jede praktische Bestandsführung ist Risiken ausgesetzt, die sich aus Bestandsabweichungen (undokumentierte Entnahmen, Diebstähle), nicht eingehaltenen Lieferterminen (in beide Richtungen), Liefermengenabweichungen, aber auch Verbrauchsschwankungen ergeben. Um diesen Risiken vorzubeugen, werden *Sicherheitsbestände* eingerichtet. Bestände also, bei deren Erreichen das Lager als leer gilt. Sicherheitsbestände fangen damit die Folgen negativer Ausschläge der obigen Risiken ab und sichern so primär die Lieferbereitschaft (Bild 6-38).

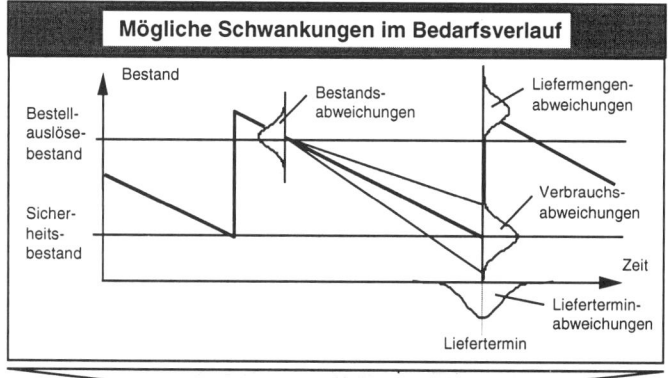

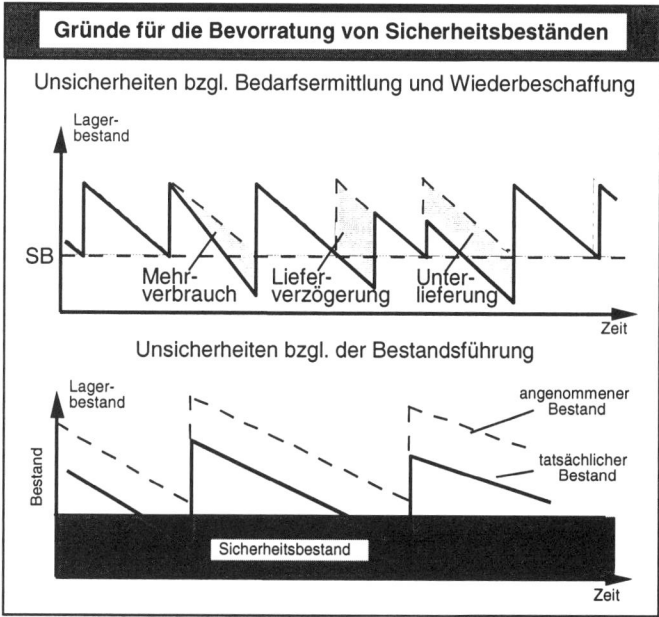

Bild 6-38: Gründe für die Bevorratung von Sicherheitsbeständen

Die positiven Ausschläge der Risiken verursachen ohnehin (ungeplant) erhöhte Lagerhaltungskosten. Die Sicherheitsbestände verursachen ebenfalls solche Kosten, sind aber in ihrer Höhe geplant. Da die Risiken nicht ausgeschlossen, wohl aber erheblich begrenzt werden können, sind bei der Bildung von Sicherheitsbeständen vor allem die Folgen mangelnder Lieferfähigkeit ins Kalkül zu ziehen.

Zentrale Ausgangsgröße für die Bestimmung eines Sicherheitsbestandes ist ein *Servicegrad*. Rein theoretisch liegt dieser im Optimalitätspunkt der gegenläufigen Kostenfunktionen aus Sicherheitsbestandskosten und Fehlmengenkosten (Bild 6-39). Letztere sind aber in aller Regel nicht bestimmbar, da auch Einflüsse wie Imageverluste und ähnliches zu berücksichtigen sind. Die Höhen von Konventionalstrafen sind beispielsweise zwar bekannt, wann aber entscheidet der Kunde sich für einen zuverlässigeren Lieferanten und wie ist diese Entscheidung kostenmäßig zu bewerten? Oft sehen auch die Lieferkonditionen einfach einen bestimmten Servicegrad vor. Aus den Charakteristika des Lagerabgangs und einem angestrebten Servicegrad läßt sich der zugehörige Sicherheitsbestand leicht errechnen.

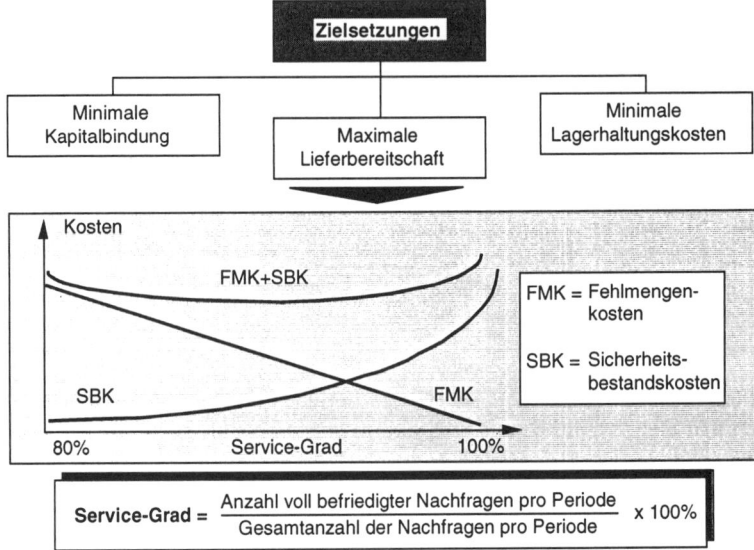

Bild 6-39: Kostenauswirkungen des Sicherheitsbestandes[1]

Die simpelste und direkteste Methode zur Bildung von Sicherheitsbeständen ist es, von persönlichen Erfahrungswerten auszugehen. Angesichts des häufigen Problems, Kosten aus Lieferengpässen zu beziffern, ist dies auch eine durchaus verbreitete Methode.

---

1   In Anlehnung an WIENDAHL, H.-P.: Betriebsorganisation für Ingenieure. München: Hanser, 1986.

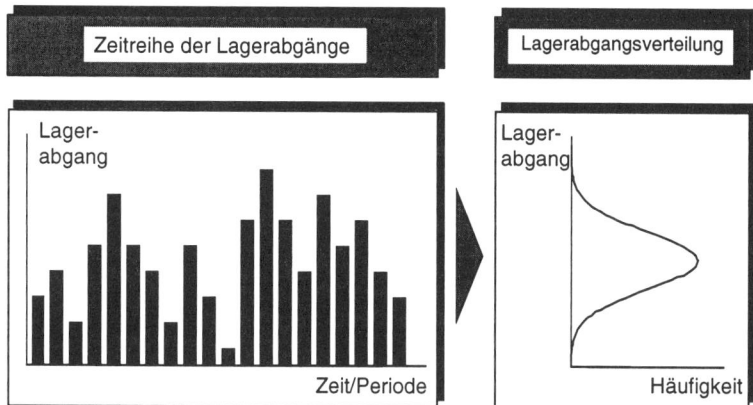

Bild 6-40: Ermittlung der Lagerabgangsverteilung als Grundlage für die Bestimmung von Sicherheitsbeständen

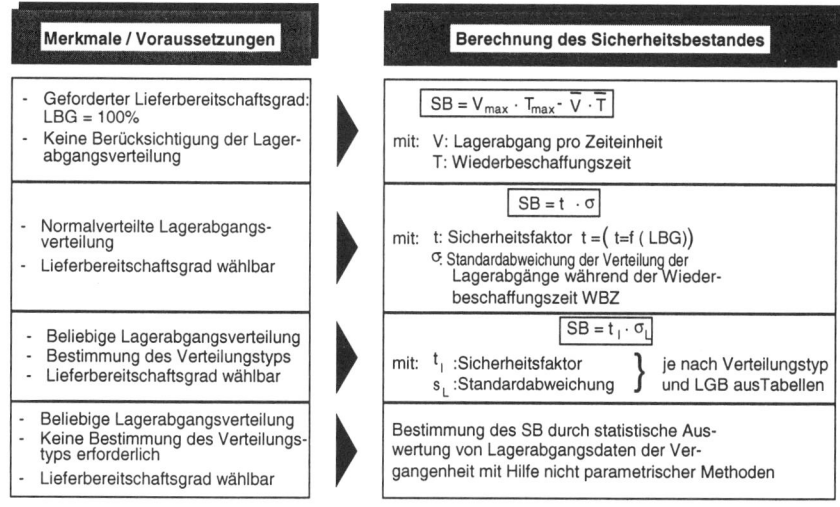

Bild 6-41: Verschiedene Verfahren zur Ermittlung von Sicherheitsbeständen[1]

Die üblichen mathematischen Methoden setzen auf der Verteilung der Lagerabgänge auf, die aus einer entsprechenden Zeitreihe ermittelt wird (Bild 6-40). In Bild 6-41 werden einige häufiger verwendete Verfahren zur Bestimmung von Sicherheitbeständen übersichtsartig vorgestellt. Den Verfahren gemeinsam ist, daß auf den Lagerbewegungen der Vergangenheit und den Wiederbeschaffungszeiten aufgesetzt wird. Unterschiede liegen vor allem in den Restriktionen bezüglich des erforderlichen Verteilungstypes.

---

[1] Die Darstellung weicht inhaltlich von der bei FRIEMUTH ET. AL. ab

7 Ablaufplanung und Fertigungssteuerung

Dieser Abschnitt führt in den Kern der Betriebsorganisation. Ausgangspunkt ist das Produktionsprogramm. „Die Produktionsprogrammplanung soll Antwort geben auf die Frage, welche Arten und Mengen industrieller Leistungen durch die Kombination der vorhandenen Produktionsfaktoren in welcher Qualität und zu welchen Produktionsterminen gemäß dem erwerbswirtschaftlichen Prinzip herzustellen sind."[1] In dieser Definition vom Produktionsprogramm ist die Dienstleistung implizit ausgeklammert. Es handelt sich hierbei um eine verbreitete Einschränkung, die auch für den Rest dieses Abschnittes gilt. Die folgenden Ausführungen sind auf Dienstleistungen nur sehr eingeschränkt übertragbar.

Aus der Definition gehen die drei Komponenten des Problems bei der Produktionsprogrammplanung hervor:
- die Menge der herzustellenden Produkte als quantitative Komponente,
- die Art der herzustellenden Produkte als die qualitative Komponente und
- die Zeiten, in und zu denen herzustellen ist, als zeitliche Komponente.

Für die Ablaufplanung und die Fertigungssteuerung steht vor allem die zeitliche Komponente im Mittelpunkt der Betrachtungen. Die beiden anderen liefern eher Rahmenbedingungen, die für die Ablaufplanung weitgehend als Daten zu betrachten sind.

7.1 Grundlagen der Ablaufplanung

Gegenstand der Ablaufplanung ist es, für die Produktions- oder Fertigungsaufträge die Termine auf den einzelnen Produktionsstufen festzulegen. Hierbei sind zwei Sichtweisen zu unterscheiden:
- die der Anlagen und
- die der Aufträge.

In diesen beiden Sichten spiegelt sich auch das Dilemma der Ablaufplanung (Bild 7-1) wieder.

Aus der *Sicht der Aufträge* sollten Liege- und Lagerzeiten minimal, am besten gleich Null sein. Just-in-time, also eine punktgenaue Anlieferung aller Materialien an die jeweilige Produktionsstufe heißt in diesem Sinne die Strategie der Wahl. Aus *Sicht der Anlagen* ist jedoch eine kontinuierliche Auslastung der Anlagen sicherzustellen. Stillstände sind aber praktisch nur vermeidbar, wenn zumindest ein Auftragspuffer, besser aber auch ein Materialpuffer vor jeder Produktionsstufe existiert. In der Ablaufplanung muß man es also

---

1   ZAHN / SCHMID 1996, S. 260. Hervorhebungen im Original wurden nicht übernommen.

schaffen, zwischen diesen beiden widersprüchlichen Anforderungen einen Weg zu finden, der beiden Ansprüchen genügt. Diese Aufgabe ist eine sehr schwierige und komplexe bei der Werkstattfertigung, während bei der Fließfertigung das Dilemma vordergründig durch die Austaktung des Systems gelöst ist. Jede Wartezeit eines Auftrages bedeutet hier auch eine Leerzeit für das Arbeitssystem[1].

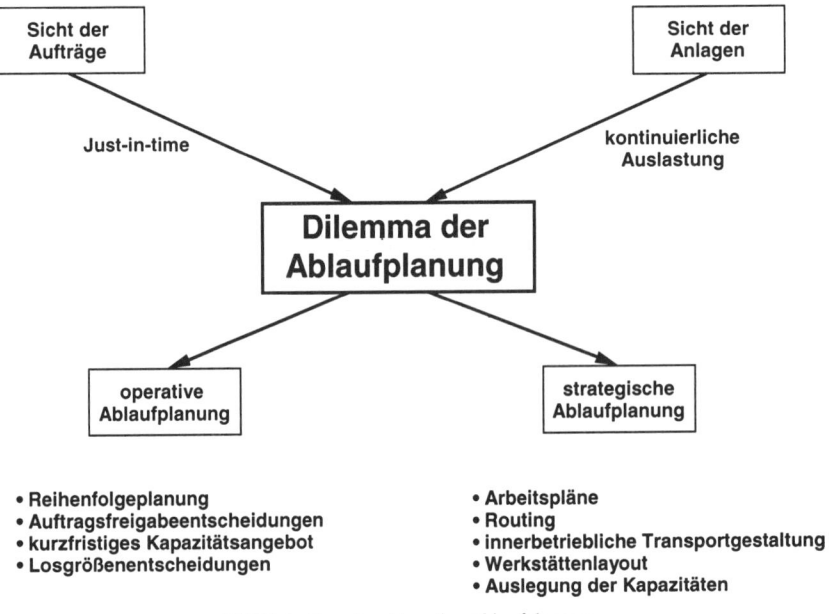

Bild 7-1: Grundproblem der Ablaufplanung

Das Problem der Ablaufplanung zerfällt, wie nahezu alle Managementprobleme in eine strategische und eine operative Komponente. Man kann die beiden im ersten Schritt daran unterscheiden, daß in der strategischen Ablaufplanung die grundsätzlichen Entscheidungen fallen, während in der operativen das Tagesgeschäft zu erledigen ist, also die alltägliche möglichst optimale Umsetzung der Produktionsabläufe.

Zu den strategischen Aufgaben der Ablaufplanung zählen insbesondere:
- die Erstellung der Arbeitspläne, insbesondere deren Terminierung[2],
- in Verbindung damit das Werkstättenlayout und damit dann
- das „Routing", also die Festlegung der Reihenfolge der Arbeitssysteme, welche die einzelnen Produkte konkret durchlaufen, wobei es dabei operativ an einzelnen gemeinsamen Anlagen zu Engpässen und Auftragskonkurrenz kommen kann,

---

1   Vgl. ADAM 1993, S. 391.
2   Vgl. Kapitel 4.1.4.4.

- die auch technische Ausgestaltung des innerbetrieblichen Transportes (Stapler, Hallenkrane, führerlose Flurförderfahrzeuge, automatisierte Unterflur- oder Deckenförderer, ...) und „last but not least"
- die Auslegung der Kapazitäten selbst.

Die Lösungen der strategischen Ablaufplanung sind langfristiger Art und liefern gewissermaßen das Korsett, in der sich die operative Planung bewegen kann und muß. Operativer Art sind dann vor allem die folgenden Aufgaben:

- die Reihenfolgeplanung der Aufträge an den einzelnen Produktionsstufen,
- die konkreten Auftragsfreigabeentscheidungen,
- der Umgang mit dem kurzfristigen Kapazitätsangebot besonders bei Störungen und schließlich
- die konkrete Festlegung von Losgrößen.

Die größte Bedeutung kommt dabei der *Reihenfolgeplanung* zu. Dies soll im nachfolgenden erläutert werden. Dazu sei zunächst an die REFA-Definition der Durchlaufzeit erinnert. (Bild 7-2 und Kapitel 5.1.4). Als Sollzeit ist sie ein Ergebnis der strategischen Ablaufplanung, in der in Form der Zwischen- und Zusatzzeiten auch (inner-)betriebliche Transport- und andere Liegezeiten berücksichtigt sind. Im Rahmen der operativen Ablaufplanung sind diese Zeiten nun zu realisieren.

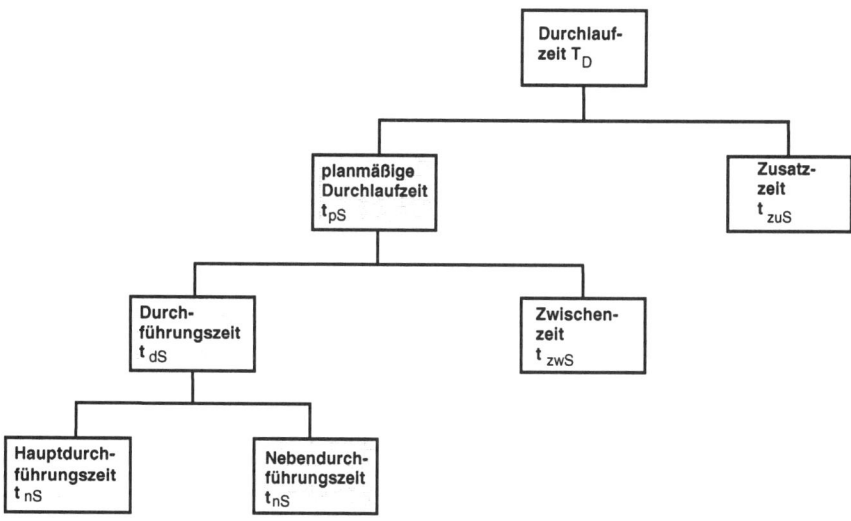

Bild 7-2: Durchlaufzeit nach REFA

Hierbei gibt es unterschiedlichste Lösungen, und es ist durchaus üblich, daß nach bestimmten Regeln in den einzelnen Arbeitssystemen autonom dispo-

niert wird. Bild 7-3 zeigt ein Beispiel, welchen Einfluß die jeweilige Regel auf
die dann tatsächlich im Einzelfall entstehenden Durchlaufzeiten hat.

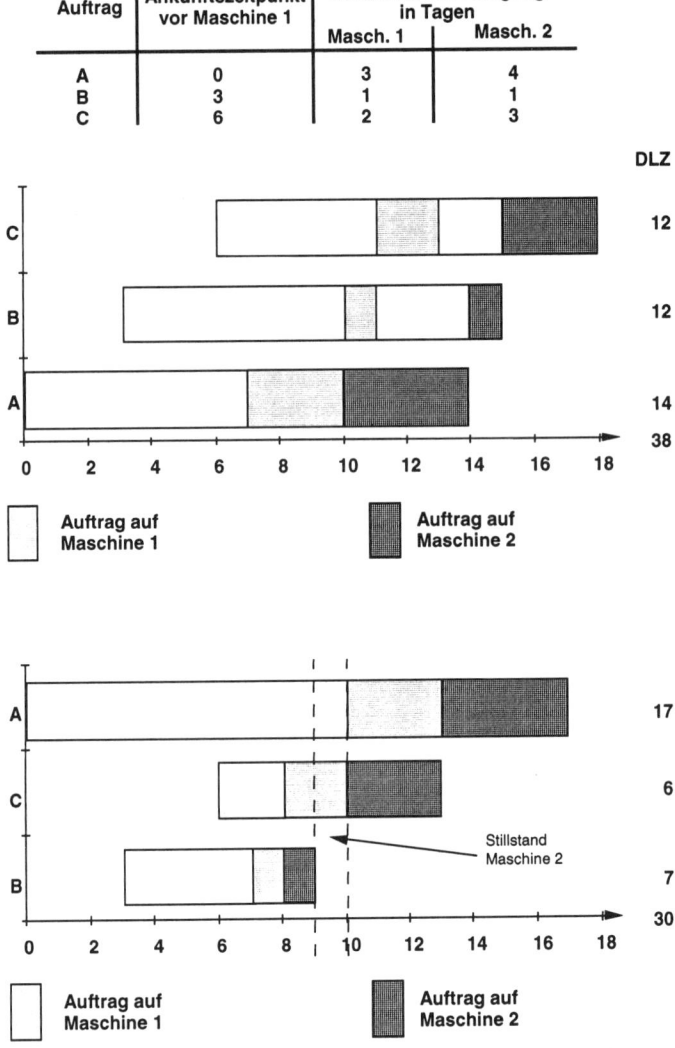

Auftrag	Ankunftszeitpunkt vor Maschine 1	Zeitbedarf der Fertigung in Tagen	
		Masch. 1	Masch. 2
A	0	3	4
B	3	1	1
C	6	2	3

Bild 7-3: Einfluß der Reihenfolgeplanung auf die Durchlaufzeit[1]

Es wird von einer zweistufigen Produktion an den Maschinen 1 und 2 der
Produkte A, B und C ausgegangen. Die Tabelle oben im Bild zeigt die jewei-
ligen
• Ankunftszeiten der Aufträge bei Maschine 1 und

---

1   In Anlehnung an ADAM 1993, S. 393.

- die Bearbeitungszeiten der Aufträge auf den jeweiligen Maschinen.

Die Maschine 1 ist erst ab dem 7. Tag verfügbar. Die Ankunftszeiten sind deswegen grundsätzlich für die konkrete Wahl der Bearbeitungsreihenfolge nicht von Belang, es kann jeder der drei Aufträge als erster eingesteuert werden.

Wie bereits erwähnt, geschieht das aber nicht willkürlich, sondern folgt entweder einer optimierenden zentralen Detailplanung oder bestimmten Prioritätsregeln. Eine verbreitete ist die sogenannte FCFS-Regel („first come first serve", auch FIFO genannt: „first in first out" oder, ganz selten, RDA: Reihenfolge des Auftragseinganges): Im ersten Belegungsbeispiel wird diese Regel angewendet (und dafür werden dann die Ankunftszeiten der Aufträge wieder relevant). Es ergibt sich eine Durchlaufzeit für alle Aufträge von 38 Tagen, und beide Maschinen werden durch diese Auftragsreihenfolge kontinuierlich belegt.

Im zweiten Belegungsbeispiel kommt eine andere Regel zum Einsatz, die KOZ (Kürzeste Operationszeit). Das bedeutet, es wird jeweils derjenige Auftrag als nächstes eingelastet, der von den noch anstehenden die kürzeste Bearbeitungszeit aufweist. Bei Anwendung dieser Regel verlängert sich die Durchlaufzeit für den Auftrag A von 14 auf 17 Tage, die beiden anderen werden aber deutlich schneller abgewickelt. Insgesamt verkürzt sich die Durchlaufzeit der drei Aufträge für diesen Produktionsabschnitt um 8 Tage auf 30. Dafür hat aber die Maschine 2 einen zwischenzeitlichen Stillstand von einem Tag. Betrachtet man die mittlere Abwicklungsdauer der drei Aufträge, so sinkt diese von 12,66 auf 10 Tage.

7.2 Terminermittlung

Bei der Terminermittlung werden generell drei Arten unterschieden (Bild 7-4), die in der Praxis jeweils der Reihe nach durchlaufen werden.

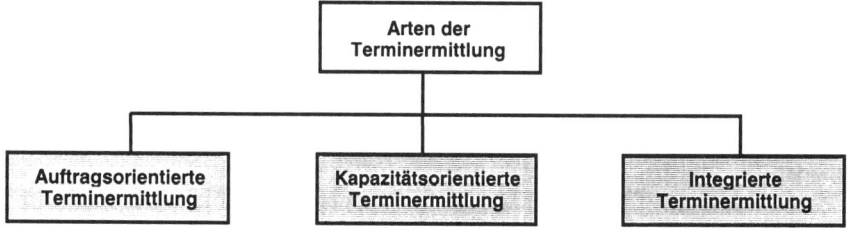

Bild 7-4: Arten der Terminermittlung[1]

---

1   In Anlehnung an REFA, Planung und Steuerung Teil 3, 1991, S. 49.

Bei der ersten Art, der *auftragsorientierten Terminermittlung*, wird nur der einzelne Auftrag ohne weitere Rücksicht auf womöglich störende Randbedingungen terminiert. Andere konkurrierende Aufträge und daraus resultierende Kapazitätsbelastungen werden nicht berücksichtigt. Bei einmaligen Großprojekten, für die ausreichend Kapazitäten freigestellt sind, genügt diese Art der Terminierung.

Die zunächst naheliegendste Methode einer Terminierung ist die *Vorwärtsterminierung*. Der Startschuß ist gefallen und alle erforderlichen Aktivitäten werden der Reihe nach geplant, schließlich kommt es zu einem Endtermin (Bild 7-5).

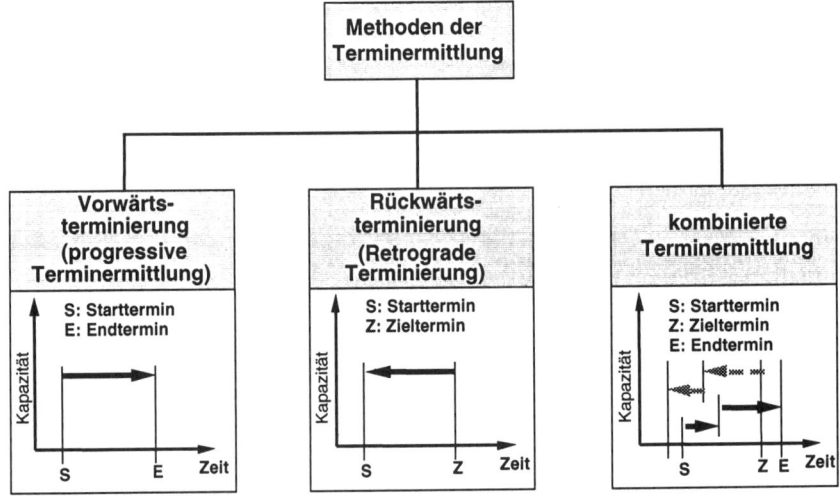

Bild 7-5: Methoden der Terminermittlung[1]

Nur in ganz wenigen Fällen jedoch ist ein Kunde damit einverstanden, einfach zu warten, bis man fertig ist. In allen anderen Fällen existiert ein gegebener Fertigstellungstermin. Man muß umgekehrt vorgehen: Die Terminierung beginnt bei diesem geplanten oder gar vertraglich zugesagten Fertigstellungs- oder Liefertermin. Dies bedeutet, daß von diesem Endtermin an alle Aktivitäten in die relative Vergangenheit, also zeitlich nach rückwärts terminiert werden. Diese Art der Terminierung heißt deswegen auch *Rückwärtsterminierung*.

Gewöhnlich führt diese Terminierung jedoch auf einen Termin, der nicht nur in der Vergangenheit bezüglich des Endtermines, sondern auch bereits in der Vergangenheit bezüglich des Planungszeitpunktes liegt. Man hätte also bereits längst mit einigen Aktivitäten beginnen müssen, um den geplanten (und oft bereits zugesagten) Termin einhalten zu können. In der Folge muß

---

1   In Anlehnung an REFA.

die Rückwärtsterminierung spätestens an dem Punkt aufgegeben werden, wo man die Gegenwart erreicht und für die noch offenen Arbeitsschritte auf eine Vorwärtsterminierung umsteigen. Hierbei sind jedoch systematisch alle Möglichkeiten der Durchlaufzeitverkürzung (Bild 4-17) abzuprüfen. Immer wenn wieder „Luft" gefunden ist, geht man erneut in die Rückwärtsterminierung über. Diese Form der Terminermittlung nennt man *kombinierte Terminierung.*

Die nächste komplexere Art der Terminermittlung ist die *kapazitätsorientierte Terminermittlung* „Die kapazitätsorientierte Terminierung besteht in der Festlegung von Anfangs- und Endterminen für das Durchführen von Aufgaben in bestimmten Arbeitssystemen, wobei die vorhandene Kapazitätsbelastung und die Kapazitätsgrenzen sowie die gegenseitige Beeinflussung verschiedener Aufgaben beziehungsweise Aufträge berücksichtigt werden"[1]. Bei der *auftragsorientierten Terminermittlung* werden Interdependenzen zu anderen Aufträgen und eventuelle Kapazitätsengpässe nicht berücksichtigt. Als Ergebnis einer solchen Planung kann sich an den Anlagen ein *Kapazitätsgebirge* wie in Bild 7-6 dargestellt ergeben. Es zeigt die Belegungszeiten der geplanten Aufträge nach Kalenderwochen aufgelöst. Von *Belegung* wird dann gesprochen, wenn sowohl Reihenfolge als auch Zeiten von Aufträgen angegeben sind, die eine Kapazität in einer gegebenen Periode bearbeiten soll. Meint man nur die Summe aller Belegungszeiten, so heißt es *Kapazitätsbelastung* oder, im reinen Planungsstadium, *Kapazitätsbedarf.* Der *Kapazitätsbestand* stellt die Kapazitätsgrenze dar. Sie kann als verplanbare Belegungszeit angegeben werden.

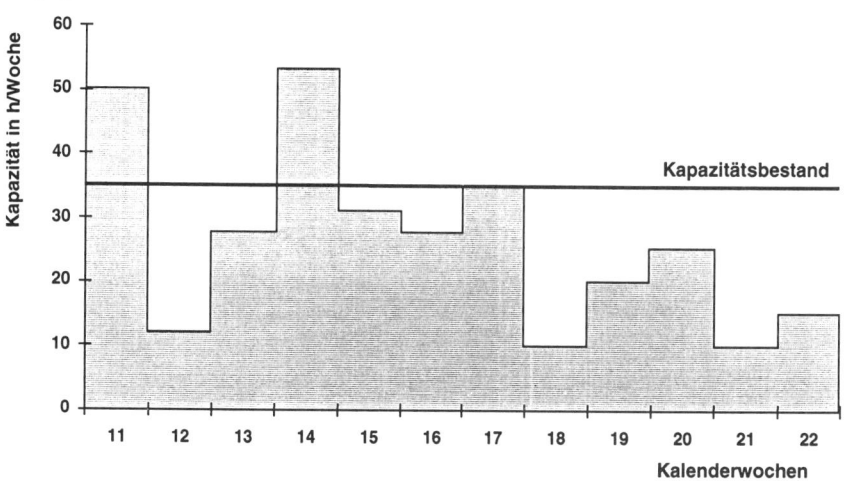

Bild 7-6: Belegung und Bestand einer Kapazität[2]

---

1 REFA, Planung und Steuerung Teil 3, 1991, S. 55.
2 In Anlehnung an REFA, Planung und Steuerung Teil 3, 1991, S. 54.

Übersteigt der Kapazitätsbedarf den -bestand, so muß eine *Kapazitätsabstimmung* erfolgen. Dies kann durch Kapazitätsanpassung (in der strategischen Ablaufplanung) oder Kapazitätsabgleich (in der operativen Ablaufplanung) erfolgen.

Bei der *Kapazitätsanpassung* erfolgt entweder eine Beschaffung oder eine Freistellung von Kapazitäten. Hier muß im Falle von Betriebsmitteln berücksichtigt werden, daß immer nur eine geeignete Kombination aus Anlagenkapazität und Personal zu einem Kapazitätsbestand führt. Beschaffung oder Freistellung beinhaltet also normalerweise immer eine Kombination aus In- oder Deinvestitionsmaßnahmen und Einstellungen oder Entlassungen beziehungsweise vergleichbarer personeller Maßnahmen.

Verbreiteter sind kurzfristigere Reaktionen auf Kapazitätsengpässe. Angesichts der Notwendigkeit, Personal- und Betriebsmittelkapazität gesondert zu betrachten, wird an dieser Stelle auch zwischen technologischem und zeitlichem Abgleich unterschieden.

Methoden des *technologischen Abgleiches* sind:
- zeitliche Umschichtung (Bild 7-7, wobei der Endtermin das zulassen muß),
- Auswärtsvergabe des Auftrages (beispielsweise Bayer läßt eine Charge bei Braun & Melsungen produzieren),
- Auftragsstreckung (der Auftrag wird in kleineren „Portionen zwischendurch" gefertigt),
- Ausweichen auf andere (ungeeignetere aber freie) Betriebsmittel und
- Strecken in Kombination mit Ausweichen.

Umgekehrt existiert operativ kaum eine Möglichkeit, den technologischen Kapazitätsbestand zu senken. Die Verlagerung von Wartungs- und teilweise Instandsetzungsmaßnahmen bietet einen gewissen Ansatz. Auch kann durch Einsparungen bei der Instandhaltung die Verfügbarkeit der Anlagen generell gesenkt werden, dies allerdings immer mit dem Risiko, daß Ausfälle genau dann eintreten, wenn man sie am wenigsten gebrauchen kann.

Methoden des *zeitlichen Abgleiches* sind:
- Überstunden und Zusatzschichten,
- Überstunden an Feiertagen und Wochenenden,
- Aushilfspersonal und Leiharbeit sowie
- Auswärtsvergabe von Aufgaben (z. B. in Heimarbeit).

Durch die neuerdings stark diskutierten Modelle der *Arbeitszeitflexibilisierung* und das im Arbeitsförderungsgesetz verankerte Instrument der *Kurzarbeit* lassen sich hier auch operativ Anpassungen nach unten vornehmen.

Bis zu dieser Stelle sind bei der Ablaufplanung „lediglich" die für einen Auftrag erforderliche Ablauffolge und die eventuellen Konkurrenzsituationen an Arbeitssystemen in Verbindung mit anderen Aufträgen berücksichtigt worden. Hierbei wurde stillschweigend vorausgesetzt, daß alle erforderlichen Arbeitsunterlagen, Meß- und Prüfmittel, Vorrichtungen und Werkzeuge und insbesondere Materialien zur Fertigung des Auftrages vorhanden sind oder problemlos beschafft werden können. Dies ist jedoch keineswegs selbstverständlich. Sofern eine Terminplanung diese Art von Eingaben ebenfalls einbezieht, spricht man von *integrierter Terminermittlung*. In Bild 7-8 sind die genannten Terminermittlungsarten und -methoden bezüglich ihrer aufeinander aufbauenden Leistungsumfänge ins Verhältnis gesetzt.

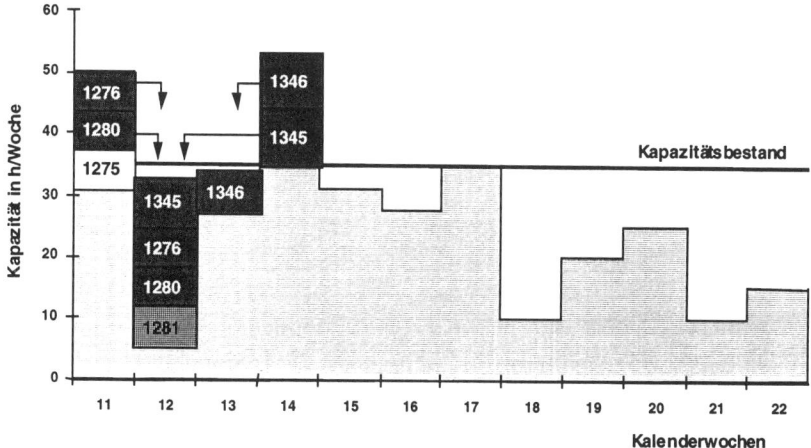

Bild 7-7: *Beispiel für eine zeitliche Umschichtung*

Aufgaben-umfang / Termin-ermittlungs-arten	Elementarmethoden			Kapazitätsorientierte Methoden		Eingabeorientierte Methoden			
	Vorwärts-terminierung	Rückwärts-terminierung	Kombinierte Terminierung	Kapazitäts-abgleich	Reihenfolge-regelung	Verfügbarkeit des Materials	Verfügbarkeit von Vorr. und Werkz.	Verfügbarkeit von Meß- u. Prüfmitteln	Verfügbarkeit von Arbeitsunterlagen
Auftragsorientierte Terminermittlung	X	X	X						
Kapazitätsorientierte Terminermittlung	X	X	X	X	X				
Integrierte Terminermittlung	X	X	X	X	X	X	X	X	X

Bild 7-8: *Aufgabenumfang der verschiedenen Terminierungsarten*

7.3 Prioritätsregeln

Wie in Bild 7-7 bereits gut zu erkennen war, erfolgt die Terminierung auf eine Kapazität in der Regel periodenbezogen. Dies kann ein Tag, aber auch gut eine Woche sein. Eine konkrete Bearbeitungsreihenfolge der Aufträge in dieser Periode ist damit noch nicht festgelegt. Unabhängig davon, ob die konkrete Reihenfolgeplanung, deren Bedeutung ja bereits im Beispiel in Bild 7-3 dargestellt wurde, dezentral vor Ort (auf Shop-floor-Ebene heißt es in gutem Neudeutsch) oder zentral in der Arbeitsvorbereitung erfolgt, kann das Problem mit Hilfe von *Prioritätsregeln* bearbeitet werden. Prioritätsregeln werden darüber hinaus auch dann benötigt, wenn die geplanten Fertigstellungstermine gleich sind. Die Befolgung solcher Regeln führt nicht zu einer optimalen Lösung des Problems, sie verhindert aber, daß persönliche Interessen und Machtmöglichkeiten einzelner Mitarbeiter und Führungskräfte in einer Produktion die Stelle von Systematiken gleich welcher Art einnehmen. „Prioritätsregeln sind Vereinbarungen über die Reihenfolge der Durchführung mehrerer Aufgaben beziehungsweise Teilaufgaben durch ein Arbeitssystem entsprechend ihrer Dringlichkeit"[1].

Die Prioritätsregeln FCFS und KOZ wurden bereits erwähnt. In Bild 7-9 sind weitere, gebräuchliche Regeln aufgeführt. Das Feld „lokaler Bezug" in Bild 7-9 ist dann gesetzt, wenn die Regel so angewendet werden kann, daß ausschließlich die unmittelbare Situation im Arbeitssystem berücksichtigt wird. Bei „Übergreifend" werden Daten herangezogen, die grundsätzlich die Situation des gesamten Auftrages meinen und nicht die unmittelbar am Arbeitssystem. Die Unterscheidung ist insofern von Bedeutung, daß nur Regeln mit lokalem Bezug ohne weiteres in dezentralen Verfahren der Fertigungssteuerung herangezogen werden können (Abschnitt 7.3). Sofern beide Bezüge möglich sind, handelt es sich um unterschiedlich mögliche Interpretationen der im Prinzip gleichen Regel.

ADAM berichtet von den Simulationsstudien durch CONWAY et. al.[2], welche KOZ als die im allgemeinen günstigste Regel ermittelten. Von den Regeln, die von ihnen getestet wurden, erreichte diese den geringsten Erwartungswert für die eintretenden Durchlaufzeiten. In vielen Fällen war dieses Ergebnis auch noch kombiniert mit der geringsten Standardabweichung der Durchlaufzeiten. Allerdings wurde sie immer ungünstiger, je breiter das zeitliche Spektrum der reinen Auftragszeiten wurde. Für KOZ wird also eine einigermaßen homogene Struktur in den Auftragszeiten benötigt.[3]

---

1   REFA, Planung und Steuerung Teil 3, 1991, S. 60.
2   Vgl. CONWAY, R.; JONSON, B.; MAXWELL, W.: An Experimental Investigation of Priority Dispatching. In: Journal of Industrial Engineering 11(1960), S. 221 ff. (Zitiert nach Adam 1993).
3   Vgl. ADAM 1993, S. 424.

Prioritätskriterium	lokaler Bezug	Übergrei-fend	Bemerkungen
FCFS oder längste Wartezeit	X	X	Auswahl a) nach Reihenfolge des Aufttragseingang oder b) nach Reihenfolge der Ankunft am Arbeitspl.
Liefertermin-Regel		X	Auswahl wird nach Liefertermin des Auftrages entschieden
Terminüber-schreitungs-Regel		X	Der Auftrag, der die weiteste Terminüberschreitung hat
Umsatz-Regel		X	Auswahl auf der Basis des höchsten Umsatzanteils des Auftages
spezifischer Deckungsbeitrag		X	Kundenauftrag mit dem höchsten engpaßbezogenen Deckungsbeitrag
KOZ Kürzeste Operationszeit	X		Auswahl des Auftrages mit der kürzesten Belegungszeit am Betriebsmittel
LOZ Längste Operationszeit	X		Auswahl des Auftrages mit der längsten Belegungszeit am Betriebsmittel
kürzeste Durchlaufzeit		X	Auswahl des Auftrages mit der kürzesten Gesamtdurchlaufzeit
längste Durchlaufzeit		X	Auswahl des Auftrages mit der längsten Gesamtdurchlaufzeit
längste bisherige Durchlaufzeit		X	Auswahl des Auftrages mit der längsten bisherigen Durchlaufzeit
Restdurchlaufzeit		X	Auswahl des Auftrages mit der längsten (oder kürzesten) noch folgenden Durchlaufzeit
Durchlaufzeitfaktor		X	Auswahl des Auftrages mit den kleinsten Zwischenzeiten
Schlupfzeit-Regel		X	Auswahl des Auftrages mit den kleinsten verbleibenden Zwischenzeiten
Dynamische Wertregel		X	Auswahl des Auftrages mit den höchsten bis hier angelaufenen Kosten
...	...	...	Um nur die wichtigsten zu nennen ...
Konventionalstrafe		X	
Zufall	X		

Bild 7-9: Elementare Prioritätsregeln

Bild 7-10 zeigt, daß auch Prioritätsregeln schnell zu einem Unwesen erweitert werden können. Neben der an sich bereits recht großen Zahl einfacher Regeln sind Kombinationen nicht nur denkbar, sondern auch im praktischen Gebrauch.

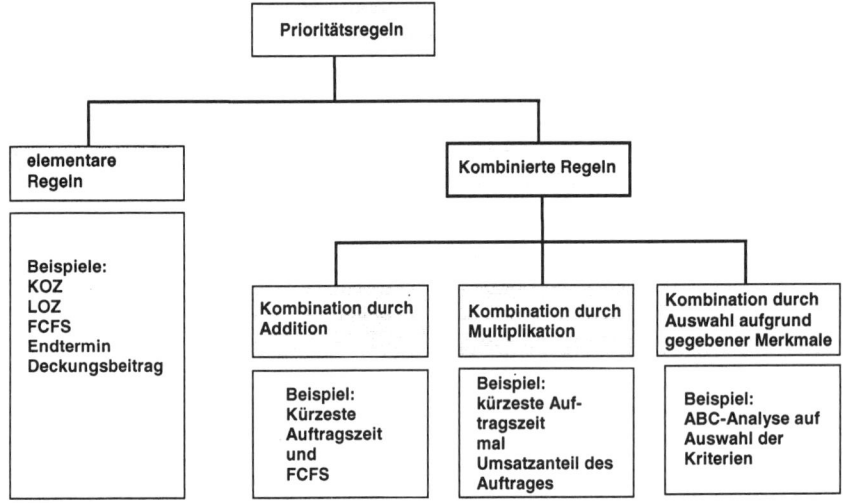

Bild 7-10: Aufbau von Prioritätsregeln

7.4 Beispiel zur Ablaufplanung

Die grundsätzliche Vorgehensweise bei der operativen Durchführung der Terminierung soll an einem stark vereinfachten Beispiel dargestellt werden[1]. In Bild 7-11 ist eine einfache Stückliste als Erzeugnisbaum dargestellt. „R" steht für Rohstoff oder Rohteil, dessen Bearbeitung zu einem Teil führt. Teile, die nicht aus einem „R" entstehen, sind Kaufteile. Auf Teile in Mehrfachverwendung wurde aus Vereinfachungsgründen hier verzichtet. Es sind aus den Teilen T1 - T10 drei Baugruppen (Gr2, Gr4 und Gr5) herzustellen. Die Baugruppen Gr4 und Gr5 wiederum bilden die Gr1, und diese in Kombination mit Gr2 führt zum Erzeugnis E3.

In Bild 7-12 ist der Erzeugnisbaum in einer grafischen Darstellung um die zugehörigen Ablaufabschnitte und deren zeitliche Dauer erweitert. In ihr wird die Dimension der Problematik einer termingerechten Materialbereitstellung bereits recht gut erkennbar.

---

1   Dieses Beispiel wurde auf der Basis der Illustrationen des Kapitels 10.4.3 Methoden der Terminierung in REFA, Planung und Steuerung Teil 3, 1991, S. 70 - 81 aufgebaut. Die folgenden Bilder 7-11 bis 7-14 wurden ebenfalls anhand der dortigen Darstellungen entwickelt.

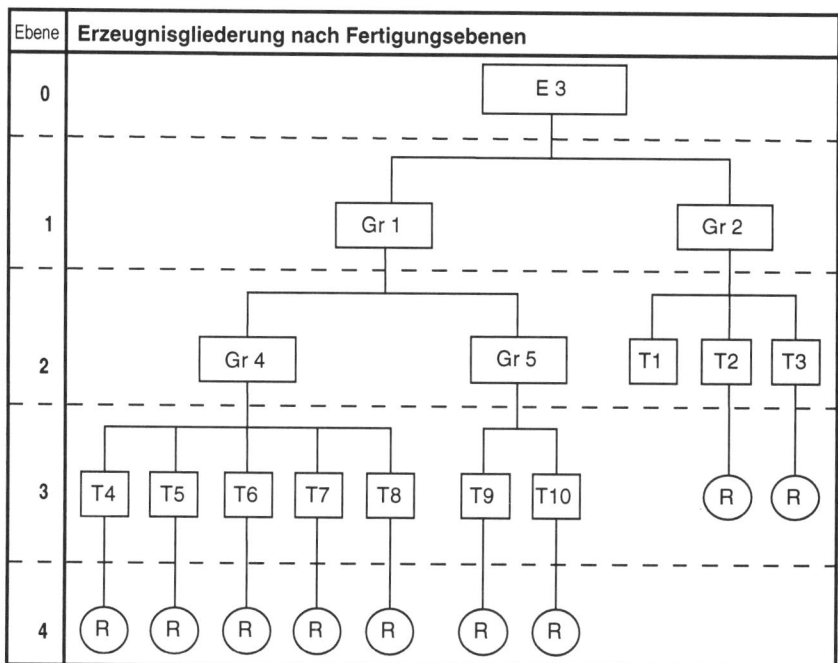

Bild 7-11: Schritt 1 - Stückliste als Erzeugnisbaum

In Bild 7-13 ist die Ablaufgliederung in einen Fristenplan überführt. In dieser Form stellt die Darstellung ein Ergebnis der auftragsorientierten Terminermittlung bei Rückwärtsterminierung dar. Die Rückwärtsterminierung ist neben der Zählweise der Tage vor allem erkennbar an den ganz unterschiedlichen Startterminen für die Teilefertigung. Auch die jeweiligen Übergangszeiten, wie sie für die Arbeitspläne ermittelt sind, sind planerisch berücksichtigt.

In Bild 7-14 erfolgt nun der Übergang von der auftragsorientierten Terminierung in die kapazitätsorientierte Terminierung. Auch dies stark vereinfacht dargestellt. Das „V" am Arbeitsplatz Versand im ersten Tag der 16. Woche bildet den zunächst vorgesehenen Zieltermin und ist Ausgangspunkt der Planung. Die Montageplätze von E3 und Gr1 sind (realitätsfern) frei, die Arbeiten für den Auftrag können problemlos eingelastet werden.

Anders ist es bei dem Montageplatz Gr4, der am vorgesehenen Termin bereits belegt ist. Gr4 kann erst zwei Tage später als eigentlich notwendig eingelastet werden. Dies geschieht; die Folgen für die anschließenden Arbeiten an Gr1, E3 und V bleiben aber zunächst noch unberücksichtigt. Statt dessen geht die Rückwärtsterminierung für die für Gr4 erforderlichen Teile weiter. Bis auf T8 lassen sich diese auch problemlos einlasten.

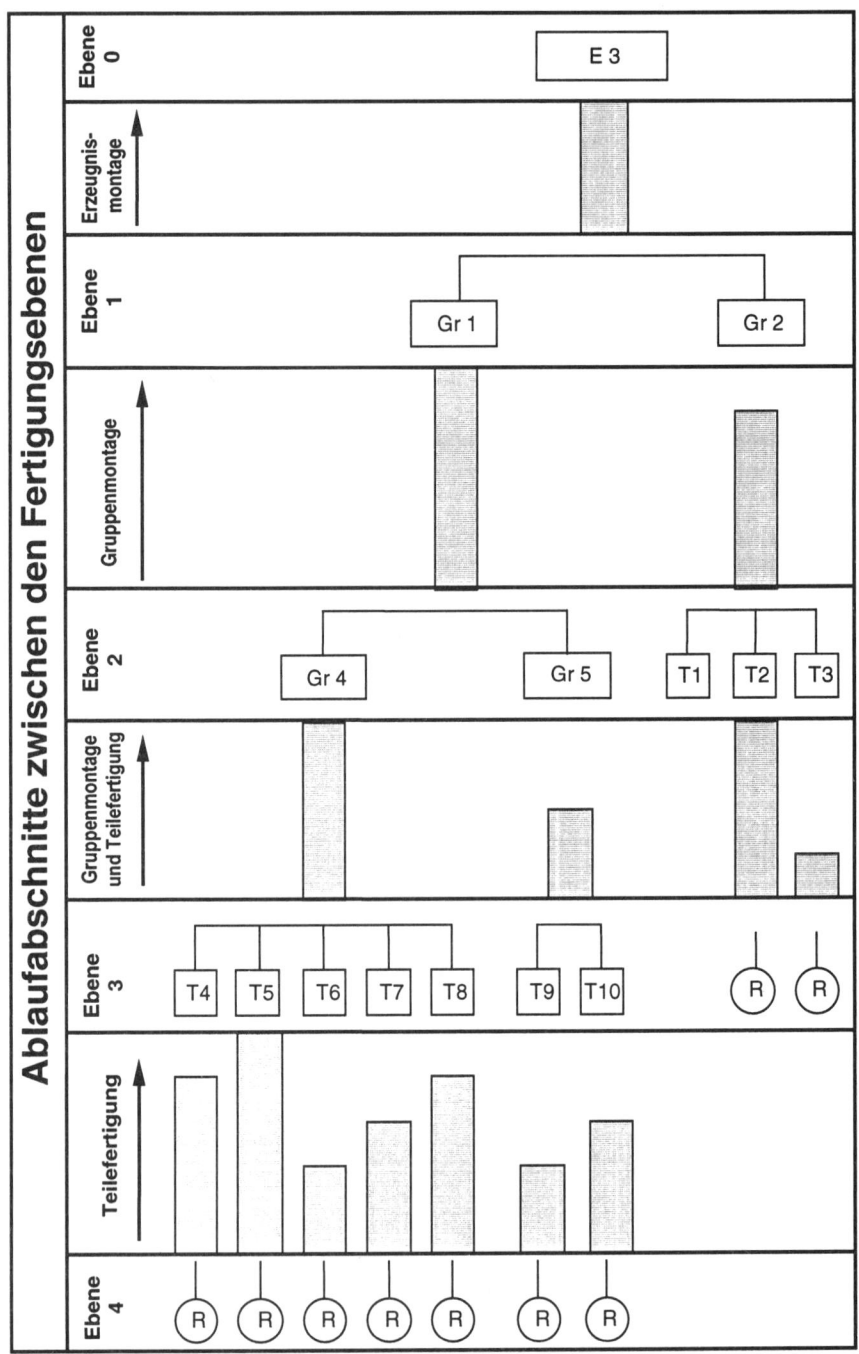

Bild 7-12: Schritt 2 - Erzeugnisgliederung und Ablaufabschnitte

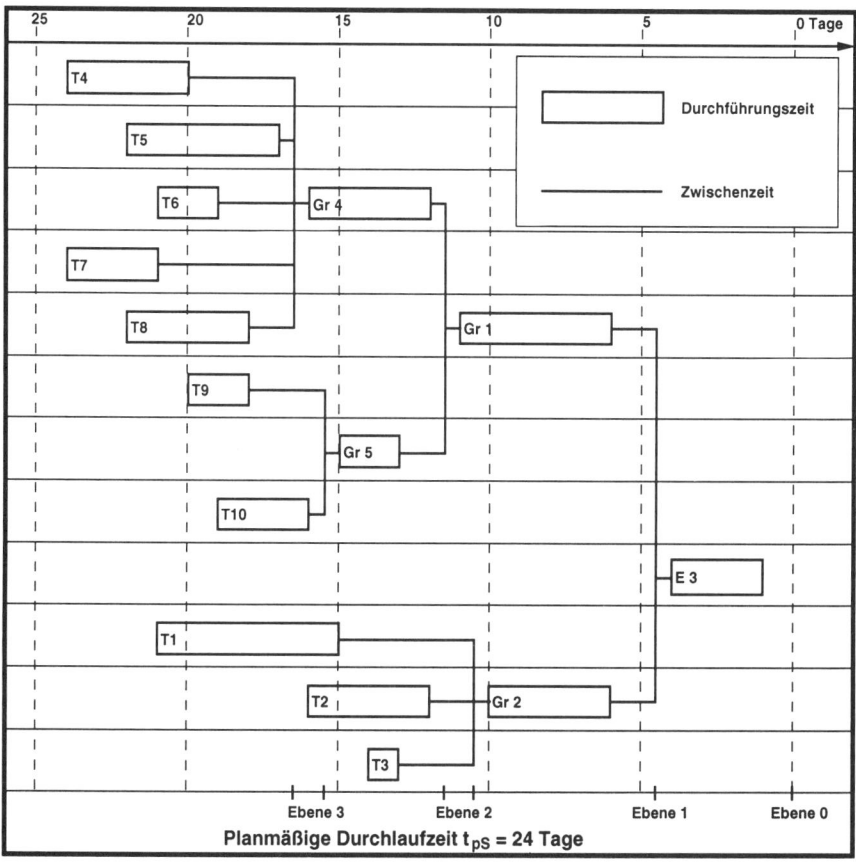

Bild 7-13: Schritt 3 - Ablaufgliederung als Fristenplan mit Zwischenzeiten

Beim Montageplatz für T8 ergibt sich erneut ein Engpaß, die Montage von T8 muß auf den letzten Tag der 11. KW verschoben werden. Da T8 ein Teil auf der untersten Planungsebene ist, erfolgt hier der Wechsel auf die Vorwärtsterminierung. Es geht nun zunächst nur darum, für Gr4 den frühest möglichen Starttermin zu finden. Hierbei sind vor allem alle Möglichkeiten der Durchlaufzeitverkürzung zu nutzen, um den Zieltermin so wenig wie möglich zu gefährden. Im vorliegenden Fall gelingt es, die Zwischenzeit von den planmäßigen 6 Tagen auf 2 zu verkürzen. Mit der erneuten Einlastung von Gr4 erfolgt wieder ein Umstieg auf die Rückwärtsterminierung. Hierbei ist klar, daß es bezüglich der bereits terminierten Teile nicht mehr zu Engpässen kommen kann, sie sind ja bereits eingeplant. Aus betriebswirtschaftlichen Überlegungen heraus ist es jedoch angebracht, eine spätere Terminierung zu versuchen, um die Materialbindungskosten soweit als möglich zu reduzieren. Im vorliegenden Fall ist die Neuterminierung problemlos möglich.

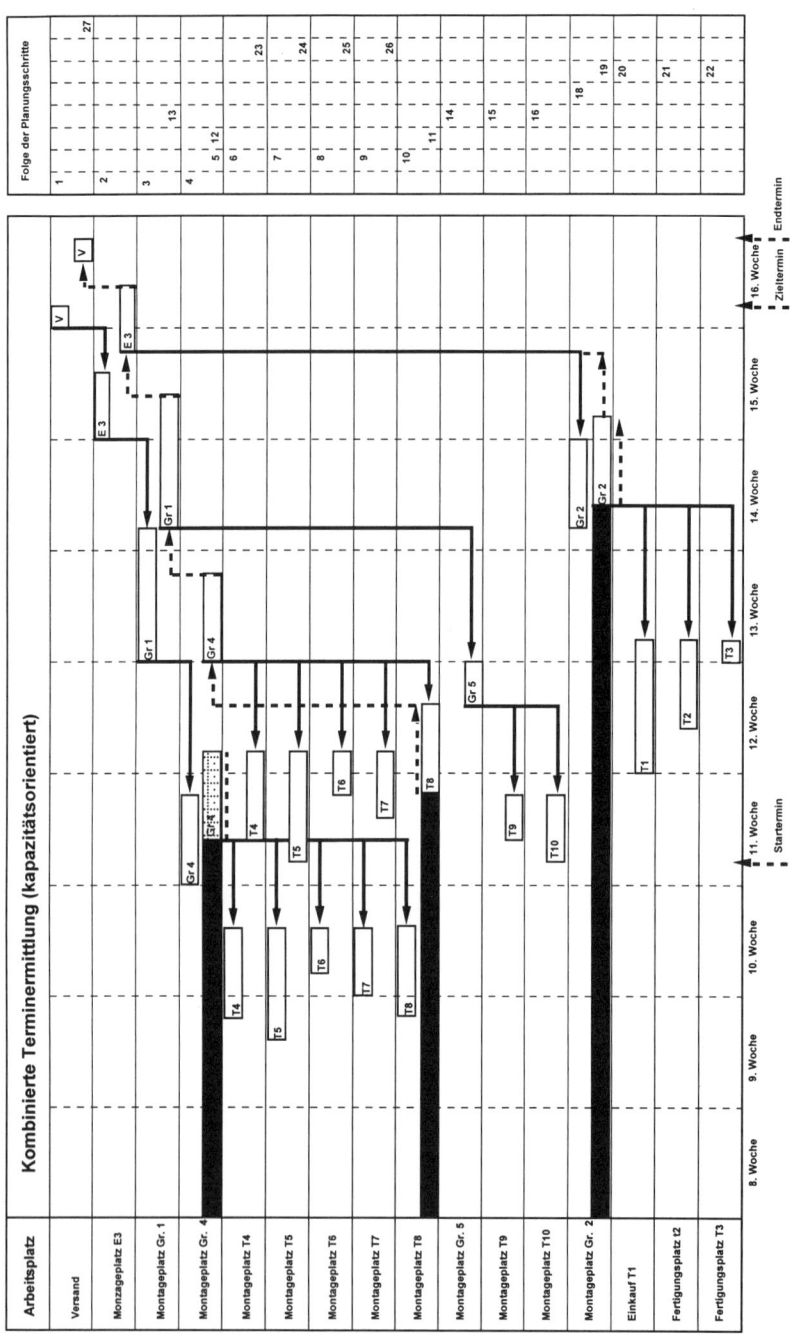

Bild 7-14: Schritt 4 - kapazitätsorientierte kombinierte Terminermittlung

Nach diesen Erläuterungen sollte der Leser in der Lage sein, den Rest des Beispieles selbst nachzuvollziehen. Erkennbar muß am Montageplatz für Gr2 erneut ein Engpaß bewältigt werden. Das Verkürzen der Durchlaufzeit gelingt auch noch mehrmals. Im Beispiel nicht vorgesehen ist das Auftauchen eines Starttermines in der Vergangenheit. Dies brächte auch keine neuen Erkenntnisse, weil dieses Problem in der gleichen Weise bewältigt wird wie ein Engpaß.

Im nächsten Schritt wäre nun die integrierte Terminermittlung durchzuführen, also Material, Werkzeuge, Vorrichtungen etc. zu planen. Das Wichtigste ist das Material, und damit sind wir bei *MRP* und dem zentralen Modul computergestützter *PPS-Systeme*. Dieses wird in Abschnitt 7.5 besprochen.

Doch zunächst sollte noch der Unterschied zwischen *Angebotskapazitätsgrenze* und Kapazitätsgrenze erläutert werden (Bild 7-15). Am bekanntesten ist das zugrundeliegende Phänomen aus der Luftfahrt. Hier kann es einem Fluggast mitunter zustoßen, daß er bei einem gebuchten Linienflug, unter tausend Entschuldigungen natürlich, am Boden zurückbleibt, weil er im Flieger keinen Platz mehr gefunden hat. Die Maschine sei überbucht, heißt es dann. Der Hintergrund ist, daß bei nahezu jedem Flug eine Anzahl gebuchter Gäste aus den unterschiedlichsten Gründen, von simpler Verspätung bis unerwartetem Ableben, nicht erscheinen. Um den Flug dennoch so gut es geht auszulasten, werden systematisch, aufgrund statistischer Analysen, mehr Personen eingebucht, als wirklich mitfliegen können. Wie das bei statistischen Methoden so ist: Mal bleiben dennoch Plätze leer, mal bleiben aber auch tatsächlich Kunden zurück.

Auftragsorientierte Fertiger sehen sich diesem Phänomen noch in viel schärferer Weise gegenüber. So ziemlich jeder Kunde wird sich für einen Auftrag mehrere Angebote einholen. Aus Sicht des Fertigers bedeutet dies, daß nur ein Bruchteil seiner Angebote auch zu einem Auftrag führen. Ein Verhältnis von 20 % bei Aufträgen zu Angeboten kann bereits als hervorragend angesehen werden, 5 - 15 % sind üblich[1]. Dennoch muß er für jede Anfrage einen Termin zusagen und diese deswegen wie einen Auftrag einlasten. Dies wird unter Zugrundelegung der gleichen statistischen Methoden gemacht, die auch die Fluggesellschaften einsetzen. Es wird eine Auftragswahrscheinlichkeit für die Angebote errechnet und in Abhängigkeit vom Routing der diversen Auftragstypen für jede Kapazität eine, die tatsächliche Kapazität erheblich überschreitende, Angebotskapazitätsgrenze definiert. Die ist dann maßgeblich für die Angebotsplanung, welche ansonsten den gleichen Regeln unterworfen ist wie die tatsächliche Auftragsplanung.

Allerdings ist ein Fertiger gewöhnlich in einer anderen Position gegenüber seinem Kunden als dies bei den Fluggesellschaften der Fall ist. Stellen sich

---

1   HACKSTEIN 1988, S. 240.

diese gegenüber einem Kunden über die AGB verhältnismäßig risikofrei bezüglich der Haftungen für die mangelhafte Vertragserfüllung und riskieren
es auch bewußt, den einen oder anderen für immer zu verlieren, sieht dies
beim Fertiger in der Regel anders aus. Die Angebote sind zunächst einmal
die rechtsverbindliche erste Hälfte eines Vertrages, die einseitige Bestätigung
des Kunden durch einen Auftrag alleine führt zu einem Vertrag, an dem der
Fertiger nun gebunden ist. In aller Regel sind diese Verträge heutzutage dergestalt, daß der Fertiger erhebliche Risiken bei seiner Nichterfüllung trägt.
Zudem kann man sich den Verlust eines unzufriedenen Kunden kaum leisten.

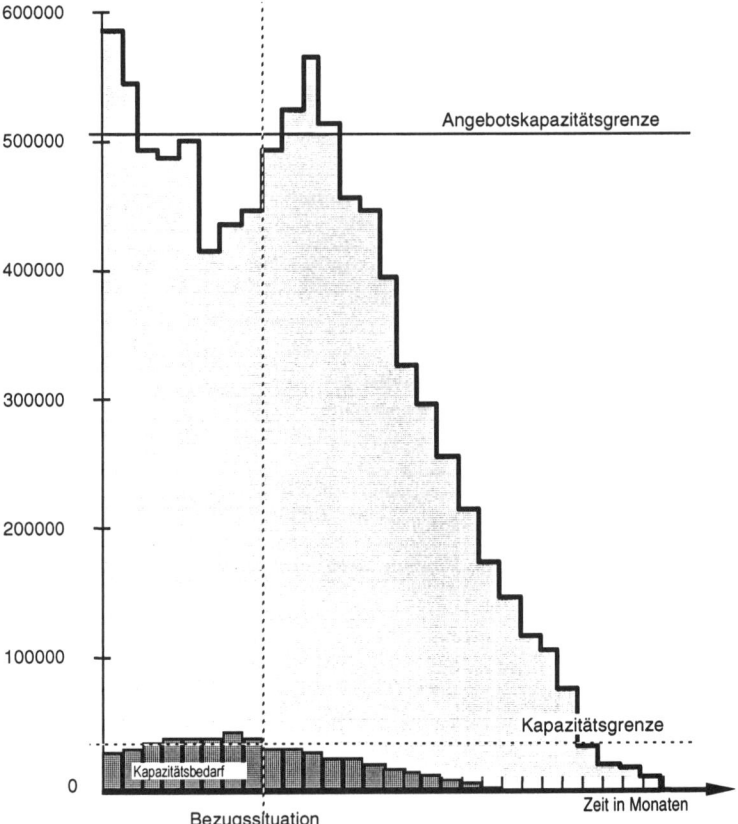

Bild 7-15: Problem der Angebotsterminierung (nach VDI)

Sind die Kapazitätsgrenzen jedoch bereits erreicht, befindet sich der Fertiger
tatsächlich in der so oft persiflierten Situation des „Kunde droht mit Auftrag". Wie bereits dargestellt, sind alle Verfahren der technologischen und
zeitlichen Anpassung von Kapazitäten mit Zusatzkosten verbunden. Diese
können den betriebswirtschaftlichen Erfolg eines auf ein womöglich ohnehin

knapp kalkuliertes Angebot erfolgenden Auftrages in sein Gegenteil verkehren: man zahlt auch noch drauf!

7.5 Computergestützte PPS-Systeme

Wie bereits in Abschnitt 7.4 erkennbar wurde, ist Ablaufplanung und - insbesondere die integrierte - Terminermittlung ein komplexes Problem, bei der
es bereits schwierig ist, überhaupt eine gültige Lösung zu erreichen, ge-
schweige denn gar eine unter betriebswirtschaftlichen Gesichtspunkten optimale. In der heutigen Praxis ist die operative Bewältigung dieser Aufgabe
ohne Computerunterstützung kaum noch vorstellbar. Die jeweils eingesetzte
Sammlung solcher EDV-Hilfsmittel wird als PPS (Produktionsplanung und
-steuerung) bezeichnet. Im allgemeinen kommen heute integrierte Systeme
zum Einsatz, die auf einer Datenbank aufbauen, deren Datenbestände auch
für andere betriebswirtschaftliche Anwendungen zugänglich sind. Im Rahmen solcher Anwendungssysteme ist die Walldorfer Firma SAP mit ihrem
System R3 derzeit der Anbieter mit dem größten weltweiten Marktanteil,
wenngleich dort gerade das PPS Modul als verhältnismäßig schwach gilt.
Eine aktuelle Marktübersicht über PPS-Systeme findet sich bei PAEGERT /
SCHOTTEN.[1]

Die Entwicklung der PPS-Systeme begann bereits in den 60er Jahren mit
materialwirtschaftlich orientierten Systemen zur deterministischen Bedarfsermittlung - wie in Kapitel 6 beschrieben. Die ersten PPS-Systeme ba-
sierten auf der sogenannten MRP-Logik. MRP steht ursprünglich für „Material Requirements Planing". Diese Logik war anfangs auch tatsächlich darauf
ausgelegt, im Rahmen der beschriebenen ablauforientierten Terminierung
den Materialbedarf für definierte Perioden (zumeist Tage) zu ermitteln (Bild
7-16). Es folgte MRP II „Manufacturing Resource Planing", in der nunmehr
die ebenfalls bereits dargestellte kapazitätsorientierte und im Ausbau die
integrierte Terminierung nebst Ressourcenplanung abgebildet ist.

MRP II ist nach wie vor der Kern der heute üblichen, aber inzwischen als
„klassisch" bezeichneten PPS-Systeme[2]. Sie „basieren auf einem sukzessiven,
modularen Planungskonzept, das [...] sämtliche Bereiche der Produktionsplanung und -steuerung abdeckt. Hierbei dient die Lösung eines Teilpro-
blems als Vorgabe für das nachfolgende Modul. Bei dieser Top-down-
Vorgehensweise werden die Planungsprobleme nacheinander mit zuneh-
mendem Detaillierungsgrad und abnehmendem Planungshorizont durch-

---

1   PAEGERT, C.; SCHOTTEN, M. et. al.: PPS$_6$: Marktspiegel PPS-Systeme auf dem Prüfstand. 6. aktual.
    Aufl. Köln: Verlag TÜV Rheinland, 1997.
2   HEIZER / RENDER 1996. S. 668.

laufen. Rückkopplungsinformationen dienen hauptsächlich dem nächsten Planungszyklus im Sinne einer rollierenden Planung."[1]

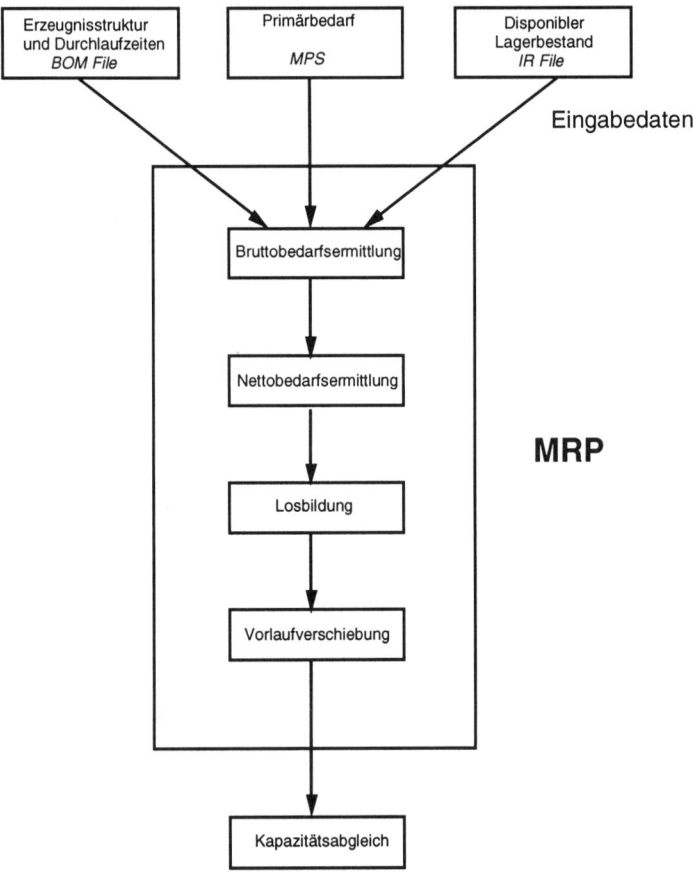

Bild 7-16: Ablaufschema MRP

Die folgenden Hauptfunktionen (•) und Teilfunktionen (-) werden von diesen PPS-Systemen der Reihe nach abgearbeitet:
• Produktionsprogrammplanung
  - Prognoserechnung
  - Grobplanung
  - Kundenauftragsverwaltung
• Mengenplanung
  - Stücklistenauflösung

---

1   STEVEN, M; MEYER, H.: Computergestützte PPS-Systeme : Entwicklung, Stand, Tendenzen. In: WiSt - Wirtschaftswissenschaftliches Studium 27(1998)1, S. 20 - 26. Hier: S. 21. Hervorhebungen des Originals sind nicht wiedergegeben.

- Bestandsführung
- verbrauchsorientierte Lagerdisposition
- Losgrößenrechnung
- Termin- und Kapazitätsplanung
  - Durchlaufterminierung
  - Kapazitätsbedarfsrechnung
  - Kapazitätsterminierung
  - Reihenfolgeplanung
- Feinterminierung und Auftragsveranlassung
  - Verfügbarkeitsprüfung
  - Maschinenbelegung
  - Auftragsfreigabe
  - Belegerstellung
- Auftragssicherung
  - Auftragsüberwachung
  - Kapazitätsüberwachung

Die auf MRP II aufbauenden PPS-Systeme arbeiten dann befriedigend, wenn sie auf einer *soliden und aktuellen Datenbasis* aufsetzen und wenn deren Streuungen gering sind, wenn ein genügend *großer Planungsvorlauf* existiert und wenn alle *Engpässe durch Anpassungen beseitigt* werden können. Das klappt ganz gut bei Serienfertigungen, führt aber zu den größten Problemen gerade dort, wo die Leistungen der PPS notwendig gebraucht werden: bei der Werkstattfertigung mit kundenspezifischen Aufträgen. Für solche Fertigungen werden die folgenden Schwächen konstatiert[1]:

- Das Planungsverfahren berücksichtigt die Interdependenzen zwischen den Planungszielen nur unzureichend.
- Die materialwirtschaftliche Komponente ist zu Lasten der Kapazitätsplanung überbetont (Sicht der Aufträge dominiert Sicht der Anlagen).
- Die hohen Anforderungen an die Datenqualität und der Zeitbedarf für die Programmläufe lassen die Planungsergebnisse schnell veralten. Zahlreiche „Schnellschüsse", welche die Ergebnisse der PPS endgültig zerstören sind die Folge.
- Anpassungsplanungen werden oft nicht unterstützt, im Gegenteil, Anpassungen zerstören das übrige Termingerüst.
- Die Lösung der einzelnen Teilprobleme (Losgrößen-, Reihenfolgeplanung, ...) erfolgt oft lediglich über einfache Heuristiken anstelle optimierender Methoden.
- Damit ist man bei den meisten Systemen bereits froh, wenn überhaupt eine gültige Lösung erarbeitet werden kann.

Bei der Lösung der existierenden Probleme ist vor allem zu beobachten, wie die Systeme selbst den Dezentralisierungstendenzen der Fertigung folgen,

---

[1] Vgl. STEVEN / MEYER 1998, S. 21 f.

indem sie basierend auf Client-Server-EDV-Architekturen ebenfalls dezentral werden. Die in der Praxis ohnehin oft praktizierte Kombination von PPS-Systemen für die Planung und Leitständen für Werkstattsteuerung wird über elektronische Leitstände in die Systemwelt integriert. Gleichzeitig wird das Angebot der implementierten Steuerungsverfahren breiter. Insgesamt wäre zu wünschen, daß den gegenwärtigen Tendenzen zum prozeßorientierten Organisieren der Produktion auch prozeßorientierte PPS-Systeme folgen.

7.6 Spezielle Verfahren der Fertigungssteuerung

Um den genannten Problemen Herr zu werden, sind verschiedene alternative Verfahren zur Fertigungssteuerung entwickelt worden, die teilweise aber auch nur spezielle Situationen lösen. Die Verfahren lassen sich nach dem Ausmaß, in dem sie eine zentralistische oder dezentrale Organisation erfordern oder unterstützen differenzieren. Es geht hierbei darum, zu unterscheiden, wo die Entscheidungen zur Ablaufplanung und Fertigungssteuerung fallen. Bei *rein dezentralen Konzepten* existiert zwar ein Rahmen in Form eines Regelsystems, die konkreten Entscheidungen fallen aber vor Ort. Bei *partiell zentralen Konzepten* werden immerhin konkrete Produktionsprogramme mit teilweise auch Reihenfolgeplänen vorgegeben, dennoch verbleiben Dispositionsspielräume vor Ort. Werden alle Fertigungsentscheidungen zentral an einem Ort, beispielsweise der Arbeitsvorbereitung gefällt und teilweise minutiös terminiert, liegt ein rein *zentrales Konzept* vor (Bild 7-17).[1]

Jedes der Konzepte hat seine spezifischen Vor- und Nachteile, die sich in unterschiedlichen Produktionskontexten uneinheitlich auswirken. Deswegen ist es auch nicht möglich, generelle Aussagen zu treffen, ein Konzept sei „besser" als ein anderes.

Bei *dezentralen Konzepten* sind die Vorteile darin zu sehen, daß in ihnen der immer vorhandene, vor allem zeitliche, Informationsvorsprung der Werkstätten zu den Planungsabteilungen genutzt werden und damit tendenziell flexibler reagiert werden kann. Außerdem werden die Mitarbeiter in die Verantwortung für die reibungslosen Abläufe genommen. Dies wirkt sich gewöhnlich nicht nur auf die Qualität der Arbeiten, sondern auch auf die Leistungsmotivation positiv aus. Nachteilig dagegen ist, daß vor Ort natürlicherweise nur lokal vernünftige (um nicht zu sagen: optimale) Entscheidungen getroffen werden. Deren - möglicherweise fatalen - Auswirkungen auf andere Produktionsstufen bleiben weitgehend unberücksichtigt. Beispiele für diese Verfahren sind KANBAN und Prioritätssteuerung. Das Prinzip der

---

[1]   Vgl. ADAM 1993, S. 470.

Prioritätssteuerung wurde in Abschnitt 7.3 bereits vorgestellt. *KANBAN* wird in Abschnitt 7.6.1 näher erläutert.

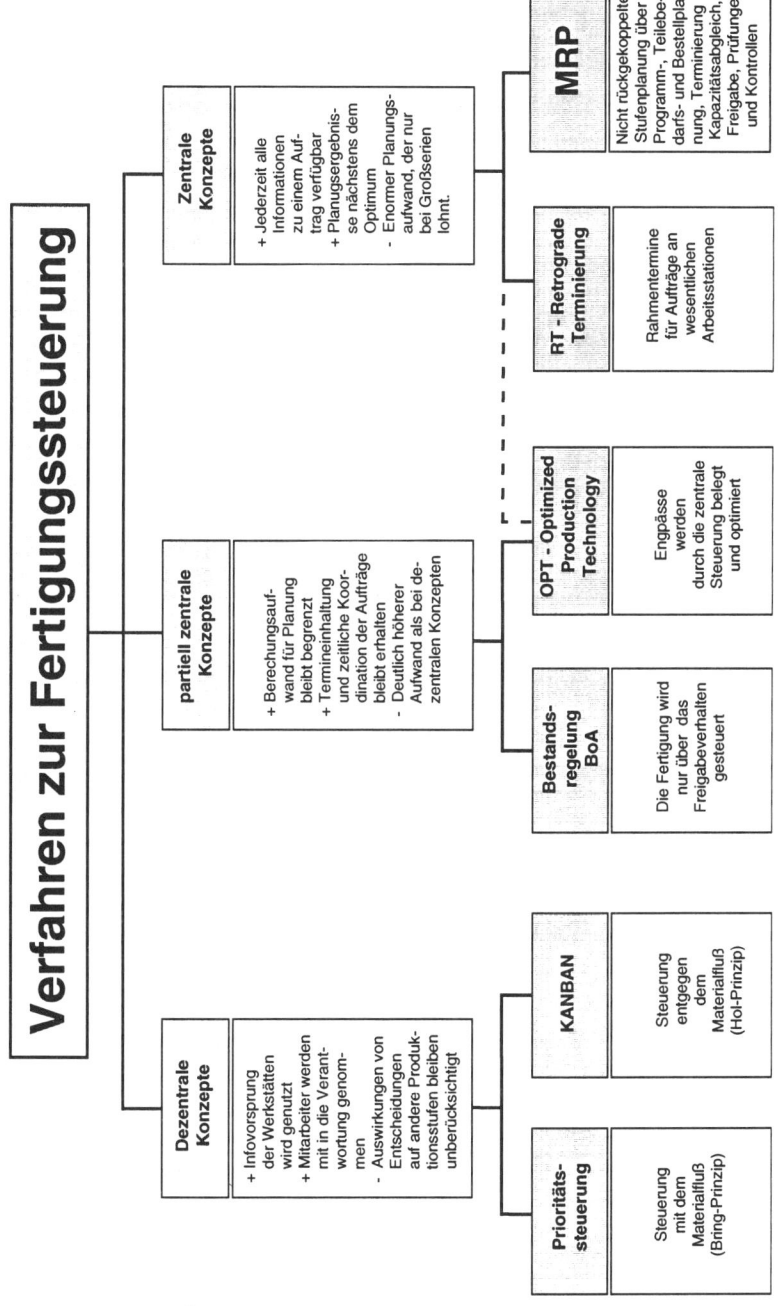

Bild 7-17: Überblick über spezielle Verfahren der Fertigungssteuerung

Im Rahmen der *partiell zentralen Konzepte* versucht man dem Effekt der dezentralen Konzepte, daß nur lokale Optima gebildet werden aber der Blick für das große Ganze verstellt ist, entgegenzuwirken, indem über optimierende Verfahren auch die Eckwerte für die Arbeitsabläufe gebildet werden. Dadurch sollen vor allem die Schwierigkeiten der Termineinhaltung und der zeitlichen Koordination des Materialflusses bei den dezentralen Konzepten vermieden werden, ohne auf der anderen Seite den Planungsaufwand ins Unermeßliche zu treiben und die Mitarbeiter durch Vorgaben im Detail zu demotivieren.

Eine generelles Prinzip bietet hier die *Bestandsregelung*. In Abschnitt 7.6.2 wird die *Belastungsorientierte Auftragsfreigabe* (BoA) als ein bestandsregelndes Verfahren vorgestellt. Als ein drittes, optimierendes Verfahren in diesem Zusammenhang ist das *OPT* (Optimized Production Technology) zu nennen, welches in Abschnitt 7.6.3 kurz erläutert wird.

Bei rein zentralen Konzepten erfolgt die gesamte Auftrags-, Reihenfolge-, Losgrößen-, Kapazitäts- und Materialplanung mitunter minutengenau in einer zentralen Einheit. Dadurch sind jederzeit wirklich alle Informationen zu einem Auftrag verfügbar und man kann unter Einsatz optimierender Methoden dem tatsächlichen wirtschaftlichen Optimum am nächsten kommen. Dem gegenüber steht aber ein wahrhaft enormer Planungs- und Datenermittlungsaufwand, der nur bei Großserien lohnend ist. Das bereits vorgestellte *MRP* stellt ein solches Steuerungskonzept dar.

7.6.1 KANBAN

Charakteristisch für die in Abschnitt 7.3 beschriebene Prioritätssteuerung aber auch für alle anderen Verfahren der Fertigungssteuerung ist das sogenannte Bring-Prinzip[1]. Den Arbeitssystemen werden die freigegebenen Aufträge zugestellt, das erforderliche Material „vor die Füße gelegt" und sie haben das abzuarbeiten. Die Aufträge werden also Stufe für Stufe durch das Produktionssystem gedrückt. Im Rahmen des MRP beispielsweise führt dies dazu, das alle Produktionsstufen gleichzeitig zur Produktion aufgefordert werden, die Vorstufen also nicht etwa warten, bis sie durch Bedarf der Folgestufe beauftragt werden. Entsteht irgendwo ein Engpaß, so stauen sich dort Material und Aufträge, während dahinter mitunter Leerläufe unnötige Kosten verursachen. Wie in Kapitel 7.4 ersichtlich wurde, ist zur Realisation des Bring-Prinzipes ein enormer Datenermittlungs- und Datenverarbeitungsaufwand erforderlich.

Bei KANBAN erfolgt der umgekehrte Weg durch die Verwendung von Laufzetteln „Kanbans". Bei einer Steuerung durch das KANBAN-Konzept

---

1   Vgl. u. a. Schneeweiß, C.: Einführung in die Produktionswirtschaft. 5. neub. Aufl. Berlin: Springer, 1993. S. 179 f.

wird der letzten Fertigungsstufe mitgeteilt, wann welche Mengen fertigge-
stellt sein sollen. Hierzu entnimmt dann beispielsweise die Endmontage die
erforderlichen Teile in Behältern aus einem ihr vorgelagerten Pufferlager.
Die geleerten Behälter mit anhängendem KANBAN werden zur Vorstufe
zurückgeschickt und dort wieder befüllt. Erst das Eintreffen des KANBANS
bei der Vorstufe löst bei dieser die Produktion aus, etc. (Bild 7-18). Neben
dem ausdrücklichen Nachziehen des erforderlichen Materials wird durch
den KANBAN am Behälter die bei den meisten anderen Steuerungsverfahren fehlende Einheit von Materialfluß und Informationsfluß hergestellt.

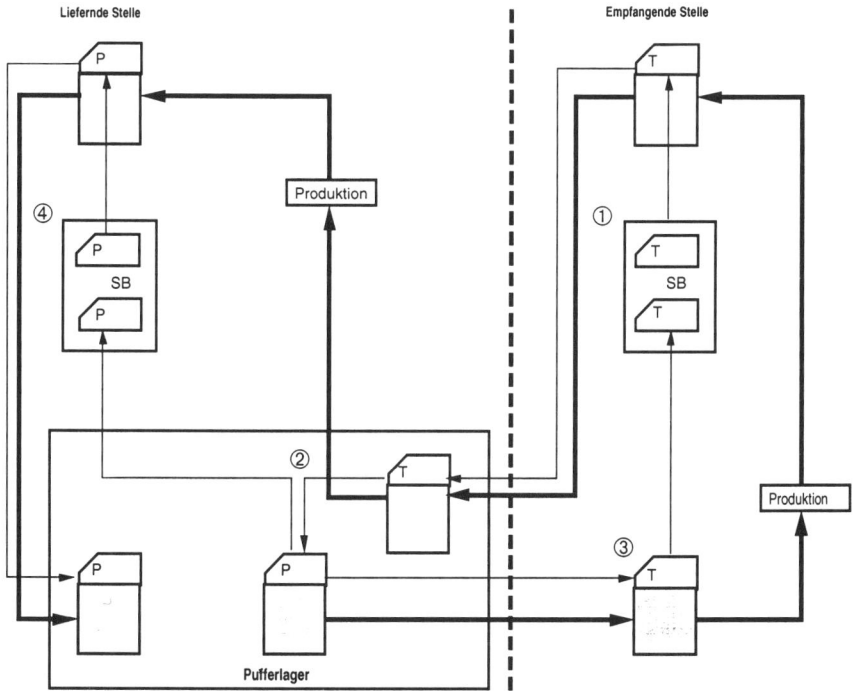

Bild 7-18: Grundprinzip von KANBAN

Die Produktionssteuerung ist hierbei zunächst denkbar einfach, da sie nur
an einer Stelle, der Endmontage, in den Materialfluß eingreift. Diese „zieht"
dann das benötigte Material aus den Vorstufen. Voraussetzung dazu ist, daß
zuvor allerdings das ganze System entsprechend durchgerechnet und aus-
getaktet wurde. *Erkennbar ist auch, daß für KANBAN eine homogene Fertigung
nach dem Flußprinzip die Voraussetzung ist.* Auch müssen die zufälligen
Schwankungen in den Kapazitäten gering sein, die Qualität muß beherrscht
werden, sprich es darf nur wenig bis keinen Ausschuß geben, und die jeweiligen Auffüllzeiten für die KANBAN-Behälter müssen kurz und gesichert
sein. Bei dem System wird auf flexible Reaktionen der Mitarbeiter gesetzt,

zum Beispiel darauf, daß sie bei Problemen in der Vorstufe aushelfen und unterstützen. Dazu ist eine gute und umfassende Qualifikation erforderlich.

KANBAN wird oft mit dem logistischen Prinzip Just-in-time (JIT), der zeitgenauen Materialbelieferung, in Zusammenhang gebracht. Tatsächlich kann KANBAN zur Realisation des JIT eingesetzt werden. Es hat aber zunächst nichts damit zu tun, da bei KANBAN Pufferlager vorgesehen sind. Erst eine Minimierung dieser Puffer gegen Null führt auch zur Annäherung an JIT.

Neben der drastischen Reduzierung des Planungs- und Steuerungsaufwandes ist der entscheidende Vorteil des KANBAN-Systems in seiner Wirkung auf die Mitarbeiter zu sehen. Da es nun in der Verantwortung der Mitarbeiter liegt, dafür zu sorgen, daß das von ihnen zur fristgerechten Fertigstellung ihrer Produkte erforderliche Material termin- und qualitätsgerecht vorliegt, kümmern sie sich darum mit einer ganz anderen Motivation und Intensität als dies beim Bring-Prinzip gewöhnlich der Fall ist. Dieser Effekt wird oft noch durch eine Etablierung des *Kunden-Lieferanten-Gedankens* in Bezug auf die einzelnen Fertigungsstufen verstärkt. Prinzipiell ist es tatsächlich unerheblich ob es sich bei der Vorstufe um eine eigene Fertigungsstelle (interner Lieferant) oder um einen Zulieferer (externer Lieferant) handelt. KANBAN kann allerdings nur funktionieren, wenn sich Kunde und Lieferanten am klare Regeln halten. Die sind für den Kunden:
- nie mehr Material anfordern als erforderlich und
- nie vorzeitig Material anfordern.

Für den Lieferanten gilt:
- nie mehr Teile als angefordert herstellen,
- keine Teile vor der eigentlichen Bestellung herstellen und
- keine fehlerhaften Teile abliefern.

7.6.2 Bestandsregelung am Beispiel der Belastungsorientierten Auftragsfreigabe (BoA)

Die wesentlichen kurzfristigen Größen einer Auftragsteuerung sind[1]:
- die Zuordnung von Kapazitäten,
- die Festlegung der Auftragsgrößen,
- das Planen der Auftragsreihenfolgen und
- die Regulierung von Werkstattbeständen im wesentlichen durch das Freigabeverhalten der Aufträge.

An sich sollte ein Steuerungssystem auch in alle diese Steuergrößen eingreifen. Dies in die Praxis umzusetzen heißt jedoch, einen sehr hohen Planungs- und Kontrollaufwand anzustoßen. Aus diesem Grunde existieren Ansätze,

---

[1]   Vgl. ADAM 1993, S. 473.

mit denen man versucht, die Anzahl der Steuergrößen zu reduzieren. Nach Möglichkeit soll sich auf nur eine beschränkt werden. Im Falle einer Produktionssituation, in der sehr viele ähnliche aber jeweils kleine Aufträge bearbeitet werden müssen, ist eine recht vielversprechende Lösung die *Bestandsregelung*.

Hier macht man sich die - statistisch gesicherte - Erfahrung zunutze, daß ein, in bestimmten Bereichen funktionaler, Zusammenhang zwischen den im Mittel vor einem Arbeitssystem lagernden Bestand an freigegebenen Aufträgen und den eintretenden Durchlaufzeiten sowie den Auslastungen des Systems bestehen. Das läßt sich anschaulich dadurch erklären, daß bei einem geringen Auftragspolster im Falle einer Auftragsstörung das System mangels Alternativen brach liegen oder wenigstens nur auf geringem Niveau beschäftigt werden kann. Andererseits, wenn das System aus einem ordentlichen Puffer optimal auswählen kann und so auf höchstem Niveau beschäftigt ist, kann eine Vergrößerung des Polsters diese Situation auch nicht mehr verbessern. Zwischen diesen Extrempunkten ist - unter den Bedingungen geeigneter Mitarbeiter, die zu einer autonomen und guten Disposition fähig sind - eine Situation vorhanden, wo die Leistung des Systems über die Größe des Puffers gesteuert werden kann. Die Erfahrung ist dabei, daß Zu- und Abgänge zwar in differierenden Portionen (bezüglich der jeweiligen Belegungs- oder Auftragszeiten) erfolgen, sich jedoch parallelen Graden annähern lassen, deren Steigung die Leistung des Arbeitssystems beschreibt (Bild 7-19)[1].

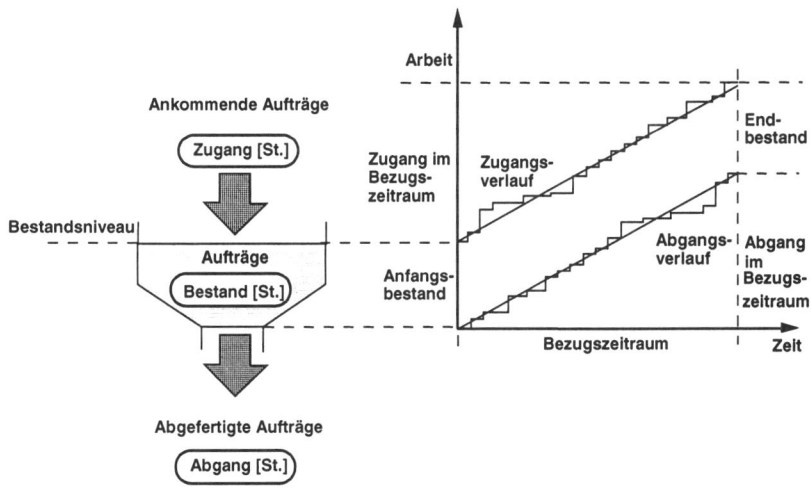

Bild 7-19: Grundmodell der Bestandsregelung [2]

---

1   WIENDAHL, H.-P.: Belastungsorientierte Fertigungssteuerung : Grundlagen, Verfahrensaufbau, Realisierung. München: Hanser, 1987.
2   In Anlehnung an ADAM 1993, S. 475.

Für ein einzelnes Arbeitssystem ist die Funktionsweise der Bestandsregelung relativ leicht einsichtig. In der Praxis stellt sich aber das Problem in dieser einfachen Form gewöhnlich nicht. In der Praxis durchlaufen verschiedene Produkte das Fertigungssystem und sie haben ein unterschiedliches Routing. Teilaufträge sind parallelisiert, teilweise gibt es Rückführungen und wenn die Regelung vor einem der Systeme oder das System selbst versagt bestimmt das auch die Bestände vor den anderen Systemen. Man hat also nicht nur, wie in Bild 7-19 einen Trichter, es gibt ein kommunizierendes System wie in Bild 7-20 veranschaulicht.

Freigabe der Aufträge

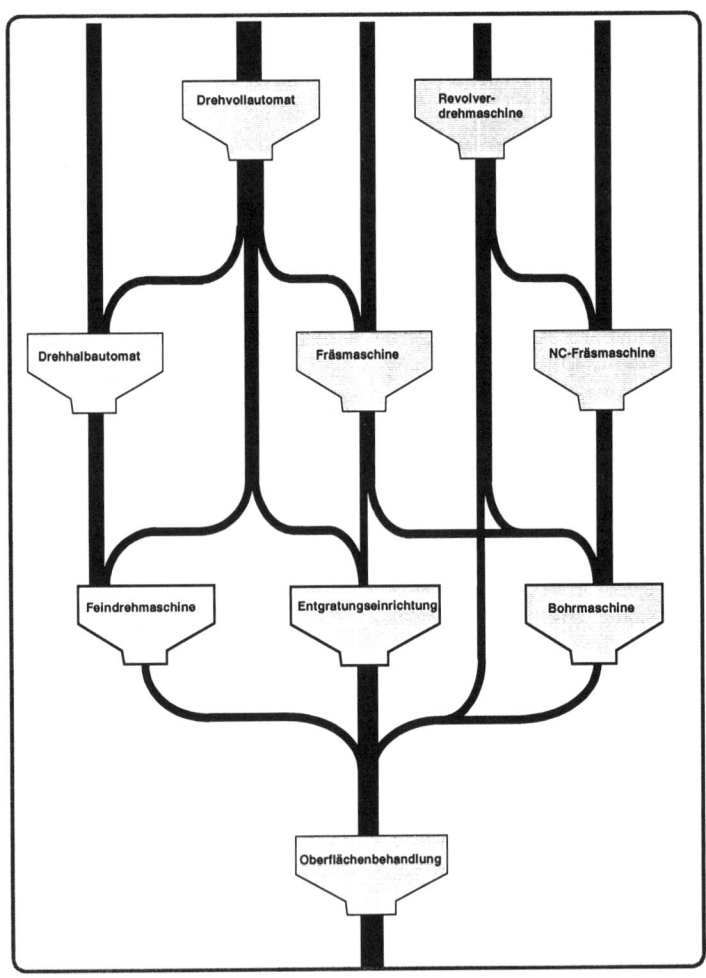

Ablieferung der Aufträge

Bild 7-20: Funktionsweise des BoA als Trichtermodell

Unter den zusätzlichen Bedingungen, daß das Gesamtsystem bezüglich der Einzelleistungen harmonisch abgestimmt ist und sich die Struktur des Produktionsprogramms mit der Zeit auch nicht nennenswert verändert, kann mit *BoA*, einem spezifischen System der Bestandsregelung gearbeitet werden[1]. Für den Einsatz von BoA ist somit vorab eine Gleichgewichtsanalyse erforderlich. Über eine zentrale Auftragsfreigabe steuert das System dann die Bestände vor den einzelnen Arbeitssystemen. Hierbei wird unter der Unterstellung geplant, daß an den Arbeitssystemen die FCFS Prioritätsregel befolgt wird. Diese Regel wird deswegen vorgesehen, weil es die ist, die zu den geringsten Streuungen in den Durchlaufzeiten führt.

Das System reagiert auf Schwankungen gleich welcher Art durch Gewichtung der Vorgabezeiten und damit durch eine rechnerische Erhöhung der Belastung. Der benutzte Gewichtungsfaktor errechnet sich aus dem Verhältnis der Vorgabezeiten zu den tatsächlichen Durchlaufzeiten in einer Periode (also als kumulierte Größe). Zentraler Punkt des BoA ist das *Freigabeverhalten*. Auftragsfreigaben erfolgen periodenorientiert bei den Freigabeläufen in einem zweistufigen Verfahren (Bild 7-21).

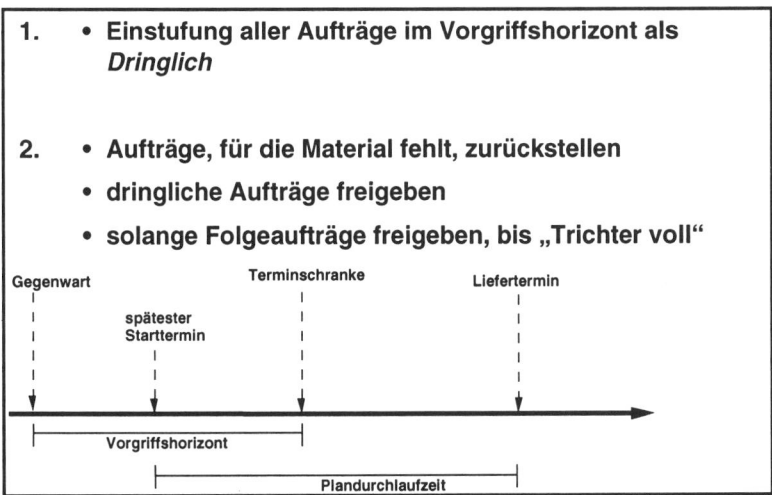

Bild 7-21: Die zwei Stufen der Auftragsfreigabe im BoA

In der ersten Stufe werden sogenannte *dringliche Aufträge* identifiziert und in eine Reihenfolge gebracht. In der zweiten wird zunächst versucht, diese

---

1   BoA wurde zum Ende der 70er Jahre am Institut für Fabrikanlagen in Hannover (IFA) durch KETTNER und BECHTE entwickelt (KETTNER, H.; BECHTE, W.: Neue Wege der Fertigungssteuerung durch belastungsorientierte Auftragsfreigabe. In: VDI-Zeitschrift 123(1981), S. 459 ff.
Vgl. auch WIENDAHL, H.-P.: Anwendung der Belastungsorientierten Fertigungssteuerung. München: Hanser, 1992 und
WIENDAHL, H.-P.: Load Oriented Manufacturing Control. Berlin: Springer, 1994.

Aufträge freizugeben. Nachdem das geschehen ist, werden solange weitere Aufträge freigegeben bis die Sollbelastung durch die letzte Freigabe gerade überschritten wird. Zur Einstufung der Dringlichkeit dient der Vorgriffshorizont. Dies ist eine gesetzte Terminschranke, für die beim Freigabelauf geplant wird. Aufträge, deren spätester Starttermin innerhalb dieses Vorgriffshorizont liegt, sind dringlich und werden - sofern Material verfügbar ist - in Stufe 2 freigegeben.

Im Rahmen der Stufe 2 ist noch die Definition der Sollbelastung, sozusagen das Volumen des Trichters, wesentlich. Sie wird in Prozent zur tatsächlichen Kapazität (*Einlastungsprozentsatz*) des Arbeitssystems angegeben. Bei der Bestimmung des Einlastungsprozentsatz bei einem einzelnen Arbeitssystem wird im BoA zwischen direkter und indirekter Belastung unterschieden. Die *direkte Belastung* ergibt sich aus den (gewichteten) Vorgabezeiten der konkret vor dem Arbeitssystem anstehenden Aufträgen. Diese werden aber zwischen zwei Freigabeläufen ergänzt durch Aufträge, die zum Zeitpunkt des aktuellen Laufes für vorgelagerte Arbeitssysteme freigegeben werden - dies aber jeweils nur mit einer bestimmten Wahrscheinlichkeit. Die indirekte Belastung ergibt sich also aus der Belastung freigegebener Aufträge vorgelagerter Arbeitssysteme mal eines Wahrscheinlichkeitswertes, der beschreibt, daß diese Belastung zwischen zwei Freigabeläufen das zu beurteilende Arbeitssystem erreicht. Dieser Faktor wird durch den Einlastungsprozentsatz sowie der *Zeit zwischen zwei Freigabeläufen* bestimmt.

Damit wird die Funktionsweise des BoA über drei Parameter gesteuert:
• die Länge des Vorgriffshorizontes,
• dem Einlastungsprozentsatz und
• dem Zeitraum zwischen den Freigabeläufen.

Neben den bereits genannten Voraussetzungen der Harmonisierung und Kontinuisierung der Produktionsabläufe für den Einsatz von BoA gilt vor allem noch eine weitere: Es dürfen sich keine Engpässe ergeben. An Engpässen schaukelt das BoA sich auf. Unter dem Gesichtspunkt von Engpässen gibt es ein anderes Verfahren, das spezifisch auf dieses Problem ausgelegt ist: das OPT.

7.6.3 System „Optimized Production Technology (OPT)"

Das OPT basiert auf den folgenden Überlegungen[1]:
• Ein reibungsloser Materialfluß ist primäres Ziel einer PPS.
• Der Materialfluß wird durch Engpaßkapazitäten begrenzt, sie stehen demzufolge im Mittelpunkt des Interesses.
• Losgrößenplanung und Feinterminierung sind deswegen für diese Engpässe detailliert durchzuführen und zu sichern.

---

1   Vgl. ADAM 1993, S. 493.

- Die Lösungen an den Engpässen sind an anderen Kapazitäten nicht zwangsläufig optimal, die dortigen Lösungen für die Gesamtlösung aber auch von untergeordneter Bedeutung.
- Die Belegungsplanung an den Engpässen entscheidet über die endgültigen Durchlaufzeiten, diese können deswegen zuvor nicht geplant werden.

Ähnlich wie beim BoA arbeitet das OPT als partiell zentrales Konzept nicht kontinuierlich sondern mit klar terminierten Planungsläufen, meist im Wochenrhythmus. Dies bedeutet, die Feinsteuerung erfolgt regelmäßig lokal nach aktuellen Ereignissen. „Ausgangspunkt für den Ablauf des OPT-Verfahrens ist - wie bei herkömmlichen PPS-Konzepten auch - die Planung des Primärbedarfes"[1]. Die Einplanung erfolgt vollständig in das gesamte sogenannte OPT-Netzwerk. Dieses OPT-Netzwerk ist insofern charakteristisch, als in ihm nicht, wie beispielsweise bei MRP, „die Daten über Teile, Produktstrukturen, Kundenaufträge, Arbeitspläne und Kapazitätsbedarfe [...] in jeweils eigenen Dateien verwaltet werden, die miteinander verkettet sind, sondern in einem komplexen Modell [...] gespeichert sind"[2].

Im folgenden ersten Schritt der kapazitätsorientierten Terminierung werden nun die Engpässe aufgedeckt. Würden bei konventionellen Planungen diese Engpässe nun durch Anpassungen entschärft (Kapitel 7.2), ist die Vorgehensweise in OPT eine andere. Zunächst wird das Produktionssystem im dritten Schritt in einen kritischen (alles was nach den Engpässen liegt) und unkritischen Bereich unterteilt (Bild 7-22). Diese Unterteilung dient der Reduzierung des Rechenaufwandes für die nun folgende optimierende Rechnung, die auf die Engpässe konzentriert ist. Hierbei wird im Sinne maximaler Produktionsmengen die generelle Strategie verfolgt, an den Engpässen möglichst große Lose zu planen. Die *Losgrößen* sind also *nach Fertigungssituation variabel* wobei OPT darüber hinaus noch in der Lage ist, *Fertigungslosgrößen von Transportlosgrößen zu unterscheiden*. Die Terminierung im kritischen Bereich erfolgt nach der Optimierung der Engpässe vorwärts, die im nicht kritischen rückwärts. Die Losgrößenplanung für den nicht kritischen Bereich erfolgt hierbei so, daß die Versorgung der Engpaßkapazitäten sichergestellt ist. Kapazitätsprobleme in diesem Bereich können definitionsgemäß nun nicht mehr auftreten.

Die Planungen des OPT werden durch die folgenden Parameter kontrolliert[3]:
- Mindestauslastungsgrade,
- obere und untere Schranken für Losgrößen, Bestände und Terminüberschreitungen,

---

1   KERN 1992, S. 333. Hervorhebungen im Original wurden nicht übernommen.
2   Ebenda.
3   Vgl. KERN 1992, S. 334.

- die Länge des Planungshorizontes sowie
- Prioritätsregeln bei konkurrierenden Zielen.

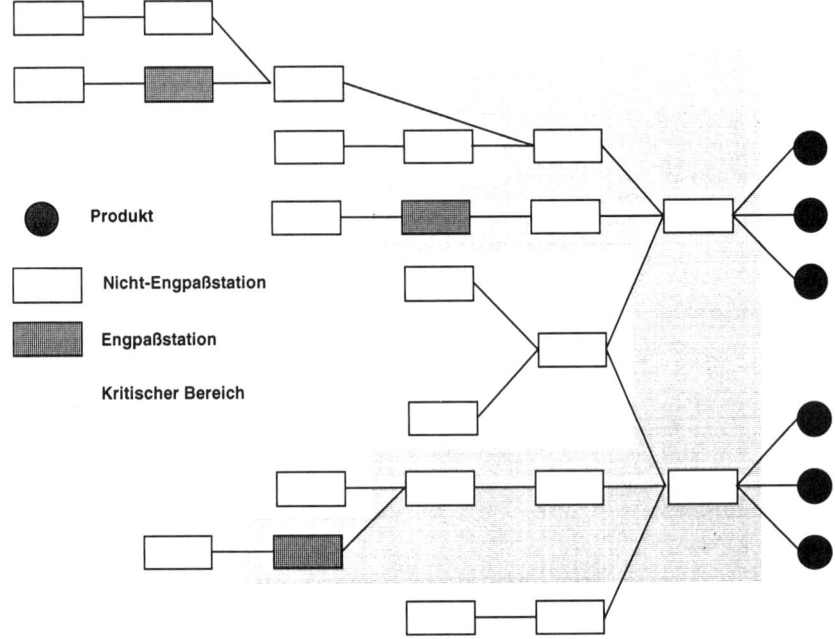

Bild 7-22: Beispiel zum Vorgehen in OPT

Neben dieser operativen Funktion unterstützt OPT auch die strategische Planung in dem es über eine eigene Simulationssprache verfügt, mit der es möglich wird, auf dem vorhandenen und damit ja realitätsnahen operativen Datenbestand Überlegungen zu Erweiterungsinvestitionen, Einführung neuer Technologien und Organisationsformen oder neuer Produktionsverfahren simulativ zu überprüfen.

Neben diesen Vorzügen des OPT sind die folgenden Schwächen zu konstatieren[1]:

- Das System des OPT-Netzwerkes zieht bei qualitativen Änderungen des Produktionsprogrammes einen enormen Arbeitsaufwand nach sich, weil diese eine Neuerstellung des gesamten OPT-Netzwerkes erfordern.
- Die Identifikation von Engpässen steht, bei im Zeitablauf schwankenden Belastungen des Systems, mit der Länge des Planungszyklus im Zusammenhang. Sollen sie eindeutig identifiziert werden, muß das Zeitraster der Planungsläufe sehr eng gewählt werden, was zu enormen Rechenbelastungen führt.

---

[1]   Vgl. ADAM 1993, S. 495.

- Die festen Planungsrhythmen andererseits schränken die Flexibilität bezüglich möglicher erforderlicher Schnellschüsse deutlich ein.
- Die Daten an den Engpässen müssen zeitnah, möglichst online, zurückgemeldet werden.
- Störungen an den Engpässen machen die gesamte Planung hinfällig.
- Die an sich vorteilhafte iterative Abstimmung (anstelle der sukzessiven bei MRP) von Programm-, Losgrößen- und Belegungsplanung mit den Kapazitäten führt zu sehr empfindlichen, kaum vorhersehbaren Reaktionen bei Veränderungen, welche die alten Fertigungspläne völlig umkehren können. Dabei ist von entscheidender Bedeutung, daß die Reihenfolgepläne an den Engpässen exakt eingehalten werden. Derartige Bevormundungen der Mitarbeiter bei gleichzeitiger Intransparenz in den Planungen haben üblicherweise erhebliche Beeinträchtigungen der Motivation zur Folge.

7.6.4 RT und Fortschrittskennzahlen als Verfahren der retrograden Terminierung

Der Begriff der *retrograde Terminierung* wird nicht einheitlich benutzt. Im engeren Sinne stellt er nichts anderes als ein Synonym für Rückwärtsterminierung dar[1]. In den meisten Fällen wird mit retrograder Terminierung allerdings das gemeint, was in Abschnitt 7.2 als kapazitätsorientierte kombinierte Terminermittlung vorgestellt wird und im Beispiel des Abschnitt 7.4 vertieft ist[2]. Drittens stellt RT (Retrograde Terminierung) einen „Zeitwirtschafts-Baustein für ein umfassendes PPS-Paket"[3] dar. In diesem unterstützt RT

- die Planung der Auftragsreihenfolge wobei Kundenaufträge in möglicherweise abweichende Werkstattaufträge überführt werden können,
- die Auftragsfreigabe und damit die Planung der Werkstattbestände sowie
- die Kapazitätsplanung inklusive Personaleinsatzplanung und damit auch die Kapazitätsanpassung.

RT gehört deswegen zu den partiell zentralen Systemen, da zwar Kapazitätsbelegungen, Auftragsfreigaben und Ecktermine für den Fertigungsfortschritt zentral geplant werden, die Angaben zur Fertigungsreihenfolge und Personalzuordnung aber auf Vorschlagsniveau bleiben. Sie können in den Werkstätten problemlos anders disponiert werden. Anders als die bislang vorgestellten Systeme der Fertigungssteuerung hatte man bei der Entwicklung von RT Produktionssysteme mit stark diskontinuierlichen Materialfluß und schwankenden Durchlaufzeiten im Auge. Bei RT sind Durchlaufzeiten

---

1   Vgl.: STEINBUCH, P.; OLFERT, K.: Fertigungswirtschaft. 6. aktual. Aufl. Ludwigshafen: Kiehl, 1995. S. 331.

2   Vgl. KERN 1992, S. 329.

3   ADAM 1993, S. 496. Die folgenden Ausführungen orientieren sich an ADAM 1993, S. 496 - 523.

nicht Daten der Planung sondern deren Ergebnis. Hierbei sind für die Anpassungsplanungen nicht nur Heuristiken sondern, bezüglich verschiedener Problemsituationen, auch exakte Modelle implementiert.

Anders als bei MRP arbeitet RT mit einem vergröberten Zeitraster, in der Regel einem Tag. Dies bedeutet, daß ein Vorrücken eines Auftrages um eine Fertigungsstufe auch nur von einem Tag auf den anderen geplant wird. Damit werden auf der eine Seite die beschriebenen dezentralen Dispositionsfreiheitsgrade eröffnet und auf der anderen Seite der Planungsaufwand sowie die Anforderungen an die Genauigkeit der Daten reduziert. Der Tagesrhythmus hat sich aus den Einsatzerfahrungen von RT ergeben. Das System war in seinen ersten Implementationen auf ein 15 Minutenraster ausgelegt worden, daß sich als viel zu engmaschig erwiesen hat[1]. Charakteristisch für die Planungsmethode ist aber auch, diesmal analog zu MRP, das Fehlen eines festen Planungshorizontes. Aufträge und Anfragen werden eingeplant wie sie kommen und bis zu deren Ende durchterminiert.

Anders als der Name vermuten läßt, benutzt RT sowohl die Rückwärts- als auch die Vorwärtsterminierung, jeweils in Abhängigkeit vom Routing des Materialflusses. Erfordern alle Aufträge einen im Prinzip gleichen Materialfluß „Identical Routing" so benutzt RT die Rückwärtsterminierung. Sind die Fertigungsabläufe dagegen jeweils unterschiedlich „Different Routing" oder gar vernetzt, wird mit dem Zeitablauf terminiert. Eine rollierende Planung in der bei jedem weiteren Zyklus jeweils neu hinzukommende Anfragen und Aufträge eingesteuert sowie aktuelle Ergebnisse berücksichtigt werden, stellt sicher, daß zumindest für die unmittelbar nächsten Perioden realisierbare Pläne entwickelt werden. Das Berücksichtigen der jeweils aktuellen Ereignisse hat natürlich auf der anderen Seite permanente Änderungen für die entfernteren Planungshorizonte zur Folge. Zudem bietet RT in einem Simulationsmodul dem jeweiligen Planer zusätzliche Entscheidungshilfen.

Ein anderes, gebräuchliches, auf das Prinzip der retrograden Durchlaufterminierung aufbauendes, zentrales Konzept ist die Steuerung durch *Fortschrittskennzahlen*. Ähnlich wie bei BoA werden für die hier zu *Kontrollblöcken* zusammengefaßten Arbeitssysteme Fortschrittsdiagramme entworfen mit kumulierten Zugangs- und Abgangskurven. Das Besondere ist jedoch, das darüber hinaus auch Fortschrittsdiagramme für *verbundene Kontrollblöcke* entworfen werden, in denen der Ausgang des vorhergehenden Blockes und der des folgenden geplant werden (Bild 7-23)[2].

---

1   Vgl. ADAM 1993, S. 498.
2   Vgl. ADAM 1993, S. 490 - 493.

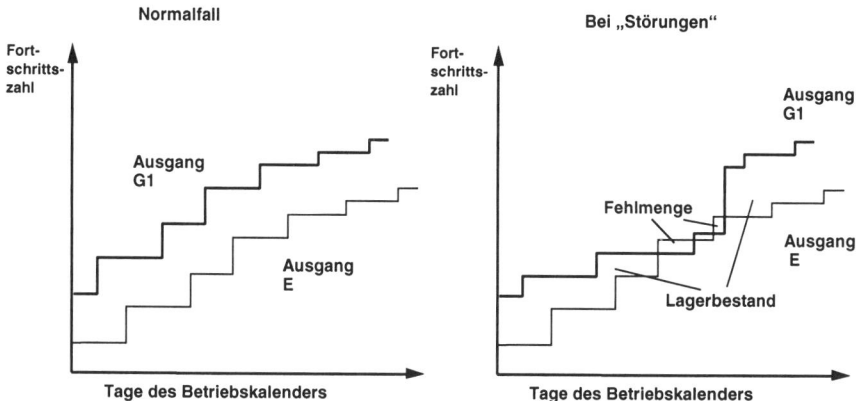

Bild 7-23: Steuerung durch Fortschrittskennzahlen

Voraussetzung für den Einsatz des Systems ist, daß die Kontrollblöcke organisatorisch, kapazitätsmäßig sowie bezüglich des Materialflusses klar gegeneinander abgrenzbar und hierarchisch unabhängig sind, also eine wirkliche Kunden-Lieferanten-Beziehung herstellbar ist. Ziel ist eine Harmonisierung der Produktionsfortschritte bei minimierten Pufferbeständen. Damit besteht eine hohe Analogie zu KANBAN und ebenfalls der Ansatz, JIT als logistisches Prinzip zu unterstützen. Mit den Fortschrittszahlen wird der Materialfluß überwacht und bedingt gesteuert. Die Bedarfsauflösung muß dagegen mit Hilfe anderer Methoden erfolgen. Die Steuerung durch Fortschrittszahlen ist an folgende produktionstechnische Voraussetzungen gebunden:

- Fertigung von zumindest mittleren Serien nach dem Flußprinzip,
- beherrschter und störungsarmer Produktionsprozeß,
- wenig streuende mittlere Durchlaufzeiten die bekannt sind,
- ein Transportsystem, das auf eine hohe Frequenz ausgelegt ist sowie
- längerfristige Rahmenverträge mit den Zulieferern, die einen Abruf der Liefermengen nach aktuellem Produktionsstand erlauben.

8 Lernerfolgsfragen und Übungsaufgaben

1. Skizzieren Sie kurz den Unterschied zwischen einer theoretischen und einer angewandten Wissenschaft und wozu gehört die Produktionswirtschaft?
2. Im Rahmen der objektorientierten Wissenschaftsgliederung: Zu welcher Realwissenschaft gehört die Produktionswirtschaft?
3. In welchem Verhältnis stehen Volkswirtschaftslehre und Betriebswirtschaftslehre zueinander?
4. Welche berühmte Studie hat bereits im ersten Drittel des 20. Jahrhunderts auf die Problematik der engen Objektgliederung in den Wirtschaftswissenschaften hingewiesen?
5. Wie ordnet sich im System der Realwissenschaften die Managementlehre anstelle der Betriebswirtschaftslehre ein?
6. Wie ist der Begriff der Managementlehre definiert und was sind im Sinne dieser Definition Unternehmen?
7. Unterscheiden Sie die Begriffe Produktionswirtschaft von Industriebetriebslehre i. e. S. und Industriebetriebslehre i. w. S.
8. Wie ist die Produktionswirtschaft als Lehre vom Produktionsmanagement beschrieben und welche beiden Prozesse bilden ihren Schwerpunkt?
9. Was bedeutet es, wenn aus einem erkannten Ursache-Wirkungs-Zusammenhang eine Ziel-Mittel-Beziehung abgeleitet wird?
10. Welche fünf Wissenschaftsprogramme haben in der Produktionswirtschaft bislang besondere Bedeutung erlangt? Skizzieren Sie kurz deren Ansätze.
11. Was ist die Grundannahme der faktororientierten Produktionswirtschaft?
12. Was bedeutet es, wenn zwischen zwei Produktionsfaktoren Limitationalität besteht?
13. Was bedeutet es, wenn zwischen zwei Produktionsfaktoren Substitutionalität besteht?
14. Unterscheiden Sie Repetierfaktoren von Potentialfaktoren.
15. Was ist der Dispositive Faktor?
16. Was unterscheidet Rohstoffe von Teilen?
17. Unterscheiden Sie Normung von Typung.
18. Wo liegt der Rationalisierungseffekt von Normung und Typung?
19. Unterscheiden Sie Produktivität von Rentabilität.
20. Unterscheiden Sie Leistungsfähigkeit und Leistungsbereitschaft.
21. Unterscheiden Sie anforderungsabhängiges Entgelt vom leistungsabhängigen Entgelt.
22. Was sind die Aufgaben des Dispositiven Faktors?

23. Was steht im Mittelpunkt der entscheidungsorientierten Produktionswirtschaft?

24. Diskutieren Sie, wieso die entscheidungsorientierte Produktionswirtschaft nicht als wertfrei sondern als praktisch-normativ angesehen wird.

25. Wie ist eine Betriebswirtschaft in der systemorientierten Produktionswirtschaft definiert.

26. Warum „paßt" die systemorientierte Produktionswirtschaft so gut zur Auffassung einer Produktionswirtschaft als Managementlehre?

27. Welches ganz praktische Phänomen war verantwortlich für die Weiterentwicklung der systemorientierten Produktionswirtschaft zur evolutionären Produktionswirtschaft?

28. Was ist wissenschaftlich gesehen an dieser „Weiterentwicklung" so bedeutsam, daß man von einem Paradigmawechsel spricht?

29. In welcher Umweltsituation ist „evolutionäres Management" besonders angebracht?

30. Wie ändert sich die Rolle des Organisators wenn mit Selbstorganisation aktiv umgegangen wird?

31. Wie lautet die grundlegende Handlungsmaxime für eine moderne Produktionswirtschaft?

32. Aus welchen Kontext definieren sich die Aufgaben eines modernen Produktionsunternehmens?

33. Welche Konsequenzen muß eine Produktionswirtschaft aus der Entwicklung von lokalen Märkten über Massen-, segmentierte zu heute kundenspezifischen Märkten ziehen?

34. Inwiefern trägt die Entwicklung der Produktionstechnik, der Informationstechnik und der Sozialstrukturen dem Rechnung?

35. Beschreiben Sie kurz den Ablauf des Produktionsmanagement anhand eines Regelkreismodells.

36. Welche Phasen durchläuft der Führungsprozeß?

37. Was sind die Hauptmerkmale der traditionellen Handwerksproduktion?

38. Welche Veränderungen zur traditionellen Handwerksproduktion bringt das Verlagswesen in der Anfangsphase, welche zudem in der Reifephase?

39. Grenzen Sie das Verlagswesen von Manufakturen ab. Was ist die entscheidende auch gesamtgesellschaftliche Veränderung, die durch sie eintritt?

40. Skizzieren Sie das „Stecknadelbeispiel" von Adam Smith als grundlegende Arbeit für die Produktion in Manufakturen.

41. Was unterscheidet „Fabriken" von „Manufakturen"?

42. Das Entstehen von Fabriken in der sogenannten ersten industriellen Revolution war an die technische Entwicklung von Dampfmaschinen gebunden. Beschreiben Sie deren zentrale Rolle im gesamten in-

dustriellen Leistungsnetzwerk. Welche industriellen Revolutionen kennen Sie noch?

43. Das systematische Management von Fertigungssystemen wird heute mit dem Namen TAYLOR untrennbar verknüpft. Beschreiben Sie dessen Leistungen.

44. Welches sind die besonderen Beiträge GILBRETHS zum „Taylorismus"?

45. Eines der Hauptleistungen TAYLORS und GILBRETHS war die systematische Einbeziehung der Erkenntnisse des Belastungs- und Beanspruchungskonzeptes und der (physiologischen) Arbeitsermüdungsverläufe in ihre Zeitstudien. Welches sind die zentralen Erkenntnisse?

46. Aus heutiger Sicht werden TAYLORS Arbeiten oft als irrig, fehlerhaft und nachteilig rezensiert. Inwiefern sind sie genau und was halten Sie davon?

47. Welches zentrale Problem der Fertigung nach dem Flußprinzip wollte FORD durch die Einführung des Fließbandes primär lösen?

48. Mit welchen Argumenten „verkaufte" FORD seine Fließbandidee zunächst, insbesondere den Gewerkschaften?

49. Welche ganz bedeutsamen Konsequenzen hatte die Einführung des Fließbandes über das von FORD ursprünglich angestrebte Ziel hinaus noch?

50. Welche Managementprinzipien verfolgte FORD neben dem Fließband noch?

51. Immer kleiner werdende Normproduktreihen stellten das „alles aus einer Hand"-Prinzip FORDS bereits zu dessen Lebzeiten wieder in Frage. Welches waren die wesentlichen Modifikationen um das Problem „einzufangen"?

52. Kennzeichen Sie das System des „Recent Fordismus" bei der Massen- und Großserienfertigung zum Zeitpunkt des Aufkommens von „lean production" anhand der Aspekte „input", „output", Technologie, Personal und Organisation.

53. Bereits Anfang der 80er Jahre lagen etliche vergleichende Untersuchungen zum „Phänomen Japan" vor. Erklären Sie, wieso erst die Studie von WOMACK et. al. breite Veränderungsbereitschaft in den traditionellen Industrienationen hervorrief.

54. Welches sind die Charakteristika von „lean production"?

55. Inwiefern erweitert die Idee des „lean management" die der „lean production"?

56. Stellen Sie die Bezüge von „lean management" zum besprochenen Paradigmawechsel der Organisation her.

57. Welches sind die Probleme bei der Definition des Begriffes „Arbeit"?

58. Erläutern Sie den institutionellen Organisationsbegriff.

59. Erläutern Sie den funktionalen Organisationsbegriff.

60.   Erläutern Sie den instrumentellen Organisationsbegriff.

61.   Welches sind die beiden Hauptaufgaben, die in einer Organisation zu bewältigen sind?

62.   Was versteht man unter Arbeitsstrukturierung?

63.   Ordnen Sie die Begriffe „Arbeitssystem", „Arbeitsstrukturierung" und „Arbeitsorganisation" den Organisationsbegriffen auf der Mikro-Ebene zu.

64.   Beschreiben Sie die Kernaussagen der Definition von Arbeitsorganisation.

65.   Welche Erkenntnisse des Industrial-engineering sind für die Gestaltung von Gruppenarbeit wesentlich?

66.   Wieso wird bei der Einführung der Gruppenarbeit der Motivation eine deutlich höhere Beachtung geschenkt, als in traditionellen Arbeitsstrukturen?

67.   Nennen Sie wenigstens vier der fünf Merkmale, die nach HACKMAN und OLDHAM für eine Motivation aus Arbeitsinhalten.

68.   Welche Forderungen an Arbeitsinhalte lassen sich konkret aus dem Modell von HACKMAN und OLDHAM ableiten?

69.   Welche Erkenntnisse kann der Einsatz des JDS bringen?

70.   Was ist der entscheidende Beitrag bei der Arbeitsgestaltung der Handlungsregulationstheorien über die Motivationstheorien hinaus?

71.   Was wird im Rahmen der Handlungsregulationstheorie unter sequentiell-hierarchischer Vollständigkeit verstanden?

72.   Welches sind die entscheidenden Größen bei der Betrachtung des Koordinationsaspektes in der Organisation?

73.   Welche Fragestellung tritt bei der Bearbeitung des Koordinationsproblems bezüglich Arbeitsorganisation in den Vordergrund?

74.   Charakterisieren Sie das BVW.

75.   Was unterscheidet Projektarbeit von Gruppenarbeit?

76.   Unterscheiden Sie Qualitätszirkel, Werkstattzirkel und Lernstatt.

77.   Worin bestehen die Unterschiede von KVP zu KVP^2?

78.   Welche Argumente sprechen für Gruppenarbeit als Arbeitsorganisation wenn man bestrebt ist, partialisierte Arbeitsaufgaben in vollständige zu überführen?

79.   Wieso sollten Mitarbeiter - neben der rein juristischen Begründung - sinnvollerweise per Änderungskündigung in die neue Arbeitsorganisation überführt werden?

80.   Begründen Sie, wieso ein Gruppensprecher nur ein vorübergehendes „Modell" bei der Einführung von Gruppenarbeit sein sollte.

81.   Welches sind die fünf Stufen des Einführungsmodells zur Gruppenarbeit?

82.   Nennen Sie die Teilgebiete der Produktion und die Aufgaben der Produktionsorganisation.

83.   Beschreiben Sie die Aufgaben der Fertigungsorganisation.

84. Welcher Zusammenhang besteht zwischen Absatzprogramm und Produktionsprogramm?
85. Welches sind die wichtigen Informationen in einem Produktionsprogramm?
86. Wie ist das Verhältnis - in etwa - von Montagezeit zu Transport- und Wartezeit in der Durchlaufzeit bei Montagen nach dem Baustellenprinzip im Vergleich zu dem bei Montagen nach dem Flußprinzip? Welche grundsätzliche Schlußfolgerung ist daraus zu ziehen?
87. Welche Aufgaben haben Fertigungsplanung und -steuerung?
88. Erläutern Sie an einem selbstgewähltem Beispiel den Ablauf einer Auftragsbearbeitung.
89. Welche Aufgaben sind in der Teilefertigung zu organisieren? Welche in der Montage? Welche in der Instandhaltung? Welche in der Qualitätssicherung?
90. Zeigen Sie an einem selbstgewähltem Beispiel auf, in welche Ablaufabschnitte ein Gesamtablauf gegliedert werden kann.
91. Wie entsteht ein Arbeitsplan und welche Inhalte hat er?
92. Welche Unterlagen in der Produktion werden neben dem Arbeitsplan im Laufe der Auftragsbearbeitung erstellt?
93. Nennen Sie wichtige Möglichkeiten zur Durchlaufzeitverkürzung.
94. Nennen und kennzeichnen Sie die drei Fertigungstypen.
95. Unterscheiden Sie die Begriffe Kostendegression und Kostenerfahrung.
96. Unterscheiden Sie Sortenfertigung von Partie- und Chargenfertigung.
97. Was verstehen Sie unter Ablaufprinzipien und warum ist es sinnvoll, solch eine Einteilung vorzunehmen?
98. Nach welchen Kriterien lassen sich die Ablaufprinzipien bewerten?
99. Erläutern Sie anhand eines Beispiels den Unterschied einer Fertigung nach dem Baustellenprinzip und nach dem Flußprinzip.
100. Was ist der entscheidende Unterschied zwischen Fertigung nach dem Flußprinzip und Fließ(band)Fertigung?
101. Was unterscheidet ein Fließband von einer Transferstraße?
102. Was ist eine Fertigung nach dem Sternprinzip und wann wird sie sinnvoll?
103. Wann ist der Einsatz von Fertigungsinseln sinnvoll und vorteilhaft?
104. Was versteht man unter Mehrstellenarbeit und wo findet man sie?
105. Wie wird bei der Analyse von Arbeitsabläufen vorgegangen?
106. Was ist der kritische Pfad in einem Netzplan?
107. Aus welchen Gründen ist es so wichtig, bereits vor einer Untersuchung den Verwendungszweck der erhobenen Daten exakt zu definieren?
108. Unterscheiden Sie „Schätzen" und „Beurteilen" bei der Datenermittlung.

109.   Unterscheiden Sie „Ist-Zeiten" und „Soll-Zeiten".

110.   Wann ist ein Betriebsmittel „im Einsatz"?

111.   Welche Ursachen kann es dafür geben, daß ein Betriebsmittel „außer Einsatz" ist?

112.   Wie kommt es bei einem Betriebsmittel zu einer „Verteilzeit"?

113.   Wie ist die Auftragszeit definiert und was unterscheidet sie von der Belegungszeit?

114.   Aus welchen Zeitarten errechnet sich die Durchlaufzeit eines Auftrages durch ein Arbeitssystem? Was kommt hinzu, um die Gesamtdurchlaufzeit zu ermitteln?

115.   Welche Bedeutung haben Systeme, die unmittelbar Soll-Zeiten ermitteln?

116.   Welche Bedeutung kommt der „Befragung" als Methode der Datenermittlung zu?

117.   Was sind Ablaufarten und was unterscheidet sie von Zeitarten?

118.   Wie kann es zu erholungsbedingtem Unterbrechen bezogen auf ein Betriebsmittel kommen?

119.   Unterscheiden Sie Belegungszeit, Auftragszeit und Ausführungszeit.

120.   Was sind Vorgabezeiten?

121.   Welche Zeitarten bilden eine Grundzeit beim Menschen, welche beim Betriebsmittel?

122.   Welche Zeitarten bilden die Durchlaufzeit für ein Arbeitssystem und welche kommen für den gesamten Ablauf hinzu?

123.   Welche drei Gruppen in den Methoden zur Datenermittlung lassen sich prinzipiell unterscheiden?

124.   Nennen Sie je drei grundlegende Schwächen und Stärken der Befragungsmethode.

125.   Zeitermittlung durch Befragung: Diskutieren Sie die Vor- und Nachteile.

126.   Beschreiben Sie eine Vorgehensweise, die bei einer Zeitermittlung durch Befragen angemessen ist.

127.   Wie kann bei einer Zeitermittlung durch Befragen dem Problem der „Verfälschung" entgegengetreten werden?

128.   Wie erfolgt die Aufgabengliederung im Rahmen der REFA-Methode „Aufgabengliederung, Funktionsverteilung, ABC-Analyse"?

129.   Auf welchen Weg erfolgt die Zeitanteilsschätzung für eine Aufgabenerfüllung im Rahmen der REFA-Methode „Aufgabengliederung, Funktionsverteilung, ABC-Analyse"?

130.   Was ist eine Zeitaufnahme und welchen Zweck hat sie?

131.   Was sind Fortschrittszeiten und Einzelzeiten bei der Zeitmessung?

132.   Was ist ein Meßpunkt bei einer Zeitaufnahme (Beispiel)?

133.   Welche vorbereitenden Arbeiten gehen einer Zeitaufnahme voraus?

134. Aus welchen Gründen ist die umfangreiche Beschreibung des Arbeitssystems und allen Elementen bei einer Zeitaufnahme notwendig?

135. Weswegen ist eine Leistungsgradbeurteilung bei einer Zeitaufnahme unumgänglich?

136. Aus welchem Grunde spricht man von Leistungsgradbeurteilung und nicht von Leistungsgradschätzung?

137. Welche drei Hauptkriterien wirken auf das Leistungsangebot eines Menschen ein?

138. Erläutern Sie die Merkmale „Intensität" und „Wirksamkeit" an Beispielen.

139. Worin bestehen die Grenzen einer Leistungsgradbeurteilung (Beispiel)?

140. Was ist der Zweck des Arbeitsschrittes „Kontrolle der Zeitaufnahme auf Richtigkeit und Vollständigkeit"?

141. Wie geht man vor, um aus der Zeitaufnahme planmäßige Ist-Einzelzeiten zu ermitteln?

142. Welchen Zweck hat die statistische Überprüfung von Zeitaufnahmen?

143. In welcher Form tritt das statistische Grundproblem von „Grundgesamtheit und Stichprobe" bei der Auswertung von Zeitaufnahmen auf?

144. Wie ist die Tatsache zu beurteilen, daß die REFA-Vorgehensweise zur statistischen Auswertung von Zeitaufnahmen grundsätzlich die Normalverteilung unterstellt?

145. Welche Möglichkeit hat man, wenn sich bei der statistischen Untersuchung einer Zeitaufnahme zu große Streumaße ergeben?

146. Erläutern Sie die Grundidee der Multimomentaufnahme.

147. Wofür läßt sich die Multimomentaufnahme mit Erfolg einsetzen?

148. Welche Schritte gehören zur Planung und Vorbereitung einer Multimomentaufnahme?

149. Was ist bei der Festlegung der Ablaufarten bei einer Multimomentaufnahme zu beachten?

150. Wie wird der erforderliche Beobachtungsumfang bei einer Multimomentaufnahme bestimmt?

151. Warum werden die Rundgangszeitpunkte bei einer Multimomentaufnahme nach dem Zufallsprinzip ermittelt?

152. Wozu dient die Zwischenauswertung bei einer Multimomentaufnahme?

153. Aus welchen Schritten besteht die Endauswertung bei einer Multimomentaufnahme?

154. Erklären Sie die Datenermittlungsmethoden der „Systeme vorbestimmter Zeiten (SvZ)". Was ist in diesem Zusammenhang MTM?

155. Welchen Zusammenhang von Leistungsgradbeurteilung bei Zeitaufnahmen und SvZ sehen Sie? Was kann SvZ bei der Leistungsgradbeurteilung beitragen?

156. Welches sind die fünf wichtigsten Grundbewegungen bei MTM und was bedeuten Sie?

157. In welchen Fällen werden SvZ eingesetzt?

158. Wie wirken sich Datenbanken mit hinterlegten Zeitbausteinen auf die Einsatzbreite des MTM-Verfahrens aus?

159. Wie äußert sich der zentrale Zielkonflikt in der Disposition?

160. Beurteilen Sie die Feststellung, daß 1993 in deutschen Maschinenbauunternehmen 36,7% des Betriebsvermögens in Vorräten gebunden war.

161. Welche Erkenntnis gewinnen Sie aus der Tatsache, daß die durchschnittlichen Aufwendungen für Materialkosten 1993 in deutschen Maschinenbauunternehmen 43% betrugen, mit steigender Tendenz?

162. Welche wesentlichen betriebswirtschaftlichen Kenngrößen werden durch hohe Vorräte negativ beeinflußt?

163. Wie beeinflussen die Vorräte die Kapitalrentabilität?

164. Welches sind die vier wesentlichen Aufgaben der Disposition im Betrieb?

165. Skizzieren sie die Stellung der Disposition im Betrieb.

166. Was ist eine ABC-Analyse und warum macht man solche Analysen?

167. Welches sind die vier Hauptarbeitsschritte einer ABC-Analyse in der Materialwirtschaft?

168. Geben sie zwei Beispiele für gebräuchliche Einsatzmöglichkeiten der ABC-Analyse in der Materialwirtschaft.

169. Was unterscheidet eine XYZ-Analyse von der ABC-Analyse?

170. Was ist der Zweck der XYZ-Analyse?

171. Die Formel für den Variationskoeffizienten bei der XYZ-Analyse unterscheidet sich von der, die Sie bei der statistischen Beurteilung von Zeitaufnahmen kennenlernten, indem nicht durch „n-1" sondern einfach durch „n" dividiert wird. Warum der Unterschied?

172. Welche Schlüsse bezüglich der Dispositionsrichtlinien für einzelne Artikel lassen sich aus einer kombinierten ABC- und XYZ-Analyse ziehen?

173. Welches sind die fünf Hauptkomponenten eines EDV-gestützten Dispositionssystems?

174. Unterscheiden Sie die Begriffe Primär-, Sekundär, Tertiär, Brutto- und Nettobedarf.

175. Nennen und erläutern Sie die drei grundlegenden Methoden der Bedarfsermittlung.

176. Nennen Sie jeweils eine relevante Form von Basisdaten für jede mögliche Kombination von Bedarfsermittlungsmethoden mit den Bedarfsarten Primär- bis Tertiärbedarf (9 Stück).

177. Nennen und erläutern Sie drei Verfahren der deterministischen Bedarfsermittlung. Welches Verfahren ist das in der Praxis gebräuchlichste?
178. Was unterscheidet analytische Bedarfsermittlung von synthetischer?
179. Erläutern Sie die Arbeitsschritte vom Bruttoprimärbedarf zum Nettotertiärbedarf bei der deterministischen Bedarfsermittlung.
180. Erläutern Sie die Gemeinsamkeiten, die alle Prognoseverfahren haben.
181. Unterscheiden Sie Unsicherheit von Ungewißheit.
182. Unterscheiden Sie Prognosemodelle nach der Prognosetechnik, der Fristigkeit und der Zahl der Variablen.
183. Erläutern Sie die vier grundlegenden Charakteristika nach denen Zeitreihen beschrieben werden können.
184. Unterscheiden Sie drei grundlegende Methoden der stochastischen Bedarfsermittlung.
185. Nennen und erläutern Sie die fünf grundlegenden Arbeitsschritte bei einer jeden stochastischen Bedarfsermittlung.
186. Charakterisieren Sie das Verfahren des gleitenden Mittelwertes.
187. Was ist das Besondere am gewogenen gleitenden Mittel?
188. Die Berechnungsformel der exponentiellen Glättung erster Ordnung greift auf Werte vergangener Perioden nicht zurück. Inwieweit sind sie dennoch in der Berechnung enthalten?
189. Welche Funktion hat der Glättungsfaktor α in der Formel zur exponentiellen Glättung?
190. Was ist mit der 2. Ordnung gemeint bei der exponentiellen Glättung 2. Ordnung?
191. An welche Voraussetzungen knüpft sich der sinnvolle Einsatz der Regressionsanalyse?
192. Was ist der Vorteil der „Wurzel aus der mittleren quadratischen Abweichung" als Beurteilungsmaß für die Prognosequalität im Verhältnis zur einfachen „Mittleren quadratischen Abweichung"?
193. Welche Kostenarten beeinflussen die Beschaffungskosten?
194. Wieso sollten als A und Z klassifizierte Teile entsprechend ihres Nettobedarfes beschafft werden?
195. Wieso lohnt bei als C und Y klassifizierten Teilen eine Bestellmengenoptimierung normalerweise nicht?
196. Bei der Herleitung der ANDLERschen Formel fallen die Zusatzkosten der mathematischen Bildung der ersten Ableitung „zum Opfer". Geben Sie eine betriebswirtschaftliche Begründung für deren Bedeutungslosigkeit für die Formel.
197. Nennen Sie zwei praxisfremde Annahmen, die der Andlerschen Formel zugrunde liegen.

198. Welche (wenigstens fünf) Gründe können in der Praxis entscheidend sein, um von einer rechnerisch ermittelten optimalen Beschaffungsmenge abzuweichen?

199. Aus welchem Grund hat es sich in der Praxis eingebürgert, den doch sehr großen Bereich von 1/2-Optimum bis zum zweifachen Optimum als „sinnvollen Streubereich" für Beschaffungsmengen einzustufen?

200. Was versteht man im Zusammenhang mit der Bestellmengenoptimierung unter Sensitivitätsanalyse?

201. Was unterscheidet die dynamischen Verfahren der Bestellmengenrechnung von den statischen?

202. Was macht das Cost-balancing-Verfahren für die Praxis so interessant?

203. Unterscheiden Sie die bedarfsbezogene von der bestandsbezogenen und der terminbezogenen Bestellauslösung.

204. Welche Teileklassifizierung spricht für eine bedarfsbezogene Bestellauslösung?

205. Unterscheiden Sie Meldebestand von Bestellbestand bei der bestandsbezogenen Bestellauslösung.

206. Wieso eignet sich die terminbezogene Bestellauslösung gerade bei C-Teilen?

207. Was versteht man unter einem Konsignationslager?

208. Unterscheiden Sie die Begriffe „verfügbarer Ist-Bestand", „Soll-Bestand" und „verfügbarer Soll-Bestand"

209. Was sind Gründe für die Bevorratung eines Sicherheitsbestandes?

210. Erläutern Sie den Begriff „Servicegrad" als grundlegende Bestimmungsgröße für den Sicherheitsbestand.

211. Welches Dilemma muß die Ablaufplanung in einem Betrieb bewältigen?

212. Welches sind die entscheidenden Aufgaben der strategischen Ablaufplanung? Welches die der operativen?

213. Was sind die Probleme bei der Definition des Begriffes Durchlaufzeit und wie sind diese Probleme in der REFA-Definition „gelöst"?

214. Unterscheiden Sie die Begriffe Durchlaufzeit und Durchführungszeit in der REFA-Terminologie.

215. Inwieweit hat die Reihenfolgeplanung von Aufträgen Einfluß auf die Durchlaufzeiten?

216. Beschreiben Sie die statische und die dynamische Sichtweise des Ablaufproblems.

217. Welche grundsätzlichen Arten der Terminermittlung werden unterschieden?

218. Unterscheiden Sie Vorwärtsterminierung und Rückwärtsterminierung. Was ist kombinierte Terminierung?

219. Welche Fragestellungen werden bei der kapazitätsorientierten Terminierung im Gegensatz zur auftragsorientierten noch berücksichtigt?
220. Was versteht man unter einem „Kapazitätsgebirge"?
221. Welche Möglichkeiten der Kapazitätsabstimmung bestehen grundsätzlich? Beschreiben Sie diese und die Formen ihrer praktischen Umsetzung.
222. Nennen Sie wenigstens zwei Eingaben, die bei einer integrierten Terminermittlung zusätzlich zu denen der einfacheren Methoden zum Tragen kommen können.
223. Was versteht man unter Prioritätsregeln?
224. Beschreiben Sie und erläutern Sie die FCFS-Regel.
225. Wie kann man die Effizienz von Prioritätsregeln testen? Welche Regel schnitt bei einer einschlägigen Untersuchung - bezüglich welcher Kenngrößen - tendenziell am besten ab?
226. Unterscheiden Sie die drei grundlegenden Verfahren zur Kombination von Prioritätsregeln.
227. Beschreiben Sie das Vorgehen bei der kapazitätsorientierten kombinierten Terminermittlung an einem Beispiel.
228. Welches grundlegende Problem ist bei der Angebotsterminierung zu lösen? Machen Sie Vorschläge wie.
229. Charakterisieren Sie MRP und MRP II.
230. Erläutern Sie grob die Funktionen eines PPS-Systems.
231. Nennen Sie die wesentlichen Vor- und Nachteile der dezentralen Konzepte der Fertigungssteuerung.
232. Nennen Sie die wesentlichen Vor- und Nachteile der partiell zentralen Konzepte der Fertigungssteuerung.
233. Nennen Sie die wesentlichen Vor- und Nachteile der zentralen Konzepte der Fertigungssteuerung.
234. Skizzieren Sie das Konzept und die Ziele des KANBAN, seine Funktionsweise, seine Einsatzvoraussetzungen und Regeln sowie die entscheidenden „psychologischen" Vorteile des Systems.
235. Erläutern Sie den Zusammenhang von Just-in-time und KANBAN.
236. Charakterisieren Sie allgemein die Methode der Bestandsregelung als Verfahren der Fertigungssteuerung.
237. Beschreiben Sie das Konzept des BoA als spezielle Methode der Bestandsregelung, nennen Sie dessen Einsatzvoraussetzungen sowie die grundlegende Prioritätsregel und charakterisieren Sie die Stufen bei der Auftragsfreigabe.
238. Was sind die Grundannahmen des OPT?
239. Wie verläuft die Planungsstrategie beim OPT (geben Sie ein Beispiel)?
240. Nennen sie wenigstens vier wesentliche Probleme beim Einsatz von OPT.

241. Was kann man alles unter retrograder Terminierung verstehen?
242. Charakterisieren Sie den PPS-Baustein RT.
243. Was kennzeichnet die Fortschrittskennzahlenmethode und wie funktioniert sie?

8.1 Aufgabe zur statistischen Auswertung der Zeitaufnahme

Eine Zeitaufnahme hat zu den Ergebnissen in der untenstehenden Tabelle geführt. Errechnen Sie die erforderlichen statistischen Kenngrößen und beurteilen Sie mit Hilfe der Leitertafel für eine Aussagewahrscheinlichkeit von 95%, ob das erforderliche ε erreicht ist. Falls nicht, ermitteln Sie, wieviel Beobachtungen unter der Annahme, daß die vorliegende Streuung der Zeiten unverändert bleibt, noch angestellt werden müssen.

Die Formel für v ist:

$$v = \frac{\sqrt{\frac{1}{n-1}\left[\sum t_i^2 - \frac{1}{n}\left(\sum t_i\right)^2\right]}}{\frac{\sum t_i}{n}}$$

8.2 Aufgabe zu MTM

In einer Greifentfernung von 50 cm haben Sie vor sich auf dem Tisch einen zusammengewürfelten Haufen von Legosteinen unterschiedlicher Größe und Farbe. Genau vor Ihnen steht ein kleines Mäuerchen aus Legosteinen, auf das Sie oben einen roten „Achter" (⬛) setzen wollen.

Wie lange brauchen Sie dafür nach MTM? Beschreiben Sie zur Lösung die Bewegungselemente, die MTM-Kodierung, die TMU und ermitteln Sie die Zeit.

Ablauf abschnitt	Anzahl Einzelzeiten	t_i	t_i^2	v in %	ε ist	ε soll	genügend?	fehlende n'
1	30	1003	32619	:	:	:	:	:
2	90	7634	653750	:	:	:	:	:
3	88	1336	20634	:	:	:	:	:
4	28	3639	458391	:	:	:	:	:

Bewegungselement	MTM-Kodierung	TMU
Summe TMU		

Ergebnis:

8.3 Aufgabe zur ABC-Analyse

Ein Lager hat in den zurückliegenden Monaten des Jahres für die Produkte A - H die Umsätze wie in Tabelle 1 dokumentiert.

Erzeugnis	Umsatz [DM/Jahr]				
A	704.500				
B	89.700				
C	340.210				
D	64.370				
E	610.800				
F	260.450				
G	48.900				
H	190.240				
Gesamt	2.309.170				

Tabelle Umsätze der Produkte A - H in einer Periode

Ordnen Sie die Produkte nach dem Verfahren der ABC-Analyse bezüglich ihrer Umsatzanteile und zeichnen Sie die Lorenzkurve. Wenn A bis 80%, B bis einschließlich 95% läuft, welche Produkte werden dann A, B, oder C?

8.4 Aufgabe zur XYZ-Analyse

Ein Lager hat in den zurückliegenden Monaten des Jahres für die Produkte A - F die Lagerabgangsmengen laut folgender Tabelle dokumentiert.

Monat	A	B	C	D	E	F
1	85	131	101	322	63	97
2	76	152	107	301	52	90
3	85	187	109	310	75	99
4	76	78	101	339	85	93
5	76	201	101	342	91	99
6	79	136	101	364	58	97

Tabelle Verbrauchsmengen in den Monaten 1 - 6 der Produkte A - F

Ordnen Sie die Produkte in die Kategorien X, Y, Z ein, wenn für diese folgende Klassengrenzen gelten:

$X: V \in [0\% | 10\%]$

$Y: V \in [10\% | 25\%]$ und für V: $V = \dfrac{\sqrt{\dfrac{1}{n} \sum_{i=1}^{n} (x_i - \bar{x})^2}}{\bar{x}}$

$Z: V \in [25\% | \infty]$

8.5 Aufgabe zu Prognosemodellen

Ein Lager hat in den zurückliegenden Monaten des Jahres für das Produkt KTC103 die Lagerabgangsmengen laut folgender Tabelle dokumentiert.

Monat	1	2	3	4	5	6	7	8	9	10	11
Verkaufs- menge	102	118	131	135	147	161	145	123	130	116	108

Verbrauchsmengen Produkt KTC 103

Prognostizieren Sie den Wert für den Dezember mit Hilfe
1. der Methode des gleitenden Mittelwertes bei $m = 6$,
2. der Methode des gewogenen gleitenden Mittelwertes bei $m = 6$ und mit Hilfe der G_i: 0,5; 0,4; 0,3; 0,2; 0,1,
3. der Methode Exponentieller Glättung 1. Ordnung mit $\alpha = 0,3$ und V_0 mit dem Wert im Januar,
4. der Methode Exponentieller Glättung 1. Ordnung mit $\alpha = 0,3$ sowie a_0 im Januarwert und $b_0 = 0$,
5. der Methode der linearen Regressionsanalyse.

Formeln:

gleitender Mittelwert:	$V_{n+1} = \dfrac{1}{m} \bullet \sum\limits_{i=n-m+1}^{n} T_i$
gewogener gleitender Mittelwert	$V_{n+1} = \dfrac{\sum\limits_{i=n-m+1}^{n} G_i \bullet T_i}{\sum\limits_{i=n-m+1}^{n} G_i}$
Exponentielle Glättung 1. Ordnung	$V_{1n+1} = V_{1,n} + \alpha(T_n - V_{1,n})$
Exponentielle Glättung 2. Ordnung	$V_{1,0} = a_0 - b_0 \dfrac{1-\alpha}{\alpha}$ $V_{2,0} = a_0 - 2b_0 \dfrac{1-\alpha}{\alpha}$ $P_1 = a_0 + b_0$ $V_{1,n+1} = V_{1,n} + \alpha(T_n - V_{1,n})$ $V_{2,n+1} = V_{2,n} + \alpha(V_{1n+1} - V_{2,n})$ $P_{n+1} = (2V_{1n+1} - V_{2,n+1}) + \dfrac{\alpha(V_{1,n+1} - V_{2,n+1})}{1-\alpha}$
Regressionsanalyse:	$\hat{Y} = ax + b$ $a = \dfrac{n\sum x_i y_i - \sum x_i \sum y_i}{n\sum x_i^2 - (\sum x_i)^2}$ $b = \dfrac{\sum x_i^2 \sum y_i - \sum x_i \sum x_i y_i}{n\sum x_i^2 - (\sum x_i)^2}$

Literaturverzeichnis

1) ADAM, D.:   Produktionsmanagement. 7. Aufl. Wiesbaden: Gabler, 1993.

2) ANDLER, K.:   Rationalisierung der Fabrikation und optimale Losgröße. München: Oldenbourg, 1929.

3) ARNOLDS, H.; HEEGE, F.; TUSSING, W.:   Materialwirtschaft und Einkauf. 9. Aufl. Wiesbaden: Gabler, 1996.

4) BABBAGE, C.:   Ueber Maschinen und Fabrikwesen. Berlin: Stuhrsche Buchhandlung, 1833.

5) BELLMANN, K.-B.:   Kostenoptimale Arbeitsteilung im Büro : Der Einfluß neuer Informations- und Kommunikationstechnik auf Organisation und Kosten der Büroarbeit. Berlin: Schmidt, 1989.

6) BERTHEL, J. (HRSG.):   Zielorientierte Unternehmenssteuerung : Die Formulierung operationaler Zielsysteme. Stuttgart: Poeschel, 1973.

7) BERTHEL, J. (HRSG.); GROENEWALD, H. (HRSG.):   Personal-Management. Landsberg: Verlag moderne Industrie, 1990.

8) BESTEL, S.; HURTZ, A.; VOIGT, F.:   Erfahrungen beim kombinierten Einsatz des VERA- und RHIA-Verfahrens bei der SpanSet GmbH & Co. KG. In: BERTHEL / GROENEWALD 1990 (3. Nachlieferung 7/1991).

9) BITZ, M. (HRSG.); DELLMANN, K. (HRSG.); DOMSCH, M. (HRSG.); EGNER, H. (HRSG.):   Vahlens Kompendium der Betriebswirtschaftslehre. 2. Aufl. München: Vahlen, 1989 (Band 1).

10) BLAKE, R.; MOUTON, J.:   The managerial grid III. 3. Aufl. Houston: Gulf, 1987.

11) BLEICHER, K.: Normatives Management : Politik, Verfassung und Philosophie des Unternehmens. Frankfurt a. M.: Campus, 1994 (St. Galler Management-Konzept 5).

12) BLEICHER, K.: Das Konzept : Integriertes Management. Frankfurt a. M.: Campus, 1992 (St. Galler Management-Konzept 1).

13) BLEICHER, K.: Zukunftsperspektiven organisatorischer Entwicklung: Von strukturellen zu humanzentrierten Ansätzen. In: zfo – Zeitschrift Führung und Organisation 59(1990)3, S. 125 - 161.

14) BLEICHER, K.: Betriebswirtschaftslehre : Disziplinäre Lehre vom Wirtschaften in und zwischen Betrieben oder interdisziplinäre Wissenschaft vom Management? In: WUNDERER 1988, S. 109 - 131.

15) BLEICHER, K.: Organisation als System. Wiesbaden: Gabler, 1972.

16) BLOHM, H.; BEER, T.; SEIDENBERG, U.: Produktionswirtschaft. 3. neub. Aufl. Herne: Neue Wirtschaftsbriefe, 1997.

17) BMFT-BUNDESMINISTER FÜR FORSCHUNG UND TECHNOLOGIE (HRSG.): Gruppenarbeit in der Motorenmontage. Frankfurt a. M.: Campus, 1980 (Humanisierung des Arbeitslebens 3).

18) BULLINGER, J.; ROOS, A.; WIEDMANN, G.: Amerikanisches Business-reengineering oder japanisches Lean-management? In: Office Management 24(1997)7/8, S. 14 - 20.

19) CONWAY,R.; JONSON, B.; MAXWELL, W.: An Experimental Investigation of Priority Dispatching. In: Journal of Industrial Engineering 11(1960).

20) CORSTEN, H.: Produktionswirtschaft : Einführung in das industrielle Produktionsmanagement. München: Oldenbourg, 1996.

21) DAENZER, W.: Systems Engineering : Leitfaden zur methodischen Durchführung umfangreicher Planungsvorhaben. Zürich: Hanstein, 1977.

22) DAVIDOW, W.; The virtuel corporation. Frankfurt a. M.: Campus,
MALONE, M.: 1993.

23) DAVIS, S.: Vorgriff auf die Zukunft. Freiburg: Haufe, 1996.

24) DEUTSCHE GE- DGQ-Schriften Nr. 12 - 67. Berlin: Beuth, 1987.
SELLSCHAFT FÜR
QUALITÄT (HRSG.):

25) DEUTSCHE MTM- Die Methode bestimmt den Erfolg. Hamburg, o. J.
VEREINIGUNG E. V.:

26) DIN DEUTSCHES DIN EN ISO 8402 : Qualitätsmanagement - Begriff.
INSTITUT FÜR Berlin: Beuth, 1995.
NORMUNG (HRSG.):

27) DIN DEUTSCHES DIN 55350 : Begriffe zu Qualitätsmanagement und
INSTITUT FÜR Statistik - Teil 11: Begriffe des Qualitätsmanage-
NORMUNG (HRSG.): ment. Berlin: Beuth, 1995.

28) DYCKHOFF, H.: Betriebliche Produktion : Theoretische Grundlagen einer umweltorientierten Produktionswirt-
schaft. 2. Aufl. Berlin: Springer, 1994.

29) DRUMM, H. - J.: Virtualität in Organisation und Personalmanagement. In: zfo - Zeitschrift Führung und Organisa-
tion 67(1998)4, S. 196 – 200.

30) EULER, H.: Zur Problematik der Arbeitszufriedenheit insbesondere der Determinanten bei Herzberg. In: Afa-
Informationen (1976)2, S. 39 – 59.

31) EUNSON, B.: Betriebspsychologie. Hamburg: McGraw-Hill,
1990.

32) EXENER, A.; Unternehmungsberatung - systemisch. In: DBW -
KÖNIGSWIESER, R.; Die Betriebswirtschaft 47(1987)3, S. 265 - 284.
TISCHER, S.:

33) FORD, R.: Motivation through the Work itself. 5. Aufl. New
York: American Management Ass., 1969.

34) FREIMANN, J. Ökologische Herausforderung der Betriebswirt-
(HRSG.): schaftslehre. Wiesbaden: Gabler, 1990.

35) FRESE, E.: Grundlagen der Organisation : Konzept - Prinzipien - Strukturen. 6. überarb. Aufl. Wiesbaden:
Gabler, 1995.

36)   FRESE, E. (HRSG.):   Handwörterbuch der Organisation. 3. Völlig neu gest. Aufl. Stuttgart: Poeschel 1992 (Enzyklopädie der Betriebswirtschaftslehre 2).

37)   FRICKE, E.; FRICKE W.; SCHÖNWALDER, M.; STIEGLER, B.:   Qualifikation und Beteiligung : Das Peiner Modell. Frankfurt a. M.: Campus, 1981 (Humanisierung des Arbeitslebens 12).

38)   FRICKE, W.; WIEDENHOFER, H.:   Beteiligung im Industriebetrieb : Probleme des mittleren Management. Frankfurt a. M.: Campus, 1985 (Humanisierung des Arbeitslebens 55).

39)   FRIEMUTH, U.; HORNUNG, V.; SANDER, U.:   Industrielle Logistik. 3. Aufl. Aachen: Augustinus, 1996.

40)   GAEL, S.:   The Job Analysis Handbook for Business, Industry, and Government. Volume 2, New York: Wiley, 1988, S. 8-938 – 6-959.

41)   GAITANIDES, M. ET. AL (HRSG.):   Prozeßmanagement : Konzepte, Umsetzungen und Erfahrungen des Reengineering. München: Vahlen, 1994.

42)   GEBBERT, V.:   Gruppenarbeit und Belegschaftsbeteiligung in der Eisen- und Stahlindustrie. Frankfurt a. M.: Campus, 1985.

43)   GLASL, F. (HRSG.); HOUSSAYE, L. (HRSG.):   Organisationsentwicklung. Bern: Haupt, 1975.

44)   GOMEZ, P.:   Die Organisation der Autonomie : Neue Denkmodelle für die Unternehmungsführung. In: zfo – Zeitschrift Führung und Organisation 57(1988)6, S. 389 - 393.

45)   GOMEZ, P.; PROBST, G.:   Fehler beim Umgang mit Komplexität. In: Gablers Magazin 3(1989)5, S. 10 - 15.

46)   GOMEZ, P.; PROBST, G.:   Vernetztes Denken im Management : Eine Methodik des ganzheitlichen Problemlösens. Bern: Schweizerische Nationalbank, 1987 (Die Orientierung 89).

47) GOMEZ, P.;   Unternehmensorganisation : Profile - Dynamik -
     ZIMMERMANN, T.:   Methodik. 2. Aufl. Frankfurt a. M.: Campus, 1993
                         (St. Galler Management-Konzept 2).

48) GRAF, O.:   Über lohnendste Arbeitspausen bei geistiger Ar-
                         beit. In: Psychologische Arbeiten 7(1922), S. 548 -
                         611.

49) GRANEL, M.:   Zusammengefaßter Abschlußbericht der Volks-
                         wagenwerk Aktiengesellschaft zum Forschungs-
                         vorhaben „Vergleich von Arbeitsstrukturen in der
                         Aggregatefertigung der VW AG". In: BMFT 1980,
                         S. 13 – 53.

50) GRAP, R.:   Arbeitsrechtliche Aspekte der Gruppenarbeit. In:
                         GRAP / GEBBERT 1996, S. 37 – 45.

51) GRAP, R.:   Neue Formen der Arbeitsorganisation : Leitfaden
                         für die Stahlindustrie. Aachen: Augustinus, 1993.

52) GRAP, R.:   Neue Formen der Arbeitsorganisation für die
                         Stahlindustrie. Aachen: Augustinus, 1992.

53) GRAP, R.:   Die Multimomentstudie als Hilfsmittel zur Objek-
                         tivierung der Beobachtung von Probanden in As-
                         sessment-Centern. In: Personal (1991)6, S. 190 -
                         194.

54) GRAP, R.,   Gruppenarbeit in der Praxis : Neue Arbeitsstruk-
     GEBBERT, V.:   turen zwischen Anspruch und Realität. 2. Aufl.,
                         Herzogenrath: GOM, 1996.

55) GRAP, R.;   Von der Gruppenarbeit zur lernenden Organisati-
     MÜHLBRADT, T.:   on. In: io Management Zeitschrift 64(1995)4,
                         S. 75 - 79.

56) GRAP, R.;   Gruppenarbeit - und dann? Der nächste Schritt
     MÜHLBRADT, T.:   zur lernenden Organisation. In: Personalführung
                         28(1995)4, S. 320 - 327.

57) GRAP, R.;   Qualitätslabors durch Checklisten beurteilen. In:
     OTZIPKA, J.:   CLB Chemie in Labor und Biotechnik, 45(1994)12,
                         S. 629 - 637.

58) GROB, R.:   Erweiterte Wirtschaftlichkeits- und Nutzenrech-
                         nung Köln: Verlag TÜV Rheinland, 1983.

59) GROCHLA, E. (HRSG.): Einführung in die Organisationstheorie. Stuttgart. Poeschel, 1978.

60) GROTHUS, H.: Motivation durch Arbeitsbereicherung. In: Fortschrittliche Betriebsführung und Industrial Engineering 2(1972)5, S. 264.

61) GÜNTHER, H.-O.; TEMPELMEIER, H.: Produktion und Logistik. 3. Aufl. Berlin: Springer, 1997.

62) GUTENBERG, E.: Die Produktion. 24. Aufl. Berlin: Springer, 1983 (Grundlagen der Betriebswirtschaftslehre 1).

63) HACKER, W.: Allgemeine Arbeitspsychologie : Psychische Regulation von Arbeitstätigkeiten. Göttingen: Huber, 1997.

64) HACKER, W.: Arbeitstätigkeitsanalyse : Analyse und Bewertung psychischer Arbeitsanforderungen. Heidelberg: Asanger, 1995.

65) HACKER, W.: Arbeitspsychologie : Psychische Regulation der Arbeitstätigkeiten. Berlin (Ost): VEB Deutscher Verlag der Wissenschaften, 1986.

66) HACKER, W. (HRSG.); RICHTER, P. (HRSG.): Spezielle Arbeits- und Ingenieurspsychologie in Einzeldarstellungen - Lehrtext 2 : Psychische Fehlbeanspruchung. Berlin (Ost): VEB Deutscher Verlag der Wissenschaften, 1980.

67) HACKER. W.; RUDOLPH, E.; SCHÖNFELDER, E.: Tätigkeitsbewertungssystem : Geistige Arbeit TBS-GA (Handanweisung). Berlin: Psychodiagnostisches Zentrum, 1986.

68) HACKMAN, J.; OLDHAM, G.: Development of the job diagnostic survey. In: Journal of Applied Psychology 60(1975)2, S. 159 – 170.

69) HACKSTEIN, R.: Einführung in die technische Ablauforganisation. 2. überarb. Aufl. München: Hanser, 1988.

70) HACKSTEIN, R.: Arbeitswissenschaft im Umriß 1 : Gegenstand und Rechtsverhältnis. Essen: Giradet, 1977.

71) HACKSTEIN, R.: Arbeitswissenschaft im Umriß 2 : Grundlagen und Anwendung. Essen: Giradet, 1977.

72) HAMMERBECK, U.:   Material- und Fertigungswirtschaft mit EDV. Hamburg: S+W, 1994.

73) HAUFF, M. (HRSG.); SCHMIDT U. (HRSG.):   Ökonomie und Ökologie : Ansätze zu einer ökologisch verpflichteten Marktwirtschaft. Stuttgart: Schäffer-Poeschel, 1992.

74) HAX, A.; MAJLUF, N.:   Strategisches Management : Ein integratives Konzept aus dem MIT. Frankfurt a. M.: Campus, 1991 (St. Galler Management-Konzept 3).

75) HEEG, F.-J.:   Untersuchung über die Möglichkeiten des Einsatzes von Verfahren der Kleingruppenaktivitäten zur Reduzierung der Akzeptanzlücke bei der Einführung neuer Technologien. Aachen: IAW - Lehrstuhl und Institut für Arbeitswissenschaft der RWTH, 1984 (Dissertation).

76) HEEG, F.-J.:   Phänomen Japan. München: Hanser, 1983.

77) HEINEMANN, O.; GRAP, R. ET. AL.:   So optimieren Sie Ihr Labor-Management : Effiziente Organisation im industriellen Labor. Köln: Verlag TÜV-Rheinland, 1992.

78) HEINEN, E.:   Industriebetriebslehre als Entscheidungsorientierte Unternehmungsführung. In: HEINEN 1991. S. 1 - 71.

79) HEINEN, E (HRSG.):   Industriebetriebslehre : Entscheidungen im Industriebetrieb. 9. Aufl. Wiesbaden: Gabler, 1991.

80) HEINEN, E.:   Grundtatbestände betrieblicher Entscheidungen. In: JACOB 1990, S. 323 - 380.

81) HEIZER, J.; RENDER B.:   Production and Operations Management : Strategic and Tactical Decisions. 4. ed. New Jersey: Prentice-Hall, 1996.

82) HENNING, K.:   Spuren im Chaos : Christliche Orientierungspunkte in einer komplexen Welt. Landsberg: mi, 1993.

83) HERZBERG, F.; MAUSNER, B.; SNYDERMAN, B.:   The Motivation to Work. 2. Aufl. New York: Atlantic Books, 1959.

84)   HOITSCH, H.-J.;   Geschichte der Produktionswirtschaft. WiSt -
      BÜLENT, A.:   Wirtschaftswissenschaftliches Studium 27(1998)2,
                           S. 54 – 59.

85)   HORNUNG, V.:   Aufgabenangemessenes Design flexibler Software.
                           Berlin: Springer, 1991 (FIR + IAW: Forschung für
                           die Praxis 42).

86)   IFAA - INSTITUT   Arbeitsgestaltung in Produktion und Verwaltung :
      FÜR ANGEWANDTE   Taschenbuch für den Praktiker. Köln: Bachem,
      ARBEITSWISSEN-   1989.
      SCHAFT E. V.
      (HRSG.):

87)   JACOB, H. (HRSG.):   Industriebetriebslehre : Handbuch für Studium
                           und Prüfung. 4. Aufl. Wiesbaden: Gabler, 1990.

88)   JANTSCH, E.:   Die Selbstorganisation des Universums. 3. Aufl.
                           München: dtv, 1986.

89)   JUNG, R.:   Selbstorganisationsleistungen zur Gestaltung der
                           betrieblichen Mikroorganisation : Effizienzaspek-
                           te, Fördermöglichkeiten. In: zfo - Zeitschrift Füh-
                           rung und Organisation 56(1987)5, S. 401 - 408.

90)   JUNG, R.:   Mikroorganisation : Eine Untersuchung der
                           Selbstorganisationsleistungen in betrieblichen
                           Führungssegmenten. Bern: Haupt, 1985.

91)   KAMINSKE, G.;   Reengineering versus Prozeßmanagement : Der
      FÜRMANN, T.:   Richtige Weg zur prozeßorientierten Organisati-
                           onsgestaltung. In: zfo - Zeitschrift Führung und
                           Organisation 64(1995)3, S. 142 - 148.

92)   KERN, W.:   Industrielle Produktionswirtschaft. 5. Aufl. Stutt-
                           gart: Poeschel, 1992. S. 224 ff.

93)   KETTNER, H.;   Neue Wege der Fertigungssteuerung durch bela-
      BECHTE, W.:   stungsorientierte Auftragsfreigabe. In: VDI-
                           Zeitschrift 123(1981), S. 459 ff.

94)   KIRCHNER, J.-H;   Ergonomische Leitregeln zur menschengerechten
      ROHMERT, W.:   Arbeitsgestaltung : Katalog arbeitswissenschaftli-
                           cher Richtlinien über die menschengerechte Ge-
                           staltung der Arbeit. München: Hanser, 1974.

95) KOHN, M.;   The reciprocal Effect of the substantive complexity
     SCHOOLER, L.:   of Work and intellectual Flexibility : A longitudi-
                     nal Assessment. In: American Journal of Sociolo-
                     gy. 84(1978)1, S. 24 – 52.

96) KORNHAUSER, A.: Mental Health of the industrial Worker : A Detroit
                     Study. New York: Wiley, 1965.

97) KORSCH, K.   Schriftenreihe Praktischer Sozialismus : Band 4.
     (HRSG.):   Berlin: Verlag Gesellschaft und Erziehung, 1920.

98) KREIKEBAUM, H.; Humanisierung der Arbeit : Arbeitsgestaltung im
     HERBERT, K.-J.: Spannungsfeld ökonomischer, technologischer
                     und humanitärer Ziele. Wiesbaden: Gabler, 1988.

99) KULIK, C.;   Job Diagnostic Survey. In: GAEL 1988, S. 8-938 –
     OLDHAM, G.:   8-959.

100) LASSER, R.:   Organisationsentwicklung. In: WiSt - Wirt-
                     schaftswissenschaftliches Studium 18(1989)4,
                     S. 202 - 206.

101) LAURIG, W.:   Grundzüge der Ergonomie : Einführung. Berlin:
                     Beuth, 1982.

102) LEDERER, K.:   Produktionsstrategien in Japan, USA und
                     Deutschland : Versuch eines Vergleichs. In: Fort-
                     schrittliche Betriebsführung und Industrial Engi-
                     neering 33(1984)6, S. 327 - 333.

103) LEITNER, K. ET. AL.: Analyse psychischer Anforderungen und Bela-
                     stungen in der Büroarbeit : Das RHIA / VERA-
                     Büro-Verfahren. Göttingen: Hogrefe, 1993.

104) LEITNER, K. ET. AL.: Analyse psychischer Belastung in der Arbeit: Das
                     RHIA-Verfahren. Köln: Verlag TÜV Rheinland,
                     1987.

105) LEHMANN, G.:   Praktische Arbeitsphysiologie. 2. Aufl. Stuttgart:
                     Thieme, 1962.

106) LENK, H. (HRSG.); Systemtheorie als Wissenschaftsprogramm.
     ROPOHL, G.   Königstein im Ts.: Athenäum, 1978. S. 9 - 49.
     (HRSG.):

107)   LEWIN, K.:   Frontiers in group dynamics : Concept, Method
                           and Reality in Social Science. In: Harvard Review
                           (1947)1. S. 5 - 41.

108)   LEWIN, K.:   Die Sozialisierung des Taylor-Systems : Eine
                           grundsätzliche Untersuchung zur Arbeits- und
                           Berufs-Psychologie.   In: KORSCH   1920,
                           S. 5 - 36.

109)   LICHTE, R.;   Beteiligungsgruppen im Kaltwalzwerk - ein Mo-
       REPPEL, R.:   dell? In: ROTH / KOHL 1988, S. 123 - 137.

110)   LIKERT, R.:   Die integrierte Führungs- und Organisations-
                           struktur. Frankfurt a. M.: Campus, 1975.

111)   LINDBLOM, C.:   The science of "Mudling Through". In: Public Ad-
                           ministration Review 19(1959), S. 79 - 88 / Gagsch,
                           S. (Übers.). In: GROCHLA 1976, S. 373 - 388.

112)   LÖFFELHOLZ, J.:   Grundlagen der Produktionswirtschaft. Wiesba-
                           den: Gabler, 1993.

113)   LUCZAK, H. ET. AL.: Arbeitswissenschaft : Konzepte, Arbeitspersonen,
                           Arbeitsformen, Arbeitsumgebung. 2. korr. Aufl.,
                           Berlin: Institut für Arbeitswissenschaft der Tech-
                           nischen Universität, 1991.

114)   LUCZAK, H. ET. AL.: Arbeitswissenschaft : Systematik, Arbeitsschutz,
                           Arbeitsgestaltung, Arbeitswirtschaft. 2. kor. Aufl.
                           Berlin: Institut für Arbeitswissenschaft der Tech-
                           nischen Universität, 1991.

115)   LUCZAK, H.:   Arbeitswissenschaftliche Untersuchungen von
                           maximaler Arbeitsdauer und Erholungszeiten bei
                           informatorisch-mentaler Arbeit nach dem Kanal
                           und Regler-Mensch-Modell sowie superponierten
                           Belastungen am Beispiel Hitzearbeit. Düsseldorf:
                           VDI-Verlag, 1979.

116)   MALIK, F.:   Strategie des Managements komplexer Systeme.
                           Stuttgart: Haupt 1993.

117)   MALIK, F.;   Evolutionäres Management. In: Die Unterneh-
       PROBST, G.:   mung 35(1981), S. 121 - 140.

118)   MASING, W.:   Handbuch der Qualitätssicherung. München:
                           Hanser, 1980.

119) MEFFERT, H.;   Marktorientiertes Umweltmanagement : Grund-
      KIRCHGEORG, M.:   lagen und Fallstudien. 2. Aufl. Stuttgart: Schäffer-
                            Poeschel, 1993.

120) MICHEL, K.   Arbeitsorganisation : Ende eines Taylorismus?
      (HRSG.);   Berlin: Kursbuch Rotbuch, 1976 (Kursbuch 43).
      WIESER, H.
      (HRSG.):

121) MITTER, S.;   Produktionswirtschaft. Wiesbaden: Gabler, 1994.
      STEGMANN, O.:

122) MÜHLBRADT, T.:   Systemische Intervention : Ein Ansatz zum Mana-
                            gement von Komplexität. Herzogenrath: GOM,
                            1996.

123) NEUBERGER, O.:   Arbeit : Begriff, Gestaltung, Motivation, Zufrie-
                            denheit. Stuttgart: Enke, 1985.

124) NEUBERGER, O.:   Arbeitszufriedenheit: Kraft durch Freude oder
                            wunschloses Unglück? Eine Sammelrezension. In:
                            Die Betriebswirtschaft 45(1985)2, S. 184 - 206.

125) NORDSIEK, F.:   Rationalisierung der Betriebsorganisation. 2. Aufl.
                            Stuttgart: Poeschel, 1955.

126) OELDORF, G.;   Materialwirtschaft. 7. aktual. Aufl. Ludwigshafen:
      OLFERT, K.:   Kiehl, 1995

127) OESTERREICH, R.:   Handlungsregulation und Kontrolle. München:
                            Urban & Schwarzenberg, 1981.

128) OHNO, T.:   Das Toyota-Produktionssystem. Frankfurt a. M.:
                            Campus, 1993.

129) OSTERLOH, M.;   Business Reengineering : Modeerscheinung oder
      FROST, J.:   „Business Revolution"? zfo - Zeitschrift Führung
                            und Organisation 63(1994)6, S. 356 - 363.

130) PAEGERT, C.;   PPS$_6$: Marktspiegel PPS-Systeme auf dem Prüf-
      SCHOTTEN, M.   stand. 6. aktual. Aufl. Köln: Verlag TÜV Rhein-
      ET. AL.:   land, 1997.

131) PFEIFFER, W.;   Lean Management : Grundlagen der Führung und
      WEIß, E.:   Organisation lernender Unternehmen. Berlin: E.
                            Schmidt, 1994.

132)   PFRIEM, R.:   Betriebswirtschaftslehre in sozialer und ökologi-
                          scher Dimension. Frankfurt a. M.: Campus, 1983
                          (Dissertation).

133)   PFRIEM, R.:   Unternehmenspolitik in sozialökologischen Per-
                          spektiven. Marburg: Metropolis, 1995.

134)   PINE, B.:   Mass Customization : The new frontier in business
                          competition. Boston: Harvard Business, 1993.

135)   PROBST, G.:   Selbstorganisation. In: FRESE 1992, S. 2255 - 2269.

136)   PROBST, G.:   Selbstorganisation : Ordnungsprozesse in sozialen
                          Systemen aus ganzheitlicher Sicht. Berlin: Parey,
                          1987.

137)   PROBST, G.:   Der Organisator in selbstorganisierenden Syste-
                          men : Aufgaben, Stellung und Fähigkeiten. In: zfo
                          – Zeitschrift für Führung und Organisation
                          55(1986)6, S. 395 – 399.

138)   PROBST, G.;   Die Ordnung von sozialen Systemen : Resultat
       SCHEUSS, R.-W.:   von Organisieren und Selbstorganisation. In: zfo -
                          Zeitschrift Führung und Organisation 53(1984)8,
                          S. 480 - 488.

139)   RAFFÉE, H.:   Gegenstand, Methoden und Konzepte der Be-
                          triebswirtschaftslehre. In: BITZ et. al. 1989,
                          S. 1 - 46.

140)   REFA –VERBAND   Arbeitssystem und Prozeßgestaltung. Darmstadt:
       FÜR ARBEITS-   REFA, 1996.
       GESTALTUNG,
       BETRIEBSORGANI-
       SATION UND
       UNTERNEHMENS-
       ENTWICKLUNG
       E. V. (HRSG.):

141) REFA –VERBAND FÜR ARBEITSGESTALTUNG, BETRIEBSORGANISATION UND UNTERNEHMENSENTWICKLUNG E. V. (HRSG.): Produktionsdatenmanagement I & II: Darmstadt: REFA, 1996.

142) REFA - VERBAND FÜR ARBEITSSTUDIEN UND BETRIEBSORGANISATION E. V. (HRSG.): Planung und Steuerung. Darmstadt: REFA, 1991 (Methodenlehre der Betriebsorganisation, Teile 1 - 6).

143) REFA - VERBAND FÜR ARBEITSSTUDIEN UND BETRIEBSORGANISATION E. V. (HRSG.): Arbeitsgestaltung im Bürobereich. München: Hanser, 1991 (Methodenlehre der Betriebsorganisation).

144) REFA - VERBAND FÜR ARBEITSSTUDIEN UND BETRIEBSORGANISATION E. V. (HRSG.): Kostenrechnung, Arbeitsgestaltung. 7. Aufl. München: Hanser, 1985 (Methodenlehre des Arbeitsstudiums 3).

145) REFA - VERBAND FÜR ARBEITSSTUDIEN UND BETRIEBSORGANISATION E. V. (HRSG.): Erundlagen. 7. Aufl. München: Hanser, 1984 (Methodenlehre des Arbeitsstudiums 1).

146) REFA - VERBAND FÜR ARBEITSSTUDIEN UND BETRIEBSORGANISATION E. V. (HRSG.): Datenermittlung. 6. Aufl. München: Hanser, 1978 (Methodenlehre des Arbeitsstudiums 2).

147) RICHARDI, R.
(HRSG.):
Arbeitsgesetze 48. Aufl. München: Beck im dtv, 1996.

148) ROBBINS, H.;
FINLEY, M.:
Why teams don`t work : what went wrong and how to make it right. London: Orion, 1998.

149) ROHMERT, W.:
Das Belastungs-Beanspruchungskonzept. Zeitschrift für Arbeitswissenschaft 38(1984)4, S. 193 - 200.

150) ROHMERT, W.:
Entwicklung und Erkenntnisse der Arbeitswissenschaft : Beurteilung vorwiegend körperlicher und nicht körperlicher Arbeit. Berlin: Beuth, 1974.

151) ROHMERT, W.;
RUTENFRANZ, J.:
Arbeitswissenschaftliche Beurteilung der Belastung und Beanspruchung an unterschiedlichen industriellen Arbeitsplätzen. Bonn: Bundesministerium für Arbeit und Sozialordnung, 1975 (Forschungsbericht).

152) ROTH, E. (HRSG.);
KOHL, H. (HRSG.):
Perspektive Gruppenarbeit. Köln: Bund, 1988.

153) RUDOLPH, E.:
Tätigkeitsbewertungssystem für Arbeitstätigkeiten mit überwiegend geistigen Anforderungen : Kurzform (TBS-GA-K) zur Bewertung von Beeinträchtigungslosigkeit und Persönlichkeitsförderlichkeit von Arbeitstätigkeiten mit und ohne Rechnerunterstützung. Dresden: TU, Sektion Arbeitswissenschaften, Fachbereich Psychologie, 1987.

154) ROPOHL, G.:
Einführung in die allgemeine Systemtheorie. In: LENK / ROPOHL 1978, S. 9 - 49.

155) SAUERBREY, G.:
Die Black-box Organisation. In: HMD - Theorie und Praxis der Wirtschaftsinformatik 27(1990)151, S. 62 - 72.

156) SCHMIDT, J.:
Die sanfte Organisations-Revolution : Von der Hierarchie zu selbststeuernden Systemen. Frankfurt a. M.: Campus, 1993.

157) SCHMIDT, K.-H.;
KLEINBECK, U.;
OTTMANN, W.,
SEIDEL, B.:
Ein Verfahren zur Diagnose von Arbeitsinhalten : Der Job Diagnostic Survey (JDS). In: Psychologie und Praxis – Zeitschrift für Arbeits- und Organisationspsychologie 29(1985)4, S. 162 – 172.

158) SCHMIDTKE, H.: Ermüdung und Erholung. In: IfaA 1989, S. 118 - 125.

159) SCHMIDTKE, H.: Der Leistungsbegriff in der Ergonomie In: Schmidtke 1981, S. 105 - 111.

160) SCHMIDTKE, H. (HRSG.): Lehrbuch der Ergonomie. München: Hanser, 1981.

161) SCHMIDTKE, H.: Die Ermüdung : Symptome, Theorien, Messversuche. Bern: Huber, 1965.

162) SCHNEEWEIß, C.: Einführung in die Produktionswirtschaft. 5. neub. Aufl. Berlin: Springer, 1993.

163) SCHNELLE, W.: Entscheidung im Management : Wege zur Lösung komplexer Aufgaben in großen Organisationen. Quickborn: Metaplan, 1966.

164) SCHOLZ, C.: Strategische Organisation. München: Olzog, 1997.

165) SCHOLZ, C.: Die virtuelle Personalabteilung : Ein Jahr später. In: Personalführung 29(1996), S. 1080 – 1086.

166) SCHOLZ, C.: Virtuelle Organisation: Konzeption und Realisation. In: zfo - Zeitschrift Führung und Organisation 65(1996)4, S. 204 - 210.

167) SCHULTE-ZURHAUSEN, M.: Organisation. München: Vahlen, 1995.

168) SCHWAB-FELISCH, H. (HRSG.); SIEDLER, W. (HRSG.): GERHARD HAUPTMANN: Die Weber - Dichtung und Wirklichkeit. Frankfurt a. M.: Ullstein, 1972.

169) SCHWANNINGER, M.: Managementsysteme. Frankfurt a. M.: Campus, 1994 (St. Galler Management-Konzept 4).

170) SEIBEL, H.-D.; LÜHRING, H.: Arbeit und psychische Gesundheit. Göttingen: Hogrefe, 1984.

171) SEIDEL, E.; MENN, H.: Ökologisch orientierte Betriebswirtschaft. Stuttgart: Kohlhammer, 1988.

172) SIMON, H.: Die heimlichen Gewinner : Die Erfolgsstrategien unbekannter Weltmarktführer (Hidden Champions). 4. Aufl. Frankfurt a. M.: Campus, 1996.

173) SMITH, A.: An inquiry into the nature and causes of the welth of nations. London 1776. Deutsch: Untersuchung über das Wesen und die Ursachen des Volkswohlstandes. Berlin 1905.

174) SPRENGER, R.: Mythos Motivation : Wege aus einer Sackgasse. Frankfurt a. M.: Campus, 1997.

175) STAEHLE, H.: Management : Eine verhaltenswissenschaftliche Perspektive. 4. Aufl. München: Vahlen, 1989.

176) STEINBUCH, P.; OLFERT, K.: Fertigungswirtschaft. 6. aktual. Aufl. Ludwigshafen: Kiehl, 1995.

177) STEVEN, M; MEYER, H.: Computergestützte PPS-Systeme : Entwicklung, Stand, Tendenzen. In: WiSt - Wirtschaftswissenschaftliches Studium 27(1998)1, S. 20 - 26.

178) TEMPELMEIER, H.: Material-Logistik. 2. Aufl. Berlin: Springer 1992.

179) TAYLOR, F.- W.: Die Betriebsleitung. München: Oldenbourg, 1910.

180) TAYLOR, F.- W.: Die Grundsätze wissenschaftlicher Betriebsführung. München: Oldenbourg, 1913.

181) ULICH, E.: Arbeitspsychologie. Zürich: VdF und Stuttgart: Poeschel, 1991.

182) ULRICH, H.: Die Unternehmung als produktives soziales System. 3. Aufl. Stuttgart: Haupt, 1990.

183) ULRICH, H.: Unternehmungspolitik. 3. Aufl. Stuttgart: Haupt, 1990.

184) ULRICH, H.: Grundprobleme der Unternehmensplanung. Bern: Haupt, 1968.

185) ULRICH, H.; KRIEG, W.: St. Galler Management-Modell. 3. Aufl. Bern: Haupt, 1974.

186) ULRICH, H.; PROBST, G.: Insights, Promises, Doubts, and Questions Emerging from a Colloqium: A Summary. In: ULRICH / PROBST 1984.

187) ULRICH, H.; PROBST, G.: Management : Gesammelte Beiträge. Stuttgart: Haupt, 1984.

188) VAHRENKAMP, R.: Taylors Lehren - ein Mittelklassetraum : Überlegungen zu einem Rätsel. In: MICHEL / WIESER 1976, S. 14 - 26.

189) VOLKSWAGEN COACHING GESELLSCHAFT MBH (HRSG.): Teilnehmerunterlage zum Moderatoren-Seminar KVP2. Juni 1997.

190) VOLBERT, W. ET. AL.: Verfahren zur Ermittlung von Regulationserfordernissen in der Arbeitstätigkeit (VERA). Köln: Verlag TÜV Rheinland, 1983.

191) VROOM, V.: Work and Motivation. New York: Wiley, 1964.

192) WAGNER, H.; WITHIN, T.: Dynamic Version of the Economic Lot Size Mode In: Management Science 5(1958), S. 89 - 96.

193) WAGNER, D.; SCHUMANN, R.: Die Produktinsel : Leitfaden zur Einführung einer effizienten Produktion in Zulieferbetrieben. Köln: Verlag TÜV-Rheinland, 1991.

194) WARNECKE, H.-J.: Die fraktale Fabrik. Berlin: Springer, 1992.

195) WIENDAHL, H.-P.: Load Oriented Manufacturing Control. Berlin: Springer, 1994.

196) WIENDAHL, H.-P.: Anwendung der Belastungsorientierten Fertigungssteuerung. München: Hanser, 1992.

197) WIENDAHL, H.-P.: Belastungsorientierte Fertigungssteuerung : Grundlagen, Verfahrensaufbau, Realisierung. München: Hanser, 1987.

198) WIENDAHL, H.-P.: Betriebsorganisation für Ingenieure. München: Hanser, 1986.

199) WILD, J.: Grundlagen der Unternehmensplanung. 3. Aufl. Opladen: Westdeutscher Verlag, 1981.

200) WOHLGEMUTH, A.-C.: Das Beratungskonzept der Organisationsentwicklung : Neue Form der Unternehmensberatung auf der Grundlage des sozio-technischen Systemansatzes. Bern: Haupt, 1982.

201) WOMACK, J.; JONES, D.; ROOS, D.: Die zweite Revolution in der Autoindustrie. 4. Aufl. Frankfurt a. M.: Campus, 1992.

202)   WOMACK, J.;   The Machine that changed the World : The Story
       JONES, D.;   of Lean Production. New York: Harper Collins,
       ROOS, D.:   1990.

203)   WUNDERER, R.   Betriebswirtschaftslehre als Management- und
       (HRSG.):   Führungslehre. 2. Aufl. Stuttgart: Schäffer-
                          Poeschel 1988.

204)   ZAHN, E.;   Produktionswirtschaft I : Grundlagen und opera-
       SCHMID, U.:   tives Produktionsmanagement. Stuttgart: Lucius
                          & Lucius, 1996.

Sachverzeichnis

Buchanzeigen